PHYSICAL EDUCATION RECONCEPTUALIZED
PERSONS, MOVEMENT, KNOWLEDGE

체육 개념의 재정립
인간, 운동, 지식

Saul Ross 저 · 김홍식 역

체육 개념의 재정립 - 인간, 운동, 지식
Physical Education Reconceptualized by Saul Ross

인 쇄	2024년 11월 25일
발 행	2024년 11월 29일

지은이	Saul Ross
옮긴이	김홍식
발행처	레인보우북스
주 소	서울특별시 관악구 신림로 75 레인보우B/D
전 화	(02) 2032-8800
팩 스	(02) 871-0935
E-mail	min8728151@rainbowbook.co.kr

ISBN 978-89-6206-560-2 (93690)
값 18,000원

*본서의 무단복제를 금하며, 잘못된 책은 구입한 곳에서 교환해 드립니다.

PHYSICAL EDUCATION RECONCEPTUALIZED

PERSONS, MOVEMENT, KNOWLEDGE

By
SAUL ROSS, Ed.D.
University of Ottawa

Published and Distributed Throughout the World by

CHARLES C THOMAS · PUBLISHER, LTD.
2600 South First Street
Springfield, Illinois 62704

This book is protected by copyright. No part of
it may be reproduced in any manner without
written permission from the publisher.

©2001 by CHARLES C THOMAS · PUBLISHER, LTD.

ISBN 0-398-07124-1 (hard)
ISBN 0-398-07125-X (paper)

Library of Congress Catalog Card Number: 00-060771

With THOMAS BOOKS *careful attention is given to all details of manufacturing and design. It is the Publisher's desire to present books that are satisfactory as to their physical qualities and artistic possibilities and appropriate for their particular use.* THOMAS BOOKS *will be true to those laws of quality that assure a good name and good will.*

Printed in the United States of America
SR-R-3

Library of Congress Cataloging-in-Publication Data

Ross, Saul, 1934-
   Physical education reconceptualized : persons, movement, knowledge I Saul Ross.
     p. cm.
   Includes bibliographical references and index.
   ISBN 0-398-07124-1 -- ISBN 0-398-07125-X (pbk.)
   1. Physical education and training--Study and teaching. I. Title.

GV361.R58 2000
61Z 7'07--dc21

00-060771

매우 특별하고 소중한 사람들에게:
끊임없는 격려와 지원을 해준 아내 파멜라;
딸 카린, 사위 브라이언, 손녀 퀸턴과 세레나; 딸 다나, 사위 존, 손자 콜린;
돌아가신 부모님 알 로스와 골디 로스를 기억하며.

서문

체육[1] physical education은 현재 모든 수준의 교육기관에서 존립에 대해 심각한 도전에 직면해 있다. 최근에 명성의 대학 전공과정 중 다수가 폐지되었다. 그 영향은 초등학교와 중등학교에도 크게 미쳤다. 경제가 어려움에 따라 공공 재정 지원이 축소되었고 체육은 생존을 위해 각고의 노력을 쏟고 있다. 체육은 이전에도 공격을 받은 적이 있지만, 이토록 격렬하지는 않았을 것이다.

체육은 학교에서 타 교과들과 동등한 과목으로 충분하게 인정받은 적이 없다.

이 분야의 많은 선도자들은, 학교 체육이 안고 있는 모든 문제의 기저에 중요 교과로의 인정 부족이 자리한다고, 지적하여 왔다. 인정 부족은 위상 격하로 이어지고, 이는 체육을 계속해서 만만한 희생양으로 만든다. 이러한 낮은 위상은 많은 체육교육자들이 느끼는 자존감을 떨어뜨리는 요인이다.

위상과 자존감을 떨어뜨리는 또 다른 요인은 많은 체육교육자들이 이 분야가 무엇에 관한 것인지, 왜 중요한지를 분명하게 표현하지 못하는 것이다. 달리 말해 우리는 학부모, 학교운영위원, 관리자, 정책입안자에게 교육에 대한 체육의 기여를 설명하는 능력이 부족한 영업사원이라는 것이다. 60년 넘게 표현되어 온 "검증되고 참된" 입론, 즉 체육이 참가자의 (신체, 심리/인지, 도덕을 포함하는) 사회적 발달과 건강에 기여하는 바에 근거한 입론에 거의 전적으로 의존해 왔다. 이 근거들은 체육이 수단적 instrumental 가치만 있지 내재적 intrinsic 또는 교육적 가치는 없다는 견해를 강화하는 틀에 박혀 있다. 우리는 같은 주장을 반복하고 표현을 다듬지만, 불행히도 결과는 변함이 없다.

---

[1] [역주] 우리 언어에서 체육은 다의多義어인데 대표적 용례는 다음과 같을 것이다. 1) 체육교과, 체육수업의 경우처럼 교육의 맥락에서 이해·실행되는 신체활동을 지칭하며 흔히 영어 physical education으로 번역 가능하다. 2) 문화체육관광부나 대한체육회의 경우처럼 영어 sport로 번역 가능하다. 3) 체육학이나 체육학과의 경우처럼 영어 exercise and sport 혹은 physical activity 혹은 human movement로 번역 가능하다. 이렇듯 체육의 다의성은 종종 혼란을 일으키기도 한다. 혹자는 1)의 경우를 체육교육으로 번역하여 혼란을 피하고자 하는데, 이는 '육'과 '교육'의 동의반복이라는 난점이 있다. 따라서 이 역서에서 체육은 원저의 뜻을 살려 physical education을 지칭하는 낱말로 일관되게 사용한다.

이 같은 평가에도 불구하고 그 입론들은 우리가 하는 일을 반영하는 만큼 나름의 가치가 있음을 유의하는 것이 중요하다. 그러나 그 입론들만으로는 대중과 교육 관료들에게 체육의 참된 가치와 사명을 납득시키기에 부족하다. 전통적인 접근법을 견지하면서 새로운 노선의 입론을 더해야 하는데, 그것은 지식 전달과 습득이라는 학교의 주된 목적을 근간으로 한다. 이 새로운 접근법을 활용하는 체육교육자는 다음의 두 가지 유형의 지식을 식별할 수 있다: ⑴ 전통적 입론들에 함축된 지식, 즉 건강 지식·과학 지식·역사 지식을 예로 하는 명제적propositional 지식, ⑵ 신체행위지식 Physical Action Knowledge(신행지PAK)에 특히 중점을 둔 절차적procedural 지식. 학생, 체육교육자, 스포츠지도자, 교수 등 모든 독자는 후자 유형의 지식에 매우 친숙한데 왜냐하면 그들은 배우는 자와 가르치는 자로서 그것을 경험했기 때문이다. 그들이 부족한 점은 그것을 명확하게 표현하거나 설명하는 것이다. 그 부족은 이 책을 읽으면 개선될 것이다.

이 책은 학교 교육과정의 "교"과를 정당화하는데 근간인 지식 전달과 획득의 맥락으로 체육에 대한 해명을 제공함으로써 앞에서 언급한 부족을 보완한다. 이렇듯 이 책은 이 분야의 근본 문제를 다룬다. 신체행위지식에 관한 해설은 체육 내생內生의endogenous 지식에 관한 해명이다. 이는 체육 프로그램을 구성하는 활동에 참여할 때 획득하고 표명하는 지식에 대한 해명이다. 다른 학문으로부터 차용한 지식인 명제적 지식도 논의될 것이다.

최근 화제가 된 TV 광고에서 NBA 스타인 찰스 바클리Charles Barkley는 자신은 역할 모범이 아니라고 단언하면서, 청소년들에게 부모를 모범으로 여기라고 촉구한다. 바클리의 단언에는 근본적인 오류가 있는데, 그가 역할 모범인지 또는 역할 모범이 될지의 결정은 그의 권한이 아니다. 그는 일단 대중의 눈에 띄면 역할 모범이 될 잠재력이 있으며, 과장과 홍보가 빈번한 NBA 팀의 일원이 되면 많은 대중에게 노출되기 마련이다. 실제 결정은 그의 시합을 보고 그의 발언을 듣고 경기장 안팎의 그의 행동을 접하는 사람들이 한다. 그의 행동은 긍정적이든 부정적이든 그가 어떤 역할 모범인지를 결정하지만, 그의 특성 중 어느 것을 모방할지는 그를 지켜보는 사람들이 결정한다.

각 체육교육자는 찰스 바클리와 비슷한 위치에 있지만, 매체 노출이 없기에 그 범위는 훨씬 좁다. 그러나 학교와 지역사회에서 역할 모범이 되는 것은 불가피하다. 매체 노출이 없는 체육교육자의 영향 잠재력은 훨씬 더 한정되지만 부인할 수는 없다. 체육교육자는 수업을 하고 운동부를 지도하고 부모나 동료 교사와 대화할 때마다 타인에게 영향을 미칠 가능성이 있는 행동을 한다.

직무전문가인 체육교육자는 이 분야의 대변자라는 표현에 잘 어울리는 역할 모범의 책임이 있다. 그 책임은 이 분야의 현직 실천가 각자에게 있으며, 무게는 덜하지만 이 분야의 입직을 준비하는 학생에게도 있다. 그들이 이 분야에서 대변자의 역할을 하는 것은 다음 단락에서 논의되는 바와 같이 큰 대가를 치르지 않는 한 피할 수 없다. 각 대변자가 직면한 중요하고 핵심적인 과제의 하나는 체육을 분야 밖의 사람들에게 잘 해석해 주는 방법이다. 다음의 선택들이 가능하다: (1) 계속 침묵하기, (2) 이 분야가 무엇에 관한 것인지 설명하기. 첫 번째의 침묵을 선택하는 것은 이 분야의 발전에 전혀 도움이 되지 않으므로, 직무전문가의 책임을 이행하는 과정에서 두 번째를 택할 것으로 가정한다.

이 분야를 해석하기로 선택한 직무전문가는 대체로 세 가지 방법 중 하나로 그렇게 할 수 있다.

(i) 부적절하게, 이 분야에 관한 적은 이해와 사람들이 활발한 신체활동을 할 때 실제로 무슨 일이 일어나는 지에 대한 이해 부족에 의지한다. 또는

(ii) 기본적으로 지난 60년 동안 사용되어 온 것과 같은 주장, 즉 학교 체육의 현실에서 볼 수 있는 설득력 없는 주장을 되풀이한다. 과거의 경험에 따르면, 같은 주장을 반복하는 것은 비록 표현을 달리 하더라도, 비슷한 결과를 가져올 가능성이 크다. 또는

(iii) 체육에 관한 새로운 개념을 논구하게 하고자 최신의 통찰을 활용하는 것으로, 체육은 내생 지식, 즉 활동에서 생성되고 기술 실행으로 표명되는 지식의 전달 및 획득과 깊은 연관이 있음을 분명하게 보여주는 것이다.

내생 지식의 전달과 획득이라는 새로운 노선의 입론을 채택한다고 해서 과거에 사용된 사회적 발달 및 건강에 관한 입론을 폐기할 필요는 없다. 이 노선의 사고는 사회가 중시하는 영역에서 체육의 가치를 계속 뒷받침한다. 하지만 그 입론은 더 이상 체육에 관한 최선의, 유일한 정당화가 아니다. 지식의 전달과 획득을 강조하는 노선의 입론을 활용하는 것은 체육을 교육의 핵심 사명 안에 위치시키며 추가로, 다른 입론(사회적 발달과 건강 기여)을 활용하여 우리의 입지를 보다 단단하게 할 수 있다.

이 책은 체육을 깊고 넓게 해설할 수 있는 다양한 입론을 제공한다. 이 책을 읽어 가면 인간, 사유의 과정, 명제지knowing that와 방법지knowing how to라는 두 가지 유형의 지식, 신체행위지식 그리고 인간이 단련운동exercise 프로그램이나 경기games와 스포츠의 기술을 배우고 실행할 때 발생하는 일을 더 깊게 이해하게 될 것이다. 이러한 이해는 체육을 성공적으로 해설하기 위한 기초이다. 모든 체육교육자를 이 분야의 박식한 해설자이자 유창한 대변자로 만드는 것이 나의 목표이다.

이 책의 접근 방식을 설명하는 것이 순서이겠다. 독자들은 철학에 관한 배경 지식이 튼실하지 않으리라 짐작되는데, 그렇더라도 사상事象의 본성nature, 옳음과 그름, 목적과 목표, 가치에 관한 문제에 직면하고 논제를 철학적으로 검토해야 할 때가 있다.

이 책 전체에서 논제를 이런 방식으로 검토하고 분석하며, 필요에 따라 문제를 설명하고 해명하기 위해 철학에서 개념을 빌려 오되 이해하기 쉬운 말로 바꾸어 표현한다. 적절한 경우 실제 적용 가능성을 언급할 것이다.

좋은 실천은 합당한 이론에 근거한다. 이론은 실천의 강화에 필요하고 실천은 이론의 수정을 뒷받침한다. 책 전체에서 이론을 제시할 때는 어렵지 않게 이해할 수 있도록 명확하고 읽기 쉬운 말로 한다. 제시한 자료는 이론과 실천의 간격을 좁히려는 의도를 담고 있다.

실천은 다음의 방식으로 강화될 것이다.

1. 교수-학습 과정을 더욱 깊게 이해하게 될 것이다. 이러한 이해의 확장은 인간 개념과 교육 개념의 맥락에서 학생들이 기술을 획득하고 실행할 때 어떤 일이 일어나는 지에 대한 보다 포괄적인 지식의 획득으로 나타날 것이다.

2. 교육의 개념을 더 잘 이해하게 될 것이다. 이는 체육교육자들이 모든 교육 토론에 더 높은 수준으로 참여할 수 있게 할 것이다. 체육교육자들이 교육계 동료들의 관심을 끌 수 있는 새로운 통찰을 보여주면 자신의 위상이 제고될 것이고, 따라서 체육의 위상도 제고될 것이다.

3. 이 책을 읽어 새로운 통찰을 얻은 직무전문가는 교수 및 교육과정에 관해 결정을 할 때 보다 사려 깊고 보다 나은 정보에 입각하려 애쓸 것이다. 이렇게 개선된 결정은 학생들의 지식 획득을 촉진하고 사회적 발달과 건강 증진에 보다 효과적으로 기여하는 데 도움이 될 것이다.

4. 직무전문가들은 더 유능하고 확신에 찬 이 분야의 대변자가 될 것이다. 그 능력은 보다 넓고 깊은 지식에서 비롯된다. 체육교육자들은 전문성(체육교수teaching, 스포츠지도coaching, 관리행정의 우수함)과 능동성(이 분야를 분명하게 해설하는 대변자)을 결합하는데 유리한 위치에 서게 될 것이다. 이렇듯, 직무전문가들은 훌륭한 역할 모범이 될 것이다.

책의 구성   1부에서는 정체성 논제에 초점을 맞추고 현 상황을 조명하기 위해 역사적 흐름을 살핀다. 이 책의 주 관심사 중 하나는 체육에서의 지식이기에, 이 주제를 여러 가지 방식으로 다룬다. 타 입문서와 달리, 이 책은 독자에게 이 분야를 구성하는 다양한 분과학문의 기초 내용을 소개하려 하지 않는다. 언급할 경우 그것은 교육과정의 구성 부분을 보여주는 체육의 "지식 지도"에 관한 개관을 제공하기 위함이다. 분과학문들의 교과목은 학부과정에서 제공될 것이다.

2부에서는 주로 다양한 인간관을 고찰할 것인데, 이는 어떤 인간(들)이 교육을 받을 수 있는지를 결정하기 위함이다. 체육의 사명은 지식의 전달과 획득이라는 맥락에서 교육의 사명과 일치해야 하기에, 3부에서는 지식의 개념을 탐색하는데 주력하며 신체행위지식, 즉 신행지身行知/PAK에 대한 해설로 마무리한다. 4부에서는 우리 분야의 앞선 양대 지향인 의료Medicine와 교육Education을 서술한 다음, 해명과 옹호가 가능한 사회적 발달과 건강 증진의 입론에 관한 최근의 해설을 상세하게 제공한다. 이 책은 5부에서 체육의 새로운 개념화에 대해 검토하면서 이 분야를 가장 잘 해설하는 방법에 관한 추가의 조언으로 끝을 맺는다. 결국 체육은 교육적 가치와 수단적 가치의 노선 모두에서 정당화될 수 있다.

특별한 점   현재의 직무전문가와 미래의 직무전문가(현재 학생) 모두가 이 분야의 유능한 실천가, 똑똑한 대변자가 될 수 있도록 돕기 위해 각 장은 체육을 외부에 해설하는데 활용할 입론의 노선을 구성하는 방식에 관한 조언으로 마무리된다. 이는 누적의 과정이다. 각 장의 마무리는 앞 장에 제시된 입론을 기반으로 삼고, 또 발전시킨다. 이 책은 체육에 대한 포괄적인 옹호로 끝을 맺는데, 다음의 두 가지를 요지로 하여 구성된다. 하나는 사회적 및 건강상의 혜택을 상술하는 전통적 접근에 뿌리를 두고 있고, 다른 하나는 지식 전달과 획득의 맥락에서 이 분야를 해설한다.

대상 독자	이 책은 입문이나 기초, 체육 및 스포츠 철학, 고급 캡스톤 등을 수강하는 학부생에게 유익할 것이다. 이 책은 직무전문가들이 우리 분야를 해설하고 정당화하는데 도움을 주는 자료를 제공하기에, 모든 현직 체육교육자는 한 권쯤 소장해야 한다. 그러면 만일의 공격에 직면할 때 독자들은 훨씬 잘 무장되어 비판에 반박할 수 있을 것이다. 학교운영위원, 행정가, 입법자는 이 책을 읽으면 도움이 될 것인데, 새로운 체육 개념을 제공하기에 그러하다.
책의 범위	이 책은 인간, 움직임movement, 지식, (신체·심리·정서·도덕 발달을 포함하는) 사회적 발달과 건강에 관한 것이다. 결국, 체육은 무엇에 관한 것이다. 이 주제들에 대해 여러 관점에서 쓰이고 여러 학문에서 나온 책들은 많다. 그러나 내가 아는 한 아동, 청소년, 성인 - 묶어서 인간 - 이 단련운동exercise, 무용, 수상활동aquatics, 경기games, 스포츠에 참가할 때 어떤 일이 일어나는지를 교육의 관점에서 상술하기 위해 위의 주제들을 결합한 예는 없다. 이러한 다양한 주제를 읽기 쉬운 방식으로 연결하는 일은 모든 독자가 개념들을 이해하고, 주장들의 의의와 효력을 파악하며, 그것들을 어떻게, 언제, 어디서 사용해야 하는지에 대한 조언을 받아들일 수 있게 여러 수준으로 해설을 제시해야 한다.
책의 개념적 흐름	교육은 인간이 하는 일이다. 그렇다면 교육에 속한 체육 역시 인간의 일이라는 것은 논리적 귀결이다. 이러한 맥락을 고려하면, 논리적으로 다음 단계는 인간이 체육의 핵심 관건임을 분명히 보여주는 것이다. 인간에 관한 견실한 이해는, 통상적으로 학부 직무전문가 양성과정에서 직접 다루는 주제는 아니지만 성공적 실천의 기본 요건이며, 체육에서 우리가 하는 일에 대한 분명하고 강력한 해설의 출발점이

기도 하다. 인간에 대한 논의 다음에 우리가 가르치는 것에 관심을 기울인다.

우리는 사람에게 움직이는 방법을 가르친다. 사람들이 단련운동에 참가하고 스포츠 기술을 실행할 때 어떤 일이 일어나는 지에 대한 심리학, 생리학, 생체역학의 설명은 많이 있지만, 적절한 철학적 해명은 개탄스러울 정도로 부재하다. 비록 많은 철학자들이 의도적인 행위의 개념을 논구했지만 의도적인 행위, 지식, 체육 간의 연관성을 밝힌 경우는 거의 없다. 기술 실행이 본성상 개념적이며 기술 실행에는 필수의 사유 과정이 있음을 보여주기 위해, 그 연관은 난해한 용어와 전문적 용어보다는 명확한 산문체로 제시될 것이다. 기술 실행은 지식을 함유한 움직임으로 합당하게 기술될 것이다. 기술 실행은 신체에 의해서만 실행되기에 사유 부재라는 주장에 대해 반박할 수 있는 입론이 상세히 서술될 것이다.

기술 실행과 관련된 것에 대한 확고한 이해를 포함하여, 인간에 대한 보다 명료한 이해는 지식 개념을 탐구하는데 견고한 기초를 제공한다. 이 주제는 두 가지의 전통적 지식 유형인 명제지와 방법지의 맥락에서 다루어진다. 너무 오랫동안, 체육의 선도자들은 이 분야의 교육적 성분을 정당화하기 위해 여러 학문에서 차용한 명제적 지식(명제지)을 언급해 왔다. 유감스럽게도, 체육과 관련된 방법지는 최근의 출판물 두세 권에서 짧게 언급되었을 뿐 대체로 간과되어왔다. 불행한 일이다. 방법지는 우리의 학습자가 획득하고 실행하는 무수한 움직임과 기술에서 발생하는데 말이다. 이러한 간과는 이 책에서 우리의 고유한 영역인 신체행위지식, 신행지에 대한 자세한 해명으로 바로잡힌다. 독자들은 이제 체육을 타 학문에서 차용한 지식과 함께 고유한 지식 유형인 신체행위지식 즉 신행지의 전달과 획득이라는 내재적 교육 가치의 맥락에서 해설할 수 있는 위치에 서게 될 것이다.

전통적인 사회적 발달 입론의 노선을 뒷받침하기 위해 실증적 증거와 통찰력 있는 관찰자의 경험에 기초한 근래의, 엄밀한, 타당한 자료를 제시할 것이다. 또한 단련운동 및 스포츠 참여가 질병을 예방하며 건강을 개선하고 유지하는데 기여하는 바에 대한 정확한 해설도 제공한다. 최근의 연구 결과를 강조하기 위해 관련 자료들을 살필 것이다.

현재와 미래의 직무전문가들이 활용할 수 있는 여러 가지 입론들이 곧 제시된다. 체육을 교과로 해설하고 옹호하는데 있어 소극적 태도는 적극적 태도로 대체된다. 이렇듯, 이 책은 체육이 존속할 수 있도록 하는데 기여함으로써 아동 및 청소년, 성인이 그와 같은 본성의 프로그램에 참여하여 얻을 수 있는 혜택을 계속 누릴 수 있게 한다는 점에서 매우 실천적이다.

솔 로스

감사의 글

나는 경력 내내 많은 현명한 사람들의 영향을 받았다. 일일이 열거하기에는 너무 많지만 몇 사람은 특별히 언급해야 하겠다. Leon Charette 박사, Stewart A. Davidson 박사, John Eisenberg 교수, Edward McCullough 박사, Christopher Olsen 박사, Earle F. Zeigler 박사. 그들의 지도, 조언, 도움에 진심 어린 감사를 표한다.

많은 시간을 내어 문서 작업을 해준 Claudette Ladouceur에게 특별한 감사를 드린다.

목 차

서문 · vi
감사의 글 · xv

제1부 우리의 현 상황

1장 개관 ··· 3
    교육에서 체육 · 5   새로운 노선의 입론 · 9

2장 신체적인 것의 교육 대 신체적인 것을 통한 교육 ························· 11
    신체적인 것의 교육 · 15   신체적인 것을 통한 교육 · 18
    새로운 노선의 입론 · 22

3장 대학 학문 ··· 23
    헨리의 입장 · 25   학문의 구성 · 27
    지식 지도 · 31   보다 정확한 서술 · 33
    교육학: 새롭게 발전하는 학문 · 33   우리의 현 위상 · 35
    분야의 재통합: 작은 발걸음 · 36   새로운 노선의 입론 · 38

4장 움직임교육/인간움직임 ·· 41
    학교 프로그램 · 43   기본 움직임 · 44
    교수 방식 · 46   프로그램 지향: 학생 중심 대 교과 중심 · 47
    학문으로서 움직임교육 · 50   프로그램의 현 상황 · 51
    새로운 노선의 입론 · 52

5장 인간운동학 ··· 54
    최근 사건들 · 57   추가의 논구 · 59
    첫 번째 비평 · 63   두 번째 비평 · 66
    세 번째 비평 · 70   연구 대상 · 71
    전공 영역들에 대한 분석 · 74   네 번째 비평 · 80
    다섯 번째 비평 · 82   여섯 번째 비평 · 85
    새로운 노선의 입론 · 87

제2부　교육 가능한 존재인 인간

6장　교육과 체육에서 인간 ·· 93

인간 · 94　　　　　　　　　　　정신과 신체 · 95
오직 신체 · 96　　　　　　　　 통합된 존재 · 97
학습자와 학습 · 98　　　　　　 새로운 노선의 입론 · 99

7장　이원론: 정신과 신체 ··· 100

방법적 회의 · 101　　　　　　　신뢰할 수 없는 감각 · 102
데카르트 이론 속에서 "나" · 103　정신과 신체의 정의 · 104
분리된 실체인 정신과 신체 · 105　심신 관계 · 105
데카르트식 인간과 신체적인 것의 교육 · 106
데카르트식 인간과 신체적인 것을 통한 교육 · 107
데카르트식 인간과 체육 · 108　　데카르트식 인간과 교육 · 109
우리의 유산 · 110　　　　　　　논증의 새로운 노선 · 110

8장　오직 신체인 인간 ·· 112

행동주의: 개관 · 113　　　　　　강화의 우발 · 115
조작적 조건화 · 115　　　　　　 스키너식 인간 · 116
몇 가지 난점의 등장 · 117　　　 불충분한 과학 · 118
부적절한 설명 · 119
행동주의 이론이 설명할 수 없는 인간 행동 · 120
윤리적 함의 · 121　　　　　　　스키너식 인간과 교육 · 122
스키너식 인간이 표명하는 지식 · 124　스키너식 인간과 체육 · 124
거부된 오직 신체인 인간 · 125　 새로운 노선의 입론 · 125

9장　통합된 존재인 인간 ··· 127

개관 · 129　　　　　　　　　　 스트로슨식 인간 · 130
근본 가정 · 134　　　　　　　　우리 자신의 존재에 대한 해명 · 135
전면에 부각된 행위 · 137　　　 지식 획득, 지식 표명 · 139
스트로슨식 인간과 체육 · 141　　스트로슨 이론의 타당성 · 142
새로운 노선의 입론 · 143

제3부 앎과 움직임; 움직임과 앎

10장 명제지와 방법지 ········· 147

명제지 • 147
지식 표명의 다른 방식 • 150
행위 속 지성 • 151
또 하나의 구별 • 155
체육에 도입 • 156
나는 안다 • 160
체육에 대한 시사 • 150
방법지 • 151
기술 실행과 습관 • 154
지식과 이해 • 156
지식 표명과 평가 표준 • 157
새로운 노선의 입론 • 161

11장 의도적 움직임 ········· 162

의도적 행위 • 163
새로운 노선의 입론 • 168

12장 움직임 지식 ········· 169

신체행위지식, 신행지 • 170
새로운 노선의 입론 • 180
체육의 내생 지식 • 178

제4부 전통적 접근

13장 의료-교육: 짝진 전통적 지향 ········· 183

20세기 초반의 발전 • 186
몇 가지 해명 • 193
새로운 노선의 입론 • 198
20세기 중후반의 발전 • 189
분화에서 결집으로 • 196

14장 "사회적" 발달 ········· 201

신체적 발달 • 202
지성적 발달 • 209
새로운 노선의 입론 • 212
심리적 및 사회적 발달 • 202
도덕적 발달 • 211

15장 건강 ········· 216

신체활동이 특정 질병 및 의학적 상태에 미치는 영향 • 218
(단련)운동은 예방 의료 • 230
새로운 노선의 입론 • 231

제5부 체육 개념의 재정립

16장 새로운 이해 ·· 239

　공공 학교 체육 · 239　　　　　　대학 체육 · 242
　이 분야 해설하기 · 243

　부록 A · 245
　부록 B · 247
　찾아보기 · 248

제 1 부

우리의 현 상황

1장 개관
2장 신체적인 것의 교육 대 신체적인 것을 통한 교육
3장 대학 학문
4장 움직임교육/인간움직임
5장 인간운동학

학교 교과로서 체육은 지난 세기 동안 프로그램과 개념화의 방식에서 많은 변화가 있었다. 19세기 말에서 20세기 초까지 당시 체조로 불린 프로그램은 전적으로 건강에 맞춰져 있었다. 그 당시 지향은 교육보다는 의료였다. 20세기 초 미국의 심리학자들과 철학자들이 주창한 혁신적 교육 개념의 영향 아래 이 분야의 선도자들은 신체육New Physical Education이라고 칭한 프로그램을 개발하기 시작했다. 이 수정된 프로그램은 미국 교육의 새로운 역할 및 목적과 양립할 수 있었다. 체육의 지평은 의료 지향을 넘어 교육에 초점을 맞추어 확장되었다.

교육의 필수부분으로서 체육의 위상은 정당화가 필요했다. 이 분야의 선도자들은 구체적 역할을 분명하게 정립해야 했고 목표를 명료하게 표명해야 했으며 교육에 기여하는 바를 설명해야 했다. 이 프로그램에 대한 서로 다른 견해에 기초하여 다수의 언설들이 개발되었다. 주요 개념들이 상세하게 밝혀지면 선도자들이 이 분야를 어떻게 달리 구상했는지, 자신들의 견해를 지탱하기 위해 어떤 입론을 사용했는지가 드러날 것이다. 이러한 다양한 견지에서 나타나는 것은 지식의 개념과 인간을 구성하는 것에 대한 상이한 이해와 관련된 논제들이다. 각각의 체육 개념이 서술되고 분석됨에 따라 여러분은 그것들의 상대적 강점과 약점을 발견할 것이며, 보다 중요하게는, 체육을 교육의 필수부분으로 정당화하는 요구가 여전히 존재하는 이유를 알게 될 것이다.

고등교육의 수준에서 프로그램의 변화는 시기에 따라 다양한 방식으로 발생했는데, 이는 관련된 논제들의 순위가 달랐기 때문이다. 3장과 5장에서 논한 외부의 힘, 그리고 주로 학적 열망의 변화인 내부의 힘은 학과 운영과 관련하여 교수들 간의 상당한 논쟁을 촉발했다. 체육교사 양성은 과거처럼 지속해야 하는 책무인가? 스포츠지도, 스포츠관리sport administration, 체력평가/상담과 같은 새로운 직업의 선택을 위한 직무 준비를 포함하도록 역할을 확장해야 하는가? 아니면, 학과는 지식의 창출 및 전달에 국한된 학문 지향에 매진하기 위해 직무 준비에 대한 관여는 접어야 하는가? 이러한 논쟁은 대학 학과의 역할 및 기능을 중심으로 한 정체성 위기의 징후로 간주될 수 있다.

대학 전공과정이 개편됨에 따라 학과 명칭으로서 체육의 적절함에 대한 의문이 등장했다. 명칭에 의문을 제기하는 것은 정체성 위기의 또 다른 증상으로 볼 수 있다. 학적 관심의 확장과 직업 선택의 확장을 반영하고자 다수의 새로운 명칭이 채택되었다. 명칭의 다양화는 정체성 위기의 추가적 증거로 볼 수 있다.

제기된 논제들과 드러난 정체성 위기의 바탕은 지식 개념이다. 좀 더 정확하게는 어떻게 새로운 지식이 연구를 통해 창출되는지, 그리고 그것이 어떻게 보급되는지가 초점이다. 교수는 특정 학문의 구성원으로서, 자체 목적의 지식 전달을 넘어서는 방식으로 자신과 동료 학자들이 창출한 지식을 보급할 책임이 있는가? 모든 교수는 해당 학과에 등록했거나 해당 주제 영역을 전공하는 학생들의 직무 준비에 관여하고 있는가, 혹은 관여해야 하는가? 이러한 사안에 대한 논의가 진행됨에 따라 여러분은 어떻게 지식이 구성되고 구조화되는지를 알게 될 것이다. 즉, 이해를 돕기 위해 연구 분야, 학문, 분과학문 및 직무 준비 등의 용어들을 설명한다. 또한, 개별 학문이 어떻게 지식체를 확장하고 명료하게 하는지를 설명하기 위해 연구가 개시되고 실행되는 방식과 관련된 기본 개념들을 제시할 것이다.

모든 학교 및 대학 과목들과 마찬가지로 체육은 지식의 전달 및 획득과 관련이 있다. 체육은 두 가지 유형의 지식, 명제적 지식(명제지) 및 절차적 지식(방법지)과 관련이 있다. 이 개념들은 1부에서 소개되고 제3부 앎과 움직임: 움직임과 앎에서 더 깊고 넓게 논의된다.

01 개관
INTRODUCTION

　체육은 모든 수준의 교육과정에서 이례적인 위치에 있다. 초등 및 중등 학교에서 체육은 타 교과들과 동등하게 여겨지지 않는다. 이 문제는 종종 체육 점수를 전체 성적에 포함시킬지 여부에 관한 논쟁에서 드러난다. 공교육이 재정 압박을 받을 때면 체육은 미술, 음악과 함께 예산 삭감의 희생양이 되었다. 학교 행정가와 정책 입안자는 예산 삭감에 직면할 때 시수를 축소하거나 프로그램을 폐지할 최우선 교과의 하나로 체육을 꼽는데 거의 주저하지 않았다. 이러한 실행 방침은 전 세계의 많은 국가에서 이어지고 있다 (Andrews, 1995; Hardman, 1995). 프로 스포츠가 "우리 사회에서 타의 추종을 불허하는 인기 (Field, 1993, p. 361)"를 누리고 있는 시대에 체육 프로그램의 축소가 실행되고 있음은 이율배반이라고 하겠다. 체육과 스포츠는 관계가 명백하고 스포츠의 인기는 증가하고 있음에도 불구하고 그 축소는 실행된다.

체육의 낮은 위상과 불안정한 입지를 설명하는데 뒷받침이 되는 다수의 근거들은 확인할 수 있다. 체육이라는 명칭은 일견 다른 명칭의 주창자들이 지적하듯이 자체에 문제가 있는 듯 보인다. "신체적physical"이라는 낱말은 몸body을 지칭하며 신체적 강함, 신체적 발달, 신체적 건강, 신체적 외모처럼 몸의 다양한 특징을 언급할 때 사용된다. 흔히, 이런 방식으로 사용되는 경우 몸에 대한 언급은 마음mind과 대조된 의미이고, 낱말 "신체적"에 낱말 "교육"이 붙은 이 명칭은 인간 몸을 발달시키고 유지하는 활동으로 구성된 교육의 과정을 의미하는 것으로 해석될 수 있다.

이 용어에 관한 그 같은 오해로 인해 적어도 두 가지의 심각한 귀결이 발생한다. 첫째, 운동 기술의 습득은 본질상 명백하게 신체적인 것으로 인간의 정신적mental 차원이 부재하는 것처럼 생각될 수 있다. 둘째, 만일 체육은 교육의 필수 부분이라는 주장이 운동 기술의 전달 및 획득은 체육의 개념체body of concepts를 표현한다는 단언에 근거한다면, 지식을 정신에만 국한시키는 전통적 이해에 의해서 그 주장은 근거가 불안정하다. 이러한 논제는 이후의 장에서 포괄적으로 다루어진다.

교육의 맥락에서, 현 시대에서조차, 신체보다는 정신이 더 중시된다. 많은 교육자와 학부모는 여전히 학교 교육과정을 학업academic과 비학업이라는 두 개의 범주로 나누는 경향이 있다. 비학업으로 알려진 교과는 위상이 격하된다.

이따금 우리에 대한 최악의 적은 우리 자신이다. 한 저명한 선도자는 글을 통해 자신이 체육의 중요함을 과소평가해 왔고 이 분야의 전공에 속한 지성적 도전에 회의적이었던 것 같다고 고백한다(Cooney, 1994a). 그는 후일의 출판물에서(Cooney, 1994b), 모든 수준의 교육에서 체육이 시달린 감축에 대해 한탄하며, **모든** 체육교육자에게 이 분야의 방어에 나설 것을 촉구했다. 이 분야를 방어하는 과업을 제대로 수행하기 위해서는 교육의 맥락에서 체육을 이해할 필요가 있다. 이 책에서 제공하는 해명은 앞 단락들에서 예시한 체육에 대한 부당한 비판들을 반박할 것이다.

비록 몇몇 오래된, 명성의 대학 체육 전공과정이 사라졌지만(Reekie와 Wilkinson, 1997, p. 1), 존속 이외에도 다수 논제들이 고등교육 관련자들의 이목을 사로잡았다. 그것들은 아래의 네 가지 표제로 요약할 수 있다:

1. 위상: 체육, 인간동학human kinetics, 스포츠과학, 인간운동학kinesiology 교수의 지위를 높여 타 학과 동료들과 동등하게 하기 위해 할 수 있는 일은 무엇인가?

2. 기능: 직무의 준비를 우선해야 하는가, 아니면 연구를 통해 지식체를 강화해야 하는가?
3. 정체: 이 분야의 합당한 명칭은 무엇인가?
4. 사명: 우리 분야가 학문과 사회에 대해 기여해야 것은 무엇이고, 기여할 수 있는 것은 무엇인가?

네 개의 논제들은 서로 연관되어 있다. 그것들이 어떻게 해결되는지는 학교 체육 프로그램에 대한 깊고 넓은 의의를 담고 있다.

위 사안들은 이 분야에 관해 제안된 다양한 개념들을 검토하는 1부의 각 장에서 다루어진다.

교육에서 체육

체육의 위상에 관한 관심, 즉 교육에서 체육의 자리를 명료화, 정당화하는 것은 20세기 내내 이 분야 선도자들이 다룬 주요 주제 중 하나였다. 많은 이들이 체육은 교육의 필수 부분이라는 견해를 피력했다. 그 언설들의 일부는 단순하게 직설적인 주장들이고, 다른 언설들은 자신들의 입장에 대한 정당화로서 체육 수업에서 일어나는 학습을 지적하는데, 한편 여전히 다른 이들은 이 입론 노선의 원조 중 하나인 윌리암스(J.F. Williams, 1930a, b)를 시작으로 체육과 교육의 다수 목적과 목표가 일치하기에 체육은 교육의 필수 부분이어야 한다고 주장한다. 윌리암스가 추구한 노선은 1918년에 권위 있는 중등교육개편위원회 Committee on the Reorganization of Secondary Education가 "교육의 7대 원칙Seven Cardinal Principles of Education"을 규정한 성명서(Van Tyl, 1974, p. 21; Educational Policies Commission, 1961, p. 2)에 비춰보면 잘 이해할 수 있다. 이 문서는 교육의 건강, 사회, 여가recreational 목적을 강조하고 있으며, 따라서 체육은 쉽게 수용될 듯 보인다.

"대논쟁The Great Debate"(신체적인 것의 교육으로서 체육education of the physical 대 신체적인 것을 통한 교육으로서 체육education through the physical)이 대두된 이래, 양 입장은 각자 어떻게 교육의 건강, 사회, 여가의 목적에 부합하는지를 보여주고자 입론을 구축하였다. 이들과 그 외의 많은 노력에도 불구하고, 체육은 통상 부차적인 교과로 간주되고 여가와 건강 가치 때문에 용인 또는 환영을 받지만 다른 교과와 같은 위상은 인정받지는 못했다. 부분적으로, 인정의 부족은 타 교과와 체육 간의 비교에서 비롯되는데, 전자는 연구의 초점과 전달하는 개념의 맥락에서 정의되는 데 비해, 후자는 연구의 초점에 관한 물음이 제기되면 그것의 목적에 관한 진술 및/또는 교육에서의 기능에 관한 정의로 응답한다.

저명한 선도자로 저술가, 편집자인 부쳐C.A. Bucher는 『체육의 기초Foundations of Physical Education』 제6판에서 그러한 정의를 제시한다. "체육은 전체 교육과정의 필수 부분으로서 신체적, 정신적, 정서적, 사회적으로 적합한 시민의 계발을 목적으로 하며 이러한 결과의 실현이라는 견지에서 선택되는 신체활동을 매개로 한다"(p. 7). 체육의 기본적 정의에 대해서는 다수다양의 견해들이 있지만(예를 들어 니콜스Nichols, 1990, p. 3; 럼킨Lumpkin, 1986, pp. 8-14, 참조), 체육은 참가자의 신체적, 사회적, 정신적, 정서적, 도덕적 발달에 기여하는 방식으로 신체활동을 활용하는 과정이라는 점에는 일반적, 공통적으로 동의한다. 프리만Freeman은 다음과 같이 요약 진술을 제공한다. **"체육은 개인의 전체를 발달시키기 위해 신체적 수단을 활용한다"**(1997, p. 5).

체육은 교육의 필수 부분이라는 주장은 신체활동을 매개로 참가자의 좋은 건강과 사회적 발달에 기여함에 기초한다. 이것들이 중요하고 가치가 있다고 인정되지만, **교육의** 맥락에서 반드시 제기되어야 하는 물음은 부차적이고 수반되는 혜택들과 비교하여 지식 전달 및 획득의 상대적 이점에 관한 것이다. 메시니Metheny는 "역사적으로 교육은 지식, 기억, 사고, 문제 해결이라는 **인지 영역**의 행동에 주목하여 왔다"(1975, p. 73)고 지적한다. 체육에서 강조하는 부차적이고 수반되는 혜택들은 가치가 있지만 그 중요함은 지식의 전달 및 획득보다 덜하다.

이러한 교육의 핵심 관건은 논평을 덧붙일 이유가 있다. 저명한 체육 및 스포츠 철학자 아놀드Arnold는 이에 대해 간명하게 말한다. "교육이 관여할 수 있는 모든 것의 핵심은 지식과 이해의 발달이다"(1991, p. 66). 교육에서는 지식의 전달 및 획득이 가장 중요하다. 학교 체제 내에서 사회 및 건강의 요인은 간과할 수 없는데 학습의 효율에 영향을 미치기 때문이다. 또한, 각 사회는 용인 가능한 행동을 포함하여 사회의 문화, 전통, 가치의 많은 부분을 학교가 다음 세대에게 전달하도록 힘써 왔지만, 교육의 가장 중요한 책무는 지식의 전달이다.

우리 분야에서 지식 전달의 중요함에 관해 크렛츠머Kretchmar는 지적한다. "스포츠, 단련운동과학 그리고 체육은 인간 움직임에 관한 지식을 생산하고 그것을 다른 사람들 – 운동선수, 체력고객, 그리고 활동 프로그램에 참여하는 학생을 포함 – 과 공유할 책임이 있다"(1994, p. 118). 만일 그것을 다른 사람들과 공유한다는 그 문구가 여러 분과학문에서 모아 학습자에게 전달하는 인간 움직임에 관한 지식만을 의미한다면, 은연중에 우리의 프로그램을 구성하는 활동들에 수단instrumental 가치의 위상을 부여하게 되기에 위의 충고는 만족스럽지 못하다. 조금 달리 말하면, 그 활동들을 다른 지식 – 몇 가지 말하자면 생리학, 심리학, 사회학, 윤리학의 – 이 전달되는 수단으로 활용하는 것 이외에 활동 참여 자체를 통해 획득하는 지식에 대해서는 언급이 없다.

외재extrinsic 또는 수단 가치와 내재intrinsic 가치 간에는 차이가 있다. 외재 또는 수단 가치에 귀속되는 경우 관심은, 예를 들어 학교 교육과정에서 체육의 존립에 대한 근거로서 건강, 체력 및 사회적 발달의 혜택을 지목하는 바와 같이, 활동 자체가 아닌 것으로 향한다. 수단 가치에 귀속되는 경우 활동 자체는 이차의 지위로 격하된다. 극명하게 대조하여, 내재 가치의 귀속은 활동이 그 자체로 좋음이어야 정당화된다. 이러한 해명은 활동 참여에서 파생하는 가치와 혜택에 의문을 제기하는 것이 아니라, 활동이나 학교 교과를 정당화하려는 시도의 근거로서 도구 가치와 내재 가치 간의 중요한 차이를 명확히 하려는 것임을 유의하자.

내재 가치는 그 자체로 좋음인 활동이나 교과에 초점을 둔다. 그런 활동을 인증하는데 부수의 이로움은 있더라도 주목할 필요가 없다. 예를 들어, 영어를 정확하게 말하기와 쓰기의 학습은 내재적 근거로 쉽게 정당화될 수 있지만, 동시에 발생할 수 있는 많은 다른 이로움(외재 가치)도 지적할 수 있다. 내재 가치를 주장하는 것은 외재 또는 수단 가치에 의존하는 것보다 훨씬 강력하다.

내재 가치와 수단 가치의 구별은 교육에서 발생한다. 아놀드는 "교육의 의미에서 또 다른 핵심은 교육을 구성하는 활동들 또는 교과들이 가치 있기 위해서는 지식과 이해의 맥락에서 내재 가치를 충족해야 한다는 것, 즉 그것 자체 때문에 추구하지 외재의 이유 때문만은 아니라는 것이다."(1991, p. 67)고 말한다. 체육에 관한 교훈은 매우 분명하다. 우리는 우리의 프로그램을 구성하는 활동의 참가로부터 전달받고 획득하는 지식의 맥락으로 틀이 짜인 가치, 즉 내재 가치에 근거하여 우리의 교과 영역을 정당화하는 입론을 개발해야 한다.

수단 가치에 근거하여 체육이 교육의 필수 부분임을 정당화하는 시도는 성공하지 못했다. 사회적 발달과 건강에 초점을 맞춘 여러 가지 근거들이 제시되었지만 그 근거들은 도전을 받고 우리의 불안정한 현 위상에 의해 명백히 반박되었다. 논저들 중 가장 화려한 구절이라고 할 것인데, 메시니는 체육이 학교 교육과정에서 어떻게 자리를 유지해 왔는지를 보고한다.

교육 사상의 발전 단계에 따라 체육은 전진하고자 힘써왔다. 하지만 각 단계에서 우리는 타 교육자들의 실제 공격과 가상 공격을 막기 위해 후퇴하여 오래된 생물학적 총을 발사하는 것이 필요함을 깨달았다. 우리는 우리의 오래된 19세기 소총을 잘 활용했다. 우리는 주 의회의 법률과 규정에 관한 많은 전투에서 승리를 위해 그것을 다듬었다. 그리고 최근 우리는 유럽 아이들이 미국 아이들보다 더욱 유연함을 증거로 그것을 장전했고 중앙 정부의 체력 담당 준내각 직책을 쟁취했다. 당시 19세기의 체력단련가들이 시동을 건 바퀴는 완벽하게 굴러가는 듯 보였다. 우리는 우리가 100년 전 시작했던 곳으로 되돌아왔고, 체력이라는 낡아빠진 생리학적 현수막은 다시금 우리의 교육 진지에서 의기양양하게 휘날리고 있다 (1975, p. 15).

체육의 선도자들은 심각한 도전을 받을 때 체육이 교육의 필수 부분임을 정당화하고자 사회적 발달과 건강에 대한 기여라는 동일한 주장에 계속 의지한다.

메시니의 충고가 있은 지 20년이 흘렀지만 우리는 여전히 동일한 기본 접근에 기댄다. "우리의 직무는 체력과 건강을 활기차게 증진시키는 것이다. 우리는 학교이사회, 납세자, 입법자에게 우리 자신을 옹호할 때마다 이 두 개의 '단추'를 격렬하게 반복하여 누른다…"(Kretchmar, 1994, p. 96). 전미스포츠체육협회National Association for Sport and Physical Education 사무총장 주디스 영Judith C. Young 박사는 건강에 대한 과도한 강조를 경고한다(1995, p. 2). 그러한 경향에 맞서기 위해서는 학습자의 사회적 발달에 대한 기여를 다시 주목할 필요가 있다. 다시금 체육의 실상은 수단 가치의 맥락에 놓인다.

1950년대 후반과 1960년대 초반에 시작하여 지금까지 체력 개념에 대한 강조는 이어지고 있다. 이 노선의 사고는 건강 또는 건강한 생활양식이라는 더 넓은 영역 내에서 체력을 생각하는 쪽으로 진화했다. 일부 지지자들은 이 성분을 체육의 존재 이유이자 가장 중요한 역할로 여긴다(Crase와 Hamrick, 1994; Morrow, 1992). 주디스 영과 같은 이들은 프로그램의 사회적 발달 요소를 계속 장려하며 더욱 부각시킨다. 학교 환경 내에서 체력 추구는 신체적인 것**의** 교육으로 이해될 수 있는 반면, 사회적 발달 요소는 신체적인 것을 **통한** 교육으로 일컬어질 수 있다. 신체적인 것**의** 교육으로서 체육 대 신체적인 것을 **통한** 교육으로서 체육이라는 개념적 틀은 **대논쟁**에서 물려받은 유산의 하나다. 이는 다음 장에서 집중 검토할 체육에 관한 첫 번째 교육적 개념이다.

새로운 노선의 입론

 과거 체육은 교육의 필수부분으로 위상을 정당화하는 요구 속에 있었다. 체육의 주장은 신체활동 참여를 매개로 하는 좋은 건강과 사회적 발달에 대한 기여에 근거했다. 이러한 기여는, 가치가 있지만 교육의 주된 기능인 지식의 전달 및 획득에 비해 후순위로 중요한 보조적이고 부수적인 이로움에 해당한다. 건강과 사회적 발달의 이로움을 지목하는 것은 체육의 수단 가치를 강조하는데 도움이 되는데, 반면에 다른 학교 교과들은 내재 가치를 인정받는다.

 일부 선도자들의 충고에도 불구하고 우리는 계속해서 같은 노선의 입론을 사용하고 있다. 체육을 옹호해야 하는 요구는 계속되고 있다. 그 요구는 과거보다 지금이 더 큰 듯하다. 과거의 역사로 볼 때, 같은 입론의 사용은 마찬가지의 성공 부족으로 귀결될 수 있다. 새로운 노선의 입론이 필요하며, 이는 우리가 현 상황에 어떻게 이르게 되었는지에 대한 보다 큰 통찰이 있어야 진전이 이루어질 것이다.

References

Andrews, J.C. (1995). Physical education and sports of children and youth: F.I.E.P. policy and actions. *International Journal of Physical Education, 32*(4), 17-25.

Arnold, P.J (1991). The preeminence of skill as an educational value in the movement curriculum. *Quest, 43*(1), 66-77.

Bucher, C.A. (1972). *Foundations of physical education. 6th ed*. St. Louis: C.V. Mosby.

Cooney, D. (1994a). Physical educators do make a difference! *CAHPER Journal, 60*(1), 2.

Cooney, D. (1994b). Physical educators let's get active... *CAHPER Journal, 60*(2), 4.

Educational Policies Commission. (1961). *The central purpose of American education*. National Education Association of the United States, Washington, DC.

Feld, R.W. (1993). Kallinikos: A dialogue set in the 20th century. *Quest, 45*(3), 357-365.

Freeman, W.H. (1997). *Physical education and sport in a changing society. 5th ed*. Needham Height, MA: Allyn and Bacon.

Hardman, K. (1995). Present trends in the state and status of physical education: A global context. *International Journal of Physical Education, 32*(4), 17-25.

Morrow, J.R. (Ed.). (1992). Special forum: Are American children and youth fit? Review and commentary. *Research Quarterly for Exercise and Sport, 63*(2), 95-136.

Reekie, S.H.M. & Wilkinson, S. (1997). Defensive no more, *The Chronicle of Physical Education in Higher Education, 8*(2), 1, 13.

Van Tyl, W. (1974). *Education: A Beginning, 2nd*. Boston: Houghton Miflin.

Williams, J.F. (1960). A fundamental point of view in physical education. *The Journal of Health and Physical Education, 60*(1), 10-11.

Williams, J.F. (1930). Education through the physical. *The Journal of Higher Education, 5*(1), 279-282.

Young, J.C. (1995). What about the "education?" *NASPE News, Issue 41*, 2.

02

신체적인 것의 교육 대
신체적인 것을 통한 교육

EDUCATION OF VERSUS EDUCATION THROUGH THE PHYSICAL

    19세기에서 20세기로 전환될 즈음 이 분야에서 새로운 명칭인 체육physical education이 채택되었다. 이 새로운 명칭의 채택은 분야의 지향이 의료에서 교육으로 옮겨가고 있음을 의미했다. 보건hygiene, 신체 육성physical culture, 신체 훈련physical training 등의 이전 명칭들은 1800년대 후반 이 분야의 지향이던 의료적 및 생물적 가치의 강조를 반영했다. 명칭의 변화는 당시 많은 선도자들이 이 분야가 새로운 방향으로 나아가기를, 즉 교육에 더 부합할 수 있기를 열망했음을 뚜렷하게 보여준다. 일정 시기에 걸쳐 발생한 이러한 사고의 전환은 체육을 교육의 필수 부분으로 정당화하기 위해 합당한 근거나 철학을 분명하게 표현해야 하는 새로운 도전을 대두시켰다.

곧 알게 되겠지만, 모든 선도자가 체육을 교육의 필수 부분으로 하는 추구를 전적으로 지지했더라도 의료에서 교육으로 강조의 전환에 동의한 것은 아니다. 체육이 교육의 일부가 되어야 한다는 동의가 반드시 교과 영역의 목적과 목표에 관한 동의를 수반한 것은 아니었다. 프로그램 및 교과과정을 함축하는 이 논제는 **대논쟁**의 주 논쟁거리 중 하나이다. 지향의 전환과 관련된 몇 가지 논제를 이해하는데 도움이 되는 매우 간략한 역사 서술을 제공한다.

오늘날 우리가 알고 있는 다양한 활동으로 이루어지는 체육 프로그램은 19세기 후반에는 존재하지 않았다. 존재했던 것은 "신체활동을 가르칠 준비가 되어 있지 않은 교사들에 의해 정규 교실이나 큰 현관에서 많은 학생들이 모여 행하는"(Lee, 1983, p.53) 정형체조formal gymnastics 프로그램들이었다. 동작 순서의 학습은 주입식으로 이루어지고 학생들은 일제히 행했다. 유럽의 영향이 지배적이었는데, 주로 독일과 스웨덴 체조 체계의 형태였다(Lee, 1983, pp. 53-56, 84-86). 두 체계에는 지지자와 옹호자뿐만 아니라 반대자도 있었다. 체조 체계들 간의 경쟁은 1890년대와 1900년대 초 내내 지속되었다. 같은 시기에 미국에서 자생한 체조 체계의 출현도 목격되었다.

미국 체육의 초기 선도자들은 대부분 의사였다. 따라서 당시 유행했던 체조 체계에 대한 그들의 관심이 주로 의료 체조medical gymnastics로 불린 이러한 프로그램에 참여함으로써 얻을 수 있는 생물적 및 건강상의 혜택이었음을 발견하는 것은 그리 놀라운 일이 아니다. 이러한 프로그램들은 오로지 신체적 발달, 또는 현대의 용어인 체력physical fitness으로 바꾸어 말할 수 있는 것을 추구했다.

그 시대에 정치, 철학 및 교육과 관련된 사고의 주요 변화가 미국 사회 전반에서 만연했다. 홀G. Stanley Hall, 손다이크Edward Thorndike, 킬패트릭William Heard Kilpatrick 그리고 듀이John Dewey와 같은 사상가들의 영향과 촉구 하에서 진보주의 교육 운동progressive education movement이라고 불리게 된 것이 나타났다. 이 새로운 접근은 선호되던 교육학적 방식인 주입식 학습을 거부하고 아동의 요구에 대한 고려로 대체했다. 아동은 자연스럽게 발달할 자유가 있어야 한다. 각 아동의 관심은 그들의 학습에 동기를 부여하는 역할을 할 것이다. 이와 같은 심원한 사고의 변화는 교사의 역할을 과거의 감독자에서 인도자로 변화시켰다. 교육은 아동 중심으로 변화하고 있었다.

저명한 미국 철학자인 듀이(1859-1952)는 교육철학에 관한 저술로 유명할 것이다. 교육 개혁에 관한 그의 사상은 널리 확산되었고 **진보주의 교육 운동**에 큰 영향을 미쳤다. 그는 학교는 사회제도이며 따라서 사회의 목표와 성과에 대한 책임이 있다고 보았다. 체육은 사회적 발달과 건강에 대한 기여를 바탕으로 이 교육관에 쉽게 포섭될 수 있다. 종종 실용주의pragmatism로 불리는 이 새로운 교육철학에 의해 제기된 또 다른 주제는 실행을 통한 학습이다. 모든 시대에서 체육교육자들은 실행을 통한 학습의 개념을 쉽게 이해하는데 그것이 기능 습득에 사용되는 절차이기 때문이다.

이러한 흥미로운 새로운 교육적 및 심리학적 발상은 통상 "신체육new physical education"의 구축에 있어 개념 틀을 형성했다고 인정받는 사전트Dudley Sargent, 우드Thomas Wood, 헤더링턴Clark Hetherington, 굴릭Luther Halsey Gulick과 같은 체육계의 선도자들에게 영향을 미쳤다.

> 정형 체조의 전통을 깨고 교육을 촉진하기 위한 수단으로 신체적인 것 the physical에 중점을 두는 차별화된 20세기 체육 프로그램에 외형과 내용을 제공한 것은 그들이었다. 이것은 체육의 초기 프로그램들 대부분을 특징짓는 관점, 즉 신체physical body는 그 자체를 목적으로 발달시켜야 한다는 관점과 극명한 대조를 이루었다(A. Weston, 1962, p. 51).

이 선도자들은 초점을 의료적 지향에서 벗어나 교육의 영역으로 옮겼다. 이 변화는 체조 교과과정에서 신체적인 것을 통한 교육으로 특징지어지는 프로그램으로의 전환으로 서술할 수 있을 것이다.

이러한 새로운 지향은 1920 – 1940년 간에 내쉬J.B. Nash, 윌리암스J.F. Williams와 같은 선도자들에 의해 힘차게 옹호되었다. 그들은 "신체육"의 기치를 내걸었을 뿐만 아니라 이전의 개념인 체조는 협소한 신체 발달과 건강에 제한되었다고 맹렬히 공격했다. 분야의 초점 재설정은 프로그램의 변경을 이끌었다. 체력의 증진을 특히 강조했던 정형 체조와 건강 체조calisthenics는 스포츠, 경기, 야외 활동outdoor pursuits이 포함된 프로그램으로 대체되어 갔으며, 일부 선별된 단계 체조 활동gymnastic progressions이 포함되더라도 과거와 같은 전형을 반복 연습하는 방식의 절차는 더 이상 지배적이지 않았다. 1927년 우드Thomas Wood와 캐시디Rosalind Cassidy는 『신체육: 시민성 교육을 위해 순화된 활동 프로그램*The New Physical Education: A Program of Naturalized Activities For Education Toward Citizenship*』이라는 제목의 중요한 책을 발간한다. 이 책의 제목과 부제가 분명하게 선언하고 있듯이 체육은 자체로 교육의 일부로 여겨졌고 위상은 사회적 발달(시민성)에 대한 기여에 근거하여 정당화되었다. 체육은 이제 대부분의 선도자들에게 지침에 따라 실행되는 다양한 활동 프로그램을 통해 교육 전반의 목적에 기여하는 교육의 일부로 여겼다.

교육의 부분으로 재개념화된 체육은 의료적, 생물적 뿌리와 결별할 수 없었으며, 그렇게 하려고 시도하지도 않았다. 목적과 목표에 관한 모든 언설은 인체organic 발달 및 또는 체력 증진을 포함한다. 많은 체육 교육자들은 이 목표를 가장 중요한 것으로 분명히 했다. 그것이 **가장** 중요한 목표가 아니라고 주장하는 이들도 체육이 근력, 유연성, 심혈관 지구력 등 체력 속성들의 발달에 관여하는 유일한 학교 교과임은 쉽게 인정한다. 당연하다. 프로그램을 구성하는 활동의 본성이 체력에 직접 기여한다. 체육은 교육 안에 자리를 잡음으로써 의료와 교육이라는 짝진 지향 전통이 성립했다고 말할 수 있게 된다.

체육 영역에서 구현하는 바의 본성에 대한 인식은 똑같지 않았고 추구해야 할 목표에 대한 의견도 일치하지 않았다. 의료와 교육이라는 두 가지 전통적 지향에 뿌리를 두고 있는 체육은 본영本營을 정리하는데 토대가 되는 해명이 필요했다. 윌리암스는 자신의 논문 서두에서 바로 그 문제를 제기한다.

> 누구든 두 물음을 외면하고 체육의 함의를 참되게 해명할 수 없다. 그것은 곧, 체육은 신체적인 것의 교육인가? 체육은 신체적인 것을 통한 교육인가? 신체적인 것의 교육은 추가적으로 약간의 부수적인 학습을 동반할 것이라는 점 그리고 또한 신체적인 것을 통한 교육은 몇몇 뚜렷한 신체적 혜택을 만들어낼 것이라는 점은 분명하다. 그럼에도 불구하고 이 두 물음에는 체육을 보는 두 가지의 관점, 두 가지의 강조와 두 가지의 방식이 담겨 있다(1930b, p. 1).

또한 제기된 두 개의 물음에서 교육의 의미, 범위, 목적에 대한 두 가지의 이해 방식 그리고 두 가지의 인간관이 등장한다(Ross, 1986, p. 15). 여기서 이 진술에는 교육에 체육을 포함시키는 것의 정당화 근거로 두 입장 모두를 신중히 다루어야 한다는 믿음이 깔려 있음을 주목하는 것이 중요하다.

신체적인 것**의** 교육 대 신체적인 것을 **통한** 교육이라는 두 입장의 표명은 "**대논쟁**"으로 알려지게 된다. 두 입장은 교육에서 체육의 위치를 정당화할 수 있는 근거를 놓고 경쟁했다고 하겠다. 각 입장에 대한 설명과 분석을 제시한다.

신체적인 것의 교육

강한 근육, 좋은 건강이라는 형식의 신체 발달은 신체적인 것-의-교육의 목표다. 그것이 프로그램 형태로 실행된 것은 19세기 미국에서 쉽게 발견되는데, 수입된 체조 체계(스웨덴식과 독일식)가 해당 프로그램에 참여하여 얻을 수 있는 신체 및 건강상의 혜택을 분명하게 대변했던 때이다. 이 시기 다수 미국의 선도자들은 분명히 신체적인 것-의-교육 개념을 옹호했다(비록 당시에는 그렇게 인식되지 않았음은 확실하지만). 그 견해는 당대에 정평 있던 선도자의 다음 진술로 잘 요약된다.

> 과거 20년의 경험에서 애머스트대학Amherst College 학생들에게 말한 신체 육성physical culture은 근육 단련 이외의, 추가의 어떤 것을 의미한다. 그것은 피부의 청결, 위장에 대한 주의, 일상의 정신적 노고로부터의 휴식, 각종의 사소한 규율로부터의 자유를 포함하지만 건강을 유지하는 방법과 그것을 즐기는 사람에게 일관성, 중시함 및 안정성을 제공할 많은 요건과 제한도 포함한다(Hitchcock, 1881, p. 107).

근육의 단련과 그에 따른 강화와 함께 추가의 건강 및 위생상의 혜택이 참가자에게 생긴다. 학생들의 신체 상태를 개선하는 것이 당장의 목표였다. 장기의 목표는 건강 개선, 기력 증진, 체력 강화를 포함했다.

당대의 선도자들 다수는 (예로, 시덴톱Siedentop, 1976, p. 91, 참조) 미국 체육에서 신체적인 것-의-교육 관점이 주도한 기간은 매우 짧았으며, 교육 지향을 담은 "신체육"의 등장으로 가시화된 신체적인 것을 통한 교육 운동으로 대체된 세기 전환기까지 유지되었다고 본다. 비록 신체적인 것의 교육 개념은 오늘날 지배적이지는 않더라도 여전히 존재한다. 현대에 체육은 체력과 건강을 중요한 사회적 가치로서 그리고 이 분야의 직무전문가가 기여하는 바로서 힘차게 장려해 왔다. 미국에서는 시민의 건강을 증진하고 체육의 중요함을 보여주기 위해 건강줄넘기Jump Rope for Heart, 체력장Physical Best, 대통령체력위원회President's Council on Fitness와 같은 국가적 사업에 많은 노력을 기울여왔다. 체력과 건강에 대한 이렇듯 뚜렷한 장려는 오늘날에도 신체적인 것의 교육이라는 체육 개념이 강조되고 있다는 주장에 힘을 실어준다.

신체적인 것의 교육인 체육 개념은 1930년대에 맥클로이Charles C. McCloy의 논문 "근육이면 어떤가?How About Some Muscle"를 통해 명확하고 강력하게 표명되었다. 윌리암스가 개시한 신체적인 것의 교육 입장에 대한 공격에 대응하면서, 맥클로이는 먼저 기원전 500년 이전부터 체육 문헌들이 순수한 신체 조성bodybuilding 유형의 목표에 관해 이상 하리 만큼 갑자기 침묵하게 되었다고 본 1915년경까지 인간의 신체적 측면에 관여해 온 이 직무 영역의 역사를 언급한다. 심리학과 철학에서 채택된 새로운 사상으로 말미암아, 교육의 지향은 바야흐로 인간 통합을 향했지만, "전全아동whole child" 교육을 향한 돌진 속에서 신체는 정신을 위해 망각되었다.

그런 다음 맥클로이는 근육, 장기, 자세 및 신체 전반이 더 나아지게 설계한 왕성한 신체활동을 지속하는 프로그램에서 발생하는 필수의 건강 혜택에 초점을 맞춘다. 많은 혜택이 있다. 잘 훈련된, 잘 발달된 신체는 빨리 지치지 않고 장시간의 노동을 계속할 수 있다. 증진된 인체 기능은 모든 학습의 선결 요건인 좋은 건강의 주춧돌이다. 적절한 근력(높은 수준의 체력)은 위급 상황에 대처할 수 있게 하며 질병의 회복에도 긍정적으로 작용한다. 모든 입론은 더욱 잘 발달된 근육계가 절대로 필요함을 보여주는 입장을 지지할 수 있게 정돈되었다. 이러한 목표들은 체육이 온당하게 포함되는 교육 체제 내에서 달성해야 한다.

> 직무전문가인 우리는 우리의 순수한 **신체적** 목표 전체를 다시 생각하고, 더 강조할 것을 나는 제안하고자 한다. 나는 적절하게 구성되고 가르쳐질 때의 체육은 교육적으로 중요하다고 믿으며, 이 믿음을 우리 직무 영역의 그 누구에게도 굽히지 않는다. 건강교육 절차도 매우 중요하다. 하지만 (우리 분야의 발달적, 교육적, 교정적 또는 다른 측면 모두의) 체육의 기초는 (기본 요건으로 생각해야 하는) **신체 자체의 적절한 훈련과 발달**이다(McCloy, 1936, p. 303).

맥클로이는 신체적 자아physical self의 발달은 자체로 목적이며, 좋은 삶을 위한 주 요건이기에 개인이나 하나의 직무 영역이 추구할 가치가 있는 목표라고 믿었다.

체력의 증진에 근거하여 좋은 건강을 증진시키는 것은 모든 사회에서 바람직한 목표이다. 오늘날 심혈관질환이 성인 사망의 첫 번째 또는 두 번째 원인이라는 사실에 비추어 볼 때 이 목표는 더욱 중요하다. 향상된 체력이 심혈관질환 중 일부 유형의 발생을 지연시킬 가능성에 대해서는 이견이 분분하지만, 높은 수준의 체력은 회복의 가능성과 속도 모두에서 중요한 결정 요인이라는 점에는 의견이 일치한다. 따라서 실용적 관점에서 볼 때 신체적인 것의 교육은 지지받아야 한다.

신체의 훈련과 발달을 강조하는 신체적인 것**의** 교육인 체육은 사고가 요구되지 않는다는, 즉 "정신적" 요소가 포함되지 않는다는 인상을 준다. 모든 인간 활동에 "정신적" 요소가 포함된다고 가정할 때, 여기서 "정신적" 요소는 본성상 인지적이거나 개념적인 것으로 보인다. 마음을 배제하고 몸에 초점을 맞추는 것은 이 접근이 이원적 인간관을 담고 있다는 비판에 취약하게 만든다. 그 논제에 따르면, "신체적"과 "정신적"은 대조되어 차이를 드러내며 정신적, 사유의 성분만이 교육받을 수 있다. 사실, 몸의 근육은 피로의 발현을 늦추고 건강을 증진시키기 위해 강화할 수 있으며, 또한 무수한 과업을 더 효율적으로 수행하게 훈련될 수 있지만, 그러한 훈련은 교육으로 해석될 수는 없다. 정신, 사유하는 것은 교육받을 수 있지만 신체와 같은 비사유의 것은 그럴 수 없다. 신체적인 것의 교육과 같은 것이 있을 수 있다는 바로 그 주장은 이원적 인간관에 근거하여 논해질 경우 납득하기 어렵다는 비판을 받을 수 있다.

신체적인 것의 교육론의 주창자들이 비이원적 인간관을 가지고 있다고 가정해도 달라지는 것은 거의 없는데, 왜냐면 교육의 필수부분이라는 주장은 특정 지식체의 전달과 획득을 언급하지 않고 여전히 체육이 건강에 기여하는 바에 근거할 것이기 때문이다. 교육의 목적이 두 가지 범주로 구분된다는 점을 염두에 두면, 이 주장은 체육을 교육에 포함시키는 것도 배제시키는 것도 아니다. 한 범주에 우리는 좋은 건강, 바람직한 가정 구성원 자질, 유효한 시민 자질, 여가 선용, 윤리 인성과 같은 목적들을 나열할 수 있으며, 이들은 삶의 향상 또는 사회적 발달이라는 표제 아래 묶일 수 있다. 다른 범주에는 특정 지식체의 전달이 자리한다. 학교가 이러한 지식체를 가르치는 뚜렷한 책무가 있는 기관이라고 한다면 교과 영역들은 학생들에게 전달될 수 있는 나름의 지식체를 포함할 때 교육적이게 된다. 신체적인 것의 교육은 고유한 지식체의 전달과 관련하여 어떤 주장도 하지 않기에, 삶의 향상이라는 목적에 대한 기여에 근거하여 교육에 포함됨을 주장해야 한다.

비인지적 개념의 단련운동, 체력 향상처럼 삶의 향상이라는 목표에 기여하는 체육은 학교 프로그램의 보조인 휴식과 영양 보충(따뜻한 아침과 점심)과 동일한 범주에 자리한다. 체육이 좋은 건강에 기여하는 것은 교육적인 것이 아니며 교육에 대한 지원으로서 가치가 있다.

오늘날 학교에서 체력에 관한 범위는 확장되어 체력과 관련된 운동생리학과 생체역학의 기본 개념을 가르치는 것을 포함한다. 고등학생들에게 이러한 지식을 전달하기 위해 강연, 정규 수업, 수업 노트, 미니 랩을 활용한다. 이 분야의 선도자들은 체육에서 지식이 전달되고 있다는 증거로서 이러한 자료들의 개념적 본성을 지적한다. 좀 더 면밀하게 따져보면 체육은 생리학, 생체역학의 지식을 전달하는 수단으로 활용되고 있으며, 또다시,

은연중에 체육의 도구적 가치가 강조된다고 말하는 것이 보다 정확하다.

신체적인 것**의** 교육이라는 체육 개념은 체육이 교육의 필수부분이 되는 근거를 제공하지 못한다. 이 견해는 체육이 학교에 포함되는 것을 정당화하기에는 충분할지 모르지만, 그것은 고유의 교육적 가치보다는 도구적 가치에 근거하는 것이다.

신체적인 것을 통한 교육

20세기 초 체육의 지향을 "신체적인 것을 **통한** 교육"의 노선에 맞춘 중요한 논문이 발표된다. 헤더링턴C.W. Hetherington은 "신체육"의 기본 철학을 교육 안에 위치시키는 맥락으로 표현했다. 그는 사려 깊은 해설에서 신체육의 범주와 확장된 범위를 서술한다.

> 이 논문은 교육적 과정에서 통상의 신경 근육 활동, 주로 통상의 놀이 활동의 기능과 역할을 서술하는 것을 목적으로 한다. 우리는 **일반적 놀이**general play라는 용어를 놀이, 경기, 운동시합athletics, 무용, 체조의 놀이 측면, 그리고 대근이 다소 왕성하게 사용되는 모든 활동을 포함하는 것으로 사용한다…이 논제를 제시하기 위해 교육적 과정의 네 가지 차원이 고려된다: 인체organic 교육, 심동psychomotor 교육, 인성character 교육, 지성intellectual 교육(1910, p. 160).

헤더링턴의 노력은 체력과 건강의 지향을 유지함으로써 앞선 체육 개념의 일부를 통합하는 동시에 교육의 목표에 부합할 수 있는 추가의 목적을 포함하도록 지평을 확장했다. 그의 네 가지 차원은 신체육의 네 가지 주요 목표가 되었는데, 신체적인 것을 **통한** 교육이 언급될 때면 헤더링턴이 제안한 이 네 가지 목표를 거의 참조된다(6쪽에 인용된 부쳐Bucher의 언급 참조).

헤더링턴이 진술한 신체육의 철학은 하나의 체육 이론이자 체육을 교육의 필수부분으로 포함시키는 근거로 자리하고 있다. 체육 이론을 담은 이 논문은 네 가지 국면이 교육적이라고 여겨질 수 있는 이유, 다양한 교육적 기능들을 담당하는 이유를 검토하고 해명한다. 또한 그는 활발한 신체활동 참여의 결과로서 이러한 영역에서 발생하는 혜택에 대해서도 언급한다. 정당화의 근거로서 이 진술을 제대로 이해하기 위해서는 발표된 시간과 공간 – 존 듀이의 가르침에 큰 영향을 받은 20세기 초반의 미국 – 을 감안해야 한다. 듀이의 철학에 따르면 교육의 목적은 젊은 시민들이 민주주의 안에서 온전히 살 수 있는 능력을 계발하도록 하는 것이었다. 보통 교육general education은 다양한 해석이 가능할 정도로 광범위한 개념인 "삶을 위한 교육"을 주된 목적으로 하고 있었다. 더 중요한 것은, "삶을 위한 교육"의 목표에 기여했던 체육과 같은 어떤 노력도 이제는 그 자체를 교육의 필수부분으로 주장할 수 있다는 점이다.

1918년 전미교육협회National Education Association가 7가지 목표를 열거한 중등교육 기본원칙Cardinal Principles of Secondary Education을 발표하면서 체육이 교육에 포함될 전망은 상당히 밝아졌다: (1) 건강, (2) 기초과정 능력, (3) 바람직한 가족 구성원 자질, (4) 직업 역량, (5) 유효한 시민 자질, (6) 여가 선용, (7) 윤리 인성. 헤더링턴의 네 가지 목표는 이제 중간 목표로 볼 수 있었고, 전미교육협회의 원칙 중 3가지 건강, 여가 선용, 윤리 인성은 원격 목표로 볼 수 있다. 원격 목표는 네 가지의 목표 달성을 통해 도달할 수 있다.

기본원칙의 발표에도 불구하고 교육에서 체육의 위치는 보장되지 않았고, 체육의 새로운 철학이 분야의 안팎에서 널리 받아들여지고 있지도 않았다. 교육에서 체육의 위치를 정당화하고 신체적인 것을 **통한** 교육의 철학을 해명하는 새로운 노력이 이루어졌다. 새로운 철학의 가장 강력한 옹호자 중 한 명인 윌리암스(이 용어를 만든 사람)는 1930년에 발표한 논문 "신체적인 것을 통한 교육Education Through the Physical"에서 신체적인 것**의** 교육 개념을 맹렬하게 공격하고 교육의 필수부분으로서 체육을 열정적으로 방어하기 시작했다. 체육과 교육은 삶을 위한 교육이라는 공동 목표의 달성을 추구함에 있어서 서로 필요하고 지지한다.

> 삶을 위한 교육 또는 현대 교육 그리고 신체적인 것을 통한 교육 또는 현대 체육은 상호 지지와 신뢰가 있다. 한편으로 삶을 위한 교육은 이러한 종류의 체육을 넉넉하게 수용하지 않고는 거의 생각하기 어려우며, 작은 목표인 고유의 단련에 집중하는 체육은 결코 삶을 위한 교육이 될 수 없다. 따라서 삶을 위한 교육(현대 교육)과 신체적인 것을 통한 교육(현대 체육)의 정체는 현대 체육의 목적, 범위, 목표에 대한 교육자의 이해와 현대 교육의 목표, 관건에 대한 체육교육자의 이해를 필요로 한다(Williams, 1930b, p. 2).

윌리암스는 신체적인 것**의** 교육 개념이 매우 제한된 목표와 오류의 이원적 인간관을 담고 있어서 부적절하다고 거부한다. 신체적인 것을 **통한** 교육을 강조하는 현대 체육은 심신의 생물학적 통합에 기반을 두고 있다.

윌리암스는 "심신의 생리학적 통합"이라는 자신의 견해에 관해 당시 등장한 행동주behaviorism의 철학에 대한 짧은 언급 외에는 설명을 붙이지 않는다. 그의 저작에서 체육과 관련된 심신 문제에 대한 고찰은, 이원적 인간관이 신체는 정신과 별개로 "교육받을" 수 있다는 근육 숭배의 관념을 용인한다는 점을 지적하고, 자신이 제안한 심신의 통합을 단언하는 선에 머물렀다. 맥클로이가 자신의 입장을 옹호하는 견해에서 나타나는 심신관계에 관한 논의와 같은 것 역시 없다.

윌리암스의 체육 개념은 눈앞의 신체의 발달 보다는 더 먼 곳에 있는 목표들에 집중되어 있다. 그 목표는 신체활동을 매개로 하여 이루어지는 **전체** 교육으로 확장된다. 교육적 발달의 모든 영역이 체육을 통해 향상될 수 있다. 이 개념의 바탕은 신체의 교육education of the body을 **통해 정신**의 교육education of mind이 발현할 수 있다는 믿음이다. 이런 방식으로 이해하면, 이제 체육의 목표는 다른 교과들의 목표와 동일하게 되고, 체육의 위치는 다른 교과들의 위치와 동등하게 된다. 윌리암스는 체육의 주된 목표인 삶을 위한 교육은 교육의 주된 목표와 동일하기에, 체육이 교육의 필수부분인 것은 논리적 귀결이라고 결론짓는다.

윌리암스에게 이 결론의 중요함은, 그가 신체육 개념에 대해 제시한 기준에서 알 수 있다. "신체적인 것을 통한 교육은, 따라서 삶을 위한 교육으로서도, 좋은 삶에 대한 기여에 의해 판단될 것이다"(1930b, p. 3). 체육은 교육의 궁극적 목적인 좋은 삶에 기여하는 한 교육 내에서 자리를 보장받을 것이다.

신체적인 것을 통한 교육의 철학을 공유하는 다른 학자들은 체육 특유의 목표라는 주제를 다루었다. 물론 그들은 특유의 바람직한 성과를 파악함에 있어서 다소의 차이가 있었지만 사회적, 정신적, 정서적, 신체적 발달이 포함된다는 데에는 대체로 동의했다. 헤더링턴이 처음 진술한 것으로부터 약 50년 후에도 이 분야에서 매우 존경받는 선도자인 부쳐 C.A. Bucher가 체육의 목표를 그 원래 개념과 매우 유사한 용어로 규정하듯이, 그 목표들은 널리 수용되고 오래 유지되어 왔음을 알 수 있다. "체육은 전체 교육의 과정에서 필수부분으로서 그 성과의 실현이라는 견지에서 선택한 신체활동을 매개로 하여 신체적, 정신적, 정서적, 사회적으로 적합한 시민의 계발을 목적으로 하는 노력의 분야이다"(Bucher, 1972, p. 7). 대학 학문academic discipline은 통상 연구 초점과 학생에게 전수하는 지식 유형으로 스스로를 규정하는 것과 대조적으로, 체육은 기여하는 다양한 목표와 목적으로 스스로를 규정한다.

체육이 학생의 신체적, 운동적motor, 사회적 발달에 기여하는 바를 확정하기 위해서는 철학적 분석보다는 실증적 증거가 요구된다. 각 증거들은 검사의 대상, 검사의 방법, 그리고 검사 결과에서 도출되는 결론을 둘러싼 문제들을 안고 있다. 상반되는 보고들을 발견할 수 있는데, 어떤 것은 체육의 기여를 긍정하는 결과를 제시하는 반면에 다른 것은 체육의 기여를 부정하는 결과를 제시한다. 부정적 보고는 잠시 미뤄두고, 세 가지 목표에 대한 체육의 긍정적 기여를 확인할 수 있다고 가정해 보자. 그것만으로 교육의 필수부분으로 체육의 위치를 정당화하기에는 불충분하다. 왜냐면 그것은 특유한 지식체의 전달과 습득이 포함되어 있지 않기 때문이다. 정신적/지성적 발달과 관련하여 해부학, 생리학, 사회학 등등의 학문에서 "빌려온" 과학적 원리들을 지적하는 것은, 체육이 전달하는 고유한 내생의 지식체가 없음을 암묵적으로 확인하는 것이기에 매우 취약한 주장이다. 체육은 그러한 개념들이 전달되는 수단의 역할을 하는 도구적 가치가 있다. 게다가, 그 원래의 학문들에는 고유의 주제를 가르칠 수 있는 더 나은 능력과 자격을 갖춘 구성원들이 있다는 반론도 반박하기 어려운 것이다.

신체적인 것의 교육과 신체적인 것을 통한 교육이라는 용어는 쓸 일이 없게 되었다. **대논쟁** 시대를 연구할 때 사용된다. 비록 이 용어들이 사용되지는 않지만 그들의 이념적 유산과 부정적 영향은 남아있다(Crum, 1993, p. 344). 오늘날, 대립은 프로그램의 어떤 측면 즉 체력을 강조해야 하는지, 아니면 사회적 발달이 강조해야 하는지, 그리고 대학 수준에서 교육과정을 어떻게 구성할지를 둘러싼 갈등으로 변모했다. 두 가지의 체육 개념 모두에서 신체활동은 그 자체로 좋음이라 인식되지 않고, 강하고 건강한 신체를 만들거나 사회적 발달을 증진시키는 것과 같은 다른 목적을 위한 수단으로 여겨진다. 입론들은 두 체육 개념 모두에 동조하는바 계속해서 암묵적으로 강조되는 것은 체육의 도구적 가치다. 학자들은 다른 연구 수단을 배제하고 이러한 전통적 노선을 따라 지성적 힘을 계속 쏟고 있기에, 내생의 지식 전달과 획득에 초점을 맞춘 교육의 맥락으로 체육에 대한 해명을 개발하는 데 진전이 이루어지지 않고 있다.

새로운 노선의 입론

신체적인 것의 교육과 신체적인 것을 통한 교육이라는 두 가지의 체육 개념은 체육을 교육의 필수부분으로 정당화하는 근거로 제안되었다. 둘 다 불충분하다고 생각된다.

신체적인 것의 교육인 체육은 사고가 전혀 요구되지 않다는, 즉 본성상 비인지적이라는 인상을 준다. 체육의 초점을 건강상의 혜택에 한정하는 이 입장은 체육이 교육에 부가된 것이라는 견해를 뒷받침한다.

신체적인 것을 통한 교육인 체육은 신체활동 참가함으로써 정신이 신체를 통해 교육될 수 있다는 인상을 준다. 그와 같이 체육의 수단적 가치를 지적한다.

해부학, 생리학, 생체역학, 사회학과 같은 타 학문의 개념들이 체육수업에서 전달된다는 점에 집중하면 체육의 수단적 성격이 강화된다.

References

Crum, B.J. (1993). Conventional thought and practice in physical education: Problems of teaching and implications for change. *Quest, 45*(3), 339-356.

Hitchcock, E. (1881). The first academic program of physical education in American education. A Report of Twenty Years Experience in the Department of Physical Education and Hygiene in Amherst College to the Board of Trustees, Amherst, MA: Press of C.A. Bangs and Co. (Reprinted in A. Weston, The Making of American Physical Education, 107-112).

Lee, M. (1983). *A History of Physical Education and Sports in the U.S.A.* New York: John Wiley & Sons.

McCloy, C.H. (1936). How about some muscle? *Journal of Health and Physical Education* (7), 302-303.

Ross, S. (1986). Cartesian Dualism and Physical Education: Epistemological Incompatibility. *Mind and Body: East Meets West.* S. Kleinman (Ed.). pp. 15-24. Champaign, IL: Wm. C. Brown Publisher.

Siedentop, D. (1976). *Physical Education: Introductory Analysis, 2nd ed.* Dubuque: IA: Wm. C. Brown Publisher.

Wood, T. & Cassidy, R. (1927). *The New Physical Education: A Program of Naturalized Activities For Education Toward Citizenship.* New York: Macmillan.

03

대학 학문

AN ACADEMIC DISCIPLINE

6년간의 지난했던 세계 2차 대전은 5천만 명 이상의 사망자를 내고 1945년에 끝이 났다. 얼마 지나지 않아 승전 연합국들은 분열되었고 새로운 대결이 나타났다. 총을 쏘는 전쟁은 냉전이라 불리는 적대적 관계로 대체되었고, 주도 국가인 미국과 소련은 경제, 사회, 외교, 과학 그리고 최근에 대두된 우주를 포함한 거의 모든 영역에서 경쟁했다. 1957년 최초의 인공위성인 **스푸트니크***Sputnik*가 러시아인에 의해 발사되었는데, 국가적으로 모든 영역 특히 과학과 기술에서 앞서 있다고 생각했던 미국인에게 있어 그것은 매우 당혹스럽고 분통터지는 일이었다.

소련의 성취는 미국 교육에 대한 즉각적이고 지속적인 비판을 촉발했다. 상당한 관심의 화살이 교사교육 프로그램을 향했는데, 그 프로그램의 품질이 교사가 수업에서 얼마나 효과적으로 기능하는지를 결정한다고 여겼기 때문이다. 동일한 사고의 선상에서 교사의 유능함은 교육의 질에 중요한 영향을 미친다고 보았다. 유능한 교사는 양질의 교육 프로그램의 토대이다. 공식적인 점검이 착수되었는데, 당시 하버드대학교 총장이던 코난트James B. Conant 박사는 많은 사람들이 미국이 과학과 기술에서 선두를 유지하게 하는데 실패했다고 본 교육 체제를 조사하는 과업을 맡았다. 비록 참고 문헌에 언급되지 않았고 핵심 관심사와 거리가 멀어 보이지만, 코난트 박사는 체육 대학원 과정도 점검했다. 당시 상황에 대한 그의 신랄한 비난은 이 분야에 충격적인 파장을 일으켰다. 강력한 대응이 요구되었다.

교육, 특히 교사교육은 개선과 제고가 필요했다. 모든 교육 수준에서 훨씬 더 엄격함이 요구되었다. 이 목표를 달성하기 위한 한 가지 길이 1961년 캘리포니아 주에서 통과된 피셔 법안Fisher Bill에 명시되었다. 이 법안은 주립대학 체제 안에 있는 모든 학과에게 학문적 기반을 갖출 것을 요구했다. 캘리포니아 체제의 학부대학colleges과 종합대학universities의 모든 학업 프로그램은 학문 또는 비학문의 범주 중 하나에 자리할 수 있었다. 응용, 직무 분야로 간주되는 체육은 비학문으로 분류된다. 이 법안에는 대학 보직은 학문 영역 출신으로 제한하고, 교사자격은 학문 학과에서만 부여할 수 있도록 하는 조항이 추가됐다. 체육은 비학문 직무의 교사교육 단위조직으로서 심각한 위협을 받았다.

체육을 하나의 직무영역으로 인정받게 하려는 오랜 시도에서 벗어나 사고의 근본적인 전환이 필요했다. 100여 년 전, 정확히 1890년 굴릭Luther H. Gulick은 "체육: 새로운 직무영역Physical Education: A New Profession"라는 제목의 이정표가 되는 논문을 발표했다. 그의 노력은 신체적인 것을 이 새로운 노선에 따라 범주화 하려는 최초의 시도라고 할 수 있다. 최근에도 이 분야의 다수 선도자들이 동일한 논제를 다루었다(예, 로슨Lawson, 1979, 세이지Sage, 1987, 참조). 이 논제는 꾸준한 관심사이다. 굴릭의 발표 때부터 지금까지 이어진 것으로, 이 분야를 하나의 직무영역으로 분류하려는 모든 시도는 그 위상을 제고하려는 노력으로 해석될 수 있다. 체육이 하나의 직무영역이라고 단언하는 것은 1960년대 초 캘리포니아의 대학 체육교육자들이 직면한 난제를 해결하지 못했을 것이다. 따라서 새로운 접근 또는 다른 체육 개념이 필요했다.

하나의 해결책이 1964년 헨리Franklin Henry의 논문 "체육: 대학 학문Physical Education: An Academic Discipline"의 발표와 함께 등장했다. 이 중요한 논문(Lawson과 Morford, 1980, p, 41)은 많은 목표를 담고 있었다. 그것은 미국 대학의 체육 대학원과정에 대한 코난트의 비판에 강력하게 반박하고자 한 것이었다(Broekhoff, 1982, p. 28). 그의 논문은 이 분야의 지식체를 확인하고 구성하려는 최초 시도의 하나다. 학문적 지식체를 확인하는 것은, 체육이 캘리포니아 대학 체제에서 독자의 자율적 학문 단위로 계속 존립할 수 있다는, 즉 피셔 법안에 대한 강력한 답변이 된다. 자주 인용되는 헨리의 논문에 담긴 체육에 대한 변호는 체육을 직무영역으로 정당화하는데 주력했던 이전의 추구에서 획기적으로 탈피한 첫 걸음이다. 체육의 학문적 위상을 주장하는 것은 대학의 타 학문들이 누리는 자율과 특권에 맞먹는 학문적 신뢰, 독립, 위상 제고를 체육에 부여하는 듯했다.

헨리의 입장

헨리는 학문과 직무를 구분했다. 그는 학문을 다음과 같이 정의한다. "공식적인 학습 과정에 집합적으로 포함된 지식의 조직체이며 그 내용은 기술적이고 직무적인 것과 구별되는 이론적이고 학술적인 것이다. 그러한 지식의 획득은 직접 활용의 요구에서 벗어나 자체로 적절하고 가치 있는 목표로 간주된다."(1964, p. 33) 정의는 본성상 어려운 작업이다. 어떤 것에 대한 정의를 정식화할 수 있게 하는 고유하고 구별되는 요소들을 분리하고 식별하기 위해서는 상당한 노력, 성실함과 엄밀함이 요구된다. 꼼꼼히 살펴야 하는 사안이 복잡할수록 어려움은 가중된다.

곧 보게 되겠지만, 이어질 분석에서 도출될 통찰에 근거하면 학문에 대한 헨리의 정의는 여러 가지 면에서 문제가 있다. 그것 역시 불충분하다. 타당한 정의는 명백한 구별을 가능하게 해야 하며, 그렇지 않으면 해명보다는 혼란을 초래한다.

체육은 대학 학문이라는 헨리의 주장은, 단언 즉 취한 입장을 뒷받침할 충분한 자료와 논증이 결여한 진술로 분류할 수 있다. 체육의 학문적 위상에 관한 이 주장은 몇몇 반론들이 있었음에도 불구하고 이 분야의 선도자들 대부분은 대체로 받아들였다(Bressan, 1982; Broekhoff, 1981; Locke와 Siedentop, 1980; Rose, 1986). 헨리의 주장은 얼마나 타당한가? 답을 찾기 위해 탐색을 시작한다.

헨리의 첫 번째 기준에 따르면, 학문은 "공식적인 학습 과정에 집합적으로 포함된 지식의 조직체"이다. 앞서 언급했듯이, 이는 구별의 요소가 될 수 없는데, 왜냐하면 물리학이나 축구, 생물학이나 배드민턴, 사진술이나 생리학과 같은 모든 공식적인 학습 과정은 적절하게 제시되는 경우 지식의 조직체를 포함하기 때문이다. 모든 교과목은 교육적 노력으로서 효과를 거둘 수 있고 실행 가능하려면 내용(특정한 지식체 또는 상호 연관된 일련의 개념들)이 짜임새가 있어야 한다. 그렇게 짜인 것이 없다면 어느 정도의 가르침은 있을 수 있지만 학습의 "과목"은 없을 것이다. 이 기준의 두 번째 난점은 학습 과목이 교실, 강당, 실험실, 체육관 및 운동장에서 제공되는 과목에 대한 타당한 설명이라는 일반적으로 받아들여지는 견해에서 발생한다. 이 구별의 요소, 즉 공식적인 학습의 과목은 지식이 합리적으로 논리적인 순차의 양식으로 짜인 모든 교육적 노력에 적용된다. 예를 들어 사진술, 축구, 수영, 배드민턴, 무용 등은 합당하게 짜이면 헨리의 첫 번째 요건을 충족시킬 수 있겠지만, 이것들은 그의 눈에 학문으로 보이지 않을 것이며, 그가 자신의 논문 후반부에서 사용하는 예들과 비교하면 대학 학문이 아닌 것은 확실하다.

헨리가 제안한 바, 지식을 "기술적이고 직무적인 것과 이론적이고 학술적인 것"이라는 분리되고 상호 배타적인 두 범주로 나누려는 모든 시도는 적어도 두 가지의 문제를 안게 된다. 첫째, 어떤 지식체가 이론적/학술적인지 아니면 기술적/직무적인지를 확인하고자 지식체의 심사 기준으로 사용할 타당한 준거 체계를 정교하게 만드는 방법을 떠올리기가 어렵다. 그러한 어려운 결정을 함에 있어서 준거 체계가 없다면 유일한 대안은 개인의 선호 또는 자의일 것이다.

둘째, 설령 어느 정도 널리 인정받을 수 있는 준거 체계를 개발할 수 있다고 해도, 상호 배타성이라는 기준에서 또 다른 문제가 발생한다. 만일 지식이 그러한 두 개의 분리된 범주에 할당될 수 있다면, 그것은 기술적, 직무적 지식에는 이론적 및 또는 학술적 속성이 결여함을 의미할 것이다. 그 목표를 달성하기 위해서는 "이론적"과 "학술적"이라는 용어에 특별한, 좁게 상정된 의미를 부여해야 할 것이다. 그처럼 제한적인 정의를 받아들이는 것은 헨리가 이론적이고 학술적이라고 지명한 학문들에서 발견되는 지식 대부분의 자격 상실을 수반할 것이다. 헨리의 구분은 유지되기가 매우 어려워 보인다.

또한 "그러한 (학문적) 지식의 획득은 직접 활용의 요구에서 벗어나 자체로 적절하고 가치 있는 목표"라는 가정을 이해하기 위한 시도에서 난관이 등장한다. 나름의 이해 수준에서, 우리가 배우는 모든 것은 유용함의 가치utilitarian value가 있는데, 그러한 지식이 단순히 우리의 학문적 또는 사회적 위상을 높이는데 기여한다는 점에서라도 그러하다. 모든 지식은 수단적 가치가 있는데, 왜냐하면 우리가 획득한 지식은 우리가 살고 있는 세계에 관한 이해를 증진시키는데 기여하기 때문이다. 이런 의미에서 모든 지식은 직접 활용된다. 더 큰 난관은 헨리가 "직접 활용의 요구에서 벗어나"라는 문구로 의미하는 바를 어떤 학문에 적용하여 이해하고자 할 때 직면한다. 학문 구성원의 대부분은 연구를 수행하고 학생들에게 자신의 특정 분야의 공리, 이론, 개념, 원리, 지식을 가르치는 대학의 교수들이다. 학자가 실험을 하거나 자신이 선택한 분야의 문헌을 읽을 때마다 획득한 지식은 직접 활용되는데, 그 지식을 활용하지 않으면 눈앞의 자료를 이해하기 어렵기 때문이다.

추가의 반론이 학문 구성원들이 담당하는 교육적 역할에서 발생한다. 학문 구성원 대부분은 대학에 몸담고 있는 교수로서 연구 활동을 통해 지식을 창출하고 교육 및 발표를 통해 지식을 보급하는 책무가 있다. 교수가 학생에게 해당 학문의 내용을 가르칠 때마다 직접 활용이 있다. 학문의 지식을 전달하려면 피할 수 없다. 실제로 저서의 출판, 논문의 학술지 게재, 학회 발표는 해당 학문의 지식을 발전시키거나 명확하게 하는 것으로, 그때마다 직접 활용이 있다.

여기까지의 분석에 근거하여, 헨리가 학문을 정의하기 위해 사용한 준거는 그 과업에 부적절하거나 불충분한 듯하다. 체육이 독자의 대학 학문이라는 그의 주장에 대한 판단은 추가의 탐구가 이루어질 때까지 미뤄둔다.

학문의 구성

헨리는 학문과 직무를 구분하고, 그 다음에 체육의 학술적 지식의 영역을 개관한다. 그는 체육이라는 학문은 "해부학, 물리학과 생리학, 역사학과 사회학, 심리학과 같은 다양한 분야의 일정 분량들로 구성된다"(p. 33)고 주장한다. 이것들은 체육이 지식을 산출하게 할 동족의, 이론적, 학술적 분야이며, 체육 분야 학자들은 각자의 분야에서 활동하면서 연구를 통해 탐구하고 자체로 적절하고 가치 있는 목표인 지식의 전달에 전념할 것이다. 이러한 노력의 산물로 예상되는 한 가지는 체육 고유의 것이라고 주장할 수 있는 지식체일 것이다.

사실상, 헨리가 구상한 체육에 관한 학문discipline of physical education은 타 학문들의 부분들 또는 분과학문들, 즉 다수다양한 학문에서 온 전공분야들의 모음으로 구성된 실체이다. 이러한 새로운 학문관은 타당한지 판단하기 위해 분석해 본다. 이 과제에 접근하는 하나의 길은 헨리의 제안을 평가하는데 학문에 관한 보다 엄격한 준거 체계를 사용하는 것이다.

학문은 지식을 축적하기 위해 연구를 활용하는 지성적 도전이라고 특징지을 수 있다. 그것은 연구에 의해 생성된 새로운 지식을 해당하는 특정 주제(연구 대상object of study)에 관한 기존 지식체(개념 구조conceptual structure)에 재차 합성하고 통합하는 역동적인 실체이다. 또한 현재의 연구 방법을 개선하고 새로운 연구 방법(통사 구조syntactical structure)을 개발하여 정의 가능한 탐구 영역을 연구하는 데에도 관심을 기울인다. 이 서술은 최소한의 준거 체계를 드러낸다. ⑴ 연구 대상, 관심의 초점인 현실의 정의 가능한 측면; ⑵ 개념 구조, 특정한 고유의 통합된 지식체를 기술하는 방법; ⑶ 통사 구조, 학자들이 각자의 특정 영역에서 대상(들)을 연구할 때 사용하는 특정한 탐구 방식 또는 연구 도구 및 절차.

이 최소한의 준거 체계를 헨리의 제안에 적용하면 몇 가지 난점이 바로 나타난다. 연구 대상, 즉 학문적 관심의 초점과 관련하여, 헨리가 지목한 학문들은 각자 고유한 것이 있다. 예를 들어, 해부학의 연구 대상은 인체의 다양한 구조인데 비해, (스포츠) 사회학의 연구 대상은 집단(이 경우, 아마도 스포츠 팀의 구성원)의 행동이다. 헨리가 나열한 타 학문들인 물리학, 생리학, 문화인류학, 역사학, 심리학의 연구 대상을 대충 살펴봐도 각각은 고유의 연구 대상이 있음이 드러날 것이다. "체육에 관한 학문"의 연구 대상은 단일하기보다는 지금의 분과학문들을 합한 만큼이나 다양다수이다. 합의된 공통의 연구 대상이 없다면, 헨리의 제안은 첫 번째 준거에 부합할 수 없을 것으로 보인다.

다양한 학문들의 나름 분량으로 구성된 학문인 체육은 또 다른 난관에 직면한다. 브레산(Bressan, 1992, pp. 22-24)은 대학 학문의 내용인 고유의 지식체가 다수의 전통적 학문에서 도출될 수 있다는 견해에 대해 반론을 제기한다. 그러한 견해는 전통적 학문들과 새로운 "체육에 관한 학문" 간의 관계를 부모-자식의 관계로 비유하는 것에 기초한다. 이 방식은 생명물리 학문biophysical sciences, 사회 학문social sciences, 인문 학문humanities의 모음이 체육에 관한 학문이 될 수 있다는 지지받지 못하는 단언을 조장하는 것으로 알려져 있다. 이 접근의 문제점은 다양한 전문 언어(각 학문에서 발견되는 전문 용어), 다양한 탐구 과정(통사 구조), 다양한 개념 구조(다양한 지식체) 그리고 연구 대상인 특정 현상에 대한 다양한 개념들의 통합을 전제로 한다는 것이다. 어쨌든 이 모든 것은 하나의 총체로 통합되고 합치되어야 한다.

"체육에 관한 학문"을 분과학문들의 연합체로 개념화하는 것은 분과학문을 어떻게 볼 것인지에 관한 의문을 불러일으킨다. 그것들을 보는 두 가지 다른 방식이 있다. 즉, 독자의 학문으로 보는 방식, 또는 모학문 속의 전공분야로 보는 방식이다. 첫 번째의 견해처럼 만일 각 분과학문이 독자의 학문이라면, 그것을 체육에 관한 학문의 일부로 선언하는 것은 비논리적이다. 이러한 이해는 헨리의 주장을 받아들일 수 없게 하므로, 다른 가능성을 탐색할 필요가 있다.

각 분과학문이 모학문에 속한 전공 분야인 경우, 각각은 고유의 전문 언어, 고유의 탐구 과정, 고유한 개별의 연구 대상을 가진다. 이러한 서술에 따라 이해될 때, 브레산(1982)이 논평하듯이 "우리의 분과학문들은, 그렇다면, 근본적으로 서로 양립할 수 없다"(p. 23)는 말이 따르게 된다. 학문 또는 분과학문의 관계에 대한 브레산의 평가는 너무 가혹할 수도 있다. 생명물리 학문(해부학, 물리학, 생리학) 내에는 심리사회 학문(문화인류학, 사회학, 심리학) 내에서와 마찬가지로 어느 정도의 양립 가능성이 있기에 그러하다. 그러나 이 반대 의견은 사소하며 실제로 브레산의 주된 주장을 크게 약화시키는 못하는데, 왜냐하면 생명물리 학문, 사회 학문, 인문 학문을 분리하는 간격은 여전히 넓기 때문이다.

또 다른 난점은 분과학문들의 연합체라는 체육 개념에서 발생한다. 각 분과학문은 고유의 패러다임을 가진 모학문에 지적 뿌리를 두고 자양분을 구한다. 체육에는 패러다임이 없으며(Ross, 1978), 방금 지적했듯이 합의된 연구 대상도 없다. "체육에 관한 학문"에 관한 패러다임이 없고 연구 대상에 대한 합의가 없는 상황에서 분과학문들의 구성원들은 각자 학문의 전공자로 활동한다.

이러한 상황을 분명히 보여주는 징표가 헨리의 제안에 대한 주요 지지자이자 분과학문 접근의 발전에 기여한 케년Kenyon의 진술에서 의도치 않게 등장한다. 케년(1969)은 스포츠사회학이 분과학문에 포함됨을 정당화하면서, 한편으로 사회학과의 차이를 해명할 목적으로, 다른 한편으로 헨리가 정의한 "체육에 관한 학문"의 구성 요소임을 해명할 목적으로 다음과 같이 말한다.

> 사회학자는, 스포츠의 사회적 측면을 연구하고자 하는 한에서, 스포츠를 목적이 아니라 수단으로 활용하여 사회 체계 일반의 구조와 기능을 이해할 수 있기를 바란다(스포츠사회학의 많은 발표 연구에서 발견되는 성향). 반면에 스포츠사회학자는 비록 사회학 이론과 방법에 기대기는 하나, 스포츠에 대한 이해 그 자체가 그의 목표이다(p. 166).

"스포츠사회학자는…스포츠에 대한 이해 그 자체가 그의 목표"라는 말은 이해할 수 없고 의미도 없다. 어떤 현상, 어떤 사건이든 이해하려면 개념적 또는 이론적 틀이 필요하다. 케년은 의도치 않게 이러한 주장을 지지함으로써 자기모순에 빠진다. 그의 한정구 "비록 사회학 이론과 방법에 기대기는 하나"는 당면한 현상을 이해하는데 이론적 틀의 필요와 연구를 개시하는데 개념적 기반의 필요를 부각시킨다.

연구가 발전하는 기반으로서 이론적 틀의 필요를 슈왑(Schwab, 1966)은 간명하게 설명한다.

탐구는 개념적 구조에 바탕을 둔다. 이 구조는 우리가 탐구에서 어떤 물음을 할지를 결정한다; 그 물음은 우리가 바라는 자료를 결정한다; 이러한 맥락에 있는 우리의 바람은 우리가 어떤 실험을 수행할지를 결정한다. 또한, 일단 취합된 자료는 탐구를 개시하게 한 개념에 비추어 의미와 해석이 주어진다 (p. 9).

연구 과제에서 사회학 이론(개념 구조)과 사회학 방법(통사 구조)의 사용은 사회학적 통찰과 이해를 산출한다. 이러한 실상은 헨리가 열거한 분과학문 모두에 대해 일반화할 수 있다. 또한, 모학문의 개념 및 통사 구조를 활용하는 – 연구가 유효하려면 필히 해야 하는 것 – 각 분과학문에서 수행된 연구 결과는 모학문의 전문 언어로 표현된다. 왜냐하면 "체육에 관한 학문"은 공통의 전문 언어가 없고, 따라서 결과는 그 언어로 표현될 수 없기 때문이다. 그 연구 결과는, 종종 패러다임(Kuhn, 1970)을 지칭하는, 관련 모학문의 기존 개념 구조를 해명하고 발전시키는데 기여하지만, "체육에 관한 학문"에 관한 개념 구조는 애당초 존재하지 않기에 분과학문의 연구 결과에 의해 발전될 수 없다.

이 분석에서 다수의 중요한 통찰이 나타난다. 모든 연구는 이론/개념 구조에 기반을 두며 그로부터 개시된다. 이러한 이해는 체육에서의 연구가 헨리와 타 학자들이 규정한 여러 가지 분과학문의 이론/개념 구조에 뿌리를 두고 있음을 보여준다. **학문 지식은 산출되고 확산되는데**, 그러나 그 지식은 연구를 목적으로 체육과 스포츠를 활용하는 모든 타 학문과 함께 해부학, 물리학(생체역학), 생리학, 심리학, 사회학, 역사학, 철학의 학문들에 뿌리를 두고 있음을 주목하는 것이 중요하다. 하지만, 이는 개별적으로나 집합적으로나 전술한 이유로 "체육에 관한 학문"일 수 없다.

헨리의 학문 개념의 부적절함과 준거의 불충분함은 킹과 브라우넬(King과 Brownell, 1969)이 열거한 10가지 특징의 포괄적 학문 요건과 비교하면 명백해진다. 학문은 다음과 같은 것이다.

1. 인간 공동체
2. 인간 상상력의 표현
3. 영역(연구 대상 포함)
4. 전통
5. 통사 구조 – 탐구 방식

6. 개념 구조

7. 전문 언어 또는 기타 기호 체계

8. 문헌과 인공의 유산 그리고 소통망

9. 가치적 및 감성적 자세

10. 교육 공동체 (pp. 67-98).

이 특징들은 서로 연관되고 통합된다. 타 학문들의 부분으로 구성된 학문이라는 헨리의 체육 개념을 이 포괄적 준거 체계에 따라 평가하면, 그 주장을 고수하는데 심대한 어려움에 봉착하게 된다.

분과학문들의 집합체를 교차 학문cross-discipline(Lawson과 Morford, 1979; Henny, 1987) 혹은 학제 학문interdiscipline 혹은 복합 학문compound discipline(Anderson, 1989, p. 5)으로 말하는 것은 말바꾸기에 불과하다. 분석의 결과는 달라지지 않는다.

지식 지도

체육은 다양한 분과학문들로 구성된 대학 학문이라는 헨리의 주장은 이 분야에서 많은 학자들의 호응을 받았다. 그들은 헨리의 발상을 좋아했지만, 그 구성에는 동의하지 않았고 각자의 견해를 제시했다. 예를 들어, **10대 대학 체육 지식체 프로젝트**Big Ten Body-of-Knowledge Project in Physical Education(Zeigler와 McCristal, 1967, p. 82)는 다음과 같이 6가지의 전공 영역을 지정했다: ⑴ 운동생리학, ⑵ 생체역학, ⑶ 운동학습 및 스포츠심리학, ⑷ 스포츠사회학, ⑸ 역사, 철학, 비교 체육 및 스포츠, ⑹ 관리이론. 라릭(Rarick, 1967, p. 51)은 4가지를 나열한다: ⑴ 생체역학 및 운동학습, ⑵ 운동생리학, ⑶ 역사와 문화적 측면, 철학 포함, ⑷ 사회심리학과 사회학. 또 다른 논자인 셸턴(Shelton, 1971, p. 68)은 5가지 영역으로 규정한다: ⑴ 스포츠사회학, ⑵ 운동학습, ⑶ 스포츠심리학, ⑷ 운동생리학, ⑸ 생체역학. 가장 포괄적인 목록은 온타리오주 대학 체육책임자협의회 학술단The Discipline Group of the Ontario Council of University Directors of Physical Education이 제시한 것인데(Advisory Committee on Academic Planning, 1974, p. B-9), 9가지의 분과를 열거한다: ⑴ 스포츠 및 신체활동의 역사, ⑵ 스포츠 및 신체활동의 철학, ⑶ 신체활동 및 스포츠의 사회학, ⑷ 신체활동 및 스포츠의 사회심리학, ⑸ 심리학 및 심동학습psychomotor learning, ⑹ 관리이론, ⑺ 운동생리학, ⑻ 성장 및 발달, ⑼ 생체역학.

제안된 목록을 모두 살펴보면, 그 수가 적게는 4개, 많게는 9개인 것과 관계없이, 어떤 목록도 실제 활동에 참여한다는 의미의 체육을 지칭하는 항목이 없음을 알 수 있다. 어떤 목록도 움직이는 사람을 나타내는 범주를 포함하지 않는다. 헨리의 제안 또는 수정된 목록을 받아들이는 것은 체육의 본질 즉 유희, 경기, 스포츠, 단련운동, 수중운동 또는 야외운동 참가한 사람이 목록에서 빠짐을 의미한다. 분과학문의 모음이 무엇이던 그것은 체육이 될 수 없는데 왜냐하면 모든 타 주제 분야들과 구별되는 그 특징이 누락되기 때문이다.

또 다른 귀결이 움직이는 사람을 표시하는 범주의 부재에서 발생한다. 그와 같은 목록의 누락은, 신체활동은 본성상 비인지적이라는 통속적으로 유지되어 온 인상을 확인하는 듯 보이기에, 체육에 해가 된다. 나열된 학문들은 본성상 이론적이고 개념적인 반면에, 체육 활동 참여는 이론적이지 않고 따라서 개념적이지 않다고 간주된다. 결국, 재차 말해서, 암암리에 체육은 수단적 본성을 특징으로 하게 된다. 분과학문들은 체육 활동 참가자를 연구 대상으로 활용하며, 연구 결과는 해당의 특정 분과학문의 동료나 모학문의 구성원에게 알려진다.

분과학문 접근에서 체육의 지식체는 전적으로 연구의 필요에 따라 체육을 주목하는 다양한 학문들에서 빌려온 개념과 이론으로 구성된다. 이들 학문에서 얻은 정보는 활동에 관한 지식의 범주로 분류되지만, 경험적 지식experiential knowledge과는 다르다. 전자의 지식은 활동을 직접 경험하지 않고 획득이 가능한 반면에, 후자는 활동에 참가하지 않고는 획득이 불가능할 뿐 아니라 그 활동의 기술을 발전시키기도 한다. 활동에 관한 심리학, 사회학, 생체역학, 역사학, 철학, 생리학, 관리 측면의 지식은 활동의 참여를 통해서만 성립하는 활동에 관한 지식을 대신할 수 없다.

이제 이 학문의 구성에 관해 제안된 다수 목록들이 검토되었으므로, 체육의 지식체는 타 학문들의 부분으로 구성된다는 헨리의 주장에서 기인하는 추가의 귀결을 살펴볼 수 있겠다. 이러한 체육 개념은 지식이 명제 형식, 즉 낱말이나 낱말을 표상하는 기호에만 국한된다는 믿음을 은연중에 승인한다. 헨리와 저마다의 목록을 제시한 학자들은 확립된 타 학문들을 지식의 원천으로 봄으로써 체육에는 내생의 지식이 없다고 선언하는 듯 보인다. 이 오해는 다음 장에서 불식될 것이다.

보다 정확한 서술

코난트에 대한 반박과 피셔 법안에 대한 강력한 대응은 분명히 필요했다. 정확하고 충분한 정당화와 용이한 지지가 이루어졌고 그리고 이루어지는 주장은 **체육에는 학문적 지식체가 있다는 것,** 이는 다양한 학문들의 공리, 사실, 개념, 명제, 가설, 이론으로 구성되며, 그 학문들은 유능한 체육교육자가 필요로 하는 지식의 배열에 기여한다는 것이다. 그러한 지식은 체육의 (또는 현재 사용되는 모든 다른 명칭의) 대학 교원에 임용되고 전문적 관심이 교육, 유락recreational, 여가leisure 및 사회 환경에서 움직이는 사람에 집중된 다양한 학문들의 구성원에 의해 생성되고 전달된다. 실제 현실에 관한 이러한 설명은 체육이 학문이라는 주장을 뒷받침하지는 않지만, 체육이 모든 대학 전공과정에 존재하는 것과 동일한 수준의 심오하고 학문적인 지식을 가지고 있음을 분명히 보여준다.

해부학, 생리학, 역사학, 심리학, 사회학과 같은 학문들을 나열하여 체육에 학문적 지식체가 있다고 주장하는 것은 코난트에 대한 적절한 반박이자 피셔 법안에 대한 대응이라고 할 수 있지만, 동시에 이 분야에 관한 불완전한 설명이다. 두 가지의 중요한 성분이 빠졌다. 하나는, 위에서 언급했듯이, 체육을 모든 타 분야들과 구별 짓는 다양한 활동들 - 놀이, 경기, 스포츠, 무용, 수중운동, 단련운동, 야외운동 - 이다. 빠진 두 번째 성분은 교육학pedagogy 또는 일부 기관(오타와대학교)에서 중재 절차intervention procedures라 부르는 것이다.

교육학 : 새롭게 발전하는 학문

1950년대 코난트가 대학원 수준의 체육, 특히 교수법에 집중하는 "직무" 전공과정의 체육에 대해 평가 절하했을 당시에 그의 등급 결정에 이의를 제기하는 것은 헛된 일이었을 것이다. 과학적이고 학문적으로 생성된 지식체를 증거로 제시하지 않고 그 과제를 해결하기는 매우 어려웠다. 교육과정의 구성요소인 교육학은 학문적 위상이 최하로 격하되었다. 그것은 경험이 많은 교사들이 보기에 효과가 있어서 적절하다고 여기는 온갖 유용한 수단, 방법, 절차쯤으로 간주되었다. 그러한 정보는 이 분야에 입문하는 학부생과 대학원생에게 전달되었다. 이러한 초보적인 발전 상태에서는 주장에 대한 과학적 근거가 없었으며 그 주장의 타당성을 평가하기 위해 권장된 절차 중 어느 것도 검증을 거치지 않았다고 말하는 것이 합당할 것이다. 또한 실험의 작업과 과학적 측정을 위한 연구의 대상이나 지침을 제공하는 모형이나 패러다임이 부재했다는 주장도 있을 수 있다.

중요한 저서인 모스톤Muska Mosston의 『체육 교수: 명령에서 발견까지Teaching Physical Education: From Command To Discovery』가 1966년에 출간되었다. 저자는 서문에서 "교수 방식teaching styles"의 개념은 교수 행동의 구조를 식별하고 명확하게 할 필요에서 나왔다"(p. XIII)고 설명한다. 주 관심사는 방식의 범역Spectrum of Styles(방식의 식별, 기술, 분석, 논리적 귀결의 개요)이었는데, 이 저서는 추가로 두 가지의 중요 목적을 달성했다. 첫째, 교수는 과학적, 학문적 방식으로 연구될 수 있는 현상임을 분명하게 보여주었다. 교수 행동(그리고 그것의 논리적 연장인 교사 교육)은 새롭게 등장하는 이 학문의 연구 대상이다. 두 번째 기여는, 이 학문에 관한 패러다임 또는 개념 구조의 기초를 제공할 수 있는(King과 Brownell, 1966, pp. 81-84), 교수 행동 - 수업 전 의사 결정, 실행 의사 결정, 평가 의사 결정 - 에 관한 예비 모형의 개발이었다.

그의 저서는 학계의 주목을 끌었다. 일부 학자들은 대학의 기성 교수진으로서 자신의 교수와 연구에 근거를 제공할 견고한 토대를 찾고 있었으며, 다른 학자들은 1960년대 후반과 1970년대 초반에 급속하게 팽창하는 대학 세계에 발을 들인 신진 교수진이었다. 교수에 대한 연구가 가능하다는 것이 명백해졌다(Barrette 등, 1987; Durkin과 Biddle, 1974; Locke, 1982; Wittrock, 1986).

1970년대 중반에 신생의 학문 전문 분야인 교수 연구Research Into Teaching가 더욱 눈에 띄게 되었다(Saunders, 1983). 초기에 생명물리 학문의 연구 방법을 채택하려는 시도는 수긍이 가는데, 돌이켜보면 학문적 신뢰를 긴급하게 확보하기 위한 시도로 해석될 수 있다. 교수-학습 과정처럼 복잡한 실체에 관한 연구에 생명물리 학문의 연구 방법을 채택하는 것은 실현 불가한 것으로 판명되었다. 이 과업에 보다 적합한 새로운 연구 도구들이 개발되었다(Darst 등, 1989; Gage, 1985; Locke, 1989). 교육학의 학문적 발전에 관한 이러한 측면은 통사 구조의 개발이라는 표제에 어울린다(King과 Brownell, pp. 77-81). 교수-학습의 상호작용에서 발생하는 다양한 활동과 현상을 식별, 분류, 계산하기 위해 기술적 분석법descriptive analytic approach을 사용하는 과학적으로 타당한 연구와 연구보고서가 많이 발표되었다. 그 연구들 중 다수가 이 전공 주제에 주력하는 학술지에 발표되었다(예, *Australian Journal of Teaching Practice, Canadian Journal of Education, Journal of Teaching in Physical Education, Journal of Teaching Education and Teacher, Teaching Education*).

이들 학술지의 존재와 발표 보고서는 킹King과 브로우넬Brownell이 열거한 학문의 준거 중 적어도 6가지를 충족시킨다. ⑴ 인간 공동체, ⑵ 인간 상상력의 표현, ⑺ 전문 언어 또는 기타 기호 체계, ⑻ 문헌 및 인공의 유산과 소통망, ⑼ 가치적 및 감성적 자세, ⑽ 교육 공동체. 준거 3 영역은 준거 5와 6의 통사 구조, 개념 구조와 마찬가지로 이미 논의되었다. 준거 4 전통을 충족하는데 얼마나 걸리는지는 확실하지 않다.

학문으로서 교육학은 응용의 측면이 있다. 그것은 학교교육자, 경기지도자, 대인훈련가 및 타 직무전문가들이 실천을 개선할 수 있도록 고안된 방법 및 절차에 중점을 둔다. 합당한 가르침을 위해서는 적어도 세 가지 기본 영역의 지식이 필요하다. ⑴ 전달할 교과, ⑵ 학습자(학생, 운동선수 또는 고객), ⑶ 학습의 촉진하기 위해 고안된 방법 및 절차. 교수나 지도를 할 때 교과 지식의 축적과 좋은 의도만으로는 충분하지 않다. 교육학이나 중재의 강의에서 습득한 방법과 절차에 관한 지식은 의도가 좋은 사람과 전문 교육자 및 지도자 간의 차이를 만든다.

우리의 현 위상

앞의 분석에 근거하면 체육은 타 학문들의 부분으로 구성된 대학 학문, 또는 다수다양한 분과학문의 집합체라는 헨리의 주장은 성립하기 어렵다. 그러나 분과학문들의 존재는 체육에 학문적 지식체가 있다고 분명하게 말할 수 있게 한다. 그것은 건실한 직무의 실천이 발전하는 이론적 기반이 된다. 이렇게 보면 체육은 다양한 직업 진로로 이어지는 직무 준비 영역이라는 주장이 가능하다(Ross, 1987, p. 47).

역사적으로 대학은 창설 초기 때부터 성직자를 시작으로 의사와 법률가에서 치과의사, 회계사, 심리학자, 공학자 등을 포함하기까지 직무전문가를 양성하는데 관여해 왔다. 모든 직무전문가 양성 프로그램은 이론과 실천을 다양한 수준으로 결합한다. 실천 구성요소가 적용되는 방식은 직무마다 다르다. 예를 들어 다수의 법학전문대학원은 학생들이 법률적 기법을 실습하는 장으로 모의법정에 교육과정의 시수를 할당한다. 그것은 일반적으로 불충분하다고 여겨지는데, 왜냐하면 대부분의 사법관할구역에서 신입 법률가에게 변호사 자격시험 응시 전에 적어도 1년간 소송 문서 작성을 요구하기 때문이다. 이 기간에 그들은 경력 변호사의 지도하에 자신의 직무를 실행하는 방법에 대한 지식을 습득할 것이다.

체육은 직무 실천의 영역으로서 의과대학에서 일어나는 일과 많은 공통점이 있다. 의과대학에서는 해부학, 생리학, 화학, 생화학, 약리학, 신경학과 같은 다양한 학문의 과학자들이 각자의 분야에서 연구를 수행하고 고유의 학문 지식을 학생들에게 전수한다. 이러한 의학교육의 구성요소는 흔히 학부 기초과학 교육과정이라 불린다. 그것은 의학 실천을 위한 과학적 토대를 제공한다. 하지만, 그 방대한 지식 자체만으로는 의학 실천에 충분하지 않다. 병행되는 임상실습과정, 이어지는 전공의 과정을 통해 의학 실천 – 진단을 내리고 처치법과 치료법을 처방하는 것 – 을 배운다. 의학에서 이는 경력 의사가 전공의를 가르치고, 다시 그들이 종종 임상실습생을 가르치는 광범위한 전공과정을 통해 이루어진다.

기초 과학과 실제의 진단 및 치료법 처방이라는 두 가지의 구성요소는 모두 의사의 직무 순비에 필요하다.

체육에서도 상황은 다르지 않다. 생명물리 학문, 심리사회 학문, 인문 학문의 교과목은 체육교육자에게 과학적 및 인문적 지식 기반을 제공한다. 직무 실천을 위한 준비를 충족시키는데 교육학 교과목의 지식이 필요하다. 학부 수준의 수련 교과목은 학생에게 다양한 교과목에서 배운 것을 경험이 풍부한 실천가의 관장 하에 실행할 수 있는 기회를 제공한다. 이론과 실천이 결합된다.

분야의 재통합 : 작은 발걸음

1960년대 초 이전, 전 분야에서 지적 폭발이 일어나기 전까지만 해도 한 사람이 당시 체육의 교육과정을 구성한 다양한 과목들을 상당히 잘 다루는 것이 가능했다. 당시 만능인generalists이라 불린 사람들이 학문적 범역 전반에 걸쳐 다양한 과목을 가르칠 수 있었다.

지식의 급속한 성장은 누구도 다양한 학문들의 새로운 발전을 따라잡을 수 없게 만들었다. 선택을 해야 했다. 개인의 지성적 노력을 하나, 혹은 두 개의 학문 영역에 집중함에 따라 전문화를 향한 움직임은 천천히 시작되었지만 곧 힘을 얻었다. 학생들은 자신이 선택한 분과학문의 지식을 더 많이 가진 교수에 의해 더 나은 서비스를 받을 수 있지만, 이러한 진화는 또한 이 분야의 분열을 일으켰다. 별도의 전문 단체들이 설립되었으며,

각 단체는 독자의 연례 학회, 전문 학술지를 가지고 있었다.

분열과 대립이 이 분야의 특징이 되었다(Sage, 1987, pp. 14-15). 처음에는 새로운 학문주의자와 교육학에 대한 지지가 여전히 강했던 이전의 종합전문가 사이에 갈등이 있었다. 분과학문이 늘어나고 강해지자 그들은 서로 다투기 시작했는데 주로 교육과정에서 각자가 담당할 교과목의 수에 관한 것이었다. 어떤 곳에서는 그 논쟁의 결렬함이 내란의 양상을 띠었다. 각 집단이 패권을 놓고 경쟁함에 따라 원래의 목표인 학생들의 포괄적인 직무 준비는 취약해지고 있었다. 평화의 회복을 위해서는 몇 가지의 조치가 요구된다.

분과학문 중 하나의 전문가인 각 교수는 체육(또는 현재 다른 명칭을 사용하는)의 대학 교원으로 임용되어 주로 연구와 교수라는 두 가지 책무를 담당한다. 따라서 **체육에는 학문적 지식체가 있다는 것**, 이는 다양한 학문들의 공리, 사실, 개념, 명제, 가설, 이론으로 구성되며, 그 학문들은 유능한 체육교육자가 필요로 하는 지식의 배열에 기여한다는 것이다. 이러한 지식은 체육 관련 (또는 현재 사용되는 모든 다른 명칭의) 대학 교원으로 임용되고 전문적인 관심이 교육, 유락, 여가 및 사회 환경에서 움직이는 사람에 집중된 다양한 학문들의 구성원에 의해 생성되고 전달된다. 실제 현실에 관한 이러한 설명은 체육이 학문이라는 주장을 뒷받침하지는 않지만, 체육이 모든 대학 전공과정에 존재하는 것과 동일한 수준의 심오하고 학문적인 지식을 가지고 있음을 분명히 보여준다.

다양한 학문을 나열하고 교육과정의 각 주제 영역에 시수를 할당하여 체육에 학문적 지식체가 있다고 주장하는 것은 학생들이 이질적인 학문들의 폭넓은 지식을 습득해야 할 필요성을 당연시 하게 한다. 체육의 본성을 직무 준비의 분야로 인정하고 각 분과학문이 담당하는 중요한 기여를 인식하는 것은 대학 교원 사이의 긴장과 대결을 줄이는데 도움이 될 것이다.

이 작은 조치가 취해진다면, 이 분야를 괴롭히는 분열을 다소간 줄일 수 있을 것이다. 어떤 단일 분과학문도 이 분야 또는 분과학문들의 묶음이 될 수 없다. 교육학도 마찬가지다. 모든 분과학문이 필요하기에 타 분과학문들의 가치를 인정하는 것이 더 평온한 **타협**으로 이어질 것이다. 시간이 지남에 따라 현재의 경쟁 분위기(경쟁이 있는 곳의)는 협력 분위기로 바뀔 것이다.

새로운 노선의 입론

체육은 다양한 분과학문으로 구성된 대학 학문이라는 헨리의 주장은 유지될 수 없다.

그러나 이러한 분과학문의 존재는 체육에 공리, 이론, 사실, 개념, 원리, 과학 법칙으로 구성된 명제적 학문 지식체disciplined body of propositional knowledge를 제공한다. 여기에는 새롭게 등장한 교육학 학문의 지식이 포함된다.

분과학문에 관해 다양한 목록들이 제안되었지만 어떤 목록에도 체육의 교육과정을 구성하는 활동에서 움직이고 참여하는 사람을 나타내는 항목은 없다. 체육의 본성, 즉 놀이, 경기, 스포츠, 단련운동, 수중운동, 야외운동에 참여하는 사람이 빠져 있다.

다양한 목록에 등장하는 분과학문에서 얻은 지식은 활동에 관한 지식의 범주에 속하는데, 그것은 활동을 경험하여 얻는 지식과는 다르다.

활동을 경험하여 얻는 지식은 이 책의 뒷부분에서 확인하고 논의한다.

교육학을 포함한 다양한 분과학문에서 얻은 지식은 체육에서 건실한 직무 실천이 발달하는 이론적 토대가 된다.

대학 수준에서 체육은 다양한 미래 직업 진로로 이어지는 직무 준비 영역으로 가장 잘 이해되고 설명된다.

References

Advisory Committee on Academic Planning, Ontario Council on Graduate Studies. (1974). Perspectives and plans for graduate studies: 10. Physical education, kinesiology and related areas. Council of Ontario Universities. Toronto, Ontario.

Anderson, D. (1989). The discipline and the profession. In D. Anderson, E.F. Broom, J.C. Pooley, E.C. Rhodes, D.G.E. Robertson, & B. Schrodt, *Foundations of Canadian Physical Education, Recreation, and Sports Studies*, pp. 3-36. Dubuque, IA: Wm. C. Brown.

Barrette, G.T., Feingold, R.S., Rees, C.R., & Pièron, M. (Eds.). (1987). *Myths, Models, and Methods in Sport Pedagogy*. Champaign, IL: Human Kinetics.

Bressan, E.S. (1982). An academic discipline for physical education: What a fine mess! In L.L. Gedvilas (Eds.), *Proceedings of the National Association for Physical Education in Higher Education*. (Vol. III, p. 22-27). Champaign, IL: Human Kinetics.

Broekhoff, J. (1981). Prognosis: What can be predicted for the profession. *Academy Papers. 15*, 75-80.
Broekhoff, J. (1982). A discipline—who needs it? *NAPAHE Annal Conference Proceedings*. Vol. III, 28-35. Champaign, IL: Human Kinetics.
Conant, J.B. (1964). *Two modes of though: My encounter with science and education.* New York: Trident.
Darst, P., Zakrajsek, D., & Mancini, V. (1989). *Analysing Physical Education and Sport Instruction*, 2nd ed. Champaign, IL: Human Kinetics.
Dunkin, M.J., & Biddle, B.J. (1974). *The study of teaching.* New York: Rinehart & Winston.[40]
Gage, N.L., (1983). *Hard gains in the soft sciences: The case of pedagogy.* Bloomington, IN: Phi Delta Kappa Centre on Evaluation, Development and Research.
Gulick, L.H. (1890). Physical education: A new profession. *Proceedings of the American Advancement of Physical education,* 59-66.
Henry, F. (1964). Physical education: An academic discipline. *Journal of Health, Physical Education and Recreation, 35*(7), 32-33, 69.
Henry, F., (1987). The academic discipline of physical education. *Quest, 29*(1), 13-29.
Kenyon, G.S., (1969). A sociology of sport: On becoming a sub-discipline. In R.C. Brown & B.J. Cratty (Eds.). *New perspectives on man in action.* 163-180. Englewood Cliffs, NJ: Prentice-Hall, Inc.
King, A.R., & Brownell, J.A. (1966). *The Curriculum and the Disciplines of Knowledge: A Theory of Curriculum Practice.* New York: John Wiley & Sons.
Kuhn, T.S. (1970). *The structure of scientific revolutions,* 2nd ed. Chicago: University of Chicago Press.
Lawson, H.A., & Morford, W.R. (1979). The cross-disciplinary nature of kinesiology and sport studies: Distinctions, advantages and implications. *Quest, 31*(2), 222-230.
Lawson, H.A., & Morford, W.R. (1980). The role of departments of physical education in the universities. In J.F. Hayden (Ed.). *Body and Mind in the 90's,* pp. 41-48. The Canadian Council of University Physical Education Administrators.
Locke, L.F. (1982). Research on teaching physical activity: A modest celebration. In M.L., Howell & J.F. Saunders (Eds.). *Proceedings of the VII Commonwealth and International Conference on Sport, Physical Education, Recreation and Dance* pp. 189-198. Brisbane: University of Queensland Press.
Locke, L.F. (1989). Qualitative research as a form of scientific inquiry in sport and physical education. *Research Quarterly for Exercise and Sport, 60*(1), 1-20.
Locke, L.F., & Siedentop, D. (1980). Beyond arrogance and ad hominem: A reply to Hal Lawson. *Quest, 32*, 31-43.
Mosston, M. (1966). *Teaching physical education: From command to discovery.* Columbus, OH: C.E. Merrill Books, Inc.
Rarick, G.L. (1967). The domain of physical education as a discipline. *Quest, IX,* 49-52.
Rose, D.A. (1986). Is there a discipline of physical education? *Quest, 38*(1) 1-21.
Ross, S. (1978). Physical education: A pre-discipline in search of a paradigm. *International Journal of Physical Education,* IV(2), 9-21.
Ross, S. (1987). Humanizing the undergraduate physical education curriculum. *Journal of Teaching in Physical Education, 7*(1), 46-60.

Sage, G.H. (1987). The future and the profession of physical education. In J.D. Massengale (Eds.). *Trends toward the future in physical education,* pp. 9-24. Champaign, IL: Human Kinetics.

Saunders, J.E. (1983). Teaching and coaching of physical education—Working from a discipline base. *International Journal of Physical Education,* XX(2), 9-14.

Schwab, J.J. (1964). Problems, topics and issues. In S. Elam (Ed.). *Education and the Structure of Knowledge: Fifth Annal Phi Delta Kappa Symposium on Education Research* pp. 4-44. Chicago: Rand McNally and Company.

Shelton, J.W. (1971). Physical Education in Perspective. *The Physical Educator, 28*(2). 67-70.

Wittrock, M.C. (Ed.) (1986). *Third Hand book of Research on Teaching. New York: Macmillan.*

Zeigler, E.F., & McCristal, K. (1967). A history of the Big Ten Body-of-Knowledge Project in Physical Education. *Quest,* IX, 79-84.

04

움직임교육 / 인간움직임
MOVEMENT EDUCATION / HUMAN MOVEMENT

또 다른 체육 개념인 움직임교육MOVEMENT EDUCATION은 세계 2차 대전이 끝난 직후에 영국에서 등장하였다. 미의 관점에서 사람들에게 움직이는 방법과 모든 형태의 인간움직임을 감상하는 방법을 가르치는데 중점을 두는 움직임교육은 신체적인 것의 교육 개념과 신체적인 것을 통한 교육 개념에 대한 대안으로 볼 수 있다. 국제적 소통과 교사 교류가 증가함에 따라 이 새로운 사상은 곧 북미로 진출했다. 움직임교육, 또는 처음에 통용된 명칭인 교육 체조educational gymnastics는 1930년대 영국에서 시작되었지만 1940년대가 되어서야 교육 현장에 자리하는 동력을 확보할 수 있었다. 결합한 듯 보인 두 가지 중요한 요인은 이내 인간움직임으로 불린, 신체활동의 역할과 기능에 대한 새로운 관점의 발전에 중요한 기여를 했다고 할 수 있다.

영국의 경우 19세기 중반부터, 저명한 교장 아놀드Arnold가 재직한 명문 사립학교 럭비Rugby에는 스포츠에 관한 강한 전통이 고도로 발전하고 확고히 자리 잡았다. 스웨덴 체조도 똑같이 뚜렷하게 강조되었고, 19세기 후반에 시작하여 20세기 초반에 힘이 결집되어 교육과정의 필수 부분이 되었다. 영국 체육의 교육과정과 방법, 특히 스웨덴 체조 프로그램의 정형성과 경직성에 대한 불만은 작지만 매우 단호했던 체육교육자 집단(대부분 여성)이 대안을 모색하도록 자극했다.

기존 프로그램에 대한 불만이 첫 번째 요인이라고 할 수 있다. 오스트리아 출신 루돌프 라반Rudolf Laban이 중부 유럽을 위협한 나치로부터 벗어나 영국으로 건너 온 것은 쉽게 확인할 수 있는 두 번째 요인이다. 라반은 무용가, 교육자, 이론가였다. 그는 "움직이는 **대상**, 움직이는 **방식**, 움직이는 **장소** 그리고 움직임과 다른 이동 및 비이동 요인의 관계에 기초한 움직임 분석 이론theory of movement analysis"을 개발했다(Sidedel과 Resick, 1972, p. 52). 그는 영국에서 라반움직임예술센터Laban Art of Movement Centre를 설립했는데, 이 기관은 많은 체육교육자들이 자신들을 움직임교육자로 호칭을 바꾸게 할 정도로 충분하고 강력하게 영향을 미쳤다.

라반의 이론적 구축과 실천적 작업은 그의 센터에서 산출되었고, 기존 체제에 거부감이 있던 여성 체육교육자들 사이에서 호응을 얻었다. 그들은 축구와 럭비 같은 단체 스포츠에 주력한 남성 교육자들보다 무용에 더 관심이 있었다. 그의 이론과 그에 수반되는 움직임 표기법movement notations은 인간의 표현 형식인 무용과 관련이 있지만, 고착된 교육과정의 변화를 모색하는 체육교육자들은 자신들의 영역에 쉽게 적용할 수 있었다. 그 당시의 용어였던 **교육 체조**는 라반이 무용과 관련하여 파악한 움직임의 공통 요소인 공간space, 힘force, 시간time, 흐름flow과 관련되는 움직임들을 능숙하게 조합하여 효율적인 신체 움직임을 가르치는 것을 목표로 삼았다(Cameron과 Pleasance, 1964, p. 4). 결국 인간움직임은 움직임교육 프로그램에서 가르쳐야 할 광범위한 활동을 기술하는 용어로 채택되었다.

움직임교육은 신체적인 것**의** 교육(체력과 건강)과 신체적인 것을 **통한** 교육(사회적 발달)을 대체하는 것으로서, 보다 광범위하고 포괄적인 개념의 인간움직임에 집중하고 있었다. 인간움직임이라는 개념은 이 분야에 공통의 초점과 의미의 원천을 제공한다. 학교에서 가르치는 프로그램인 움직임교육과 학술적 방식으로 연구할 수 있는 영역 또는 특정 현상인 인간움직임은 뗄 수 없는 관련이 있는 것으로 보인다. 그러나 연구와 분석을 목적으로 양자는 별개로 탐구할 수 있으며, 그것은 여기서 수행하는 과업이다. 학교 프로그램에 대한 상당히 광범위한 적용 범위는 학문적 구성요소에 한정하여 제공할 것이다. 그러한 측면, 특히 연구 대상 차원의 인간움직임 개념은 다음 장인 인간운동학Kinesiology에서 심도 있게 다룰 것이다.

학교 프로그램

움직임교육 프로그램은 움직임 탐색, 많은 장비, 문제 해결 및 유도 발견을 강조하는 간접 교수 방법이 뚜렷한 덜 정형화된 수업을 특징으로 한다. 학생들은 일련의 기본 움직임fundamental movements 숙달을 위해 다양한 방식으로 달리고, 뜀뛰고, 돌고, 몸을 움직이도록 권장을 받는다. 이 프로그램은 아동이 자신의 신체에 대한 인식을 더 많이 개발하고 놓인 문제를 해결하면서 보다 효율적이고 효과적으로 움직이는 방법을 배우는 것을 돕기 위해 고안되었다. 학생들은 활동에 참여함에 따라 인간 존재의 이 영역에서 자신의 능력을 더 잘 이해하게 된다.

움직임교육의 프로그램 설계는 라반이 명시한 네 가지 원리, 즉 신체 개념, 노력 개념, 공간 개념, 관계 개념에 따라 이루어진다. 이 원리/개념을 기반으로 선택된 활동은 학생들에게 도전 과제가 된다. 이러한 도전에 대한 대응은 "신체가 무엇을 하는지, 어디서 움직이는지, 어떻게 움직이는지, 누구와 함께 움직이는지에 관한 것이다"(Wall과 Murray, 1994, p. 7). 월과 머레이는 네 가지 개념에 대한 설명을 제공한다(1994, p. 46). 즉, 신체 개념들은 활동 지향적이다(신체가 하는 것); 공간 개념들은 장소, 양식과 관련이 있다(움직임이 있는 곳); 노력 개념들은 양, 질과 관련이 있다(사용된 동역학dynamics); 그리고 관계 개념들은 움직이는 사람과 다른 사람들 및 사물들 간의 상호 작용과 관련이 있다(환경 속에 있는 다른 사람들 및 사물들과의 상호작용).

잘 설계된 움직임교육 프로그램에 참여하는 것은 학습자에게 신체가 무엇을 하고 있는지, 어디에서 움직이고 있는지, 어떤 힘과 동역학이 사용되고 있는지, 움직이는 사람이 누구 또는 무엇과 관계하고 있는지에 대해 더 많은 인식을 촉진하는 것으로 간주된다. 움직임교육의 주된 목표는 심동 발달이다. 이 광범위한 목표에는 아동이 계획 내의 및 예상 밖의 모든 도전에 대응하는 속에서 더 능숙하게 움직일 수 있도록 가르치는 것, 그리고 실행자와 관찰자 모두가 움직임의 의미, 의의, 기쁨에 더 호응하도록 돕는 것이 포함된다.

교육 무용, 교육 체조, 교육 경기educational games는 학교 프로그램의 공통적 구성 요소이며 움직임교육자가 일반적으로 연구하는 활동들이기도 하다(Wall과 Murray, 1994, p. 42). 라반의 네 가지의 원리 또는 움직임 개념은 인간움직임을 기술하고 분석하는 개념적 틀을 이룬다. 움직임의 기능적 측면과 표현적(미적) 측면은 모두 이를 틀로 삼아 연구될 수 있고 연구되고 있다.

기본 움직임

움직임교육은, 특히 인간움직임의 기능적 측면(능숙하고 효율적인 움직임의 개발)과 관련된, 몇 가지 가정을 바탕으로 한다. 많은 스포츠 기술은 공통의 요소들이 있으며, 이 모든 것은 선정된 다수의 기본 움직임에 대한 포괄적 파악을 기초로 한다. 다수의 기본 운동 기술 즉 달리기, 뜀뛰기와 같은 이동 운동 그리고 굽히기, 펴기와 같은 비이동 운동은 복잡하고 전문적인 기술을 더 쉽게 배울 수 있는 기초의 역할을 한다. 기초인 움직임 기본의 숙달은 스포츠 특화 기술을 포함하여 보다 복잡한 운동 기술의 습득을 용이하게 할 것이다.

월과 머레이는 기본 움직임에 대하여 상당히 간결한 설명과 목록을 제공한다.

기본 움직임은 세련된 스포츠 특화 움직임의 기본이다. 기본 움직임은 걷기, 달리기, 뜀뛰기jumping, 무릎 높여 빨리걷기skipping, 말처럼 빨리걷기galloping와 같은 기초적인 이동 운동의 양식들; 균형 기술; 체중 지지weight bearing, 펴기, 비틀기curling, 꼬기twisting; 던지기, 받기, 치기와 같은 조작 활동을 포함한다(1994, p. 10).

이러한 기본 움직임의 숙달은 실제로 더 복합하고 스포츠에 특화된 기술의 습득을 용이하게 하는가?

체육교육자와 스포츠지도자는 특정 스포츠를 가르칠 때 일반적으로 인정되는 교육학 원리에 따라 오랫동안 다음의 절차를 적용해 왔다: 먼저 기초 기술을 가르치고, 그 다음에 학습자가 해당 기술을 숙달했을 때 고급 기술을 도입한다. 이 절차는 보다 복합한 스포츠 특화 기술을 도입하기 위한 선행 조건으로 기본 움직임을 가르친다는 점에서 움직임교육자들이 주장한 것과 유사한 듯 보인다. 적어도 세 가지 반론이 제시되었는데, 이는 움직임교육을 대변하는 주장의 수용을 어렵게 한다.

아동은 교육 무용, 교육 체조, 교육 경기의 참가를 통해 기본 움직임을 숙달한다. 첫 번째 반론은 기술의 특수성과 운동 활동motor activity의 한 영역에서 다른 영역으로의 기술 전이와 관련된 문제를 중심으로 한다. 무용, 체조, 교육 경기의 기본 움직임을 실행함으로써 획득한 지식은 스포츠 기술로 전이될 수 있고 적용될 수 있는가? 기본 움직임의 숙달이 보다 복잡한 스포츠 특화 기술의 학습을 용이하게 한다는 주장을 뒷받침하는 실증적 증거는 없다(Bean, 1985, p. 22). 약간의 연구 보고 자료가 있지만 결과는 상반된다. 더

주의해야 할 것이 있다. 모든 기술 검사는 신뢰도와 타당도가 낮기 때문에 이러한 보고서들을 읽을 때 주의해야 한다.

두 번째로, 심동 학습의 관점에서 기본 움직임 또는 "기초 기술basic skills"의 습득은 행위자가 완전히 제어하는 움직임인 "폐쇄형" 기술의 범주에 속한다. 100m 경주나 높이뛰기, 멀리뛰기가 그 예이다. 그러나 체육과 스포츠 활동에 포함되는 기술의 대부분은 방향과 속도를 변화시키는데 지속적으로 점검하고 수정해야 하는 "개방형" 기술이다. 다가오는 축구공을 차기, 농구 골대로 빠르게 다가가며 넘겨진 공을 받기, 또는 배드민턴 서브를 받아치기 등이 몇 가지 예이다. 이러한 상황에서의 행동은 특정 기술의 맥락에서만 특화될 수 있으며, 이는 각기 다른 기술에 대한 특화된 훈련이 꼭 필요함을 강력하게 시사한다.

세 번째로, 일정 범위의 기본 움직임을 습득하면 운동감kinesthesis, 즉 우리가 공간에서 어디에 있는지, 우리의 신체와 관련하여 사지가 어디에 있는지 알려주는 감각의 발달이 향상될 것이라고 가정할 수 있다. 운동감과 기술 학습 간에 직접적인 관계가 있고, 더 나아가 운동감이 더 정교해질수록 더 복잡한 기술의 습득은 더 쉬워질 것이라고 가정하는 것이 합리적일 것이다. 이 영역은 우리 분야의 연구에서 매우 소홀했던 영역 중 하나이다(Arnold, 1988, pp. 52-55). 아마도 이 소홀함은 기본 개념들을 명료하게 하고 적절한 연구 문제를 정식화하는데 어려움을 겪기 때문일 것이다. 아놀드Arnold가 보고하는 바, 기본 움직임의 숙달이 더 복잡한 기술의 학습을 촉진할 것이라는 주장과 관련하여, 연구 문헌은 운동감의 매력에 근거하는 긍정적 견해를 뒷받침하지는 않는다.

기본 움직임이나 기초 기술의 숙달에 관한 또 다른 물음이 훨씬 더 평범한 자료에서 등장한다. 기본 움직임에 대한 언급은 더 높은 기술의 학습을 위한 준비로서 특정한 기초 기술의 숙달을 함축한다. 위에서 언급했듯이 이러한 기초 기술에는 걷기, 달리기, 돌기, 한 발 뛰기hopping, 무릎 높여 빨리걷기skipping, 뜀 뛰기jumping 등이 포함되며, 이는 모든 보통의 아동들이 움직임교육 프로그램이 시작되는 1학년에 들어가기 전에 습득하는 기술들이다. 이러한 기술을 기본 움직임으로 가르치는 것은 불필요뿐만 아니라 아이들을 흥미롭게 하기 보다는 지루하게 만들 것이다. 이러한 기초 이상의 기술을 가르치는 것은 고급으로 분류되어야 하며, 그렇다면 움직임교육은 해당 범위를 넓힐 필요가 있다.

움직임교육의 선도자 중 하나인 낸시 머레이Nancy Murray에 따르면 움직임교육의 범위는 기본 움직임 또는 기초 기술에 제한되지 않는다. 즉, 움직임교육은 많은 신체활동 영역에서 움직임 (운동) 기술의 습득에 관여한다. 머레이는 이러한 포괄적 견해를 지지하면서 저명한 저자 바렛K. Barret의 글을 인용한다.

"움직임교육의 목표는 다양한 상황에서 다재다능하고 능숙하게 움직이는 사람을 기르는 것이다"(Barrett, 1981). 따라서 움직임교육자는 신체적 노고를 요하는 많은 활동에서의 기술 개발에 관여한다. 교육자는 기술의 습득과 발전을 꾸준히 염두에 둔다. 학생들은 경기, 교육 체조, 무용, 수중운동 또는 야외운동을 할 때 기술을 탐색, 연마, 연습하도록 장려된다(Murray, 1981, p. 15).

바렛의 진술에서 지칭하는, 다양한 상황에서 능숙하게 움직이는 사람에 대하여 머레이는 신체적 노고를 요하는 활동과 경기를 포함하도록 부연하고 개념화한다. 스포츠는 다양한 상황에서 다재다능하고 능숙하게 움직이는 사람을 필요로 한다. 즉, 스포츠는 대체로 흔히 경기라고 하는 신체적 노고를 요하는 활동이다. 이제 머레이가 제시한 목록에 스포츠가 포함된다면, "움직임교육"과 "움직임교육자"라는 용어는 어떤 문제나 의미 손실이 없이 "체육"과 "체육교육자"로 대체될 수 있다. 그렇다면, 이 시점에서 움직임교육과 체육 간에는 의미론적 차이를 제외하고는 어떤 차이도 발견하기 어렵다.

교수 방식

전통적인 체육교육자들은 기술을 가르치기 위해 직접 교수 방법이나 명령 방식command style을 사용하는 경향이 있다. 아동이 직면한 "운동 문제motor problem"를 해결하는 다양한 방법을 발견하기 위해 공간의 탐색을 시도하는 움직임교육에서 직접 교수 방법은 부적절하다. 즉, 목적과 수단이 양립할 수 없다. 문제 해결, 탐색, 실험이 장려되는 경우에는 다른 교수 방식이 필요하다. 교육학적 방법인 간접 교수와 유도 발견은 문제 해결, 탐색, 실험의 기초 원리와 양립할 수 있다. 이러한 교수 방식에서 의사 결정의 많은 부분이 교사에서 학생으로 이전된다. 간접 교수와 유도 발견의 사용은 움직임교육의 두드러진 특징 중 하나이다.

앞서 언급했듯이 움직임교육은 학습자가 움직임 기술을 습득하도록 하는 것과 관련이 있다. 간접 교수를 통해 학습자가 움직임 문제를 해결하도록 장려하는 것은 매우 다양한 반응을 촉진한다. 그것은 원하는 목표 중 하나이다. 하지만, 기술 습득의 맥락에서 심각한 문제가 발생한다. "그러나 기술이 확립된 움직임 원리에 따라 개발되어야 한다면, 무한히 다양한 반응은 적절하지도 바람직하지도 않다"(Bean, 1985, p. 22). 이는 문제 해결 접근에 대한 과도한 의존이 기술 학습에 역효과를 낼 수 있는 가능성을 지적하기에 설득력이 있는 의견이다. 기술 개발은 해당 움직임이 확고해지기 전에 수없이 반복해야 한다. 연속 반복은 명령 방식 교수와 양립할 수 있다. 그러나 명령 방식 교수는 탐색과 실험을 통한 학습을 장려하는 움직임교육의 철학과 양립할 수 없다.

기술을 가르치는 최선의 방법에 관한 이 논제는 움직임교육의 초점이 대부분 기본 움직임 또는 기초 기술이라는 점을 고려하면 훨씬 더 중요할 것이다. 이러한 기초 기술은 적절하게 학습되지 않는다면 고급 기술을 습득하는데 방해가 될 수 있다. 불행히도, 두 가지의 상이한 교수법을 직접 비교한 연구는 거의 없기 때문에 어떤 하나를 우선할 근거로 삼을 만한 실증적 증거가 거의 없다(Bean, 1985, p. 21).

움직임교육자들이 직접 교수 방법이나 명령 방식을 전적으로 멀리하는 것은 아니다. "움직임교육의 오류 중 하나는 학생들이 구조화되지 않은 놀이와 같은 상황을 통해 부단히 실험하고 발견한다는 것이다. 자유 놀이free play와 유도 발견은 초기의 경험으로 필요지만, 기술 개발이 진행됨에 따라 구조화된 특정 학습 경험이 필수적이다"(Murray, 1981, p.15). 움직임교육자는 때때로 직접 교수 방법을 사용한다. 체육 프로그램에서 교사가 학생에게 움직이고 스포츠 기술을 실행하는 새로운 방법을 실험하고 탐색하게 권장하는 경우가 많다. 교수법의 사용에서 움직임교육과 체육의 차이는 종류보다는 수준에 관한 것으로 보인다.

프로그램 지향 : 학생 중심 대 교과 중심

움직임교육자들은 종종 체육은 교과 지향인 반면에 움직임교육은 학생 지향이라는 점이 둘을 구별할 수 있는 차이라고 주장한다. 움직임교육에서 간접 방법을 통해 학생들이 움직임 발상을 자유롭게 연습하고 실험할 수 있다. 이 접근에서 여러 가지 구체적 이점이 발생한다. "신체적으로나 정신적으로 개인에게 책임이 있기 때문에 의사결정, 운동감식kinesthetic awareness, 개인적 동기부여가 필요하다"(Murray, 1981, p. 16). 이는 명령 교수 방식이 사용되는 체육에서 학생은 이러한 이점을 얻지 못할 것임을 암시한다. 그와 같은 결론은 의사결정, 운동감식, 개인적 동기부여의 개념에 관련된 것에 대한 분석에 비추어 보면 부당할 수 있다. 각 개념은 별도로 논의된다.

개인적 동기부여는 학생들이 움직임교육자나 체육교육자가 설정한 과제를 수행하는데 있어 보여주는 솔선과 헌신을 의미하는 것으로 해석할 수 있다. 두 경우 모두에서 학생은 열성의, 또는 건성의, 또는 억지의 참여를 선택할 수 있다. 학생의 개인적 동기부여는 활동 자체와 더 직접적으로 관련되어 있다. 즉 학생이 그것을 감당할 수 있는 도전으로 보는지, 그 과제를 해결하는데 얼마나 자신감이 있는지, 또는 학생들의 말로 표현하자면, 그 활동이 재미있다고 생각하는지의 여부와 더 직접적인 관련이 있다. 개인에게 신체활동과 경기의 중요함, 인간 표현의 이 영역에서 탁월하고자 하는 욕구, 유사 활동에서의 이전 성공과 같은 다른 요인들은 프로그램이 교과 지향인지 학생 지향인지보다는 개인적 동기부여를 결정하는데 훨씬 더 관련이 있다.

앞서 언급했듯이 운동감식은 훨씬 더 복잡한 논제이다. 움직이고 살아있는 인간은 공간에서 방향을 잡기 위해 환경을 끊임없이 추적하기에 운동감식을 가지고 있다. 눕거나 앉거나 서거나 또는 움직이거나, 위치와 움직임은 외적 및 내적 환경 변화에 따라 조정된다. 이러한 조정은 운동감각kinesthetic sensations의 결과로 발생하며, 이는 우리가 혹여 인식할 수 있을지 모르나, 대게는 전혀 "인식"하지 못하는 과정이다. 때때로 이러한 조정은 근육의 씰룩거림과 경련, 안면경련, 몸서리와 같은 불수의 행동의 결과이다. 이는 머레이가 운동감식을 말했을 때 의미한 것은 아닐 것이며, 그 이상의 무엇과 관련이 있다. 움직임교육에 관한 많은 논저는 움직임에 전념하고 행위에 직접 집중함에 따라 운동감식이 더 발달함을 함축한다. 일반적으로 우리는 운동감식에 집중하지 않는다. 우리는 단지 행위를 할 뿐이다. 운동감식에 집중하는 것은 기술 실행을 촉진하기보다 오히려 위축시킬 수 있다. 목표가 신체적 자아의 인식 증진을 통해 기술 실행을 향상시키는 것이라면, 학생이 기술 실행 중에 운동감식에 집중하도록 지시하는 모든 지도는 스스로 실패할 것이다.

운동감식이 위에서 지적한 식으로 해석되는 경우, 움직임교육과 체육은 차이가 없다. 움직임교육에서 교사는 학생에게 특정 움직임을 실행하는 동안 신체 감각에 대해 이야기하도록 요청할 것인데, 반면에 체육에서 체육교육자나 스포츠지도자는 학생/운동선수에게 성공적인 수행의 "느낌"을 기억하도록 요청하고 그 학습자에게 차후의 모든 시도에서 동일한 느낌을 되살리도록 지도할 것이다. 양편의 교육자 모두는 학생들의 "운동감식의 향상"을 돕고자 한다. 그러나 움직임교육자는 인간움직임을 지성화하려는 시도에서 운동감식을 논하는데 훨씬 더 많은 시간을 할애한다.

움직임교육에서 운동감식의 향상을 위해 사용되는 또 다른 방법은 집단 토론을 통해 능숙하고 적절한 수행을 검토하는 것이다. 이 연습의 목표는 사실상 무용이나 움직임의 감상 즉 변형된 심미 비평이다. 이러한 교육 활동에서 파생될 수 있는 많은 이점과 혜택이 있지만, 앞에 제시된 이유로, 학생이 더 높은 수준의 운동감식을 획득하는데 실제로 어떻게 도움이 되는지 알기는 어렵다. 설령 그 목표가 달성되지 않더라도, 움직임교육자들은 토론과 강의에 소요되는 시간이 움직임교육을 지성화하는데 기여한다고 주장할 것이다. 불행히도 이런 토론에 소요되는 시간은 기술 향상에 필요한 실행에 쓰일 이미 한정된 시간을 단축시킨다.

이제 세 번째 항목인 의사 결정에 관심이 쏠리는데, 이는 머레이가 움직임교육에서 간접 방법이 활용될 때 학생의 필수 역할이라고 본 것이다. 그녀의 진술은 체육에서 명령 방식이 사용되는 경우, 학생 측에서 의사 결정을 할 필요가 없음을 함축한다. 머레이가 이 용어를 사용하는 것처럼 의사결정에 대해 적어도 두 가지의 해석이 가능하다. 첫 번째, 그 결정은 기술이 실행될 때 주체(인간)의 행위에서 발견할 수 있다. 즉 그것은 합의된 기준으로 판단될 수 있는 공적 행위다. 제대로 했는가? 적시에? 경제적으로? 만일 이 용어를 그렇게 이해하여 사용한다면, 기술 실행 동안 학생이 간접 교수 방법에 반응한 결과로 행동하는지, 아니면 직접 교수 방법에 반응한 결과로 행동하는지에 대해 의사 결정을 한다. 그가 간접 방법에 의해 도전하게 되었든, 혹은 명령 방식에 의해 지시를 받았든 그의 의사 결정은 다양한 기술을 실행할 때 그의 행동으로 나타난다. 지도 형태는 무관하다. 이러한 해석 내에서, 학생 측의 의사 결정을 촉진하거나 금지하는 것과 관련하여 움직임교육과 체육 사이에는 차이가 없다.

의사결정에 관한 두 번째 해석은 문제 해결이 가장 자주 사용되는 간접 방법의 맥락에서 유효하다. 여기서 학생은 상황을 조사하고 선택을 숙고하며 최적의 대응을 결정한 다음에, 정신이 정한 쪽으로 신체는 행위를 할 것이라고 가정한다. 의사 결정은 신체가 실행하는 행동을 준비하기 위해 정신이 담당하는 어떤 내적 작업으로 간주된다. 이 해석에서 의사 결정자인 정신은 신체와 분리된 존재자entities이며, 신체는 단지 정신이 도달한 결정을 실행할 뿐이다. (인간을 신체와 정신이라는 두 개의 분리된 성분으로 구성된 실체로 보는 이 견해는 흔히 이원론이라고 불리는데, 이 견해와 그에 관한 문제는 7장에서 논의된다.) 만약 이것이 의사 결정에 대한 타당한 해석이라면, 그것은 체육에서 명령 방식 교수로 주어진 지도에 반응하는 학생에게도 똑같이 적용될 것이다.

프로그램이 학생 중심인지 교과 중심인지 여부는 관건이 아닌 듯 보이는데, 왜냐하면 움직임교육과 체육 모두에서 참가자는 기술 실행의 필수 부분으로서 의사를 결정해야하기 때문이다. 운동감식은 두 프로그램에서 모든 움직임과 기술을 실행하는데 필수 요소이다. 또한 개인적 동기부여의 수준은 프로그램의 지향보다는 제시된 활동에 대한 각 개인의 관심과 더 관련이 있는 것으로 보인다.

학문으로서 움직임교육

움직임교육자들은 단지 교수 방법, 프로그램 지향, 프로그램 내용에 근거하여 자신들의 주제 영역을 체육과 구별하는 것에 만족하지 않는다. 그들의 열망은 훨씬 더 높았으며, 그들의 관심은 자신들의 기획을 체육과 같은 단지 응용의 직무 분야가 아니라 대학 학문으로 만드는 인간움직임에 관한 **연구**라고 한다. 논저를 통한 상당한 논쟁을 벌인 후에 학문의 연구 대상으로서 인간움직임을 선호하는 공감대가 형성된 것으로 보인다.

그들 모두가 인간움직임이 연구 대상이 되어야 한다는 데 동의한 것은 아니었다. 일부는 움직임의 인간이라는 개념을 연구의 초점으로 선호했다. 두 가지 연구 대상 사이에는 상당한 차이가 있다. 스트루더Struder("움직임의 인간에서 인간의 움직임으로From Man Moving to Moving Man")가 설명하는 바, 인간움직임에 관한 연구는 "움직임의 가변성의 근원을 분별하고 명확하게 하는데 집중하며, 이는 연구되는 움직임이 보편적 현상임을 시사한다(1973, p. 104)." 인간움직임에 집중하는 학문에서 탐구 대상은 **움직임**이며 인간은 아니다. 인간에 관한 연구는 인류학, 심리학, 사회학, 철학 등의 타 학문으로 넘긴다. 인간움직임을 연구한다는 것은 관심의 초점이 **움직임** 또는 **동작**motion에 있음을 의미하며, 따라서 관련 학문 이론(개념 구조)과 연구 방법(통사 구조)은 기존 학문인 물리학, 생체역학, 수학에서 파생될 것이다. 인간움직임에 관한 이 신생 학문이 잘 정립된 기존 학문들과 어떻게 다를 지는 예상하기 어려운데, 만일 차이가 없다면 그것은 기존의 것을 불필요하게 복제한 것에 지나지 않을 것이다.

달리, 만일 스트루더의 주장을 수용하고 학문이 연구 대상으로 인간에 집중하면, 심리학, 사회심리학, 사회학, 철학 등의 기존 인간학적 학문들과는 다른 인간학적 학문이어야 하는 요구에 직면한다.

메시니Eleanor Metheny는 인간움직임이라 칭한 인간 행동의 상징적 형식에서 찾을 수 있는 의미에 기초한 이론을 개발하였는데, 일부는 엘펠트Lois Ellfeldt가 공동 연구를 했다(『스포츠와 무용에서 움직임의 함의Connotations of Movement in Sport and Dance』). 이 이론은 수잔 랭거Suzanne Langer와 에른스트 카시러Ernst Cassirer의 철학 연구에 뿌리를 두고 있다. 운동구조kinestruct, 운동개념kinecept, 운동상징kinesymbol이라는 새로운 개념들이 구성되고 새로운 용어들이 만들어졌다. 이 이론에 따르면, 운동상징 지식은 움직임에 관한 운동감각에서 추상화되며, 이는 움직임을 움직이는 자에게 중요하고 의미 있게 만든다.

영국의 철학자 데이비드 베스트David Best(『철학과 인간움직임Philosophy and Human Movement』)는 한 장 전체를(8) 메시니의 이론에 대한 심도 있는 검토에 할애한다. 그의 분석은 메시니 이론의 수용에서 문제가 되는 세 가지 형태의 이원론을 보여준다. 사실, 그는 메시니의 이론을 이해할 수 없다고 판단한다. 이론적 관점에서, 이 평가는 그 학문의 개념 구조로 상정된 것의 토대를 흔든다. 실천적 관점에서, 당시 새로 만들어진 용어인 운동구조, 운동개념, 운동상징을 이 분야 직무전문가들의 사전에 포함시킬 방도가 없다는 점은 분명하다.

나는 이 용어들이 사라졌지만, 인간 행위(기술 실행)가 본성상 개념적임을 보여주기 위해 만들어졌다고 믿는다. 베스트는 메시니 이론의 여러 측면을 비판했지만, 기술 실행에 관한 이러한 견해는 지지했다. 메시니와 베스트는 의도적 인간 행위(기술 실행)에 필수의 지식 성분이 있다는 점에 동의한다. 그것은 내가 신체행위지식physical action knowledge/PAK으로 칭한 지식이다. 10장과 11장에서 신체행위지식의 이론적 토대를 논구하고, 12장에서 이 유형의 지식에 대해 상세하게 해설한다.

움직임교육의 학문적 위상에 관한 주장은 연구 대상의 측면에서 문제에 봉착했고, 개념 구조의 명료성에 관해 심각한 의문이 제기되었다.

프로그램의 현 상황

움직임교육은 초등학교 수준에서 교육과정 개발과 프로그램 설계에 상당한 영향을 미쳤다. 유치원에서 초등 3학년 수준에서 아동을 가르치는데 사용되는 접근 방식을 형성했고, 일부 학군에서는 그 영향이 초등 고학년까지 확장되었다. 교육과정이 스포츠와 건강 및 체력 활동을 중심으로 이루어지는 중학교와 고등학교 수준에서는 그 모습이 거의 보이지 않는다. 움직임교육은 포괄적인 체육 프로그램의 가치 있는 부분이라고 보는 것이 가장 합당할 것이다.

새로운 노선의 입론

움직임교육은, 주장의 일부에 대해 의문이 발생하지만, 포괄적인 체육 프로그램의 가치 있는 부분이다.

움직임교육은 학문일 수 없다.

체육을 대변하여 표명한 다양한 주장들이 반박된 것처럼, 견해의 거의 대부분은 부정적이라고 하겠다.

메시니의 이론에 대한 비판에서 비롯되는 많은 통찰은, 긍정적으로 보면, 체육을 교육의 필수 부분으로 정당화하는데 새로운 접근의 초석이 된다.

- 의도적 인간 행위(기술 실행)는 본성상 개념적이다.
- 기술 실행에는 필수의 지식 성분이 있다.
- 이 지식은 체육에 내생적이다.

References

Arnold, P. (1988). Kinaesthetic perception and sport skills: Some empirical findings and philosophical considerations. In S. Ross & L. Charette (Eds.), *Persons, Minds and Bodies: A Transcultural Dialogue Amongst Physical Education, Philosophy and the Social Sciences*, pp. 51-59. North York: University Press of Canada.

Bean, D. (1985). Movement education: Potential and reality. *CAHPER Journal, 51*(5), 20-24.

Best, D. (1978). *Philosophy and Human Movement*. London: George Allen & Unwin.

Cameron, W. McD., & Pleasance, P. (1964). *Education in Movement*. Oxford: Basil Blackwell.

Metheny, E. (1965). *Connotations of Movement in Sport and Dance. A Collection of Speeches About Sport and Dance as Significant Focus of Human Behavior.* Dubuque, IA: W.C. Brown.

Murray, N. (1981). Movement education: A factual statement. *CAHPER Journal, 48*(2), 15-17.

Seidel, B.L., & Resick, M.C. (1972). *Physical Education: An Overview.* Reading, MA: Addison Wesley Publishing Company.

Struder, G. (1973). From man moving to moving man. *Quest,* XX, 104-107.

Wall, J., & Murray, N. (1994). *Children and Movement: Physical Education in Elementary School,* 2nd ed. Madison, WI: WCB Brown & Benchmark.

05

인간운동학

KINESIOLOGY

체육이 대학 학문이라는 헨리의 주장은 다수의 목적에 기여했는데, 일부는 유익했지만 일부는 해로웠다. 헨리의 견해는 내부의 논쟁과 갈등의 뿌리가 되었다. 긍정적 측면에서 헨리의 주장은 잠시나마 정체성의 위기를 해소한 듯 보인다. 즉, 체육은 이제 대학 학문으로 간주될 법했다. 이 분야의 선도자들은 코난트의 신랄한 논평에 대해 강력한 답변을 만들고 캘리포니아 주 피셔 법안의 예봉을 피하기 위한 발판으로서 다른 학문들의 분절로 구성된 학문이라는 그의 주장의 근거를 활용했다. 헨리가 제시한 다양한 분과학문에 관한 규정은 그들의 학적 활동을 강조하고 자신들의 위상을 제고하며 전 분야의 지속적인 지식 폭발 속에서 자신들의 연구를 발전시키는 바탕이 되었다. 1964년 이후의 시대는 체육의 "학문화disciplinarization"(Newell, 1990, p. 227)로 부를 수 있을 것이다.

학문적 측면의 지속적 발달과 동시에 인구통계학적 요인의 변화로 인해 북미 전역에서 체육교사의 수요가 감소했다. 출생률이 감소하고 있었다. 인구 통계의 변화와 학문화는 곧 논의될 다른 요인들과 함께 미국 대학의 체육학과에 새로운 문제를 야기했고, 이는 결국 또 다른 정체성 위기를 초래했다. 헨리의 제안은 이 분야에 대해 직무 준비의 입장을 견지하는 편과 순수 학문적 입장을 견지하는 편 사이의 길고 때로는 신랄한 논쟁을 촉발했다(Katch, 1990, p. 306; Charles, 1994, p. 8).

학문주의에 의한 이득은 대개 전공과정에서 교사교육 성분의 위상 하락과 비중 감축이라는 희생을 동반했다. 반대로, 교사교육 성분이 유지된 곳에서는 교육과정과 학과의 지향으로 인해 학문주의자들이 압박을 받았다. 더욱이, 교사교육 학과에 소속한 학문주의자에게는 통상 대학의 그러한 학과 모두에 귀속되는 낮은 학업 위상이 자동적으로 따라 붙었다.

하나의 단층선, 즉 학문주의자와 직무주의자 사이의 균열이 분명하게 나타났다. 얼마 지나지 않아 다른 분열이 일어났다. 1960년대 초반부터 학문 편 내에서 균열이 나타나기 시작했고, 다양한 분과학문들이 독자의 학술단체를 창설했던 1980년대까지 계속되었다. 응용스포츠심리학진흥협회Association for the Advancement of Applied Sport Psychology, 국제생체역학회International Society of Biomechanics, 북미스포츠사학회North American Society for Sport History, 북미스포츠사회학회North American Society for Sociology of Sport, 북미스포츠경영학회North American Society for Sport Management, 스포츠철학회Philosophic Society for the Study of Sport, 스포츠문학협회Sport Literature Association (Newell, 1990a, p. 239)와 같은 단체의 결성은 다양한 분과학문들의 세력을 반영한다. 각 단체는 연차 학술회와 학술지와 같은 별도의 장을 마련하고, 이를 통해 회원들은 해당 학문의 전문 언어를 사용하여 해당 학문 전공 분야에 관한 견해를 교환하고 연구 결과를 발표한다.

교육과정에 학문 지향의 교과목이 자리함에 따라 교사교육 및 활동 교과목은 감소되거나 폐지되었다. 이러한 전공과정에 등록한 학생들은 활동 및 교육학 교과목을 수강하지 않고 졸업할 수 있었다. 일부 학생은 운동생리학, 생체역학, 스포츠심리학, 또는 스포츠사회학과 같은 분과학문 중 하나의 박사학위를 주는 이러한 학과나 유사한 학과에서 대학원 교육을 받을 것이다. 논리적인 경과로서 그들은 체육(또는 대체 명칭) 학과에 임용되어 그곳에서 각자의 전문 분야에 대한 연구와 교수를 수행할 것이다. 그들은 학과의 구성원으로서 정책의 수립과 교육과정 편성에 참여하게 된다. 무엇이 적절한지에 대한 그들의 견해는 자신의 학문적 경험에서 영향을 받았다고 말하는 것이 합당하다.

위의 가상 상황에서 적어도 두 가지의 귀결이 발생한다. 첫째, 위에서 제시한 경로를 따른 교육 경험을 가진 대학 교원은 이 분야에 대한 시야가 좁고 더욱 제한적이라고 가정하는 것이 합리적이다. 둘째, 지식의 유형이라는 견지에서, 그들은 학문적으로 명제적 지식, 명제지에 몰두하고 있기에 그런 지식의 중요함을 쉽게 받아들 수 있지만, 절차적 지식, 방법지에 대한 그들의 인식, 관심, 평가에 대해서는 물음이 제기되어야 한다. 이러한 문제는 지금 장의 후반부와 3부에서 다시 논의될 것이다.

체육교사 수요의 감소에 따라 새로운 직업 기회들이 생겨나기 시작했다. 스포츠 지도(민간클럽, 지역사회팀), 체력 훈련(체력평가, 개인트레이너, 기업프로그램, 지역사회센터, 단련운동업소), 운동시합 훈련 및 스포츠 관리 분야의 정규직 일자리가 더 많아졌다. 이러한 새로운 도전에 대처하기 위해 전통적인 체육 전공과정의 변화가 필요했다. 이러한 새로운 직무 기회에 대한 양질의 교육을 보장하기 위해 학위 전공과정은 어떻게 구성되었는가? 모든 학생을 위한 공통 핵심 과목과 특성 직무에 맞는 선택 과목을 특징으로 하는 교육과정이 하나의 방안이었다. 또 다른 대안은 미래의 직업 선택에 따라 분리된 계열의 과목을 제공하는 것이다. 두 방안 모두 학문 지향 과목과 직무 준비 과목 간의 균형을 명확히 할 필요가 있었다. 일부 대학의 전공과정은 직무 준비에 대한 책임에서 손을 떼고 학문 일로를 선택했다.

다양한 해결책이 해당 대학 학과의 집단 지성을 기반으로 하여 등장했다. 일부 학과는 교육과정의 확장, 수정을 통해 빠르게 적응한 반면, 다른 일부 학과는 기존 과정에서 벗어나는 것을 꺼렸다. 체육학과 교육과정은 교사교육에만 맞추어졌을 때 상당히 유사성이 있었다. 이제 직업적인 지평의 확장, 분과학문 강조의 심화와 함께 직무 준비에서 다소 벗어남에 따라 대학 개설 과목의 다양성이 도드라졌다.

이러한 변화는 스포츠가 사회 제도로서 보다 뚜렷해지고 중요해지던 바로 그 시기에 일어나고 있었다. 스포츠의 매력은 신생 학술단체들이 택한 명칭에서 확인할 수 있다. 응용스포츠심리학진흥협회Association for the Advancement of Applied Sport Psychology, 국제스포츠생체역학회International Society of Biomechanics in Sports, 북미스포츠사학회North American Society for Sport History, 북미스포츠신체활동심리학회North American Society for the Psychology of Sport and Physical Activity, 북미스포츠사회학회North American Society for Sociology of Sport, 북미스포츠경영학회North American Society for Sport Management, 스포츠철학회Philosophic Society for the Study of Sport가 그 사례들이다.

중요한 사회 현상인 스포츠는 명칭 변경을 추진한 대학 학과에도 영향을 미쳤다. 다수

학과가 스포츠라는 단어의 포함을 택했다(Brassie and Razor, 1989). 스포츠학sport science이나 스포츠연구sports studies와 같은 문구는 단독으로 또는 다른 용어와 결합하여 사용되는 경우가 점점 빈번해졌다.

어떤 이는 학과들이 새로운 명칭을 채택하여 새롭고 확장된 지향을 표방하려 했던 변화의 빈번함은 경종이었다고 주장할 수도 있겠다. 레이저와 브래시(Razor와 Brassie, 1990)가 행한 조사의 결과에는 100개 이상의 명칭이 나열되어 있으며, 이는 1990년 이전의 상황을 반영한다. 1980년대 말경에 일어난 사건들은 상황을 크게 바꾸어 놓았다.

명칭의 변경은 학문적 관심과 직업적 범위의 확장을 반영하는 것 이상의 의도가 담겨 있었다. 고등교육의 많은 선도자들은 체육이라는 명칭에 만족하지 않는데, 체육은 이원론적 해석의 여지가 다분하기 때문이다. 신체적인 것the physical은 정신적인 것the mental과 분리된 실체처럼 교육되고 있었다. 또한 찰스(Charles, 1994, p. 10, 11)가 지적했듯이 체육은 다수의 고정관념 - 고교 수준의 학생, 풍채만 좋은 학생, 획일적인 직업 준비, 오해를 낳는 표기어 - 에 시달리고, 이는 해당 학과 교수진의 학문적 위상을 격하시킨다. 그는 다른 많은 이들과 함께 그 명칭이 유지되는 한, 그에 딸린 이미지는 "학문적 시도를 계속 혼란스럽게 할 것이다"고 확언했다(Charles, 1994, p. 10). 일부 선도자의 견해에 의하면, 잘못된 인식이 너무 뿌리 깊게 박혀 있어서 그 명칭에 새로운 의미를 붙이기는 너무 어렵다. 보다 나은 조치는 새로운 명칭인 인간운동학kinesiology을 채택하는 것이다.

최근 사건들

1988년 12월과 1989년 4월에 중요한 회의가 열렸는데, 이 회의는 "학문화"의 추구를 더욱 촉진하였고 새로운 명칭인 인간운동학의 채택에 박차를 가했다. 첫 번째 회의에서는 23개 연구 중심 대학의 학자들이 10개 대학 연맹Big Ten Conference 체육학과장 연례 회의에 초대되어 고등교육의 주제 영역에 놓인 다양한 현안을 논의했다. 이 회의는 미국체육학회American Academy of Physical Education, AAPE가 공동 후원했다. 대부분의 문제는 이미 다루었기에 여기서 반복할 필요는 없다.

이러한 논의의 중심은 우리 분야에 대한 최선의 표기어, 즉 직무적 관점과 학술적 관점을 모두 포괄하는 용어였다. 많은 숙고 끝에 참석자들은 만장일치는 아니지만, 사용하기에 가장 적합한 용어는 인간운동학kinesiology(그리스어: Kine-"인간운동"과 -ology"학")…모든 형태와 모든 맥락의 인간움직임 human movement, 특히 "신체활동physical activity"에 관한 연구…라는 데에 동의했다(Wade와 Baker, 1995, p. 3).

이 새로운 명칭의 채택은, 그 지지자들의 견지에서, 적어도 고등교육에서 정체성 위기를 해결할 것이다.

1988년 12월 회의에 참석했던 미국체육학회AAPE 회원들 중 일부는 결의안 초안을 준비하기 위해 학회 춘계학술회의에 앞서 모임을 가졌다. 대학 전공과정 표기어의 다양성, 학위 및 과정 명칭의 복합성, 공통적 개념 틀의 부재와 같은 요인들이 결의안을 뒷받침하는 근거의 일부로 언급된다. 그 외의 요인들이 실제의 결의안과 함께 인용되었다:

표기어에 대한 만장일치와 지식체에 대한 전국적으로 인정되는 정의는 목적의식의 강화, 학계에서의 인지도 제고, 이 학문에 대한 대중의 이해 확대에 기여할 것이다.
따라서 미국체육학회는 움직임의 연구와 관련된 학부 학사학위의 전공영역 핵심 내용을 인간운동학으로 칭하고 대학 학문의 학사학위명을 인간운동학으로 표기할 것을 권고하기로 결의하였다(Corbin, 1989, p. 4).

공식 성명서에 포함된 각주는 결의문의 목적이 대학 학문에 관한 표기어를 제공하는 것임을 알려준다.

결의문에 따르면, 인간운동학은 인간의 움직임을 연구하는 학문이다. 몇 가지 세부 사항이 제시되는데, "이 지식체의 핵심 개념에는 다음이 포함된다. (1) 힘, 일, 효율, (2) 협응, 제어, 기술, (3) 성장, 발달, 형태, (4) 문화, 가치, 성취"(Corbin, 1990, p. 4). 인간운동학이라는 학문에서 인간의 움직임은 이러한 핵심 개념 중 하나 또는 여럿에 따라 연구될 수 있다.

이 새로운 추구의 지지자 중 하나인 찰스Charles는 이전 명칭인 체육과의 차이점을 지적한다. "인간운동학은 오래된 분야에 대한 새로운 명칭 이상의 의의가 있다. 그것은 고등교육에서 인간의 움직임에 대한 학술적 연구에 관해 선호되는 명칭이다"(1994, p. 7). 현 시점에서 이 새로운 발전의 지지자들은 인간운동학을 대학 학문으로 본다는 점은 분명하다. 이 주장은 지금의 장에서 여러 방식으로 다루어질 것이다.

추가의 논구

인간운동학의 채택을 촉진한 가장 강력한 활동가 중 하나는 칼 뉴엘Karl Newell이다(Harris, 1990, p. Ⅳ; Charles, 1994, p. 8). 그는 두 회의에 참가했으며 그의 논저(Newell, 1990a, 1990b, 1990c, 1990d; Slowikowski와 Newell, 1990)는 최근의 과거에 대한 고찰하고 고등교육에서 체육을 괴롭히고 있는 다수 현행의 문제들이 반복되어 왔음을 제시한다. 그의 논문들은 그가 우리의 문제에 대한 바람직한 해법이 인간운동학 명칭의 채택이라고 결론을 내리는 된 사고의 과정을 보여준다. 또한 전공과정, 교육과정, 지식구성의 변경에 관한 권장 사항도 제시한다.

뉴엘은 다수 관찰을 제시하는 것에서 출발한다. 헨리의 논문이 발표되고 얼마 되지 않아 대학 전공과정이 다양해지고 새로운 명칭의 채택이 급증했다. 개설된 전공과정의 차별성을 강조한 것은 모두에게 해가 되었다. 학문주의자에 의한 발전은 새로운 직업 기회들과 함께 신체활동의 그리고/또는 통한 교육이라는 체육 개념이 시대에 뒤떨어진 것으로 보이게 만들었다. 고등교육 내 체육은 혼돈의 상태에 있었다(Newell, 1990a, p. 228). 질서를 회복하기 위한 조치가 필요했다.

뉴엘은 "연구 영역의 핵심 학문 초점"에 대한 합의는(1990a, p. 238), 혼돈에서 벗어나 질서로 나아갈 중요한 첫 단계라고 확신한다. 그는 신체활동을 지명한다(1990a, p. 238). 단련운동과학exercise science(s) 또는 스포츠연구/학sport studies/science(s)을 명칭으로 한 대학 학과들은 연구 초점이 각각 단련운동과 스포츠라고 선언하는데, 뉴엘은 이러한 개념이 너무 협소하고 배타적이라고 보았다. 신체활동 개념은 인간움직임보다 더 선호되고 단련운동과 스포츠보다 포괄적이다. 신체활동을 연구 초점으로 채택하면 더 넓은 범위의 연구와 분석이 가능하다.

통합을 위한 두 번째 단계로 공통의 핵심 교육과정이 정립되어야 한다. 그 핵심 교육과정은 학문적 주제, 즉 이 연구 분야에 포함된 다양한 동족同族의 영역에서 생성되고 검증된 지식을 전달하는 교과목들로 구성될 것이다. 그러한 합의는 적어도 두 가지의 뚜렷한 이득이 뒤따를 것이다. 첫째, 통일성은 다양성을 대체하는 중요한 진전이라 할 것인데, 왜냐하면 다양성은 뉴엘이 지목하는 많은 문제의 원인이기 때문이다. 둘째, 공통 핵심 교육과정의 정립은 고등교육에서 이 주제 영역의 학문적 위상을 제고하는데 기여할 것이다.

뉴엘은 두 번째 논문(1996b)에서 그가 연구 분야로 지명한 중심 현상인 신체활동과 연관시켜 전통적 지식 유형, 즉 서술적declarative 지식(명제지)과 절차적procedural 지식(방법지)을 고찰한다. 또한 그는 학문disciplinary, 직무professional, 수행performance 지향으로 분류되는 다양한 학위 과정에서 각 유형 지식의 기능을 논한다. 세 가지 지향의 과정에서 두 가지 유형의 지식은 여러 수준으로 활용된다. 각 유형의 지식이 교육적 과정에 기여하는 바를 이해하는 데에는 관심을 충분히 기울이지 않는다.

1964년 이래, "신체활동에 관한 **방법**의 앎을 미뤄두고 **명제(대상)**의 앎을 강조"하는 추세였다(Newell, 1990b, p. 250). 이론적theoretical 지식이 실천적practitioner 지식의 미뤄둠 속에서 강조되어 왔다. 다양한 분과학문이 발전하면서 단련운동, 스포츠, 인간움직임, 신체활동을 기술하고 설명하는 이론 과목은 증가했고, 학생들이 절차적 지식(방법지)을 습득하는 과목은 감소했다. 뉴엘은 분명하게 언급하지는 않았지만, 생명물리 학문의 추구에 의해 체육의 과학화가 상당히 진전된 시기였다고 할 수 있다.

뉴엘은 다음과 같은 추가적인 문제를 강조한다. "신체활동 연구에 대한 소위 학문적 접근을 촉진함에 따라 이 분야는 신생 학문의 등장이기보다는 연관 학문들의 모둠처럼 작용하는 경향이 현저했다. 이전과 현재에 여러 주장이 있었지만, 학문에 대한 전통적 정의는 이 연구 분야를 학문에서 사실상 배제한다"(1990b, p. 250). 체육이 대학 학문이라는 헨리의 주장은 유효하지 않다. 이 연구 분야에는 단일 학문이 아니라 여러 학문 또는 분과학문들이 자리한다.

뉴엘은 서술적(명제적) 지식(명제지)과 절차적 지식(방법지)에 대한 논의를 진행한다. 유효한 서술적 지식은 부족이 없다. 그것은 분과학문에 의해 생성된다. 난점은 다른 유형의 지식과 관련하여 나타난다. "신체활동의 분야 전체에 놓인 문제는 절차적 지식의 본성을 드러내고 명료하게 설명하는 것이다"(Newell, 1990b, p. 257). 절차적 지식의 본성을 드러내고 명료하게 설명하는 것은 3부에서의 과업이다. 특히 신체행위지식, 신행지에 대한 해명에 관심을 둔다. 불행히도 이 해명은 전공과정의 기초로 개설된 활동 과목의 수가 현저하게 줄어든, 혹은 완전 폐지된 후에야 등장했다.

연재된 세 번째 논문(Newell, 1990c)은 고등교육에서 신체활동에 관한 연구의 적절한 명칭이 인간운동학이라는 것을 모든 사람들에게 확신시키기 위한 시도이다. 논문 초록의 첫 문장에 정의가 제시되는데, "인간운동학은 움직임에 관한 연구, 보다 일반적으로 신체활동에 관한 연구이다"(Newell, 1990c, p. 269). 뉴엘의 평가에 따르면, 인간운동학은 고등교육에서 발견되는 세 가지의 지향 - 학문, 직무, 수행 - 사이의 논쟁에서 중립적이다. 인간운동학은 이 연구 분야의 영역 초점과 학적 경계인 지식을 반영하기에, 이를 명칭으로 채택하는 것은 적절한 명칭에 대한 고뇌를 종식시킨다. 인간운동학은 배타적이기보다는 절충적이다(Newell, 1990c, p. 271).

추가의 이득이 있다. 명칭 인간운동학kinesiology[1]은 간명하고 독특하며, -학logy으로 끝나기 때문에 체육physical education에는 없는 고상한 의미를 담고 있다(Slowikowski와 Newell, 1990, p. 286). 인간운동학, 특히 -학 부분은 대학과의 연관성이 뚜렷하고 인간운동학과 신체활동 연구 사이에는 역사적 관계도 있다. 1950년대와 1960년대 그것은 체육학과 교육과정에서 인체 관절 동작의 구조적 및 기능적 측면들에 초점을 둔 과목이었다.

인간운동학은 이 전공과정의 학문적 성분과 뚜렷한 관련이 있다. 뉴엘(1990c, p. 274)은 그것은 직무 준비와 수행의 측면까지 포괄할 것이라고 말한다.

뉴엘(1990c, p. 274)이 인정한 약간의 단점이 있다. 명칭 인간운동학은 사회에서 체육과 스포츠라는 친숙한 명칭만큼 잘 알려져 있지 않으며, 대학에서 일부 교수진은 체육학과 교육과정의 한 과목으로 해석하기도 한다. 뉴엘은 이러한 단점이 시간이 지남에 따라 해소될 것으로 낙관한다. 인간운동학은 이제 학위, 학과, 대학, 사회 수준에서 이 분야에 대한 공통의 표기어가 될 것이다. 뉴엘은 자신의 견해를 요약하면서 이 용어에 대한 폭넓은 접근이 필수적이라고 주장한다. "사회는 **인간운동학**이라는 단어의 의미에 대해 덜 확고하기에, 우리는 그것을 상당히 유연하게 정의할 수 있다"(Newell, 1990c, p. 275). 그는 사회와 대학에서의 불확정한 분위기를 흠이 아닌 덤으로 본다. 인간운동학의 의미는 이 연구 분야의 모든 면을 포괄한다.

뉴엘은 인간운동학이라는 명칭의 채택에 대한 추가의 지지를 이끌어 내기 위해 소속 학과의 동료인 슬로비코브스키S.S. Slowikowski와 함께 그 단어의 어원과 역사를 탐색하였다. 몇 가지 중요한 점은 주목할 만하다.

앞서 언급한 바와 같이 1950~60년대에 인간운동학은 체육학과 교육과정의 과목이었다. 그러나 생체역학biomechanics라는 용어가 1970년대에 등장하여 인간의 움직임에 관한 역학 연구에 대한 표기어로 인간운동학과 경쟁했다. 내 생각에는 1970년대 중후반에 인

---

[1] [역주] 인간운동학으로 번역한 kinesiology는 이 책을 통해 확인할 수 있듯이 1950-60년대의 의미와 지금의 의미는 큰 차이가 있다. 과거 우리나라의 경우 '운동기능학'으로 번역된 바가 있고, 근래 국내 학자들 중에는 "운동학"으로 번역하기도 한다.

간 동작의 역학적 분석을 공부하는데 주력하는 과목의 명칭으로서 생체역학이 인간운동학을 대체했다고 말하는 것이 더 정확할 것이다. 뉴엘(1990, p. 239)이 제시한 학술단체의 목록에는 생체역학에 관한 항목이 두 개 있지만 인간운동학에 관한 항목은 없다.

어쨌든 슬로비코브스키와 뉴엘은 다음과 같이 주장한다. "인간운동학은 여러 과학들의 통합 즉 분야 전체이든, 또는 한 과목으로 종합된 인체 역학 연구이든, 통합성과 전체성을 상징하기 위해 사용되어 왔다"(1990, p. 291). 인간운동학은 다양한 현상과 다양한 지식의 배열에 적용될 수 있는 다목적, 다기능의 단어가 된 듯하다. 뉴엘의 발의를 강력하게 지지한 사람 중 하나인 미셸 웨이드Michael Wade는 이렇게 말한다. "인간운동학이라는 용어는 신체활동에 관한 연구의 어떤 성분도 배제하지 않는다. 오히려 순수 및 응용 영역의 모든 다양한 기회에서 사용하기를 권한다"(1991, p. 211). 모든 것이 인간운동학이라는 전체를 포괄하는 명칭 아래 포함될 수 있을 것으로 보인다.

최신 개념인 인간운동학에 관한 개관을 마침에 있어 한 가지 언급을 덧붙인다. 뉴엘은 학문과 달리 지식의 배열을 기술하는 용어로서 연구 분야를 자신의 네 개 논문에서 여러 번 사용했다. 그 용어는 그의 네 번째 논문의 제목과 첫 번째 소제목에 등장한다(1990d). 사용 빈도로 볼 때, 고등교육에서 우리의 주제 영역과 관련이 있는 지식의 구조적 배치를 연구 분야라고 하는 듯하다. 안타깝게도, 그는 네 개의 논문 어디에서도 그 용어를 정의하거나 그것이 의미하는 바를 설명하지 않는다.

요약하면, 뉴엘의 논저에 대한 나의 해석은 다음으로 집약된다.

- 신체활동이 중심 초점이어야 한다.
- 뉴엘이 용어를 사용하는 빈도에 따르면, 그는 연구 분야를 (해당) 지식의 구조적 배치라고 하는 듯하다.
- 공통의 핵심 교육과정은 채택되어야 한다.
- 우리 주제 영역 안의 절차적 지식(방법지)에 대한 해명의 부재는 해로운데, 특히 전공과정의 한 가지 성분과 관련하여 그러하다.
- 인간운동학은 여러 학문들을 통합한 학문이다.
- 인간운동학은 연구 분야, 학문 그리고 모든 성분에 대한 적절한 명칭이다.
- 인간운동학은 여러 가지 방식으로 해석되어야 한다.

첫 번째 비평

본성상 불길한 뉴엘의 논구에 대한 매우 상이한 해석이 직무 준비에 오랜 학적 관심을 가지고 있고 이 분야에서 매우 존경받는 두 선도자 시덴톱Siedentop과 로크Locke에 의해 제시된다. 그들은 인간운동학이라는 명칭 아래 신체활동의 연구에 집중하는 공통 핵심 교육과정을 향한 추구를 전공과정의 직무 준비 성분에 대한 학문주의자의 공격의 연장으로 여겼다. 이 새로운 교육과정은 만약 성공적이라면, 다양한 분과학문 과목이 주를 이루게 될 것이고 직무 준비 과목에 할당된 시수는 매우 적을 것이다. 논리적 귀결로서, 대학 수준에서 인간운동학은 과거 체육으로 존재했던 것에서 근본적인 급격한 변화를 의미할 것이다.

이런 해석은 대학 운영의 본성에 대한 기본 신념의 차이에서 기인한다. 로크는 의심의 여지없이 아래의 시덴톱의 논평에 동의할 것이다:

> 뉴엘과 나는 이 분야의 본성에 대해 근본적으로 의견이 다르다. 나는 이 분야는 직무 분야라고 믿는다. 나는 이 분야에서 봉사하기를 원하는 사람은 직무 전공과정을 통해 준비되어야 하며 그 과정은 직무 학과와 대학에서 가장 잘 수용될 것이라고 믿는다. 대부분의 직무 전공과정에서 그러하듯이 학문적 연구에 관한 과목의 학업은 분명히 나름대로 도움이 될 것이며, 그 과목의 학업은 많은 학부 학과에서 찾을 수 있다. 어떤 과목을, 어떤 순서로, 어느 정도까지 해야 하는지에 대한 결정은 직무 전공과정을 책임지는 자리에 있는 사람들에 의해 이루어져야 한다(1990, p. 320).

직무 준비 전공과정은 미래의 직무 실천가들이 자신의 직무를 적절하게 수행하는데 필요한 이론적 기반을 제공하기 위해 학문적 지식을 뽑아 모은다. 그런 식으로 교육과정을 구성하는 것은 학문주의자의 입장과 정면으로 대립한다.

로크는 뉴엘의 권고를 해설하면서 우리는 "자체 목적의 지식이 지배적 기풍이 되는 특정한 유형의 핵심 교육과정을 수용하도록 요청받고 있다"(1990, p. 325)고 말한다. 직무 준비에 주목하는 대학 교원의 경우 강의 자료를 선택할 때 우선하는 다른 기준이 있다. 인간 서비스 직무에 취업을 준비하는 학생들은 졸업 후의 실천과 관련이 있는 교과목이 필요하다. 로크의 견해에 따르면 학문주의자는 정반대다. "학생들의 꾸준한 흐름이 인간운동학이라는 학문에 어떻게 작용할지를 묻지 마라. 인간운동학이 학생들에게 어떻게 작용할지를 물어라"(1990, p. 325). 직무 준비 전공과정에서 지식을 위한 지식은 실용적인 접근으로 대체된다.

체육이 오직 교사교육 과정이었던 시절, 재학생들의 진로 포부에 관한 혼란은 거의 없었다. 과거 20~30년 동안 직무 취업의 기회가 상당히 확장되었지만 새로운 직업 각각은 여전히 인간 서비스라는 표제에 어울린다. 코빈Corbin은 "우리와 유관한 분야에 종사하는 대부분의 사람들은 직무전문가이다. 그들은 우리의 사회 서비스를 제공할 책무가 있다"(1991, p. 226)는 견해를 밝힌다. 이 견해는 실제로 고용된 직무전문가를 의미하며, 그들이 승진 또는 은퇴하면 해당 직위를 미래에 대신할 현재의 재학생들도 포함한다고 볼 수 있다. 로스(Ross, 1987, p. 47)는 대다수의 학부생이 졸업 후 직무전문가가 되는 포부를 가지고 있다고 믿는다.

교육과정의 통제가 진짜 쟁점일 것이다. 학문주의자가 우세한 대학의 전공과정인 경우 다양한 분과학문의 지식이 자체가 목적으로 전달된다. 이 지식이 직무의 실천에 어떻게 활용될지는 관심 밖이다. 반대로, 직무준비에 집중하는 대학의 전공과정인 경우 다양한 분과학문의 지식은 직무의 실천에서 어떻게 사용될지에 대한 고려가 필요하기에 다소 다른 방식으로 전달된다.

인간운동학은 뉴엘이 신체활동에 초점을 둔 연구 분야이자 학문의 명칭으로 제안한 것이다. 그는 또한 모든 대학 학과들이 인간운동학을 학과 명칭으로 채택할 것을 촉구했다. 이 움직임은 1990년 미국 학술원의 결의에 의해 더욱 힘을 얻었다. 학과의 명칭은 통상 해당 학과의 관장 하에 행해지는 활동을 의미한다. 코빈은 이 새로운 명칭의 채택에 따른 즉각적 결과의 하나를 언급한다. "순수학문 중심 대학 또는 문리학문 중심 대학에 속한 학과는 직무 전공과정, 특히 교사교육 전공과정과 거리를 두기 위해 이 명칭을 선택했다"(1991, p. 228). 선택된 명칭이 해당 학과의 학업 관심을 표명하는 것이라면, 인간운동학의 채택은 학문 지향을 확인시켜 준다. 직무준비는 임무에 포함되지 않는다.

3장에서 연구 대상, 개념 구조(이론), 통사 구조(연구 절차)의 상호 연관성을 살펴보았다. 이 통찰은 연구의 초점이 인간움직임이 아니라 신체활동이어야 한다는 뉴엘의 제안에 대한 다음의 비판에 적용될 것이다. 뉴엘은 신체활동이 다양한 관점에서 연구될 수 있다고 주장한다. 시덴톱은 동의하지 않는다.

> 신체활동은 의도적이든 아니든 대체로 문화적 의미가 결여하며, 따라서 학자들이 다양한 연구에 가치를 부여하고 때때로 함께 연구하는 근거를 제공하는 공유된 의미들의 경계가 분명하지 않다. 이것은 사회과학과 인문학의 대학 교원들이 인간운동학의 흐름에 동참하는 것을 어렵게 만드는 문제이다. 그리고

그 실수가 (나는 그렇게 믿고 있는데) 인간운동학 학과들이 사회과학과 인문학에 점점 더 적대적인 곳으로 만들 것이다(1990, p. 316).

시덴톱이 사회과학과 인문학은 문화적 의미가 거의 없는 현상인 신체활동에 관심이 없다고 지적한 것은 옳다. 그러나 그의 논평은 제한적인데, 왜냐하면 사회과학과 인문학은 신체활동을 연구할 수 있는 개념 구조나 통사 구조를 가지고 있지 않기 때문이다.

뉴엘의 제안에 대한 비판은 다른 곳에서도 나타난다. 선도자의 하나인 스트루나(Struna, 1991, p. 230)는 혼돈이 난무하다는 기본적인 주장을 받아들이지 않는다. 오히려 그녀는 전공과정 및 접근 방법의 다양성이 학적 문제에 대한 다양한 해법을 나타내기에 긍정적인 발전으로 본다. 만약 혼돈이 근본적 문제가 아니라면, 뉴엘의 연구는 발판으로 삼는 기본 전제가 공허하고, 그의 주장은 사실상 근거를 상실한다.

또 다른 논평자인 프리만(Freeman, 1997, p. 23)은 연구 분야, 학문, 대학 학과의 명칭으로서 인간운동학이 주로 규모가 큰 연구 중심 대학에서 만들어진 것이라고 말한다. 그는 슬로비코브스키와 뉴엘이 그 명칭을 수용하게 하고자 자신들의 개명 운동을 편향되게 설명한 것을 인용한다. "현재의 넓은 의미에서의 **인간운동학**이라는 단어가 주는 인상은 우리 연구 분야를 판촉 하는데 적절하다"(1990, p. 290). 인간운동학이 명칭으로 널리 받아들여지는 것은 아니다. 이 주장은 AAPE가 통과시킨 결의안이 만장일치로 지지받지 않은 사실로 확인된다. 위의 인용은 명칭에 -학logy을 포함시켜 학문적 위상을 제고하고 싶은 바람을 담고 있다.

뉴엘(1990d)은 시덴톱과 로크의 비판을 거부하며 그들이 자신의 논문에서 도출한 추론과 결론은 오류라고 비판한다. 그의 글은 직무 대 학문 논쟁을 이어가지 위한 무대의 마련이 목적은 아니었다. 뉴엘(1990d)은 자신의 개념이 학문, 직무, 수행의 세 가지 지향을 수용하기 위한 것이므로 시덴톱과 로크의 우려는 과하다. 시덴톱은 회의적이다. "내 견해는 인간운동학으로 적절하게 명명된 학문이 분명히 발전하고 있다는 것이다. 나는 이 학문은 현재 운동제어, 생체역학, 운동발달, 생리학의 일부 측면으로 나타나는 관심들의 혼합체가 될 것으로 믿는다. 이 단계에서 인간운동학의 발전을 이끄는 이들이 사회과학과 인문학의 초점을 포함시키려 애쓰고 있지만, 나는 그런 통합이 지속될 수 있다고 믿지 않는다"(1990, p. 319). 시덴톱은 인간운동학으로 명명된 학문이 사회과학과 인문학을 수용할 수 있다고 확신하지 않는다. 지금 장의 뒷부분에서 볼 수 있듯이, 시덴톱의 예견은 정확할 수 있지만, 다른 이유들 때문이다. 사회과학과 인문학의 미래를 가늠하는 일과 함께 더 많은 오해와 혼란이 드러날 것이다.

시덴톱의 논평에는 직무 준비 교과목에 대한 언급이 없다. 아마도 그는 뉴엘의 장담에도 불구하고 직무 지향이 수용될 수 없을 것임을 미리 깨닫는 선견지명이 있었던 것 같다. 인간운동학의 추구에 대한 강력한 지지자의 하나인 캐취Katch는 다음과 같이 찬미한다. "우리의 사명에서 교육학을 제외하는 것은 우리에게 가르침에 관여해야 하는 짐을 벗고 신체활동의 과학을 발달시킬 수 있는 자유를 줄 것이다. 그것은 교육 이론가들과 실천가들이 담당할 일이다. 그러면 여러분과 나는 우리의 학문, 과학, 연구의 정점을 계속 드높이는 목표를 추구할 수 있다"(1990, p. 313). 신체활동의 과학을 발달시키는 자유는 확장된 직업군에 포함되는 직무 준비에 대한 관여를 수반하지 않을 것이다. 신체활동의 과학을 발달시키는 자유는 또한 수행 지향에 대한 관여를 수반하지 않는다. 신체활동의 과학을 발달시키는 자유는 그 범위를 학문 지향에만 제한한다. 이러한 해석에 의하면 인간운동학은 배타적이다. 우리는 뉴엘과 켓치 중 누구를 믿어야 하는가?

이 논쟁은 정말로 교육과정의 통제에 관한 것이며, 결국 고등교육에서 이 분야의 추구의 본성에 관한 다툼이 되는 것일까? 이 논쟁은 1964년 헨리의 논문이 발표된 때부터 시작되어 수십 년 동안 격렬하게 이어져왔다. 오랜 동안 논쟁을 지켜본 이들에게는 최근의 논자들이 추가한 것은 별로 새롭지 않다(Locke, 1990, p. 323). 뉴엘의 항변에도 불구하고, 이 분야의 추구에 관한 개념 - 학문 대 직무 - 은 기본 논제의 틀을 잡는 유효한 방법의 하나라는 점은 분명하다. 이 문제 못지않게 중요한 또 다른 난관들이 있는데, 그 중 일부는 학문 대 직무 논쟁보다 더 심각하다.

두 번째 비평

뉴엘이 연구 분야라는 용어를 사용하는 횟수(예를 들어, 1990, p. 229, 243, 244, 245, 247, 250, 263, 265, 271, 272, 290, 335)에 근거하면, 그는 인간운동학에 대해 이러한 지식의 구성을 선호하며, 이는 그가 공통 초점으로 지정한 현상인 신체활동에 학문적 시선을 집중하기 때문일 것이다. 연구 분야는 학문과 확연하게 다른 형식의 지식 구성이다. 그것은 다른 질서의 것이다. 연구 분야 안에는 다수의 학문들이 존재하며, 각각은 공통의 연구 대상에 초점을 맞추고 있을 것으로 간주된다. 미국체육학회Academy of Physical Education는 학문의 명칭으로 인간운동학을 승인했으며(Corbin, 1989, p. 4; 1991, p. 225), 뉴엘도 인간운동학으로 학문이라고 한다는 점을 기억하는 것이 중요하다. 뉴엘은 둘 사이에서 오락가락하기 때문에 두 주장 모두를 분석한다. 먼저 연구 분야로서의 인간운동학을 분석하고, 그 다음에 학문으로서의 인간운동학을 분석한다.

연구 분야가 적절한 지식의 구성이라는 제안이 새로운 것은 아니다. 이 해법은 일찍이 컬(Curl, 1973)이 인간움직임을 관심의 초점으로 보고 (다중) 학문적 방식으로 연구하려는 시도에서 제안했다. 뉴엘(1990a, p. 238; 1990b)이 연구의 초점인 신체활동은 폭넓게 정의되어야 하며 세세한 탐구에 유효한 많은 측면들이 있다고 주장하는 것처럼, 컬은 인간움직임에 대한 연구에 동일한 접근법을 옹호했다. 그것은 순전히 물질적 해석에 제한되지 않는다. "인간움직임의 개념은 인간의 의미와 따라서 인간움직임이 속한 전체 "맥락" 또는 "삶의 형식"을 인식할 것을 요구한다. 심리적, 생리적, 기계적, 사회적 요인이 필히 우리의 개념에 포함되어야 하며, 심미적, 종교적, 도덕적 요인은 말할 것도 없다"(Curl, 1973, p. 8). 순전히 기계적인, 행동주의적 접근은 부적절한 것으로 배제된다. 의식에서 기인하는 현상인 의도, 감정, 상상, 열망을 고려하여 내면의 삶도 포함해야 한다.

인간움직임에 대한 순전히 물리적 해설은 왜곡되고 부적절한 묘사를 제공하는데, 그 이유는 "인간움직임을 인간 의미의 매체로 인식하는데 완전히 실패하기"(Curl, 1973, p. 9) 때문이다. 인간움직임은 단순한 현상도 아니고 단일한 현상도 아니다. 많은 형태들을 볼 수 있는데 "그것들의 기능은 가장 기본적인 생체적 기능에서부터 가장 정교한 기능까지 다양하다"(Curl, 1973, p. 10). 그렇듯 많은 층위와 이질적인 기능을 가진 복합적인 현상은 여러 학문에 의해 연구될 수 있다. 물론 같은 식으로 말하지는 않았지만, 뉴엘은 신체활동의 입장에서 비슷한 주장을 한다.

컬은 인간움직임은 단일한 현상이 아니며 규명되어야 하는 많은 형태들이 있다고 주장한다. 그는 더 나아가 "그것의 많은 별도의 형태들은 **상당히 다른 유형의 지식을 특징짓는 별도의 언어로 분석하고 기술할 수 있어야** 한다"고 제안한다(Curl, 1973, p. 11). 각 형태(인간움직임의 성분 또는 요소 또는 표현)는 기성의 학문들이나 분과학문들 중 하나의 전문 언어, 개념 구조(이론) 및 통사 구조(연구 절차)의 맥락에서 기술되고 분석되어야 한다. 기성의 학문이나 분과학문을 활용해야만 인간움직임의 다양한 형태에 대한 연구에서 의미를 추출할 수 있다.

컬은 연구 초점으로서 인간움직임은 그 자체에 별도의 개념이 없으며, 따라서 "인간움직임에 관련된 모든 물음은 다양한 유형의 지식 내에서만 이해할 수 있고 대답할 수 있다"(1973, p. 12)는 점을 인정한다. 인간움직임 그 자체는 연구할 수 없다. 인간움직임은 다양한 학문들에서 발견되는 다양한 이론과 연구 도구를 사용해야만 연구될 수 있다.

인간움직임은 생체적 통일성organic unity을 가지고 있다고 주장되지만(Curl, 1973, p. 12), 위에서 언급했듯이 인간움직임은 단일한 현상이 아니라는 주장도 제기된다. 여기에는 상당한 모호함이 있다. 인간움직임은 고유의 개념이 없기에, 이 현상에 대한 연구는 고유의 개념 및 통사 구조와 고유의 전문 언어를 제공하는 다양한 학문들의 맥락 안에서만 이루어질 수 있다. 이렇듯 상반된 주장은 칼라일(Carlisle, 1978, p. 115)로 하여금 인간움직임은 생체적 통일성을 가질 수 없으며, 동시에 컬이 주장하듯이 매우 다양한 관심의 중심을 제공한다고 논평하게 한다. 칼라일은 "비록 인간움직임은 단일하지는 않지만 통합적이며 '생체적 통일성'을 가지고 있다고 말하는 것은 애매하다"고 덧붙인다(1978, p. 115). 중심 현상으로서 인간움직임의 지지자들은 그 현상에 대해 통일적 상태를 주장하면서, 동시에 인간움직임이 단일하지 않다고 주장할 수 없다.

기본적으로 동일한 주장이 신체활동을 지지하는 입장에서 제기된다. 그렇다면 논리적으로 인간움직임을 지지하기 위해 제시된 논증에 가해진 것과 동일한 비판이 신체활동을 지지하는 입장에도 똑같이 적용될 것이다. 추가의 논평은 나중에 적절한 때에 제시할 것이다.

컬에 따르면 연구 초점으로서 인간움직임은 고유의 개념이 없다. 컬에 대한 반론은 3부에 제시될 것인데, 의도적 움직임은 그것이 인간움직임, 신체활동, 기술 실행 중 무엇으로 불리든지 고유의 개념이 있다는 것이다. 그 개념들은 움직임을 경험한 결과로 발생한다. 칼라일은 "완전하고 합당한 의미에서 움직임에 대한 연구는 이해의 심화를 제공하는 적절하게 선택된 학적 연구에 앞서 신체적 경험에 대한 일차적 헌신을 요구한다"(1978, p. 116)고 제안한다. 나는 칼라일에 동의한다. 활동의 참여를 통해 획득한 경험적experiential 지식은 이 유형의 지식에 관한 이해(12장에서 제공)와 결합되어 다양한 학문에서 제시된 이론적 개념들을 이해하고 음미하는 데 건실한 기반을 제공한다. 교육적 관점에서 볼 때 이론이 실행과 결합되고 실행을 통해 표명되는 상황에는 학습자가 얻을 수 있는 이점이 많다.

분석에서 많은 통찰이 나타난다. 연구 분야에서 다수 다종의 학문들은 공통의 현상으로 간주되는 것, 이 경우, 인간움직임이나 신체활동에 주의를 기울인다. 뉴엘은 독자들에게 인간운동학은 포괄적이며 학문, 직무, 수행 지향을 수용할 수 있다고 확신시켰다. 그러나 컬이 서술한 바와 같이 연구 분야는 학문 지향을 발전시키는 데만 관련된 학문들로 구성된다. 인간움직임이나 신체활동을 연구하는 학문 중 어느 것도 직무 준비나 수행 지향에 대한 관심이나 관련이 없다.

이것이 사실임은 놀랍게도 자신이 쓴 것의 결과를 깨닫지 못하는 뉴엘의 글로 확인된다. "…학문 접근은 신체활동 자체에 대한 이론적 지식을 구축하려는 시도를 파편화했는데, 왜냐하면 일부 학자들은 신체활동과 직접 관련된 문제를 강조하기보다는 동족 학문cognate discipline의 이론적 문제를 강조하는 경향이 있기 때문이다"(1990b, p. 251). 동족 학문의 이론적 문제를 강조하는 학자는 각자의 학문 지식을 발전시키고 명확히 하는데 관심이 있다. 그들은 직무 준비나 수행 지향에 관심이 전혀 없다.

방금 인용한 견해에서 또 다른 논란거리가 발생한다. 컬이 지적했듯이 신체활동이나 인간움직임은 그 자체로 연구될 수 없다. 뉴엘이 "신체활동 자체에 대한 이론적 지식을 구축하는 것"으로 암시한 도전을 아무도 수용할 수 없을 것인데, 왜냐하면 어떤 연구도 그런 식으로 성립할 수는 없기 때문이다. 우리가 3장에서 고찰했듯이, 연구는 어떤 개념 구조에서 출발한다. 이 구조(이론)는 탐구의 방향과 물음을 결정한다. 이어서, 물음은 수집하려는 자료와 수행해야 할 실험을 결정한다. 수집된 자료는 그 탐구를 이끈 이론의 맥락에서 해석되고 의미가 부여된다. 예를 들어, 어떤 연구 과제의 수행에서 운동생리학 이론(개념 구조)과 운동생리학 방법(통사 구조)을 활용하면, 분석 된 자료는 운동생리학의 전문 언어로 표현되는 통찰과 이해를 산출할 것이다.

뉴엘의 반대와는 반대로, 학자들은 동족 학문의 이론적 문제를 강조하지 않을 수 없다. 그 이론(개념 구조)이 없다면 그들의 연구는 시작할 수 없다. 학문주의자는 각 학문의 개념 구조와 통사 구조를 발전시키고 명확하게 해야 할 지속적인 책무가 있다. 사실상, 이 학자들은 연구를 수행하고 동료 학자에게 보고하기 위하여 인간움직임이나 신체활동을 활용한다. 그렇지 않은 예는 상상하기 어렵다.

연구 분야는 관심의 초점에 따라 명명된다. 예를 들어, 스포츠연구sport studies, 여성연구women's studies, 캐나다연구Canadian studies, 수면연구sleep studies는 현실의 그 측면을 탐구하는 데 관심이 있는 학문들의 "집합"에 적합한 명칭이 될 것이다. 이러한 명칭은 명확하며 해당의 특정 분야의 관심사를 모든 사람에게 알려준다. 제안된 학문 명칭인 인간운동학을 연구 분야의 표제로 권장하는 것은 문제를 복잡하게 만들고 혼란을 일으킨다.

인간움직임, 신체활동 모두 단일한 개념이 아니다. 둘 다 각각의 옹호자에 따르면 탐구할 수 있는 관심 중심이나 특정 측면이 여럿이다. 다양한 학문들이 특정 측면을 연구하는 것을 허용할 수밖에 없다. 예를 들어, 운동생리학은 인체 조직이 운동 자극에 어떻게 반응하는지에 초점을 맞추는데 이는 스포츠사회학의 관심과는 전혀 다른 측면이다. 마찬가지로 철학은 생체역학의 관심 측면과는 전혀 다른 측면에 관심을 둘 것이다. 이 학문들의 연구 관심은 동일하지 않을 것이며, 그렇게 할 학적 도구도 없을 것이다.

만약 그렇다면 내가 믿기로 인간움직임과 신체활동에 관한 개념은 매우 다양한 해석이 가능하다. 다양한 해석이 가능하다면 공통 교육과정의 요청에 대한 응답은 가능한 해석의 수만큼 다양할 것이다. 이 상황은 학문 지향에 한정하여 연구 분야의 문제를 살펴본 본 것이다. 표제를 연구 분야 또는 학문으로 하던 간에, 직무와 수행 지향을 포함하면 그 응답은 더욱 다양해질 것이다.

세 번째 비평

미국체육학회AAPE(미국 인간운동학 및 체육학회American Academy of Kinesiology and Physical Education로 개칭)가 통과시킨 결의안에 따르면 인간운동학은 대학 학문이며, 그것은 존재한다. 언급되었듯이, 뉴엘은 연구 분야와 여러 과학들의 통합인 학문 사이에서 오락가락한다. 세 번째 평가가 제시되었다. 인간운동학으로 명명된 학문은 발전을 시작했다. 이 세 가지 진술에는 상이하고 대립되는 견해들이 담겨있을 뿐 아니라 자체에 난점이 있어서 사안을 더 혼란스럽게 한다. 연구 분야로서 인간운동학의 문제는 검토되었기에, 이제 다른 두 진술에서 제기된 주장을 검토하는데 집중한다.

인간운동학은 학문이라는 결의안이 통과되었음에도 불구하고, 지지의 뜻을 가진 논평자 스피르두소Spirduso는 견해를 밝히는데 "인간운동학 – 학문이 아닌 연구 분야"(1990, p. 299)라는 소제목을 사용한다. 인간운동학은 학문이 아니라는 그녀의 견해는 한 해석에서는 온당하지만 다른 해석에서는 온당하지 않음이 드러날 것이다. 이 혼선은 바로 인간운동학에 부여된 여러 의미에서 기인한다.

또 다른 선도자인 스트루나(Sturua, 1991)는 이 분야의 방향을 바꾸거나 재구성하려고 시도한 많은 논문들을 고찰한다. 그녀는 그러한 노력들이 "종적縱的으로 구성된 지식체라는, 또는 교차학문 정도라도 전통적 의미의" 학문을 생성하지 못했다고 결론지었다(1991, p. 232). 그녀는 학문 분야는 있지만 학문은 없다는 스피르두소 교수의 입장을 지지한다.

분명하게 할 것이 있다. 인간운동학은 오래된 학문이다. 학문으로서 인간운동학은 근육, 골격, 관절에 집중한다. 그것의 연구 대상은 인간이 만드는 움직임이다. 인간운동학은 1950년대 교재의 저자인 캐서린 웰스Katherine Wells가 인간 동작human motion의 과학이라고 했던 것이다(Slowikowski와 Newell, 1990, p. 285, p. 294, 참조). 그 역사는 1880년대로 거슬러 올라가며 지금까지 이어지고 있다. 현재 인간운동학이라는 제목의 교과목이 개설되지 않은 경우 그 교재는 생체역학이라는 교과목에서 다루어진다. 교육과정에서 차별성과 중요성의 상당 부분을 생체역학에 빼앗겼지만, 인간운동학은 학문으로 존재한다.

이 주장은 역사적 자료와 현재의 관행으로 뒷받침되며, 인간운동학으로 명명된 학문이 출현했다는 시덴톱의 견해를 반박한다. 100년 이상 존재해 온 학문에 대해 출현했다고 할 수는 없다. 분명히 시덴톱이 인간운동학이라는 용어를 사용한 것은 여러 과학의 통합인 학문이라고 뉴엘이 부여한 의미에 근거하고 있다. 이는 AAPE가 통과시킨 결의안에서도 나타나는 의미로 보인다.

학문들은 통과된 결의안의 결과로 생겨나지 않는다. 그것들은 새로운 패러다임의 공식화와 함께 생겨난다(Kuhn, 1970; Ross, 1978). 사실이 그러하고 또한 학문으로서 인간운동학이 한 세기 넘게 존재해 온 점에서 미국체육학회의 결의안은 설명이 필요하다. 오랜 세월 동안 이미 존재해 왔음을 확인 것은 이외의 다른 의도가 있다. 이 분야를 통합하려는 열망이 미국체육학회가 결의안을 통과시키도록 동기를 부여한 핵심 요인의 하나였기에 여러 과학을 하나의 학문으로 통합하는 것이 승인된 의미여야 한다.

다음은 학문으로서 인간운동학은 캐서린 웰스가 정의한 학문이 아니라 여러 과학의 통합, 즉 모두를 포괄하는 학문이라는 해석에 근거한 것이다.

연구 대상

미국체육학회가 통과시킨 결의안에서 인간움직임은 이 학문의 연구 대상으로 정의된다. 네 가지 핵심 개념이 지정된다. 즉, (1) 에너지, 일, 효율, (2) 협응, 제어, 기술, (3) 성장,

발달, 형태, ⑷ 문화, 가치, 성취. 인간움직임은 존 찰스(John Charles, 1994)의 개론서에서 연구 대상으로 규정된다. 이 분야의 또 다른 선도자 크렛츠머(Kretchmar, 1994, p. XVIII) 역시 문화적 형태의 인간움직임을 선호한다. 그는 스포츠, 무용, 단련운동, 경기, 놀이를 인간움직임이라는 표제에 적절한 다섯 가지의 의도적 또는 목적적 형태 로 나열한다. 이 유목은 미국체육학회가 지정한 네 가지의 핵심 개념과 분명하게 다르다.

또 다른 연구 대상인 신체활동은 뉴엘이 선호한다. 그의 입장은 "신체활동에 관한 학문과 실천The Science and Practice of Physical Activity"이라는 부제를 달고 있는 웨이드와 베이커(Wade와 Baker, 1995)의 저서에서 지지를 받는다. (실천이라는 단어를 포함한 것은 직무의 관심을 나타내며, 이는 학문의 관심을 넘어서는 것으로 보인다.) 신체활동의 선택에 뉴엘의 논증은 "그가 주장하는 만큼의 논리적 설득력은 없다"(Kretchmar, 1990, p. 330). 더 심각한 반론이 베인Bain에 의해 제기되는데, "인간움직임 대신 신체활농이라는 용어를 택하는 것은 여성의 체육에 대한 강력한 이론적 전통으로부터 자신의 입장을 멀어지게 한다"(1991, p. 215)고 지적한다.

연구 대상 - 인간움직임 대 신체활동 - 에 대한 합의가 부족하다. 인간움직임을 선호하는 편에서는 그 포괄적 개념을 어떻게 보다 구체적이고 개별적인 연구 대상으로 세분할지에 대해 의견이 분분하다. 더 당혹스러운 문제는 동일한 개념으로 보이는 것을 구별하는 방법이다. 인간움직임과 신체활동 중에서 선호를 입증하고자 둘을 구별하는데 역사 전통 외에 어떤 기준을 정교하게 만들 수 있는가?

훨씬 더 심오한 일련의 물음들이 대두된다. 우리는 정말로 신체활동/인간움직임에 관심이 있는가, 아니면 인간 존재에 대한 연구에 관심이 있는가? 우리는 필요한 과업을 수행하기 위한 지적 도구, 개념 구조(이론)와 통사 구조(연구 절차)를 확보하고 있는가?

연구 대상에 관한 논쟁은 1960년대 중반까지 거슬러 올라간다. 수년에 걸쳐 다수의 선택이 제안되었다. 인간과 인간의 움직임 간 상호작용, 인간움직임, 신체활동, 스포츠가 자주 후보에 올랐지만, 인간을 관심 초점으로 옹호하는 목소리가 꾸준히 나오고 있다. 여기서 인간움직임에 관한 연구와 인간에 관한 연구의 차이를 다시 논하는 것이 중요하다. 스트루더(Struder, 1973, p. 104)가 지적했듯이, 인간움직임에 관한 연구는 보편적 현상으로 인간이 아닌 움직임에 초점을 맞춘다. 즉, 움직임이나 동작에 주목한다. 이에 반해, 인간에 관한 연구는 보편적 현상으로 인간 존재에 초점을 맞춘다. 인간움직임이 연구 대상인 경우 물음은 움직임이나 동작에 관한 정보를 도출하기 위해 설정되지만, 인간이 연구 대상인 경우 물음은 인간 존재에 관한 정보를 도출하기 위해 설정된다.

학문의 연구 대상으로서 인간움직임/신체활동은 연구 대상으로서 인간과 분명하고 근본적으로 다른 현상이다. 인간움직임에 관한 연구에서 사용되는 이론과 연구 절차는 인간에 관한 연구에 적용할 수 없으며, 반대로 인간에 관한 연구에서 사용되는 이론과 연구 절차는 인간움직임에 관한 연구에 쓸 수 없다.

최근 발간된 개론서『현대 인간운동학: 고등교육에서 인간움직임 연구의 개관 *Contemporary Kinesiology: An Introduction to the Study of Human Movement in Higher Education*』(Charles, 1994)은 연구 대상이 인간움직임 human movement이라고 분명히 선언한다. 15면의 소제목은 "인간움직임: 인간운동학의 초점"이지만, 첫 단락의 문장은 운동학자들이 신체활동을 연구한다는 것을 나타낸다. 동작을 연구하는 학문으로서 인간운동학의 존속에 대한 추가의 증거를 제공하는 것과 함께 이 문장은 또한 인간움직임과 신체활동 사이에 차이가 없음을 보여준다. 이 두 용어를 서로 교환하는 것은 역사적인 이유로 인간움직임을 선호하는 일부 학자들의 견해를 제외하고는 문제가 되지 않을 것이다.

같은 면의 하단에서 찰스는 "인간운동학의 정의적定義的 이중 다이아몬드"라는 제목의 도해를 제시한다. 이중 다이아몬드는 "인간운동학은 움직임의 인간 humans moving에 관한 연구"(Charles, p. 15)임을 표현함으로써 인간운동학에 대한 추가의 정의를 제공한다. 찰스는 이미 인간운동학이 인간움직임에 관한 연구라고 공언하였기에, 그는 이제 인간움직임과는 별개이며 근본적으로 다른 두 번째 연구의 초점을 추가하게 된다. 사실상 그 둘은 단일한 학문의 연구 대상으로 양립할 수 없다. 타 학문들은 단일한 연구 대상을 정의하는데 반해, 찰스가 정의하는 인간운동학은 두 개의 연구 대상을 가지고 있다. 이러한 이례적 상황을 어떻게 설명할 수 있을까?

하나의 시도가 인간운동학에 관한 다양한 정의 중에서 여러 과학의 통합으로 보는 정의를 회상하는 것에서 시작된다. 그 학문 어떻게 이루어지는지는 저서 『인간운동학 개론 *Introduction to Kinesiology*』(Wade & Baker, 1995)에서 찾을 수 있다. 두 저자는 첫 부분에서 인간운동학을 설명한 다음 3장부터 8장까지 그들 "그리고 동료들은 연구의 관점에서 인간운동학 분야를 구성하는 전공 영역에 근거하여 이 학문을 소개한다"(1995, p. 13). 목차에는 전공 영역에 대한 제목인 운동생리학, 생체역학, 운동행동, 운동 및 스포츠 심리학, 놀이·스포츠·신체활동의 사회문화적 측면이 있다. 그렇다면, 이것들은 인간운동학을 구성하는 학문들 또는 분과학문들이다. 이 상황을 설명하는 또 다른 방식은 인간운동학이 다수의 다른 학문들로 구성되는 학문이라고 말하는 것이다. 명칭 이외에 이 개념이 체육을 대변하는 헨리의 주장과 어떻게 다른지를 분간하기는 어려운데, 이 주장은 뉴엘 자신에 의해 반박된 것이다. 추가의 비판적 논평은 지금 장의 후반부를 위해 남겨 둔다.

프리만(Freeman, 1997, p. 31ff)은 웨이드, 베이커와 같은 이해를 바탕으로 "인간운동학의 학문적 기초"라는 제목 하에 다소 다른 목록을 제시한다. 그는 스포츠역사, 스포츠철학, 스포츠인문학, 스포츠사회학, 스포츠심리학, 운동행동, 생체역학, 운동생리학, 움직임교육학을 꼽았다. 이 독특한 "학문"의 구성과 관한 사고의 다양함을 확인하기 위해 다른 목록들은 찾을 수 있지만, 그 전공 영역 각각이 실제로 무엇을 하는지, 연구 초점이 무엇인지에 대한 탐색을 시작하고, 그 다음에 이들 분과학문의 집합체가 독자의 학문이 될 수 있는지를 묻는 것이 더 중요하다.

두 목록 모두에 없는 것이 눈에 띄는데 바로 인간운동학이라는 제목의 항목이다. 그 전공영역은 생체역학으로 대체되었다. 그렇지만, 인간운동학의 학문적 지식은 이제 생체역학 강의에서 가르쳐진다. 또한 두 목록에는 움직이는 인간 존재, 활동 참가에 의한 절차적 지식의 획득 및 학업을 나타내는 항목이 없다.

전공 영역들에 대한 분석

3장에서 학문의 특성에 대해 살펴보았다. 다음의 분석에는 연구 대상(영역), 통사 구조(연구 절차), 개념 구조(이론), 전문 언어의 4가지 특성만 적용한다. 이 네 가지는 여러 과학이 통합된 학문인 인간운동학에 부여된 의미와 관련된 상황을 분명히 하는데 충분할 것이다. 가장 포괄적인 분석을 위해 앞서 언급한 두 목록이 통합될 것이다.

운동생리학EXERCISE PHYSIOLOGY. 해부학은 인체의 구조를 기술하고 생리학은 다양한 인체 조직의 기능을 연구한다. 분과학문인 운동생리학은 인체 조직이 운동 및 휴식 때에 어떻게 반응하고 기능하는지에 초점을 맞춘다. 그것은 특히 인체가 어떻게 운동에 적응하는지 이해하는데 관심이 있다. 세포, 조직, 기관, 다양한 조직(근육, 신경, 호흡, 심혈관)의 수준에서 설명이 제시된다.

운동생리학은 생리학의 분과학문으로서 전문 언어를 사용하고 학적 기반을 모학문의 이론과 연구 절차에 의존한다. 운동생리학자는 다양한 인체 조직에 의한 근육활동의 기능적 반응과 적응에 관해 더 많은 통찰을 얻고자 트레드밀, 바이시클에르고미터, 가열챔버, 산소측정장비, 컴퓨터모니터링 및 측정 장치를 사용한다. 운동생리학자는 신체활동이 아니라 인간을 연구한다.

네 가지 요점이 등장한다. 첫째, 운동생리학자는 수행되는 운동의 본성과 강도를 고려하지만 그들의 관심은 인간을 연구하는데 있음은 분명하다. 그들은 인간움직임이나 신체활동의 연구를 가능하게 하는 이론이나 연구방법을 가지고 있지 않다. 즉, 그들의 이론과 연구 방법은 인간의 연구를 가능하게 한다. 둘째, 수행된 연구는 생리학의 통사 구조와 개념 구조에 뿌리를 두고 있기에 그 결과는 생리학의 지식을 확장하고 명확하게 한다. 셋째, 생리학의 통사 구조와 개념 구조를 사용하기 위해서 연구자는 전문 언어에 익숙해야 한다. 더 나아가 운동생리학자는 생리학의 전문 언어로 연구 결과를 보고한다. 넷째, 자신의 전공 영역에서 연구를 수행하는 운동생리학자는 생리학을 하고 있지 인간운동학을 하고 있지 않음은 확실하다.

단련운동 및 스포츠심리학EXERCISE AND SPORT PSYCHOLOGY. 학문으로서 심리학은 일견 정의하기 어렵지만, 달리 보면 쉬운데 대부분의 사람들이 인간 존재에 관한 연구라는 것을 알고 있기 때문이다. 한때 심리학은 두 가지의 확연히 다른 방식으로, 즉 하나는 마음mind에 관한 연구로, 다른 하나는 행동behavior에 관한 연구로 정의되었다. 두 가지 방식은 심리학이 인간의 연구라는 데에는 일치하지만 인간을 어떻게 정의해야 하는지에 대해서는 일치하지 않는다. (이 논제는 2부에서 다룬다.) 현재 심리학은 인간에 관한 과학적 연구, 즉 행동뿐만 아니라 생각, 느낌, 태도, 감정, 열망과 같은 정신적 과정을 포함하는 연구라는 점에 어느 정도 동의하는 것 같다. 단련운동 및 스포츠심리학은 단련운동과 스포츠(스포츠)에 참가한 사람에게 적용되는 심리학이다. 그렇다면 단련운동 및 스포츠심리학은 인간에 관한 연구이지 인간움직임이나 신체활동에 관한 연구는 아니라는 것은 논리적 귀결이다.

심리학은 실험, 임상의 두 지향으로 나눌 수 있다. 두 영역에는 여러 "학파"가 있다. 심리학이 무엇에 관한 것인지를 기술하는 또 다른 방식은 몇 가지 전공 영역을 열거하는 것이다. 임상, 발달, 실험, 산업, 교육 그리고 스포츠(스포츠)는 일반적으로 잘 알려진 것들이다. 각 전공영역은 해당의 특정 환경 속의 인간을 연구하는데 집중한다. 각 전공영역은 모학문의 개념 구조와 통사 구조를 사용한다. 연구자들은 연구결과를 심리학의 전문 언어로 보고하고 그 발견은 심리학 이론을 발전시키는데 기여한다.

물론 단련운동 및 스포츠(스포츠) 심리학자는 해당의 특정 환경의 성질을 고려하지만 그들의 관심은 인간에 관한 연구에 있다. 그들은 인간움직임에 대한 연구를 가능하게 하는 이론이나 연구방법을 가지고 있지 않다. 단련운동 및 스포츠심리학자는 연구를 수행할 때 심리학을 하고 있지, 분명 인간운동학을 하고 있지 않다.

운동행동MOTOR BEHAVIOR은 심리학의 분과학문으로 운동 기술이 어떻게 생성되는지를 설명하려는 시도에서 인간에 관한 연구에 초점을 둔다. 이것은 심리학의 전공 영역이기 때문에 위의 모든 논평이 적용된다.

놀이, 스포츠, 신체활동의 사회문화적 측면은 다수의 학문을 포함한다. 스포츠사학, 스포츠철학, 스포츠인문학, 스포츠사회학이라는 프리만의 목록은 더 꼼꼼한 탐색을 가능하게 한다.

역사HISTORY는 가장 간단한 정의로 과거에 관해 말하는 것이다. 그것은 사회들 속에서 살고 있는 사람들의 행위와 성취에 관한 이야기이다. 역사는 특정한 시대와 공간의 조건에 영향을 받은 과거의 중요한 사회적 사건들을 찾아내어 탐구하며 상세하게 기술하는 학문이라고 할 수 있다. 역사학은 과거에 사람들이 말하고 행한 것을 연구한다. 이처럼 역사학은 과거와 현재를 모두 조명하기 위해 과거의 사회 환경 속의 인간을 연구하는 학문이라고 할 수 있다.

스포츠사학은 과거의 스포츠와 체육에 관한 연구이다. 유력한 사람과 중요한 사건에 대한 연구에 집중하는데 그것들이 어떻게, 왜 발생했는지의 이해를 돕기 위함이다. 과거에 관한 지식은 현재를 더 잘 이해하는데 기여한다. 학문인 역사학, 분과학문인 스포츠사학은 인간움직임에 주목하지 않으며 인간의 연구에 주목한다는 점은 분명하다.

스포츠사학자들은 연구를 수행하면서 역사학을 하고 있지, 인간운동학을 하고 있지 않음이 확실하다.

스포츠철학SPORT PHILOSOPHY. 철학은 정의되어 있지만 – 근래 여러 가지의 정의가 제안되었다 – 어느 것도 인간움직임의 연구에 주목한다고 해석될 수 없다. 철학의 넓은 관심 범위 안에는 인간움직임에 어느 정도 관심이 있다고 할 수 있는 두 개의 전공 영역이 있다. 하나는 심리철학philosophy of mind 혹은 일부 학자들이 행위이론theory of action이라 부르는 전공 영역이고, 다른 하나는 미의 개념에 관한 문제를 주로 다루는 미학aesthetics이다. 행위이론에 관심이 있는 철학자는 여러 관심 있는 문제들 중에서도 특히 의도적 행위, 인간이 어떻게 움직이는지에 대한 이해를 제공하고자 한다. 그 논구는 움직임이 아니라 인간에 초점을 맞춘다는 점에서 생체역학의 해석과 매우 다르다. 스포츠철학자는 연구에서 철학을 하고 있지, 인간운동학을 하고 있지 않음이 확실하다.

미학에 집중하는 다른 철학자들도 스포츠를 주목하여 왔다. 그 학적 연구의 대부분은 스포츠를 예술의 한 형태로 볼 수 있는 지의 여부에 관한 논쟁의 형식으로 구성되었다. 이 학자들은 상황을 평가하고 찬반의 주장을 세우기 위해 다양한 스포츠 움직임을 연구했다. 이 학자들이 표현 형식의 인간움직임을 연구하고 있었다고 정당하게 주장될 수 있다. 이것을 사실로 인정하더라도, 그들의 연구는 미학 이론에 뿌리를 두고 있기에 때문에 철학이지 인간운동학이 아니라는 점에 유의하는 것이 중요하다.

스포츠사회학SPORT SOCIOLOGY. 사회학은 사회 체제의 본성, 구조와 구성, 기능과 변화에 관한 연구로 정의될 수 있다. 사회학은 인간 집단에 관한 연구라고 기술할 수 있다. 스포츠사회학은 스포츠 환경에서의 사회적 행동과 조직(사회 체제)에 관한 연구이다. 스포츠사회학은 사회학의 분과학문으로서 연구를 위해 모학문의 통사 구조와 개념 구조(3장 참조)를 사용한다. 결과는 사회학 이론의 확립과 해명을 위해 모학문의 전문 언어를 사용하여 보고된다.

스포츠사회학 안에서 연구하는 학자는 인간움직임을 연구하기 위한 개념 구조와 통사 구조를 가지고 있지 않다. 그들은 스포츠로 불리는 사회 제도 속의 인간을 연구하는데 관심을 둔다. 이 학자들은 인간운동학이 아니라 스포츠사회학을 하고 있고 있음이 확실하다.

스포츠인문학SPORT HUMANITIES은 프리만이 인정하듯이(1995, p. 37) 학문이 아니므로 분석할 수 없다.

움직임교육학MOVEMENT PEDAGOGY은 프리만(1997, p. 53)이 정의한 인간운동학의 분과학문에 포함된다. 움직임교육학은 목록에 포함되는 바, 인간운동학이라는 학문의 구성을 위해 통합되어야 하는 여러 학문 중 하나가 된다. 지금까지의 분석에 근거하면, 여러 과학 또는 학문을 통합하여 별개의 학문을 구성한다는 발상은 아무리 좋게 말해도 문제가 있음이 분명하다. 스포츠교육학을 포함하는 것은 가능할지라도 적어도 두 가지 이유로 상황을 더욱 혼란스럽게 만든다.

첫째, 분과학문으로서 움직임교육학은 분명 직무 준비와 관련이 있지만 그렇게 해서는 안 되는데, 왜냐하면 학문으로서 인간운동학은 그 책무와 관련이 없기 때문이다. 둘째, 움직임교육학은 인간운동학자들이 자신들의 영역에서 빼기로 결정한 체육 전공과정의 특정 성분인 교사 교육과 직결된다. 인간운동학의 분과학문인 움직임교육학은 체육과 전문/직무 준비의 책임을 계속해서 떠올리게 할 것이다.

생체역학BIOMECHANICS은 물리학의 분야인 역학mechanics에 뿌리가 있는 분과학문으로 인간이 만드는 움직임의 연구에 적용된다. 이것은 1960년대에 비교적 새롭게 추가된 것이다. 그 이전에 한동안 많은 대학에서 인간운동학kinesiology은 체육과 교육과정의 과목이었다. 인간운동학은 캐서린 웰스가 사용한 의미에서 근육, 골격, 관절에 관한 과학이다. 이 학문은 인체가 어떻게 움직이는지, 즉 근육과 관련되는 움직임의 원인은 무엇인지, 그 근육이 어떤 작용을 일으키는지를 연구한다. 인간운동학은 인간 동작에 관한 연구로서, 예를 들면 인체 관절의 가동 범위, 관련된 다양한 면, 근육 사이 힘의 상호 작용을 설명하고자 한다. 과학의 관점에서 볼 때 그 추구는 분석적이었기보다는 기술적이었다고 말하는 것이 합당하다. 웰스가 정의한 인간운동학의 연구 초점은 움직임 자체보다는 인간이다(Stothart, 1997).

새로운 기술, 확장된 학문 지평, 외부자의 영향(예를 들어, 인간 연구에 관심을 기울이는 공학자들)은 1960년대와 1970년대 초반에 많은 변화를 일으켰다. 그 시기에 인간운동학에 몸담고 있던 학자들은 자신의 연구 열망을 한정하는 당시의 개념 구조와 통사 구조에 제약을 느꼈다. 범위를 확장하기 위해 움직임의 연구에 사용할 수 있는 개념을 물리학과 수학에서 차용했다. 이러한 새로운 연구 활동은 인간운동학이라는 명칭에 대한 불만의 표출로 이어졌는데, 그 의미가 폭넓은 학적 활동을 담기에는 너무 협소했기 때문이다. 보다 광범하고 포괄적인 명칭으로 생체역학이 관심과 연구의 범위 확장을 반영하기 위해 사용되었다. 생체역학이라는 명칭을 담은 새로운 학회들이 1960년대와 1970년대에 창설되었다. 대부분의 대학에서 학과 전공 영역의 명칭이자 교과목의 표기어로서 인간운동학은 사라졌고 생체역학으로 대체되었다.

생체역학은 인간이 만드는 움직임을 연구 대상으로 삼는다. 생체역학은 인간움직임/신체활동의 연구를 가능하게 하는 개념 구조와 통사 구조 뿐 아니라 전문 언어를 가지고 있다.

학문의 명칭으로서 인간운동학은 그 전공 영역의 학자들에 의해 거부되었는데, 연구 초점과 학적 관심의 범위가 그간 해 온 활동을 반영하기에는 너무 좁기 때문이었다. 인간운동학을 생체역학으로 대체하는 것이 채택된 것은 그 명칭이 더 광범한 학적 관심을 포괄했기 때문이다. 이러한 역사에도 불구하고 지금의 추구를 지지하는 사람들은 명칭으로서 인간운동학이 생명물리학문, 사회학문, 인문학문에 걸친 다양한 학적 관심의 전 범위를 포괄할 수 있다고 확신한다.

인간운동학은 인간움직임 또는 신체활동에 초점을 맞춘 여러 학문의 통합으로 구성되는 학문이라는 주장을 평가하는데 적용된 학문의 특성은 네 가지 – 연구 대상, 통사 구조, 개념 구조, 전문 언어 – 에 불과하다. 분과학문은 각자의 연구 대상이 있다. 미학과 생체역학 둘만이 인간움직임을 주목하지만, 지적 관심은 학적 범위의 반대 양극에 있기에 불일치하다. 다른 분과학문들의 연구 대상은 인간이지만 각각은 특정한 저마다의 측면에 초점을 맞춘다. 그래서 여러 가지 학문의 통합으로 구성되는 학문인 인간운동학은 연구 대상이 다양하다.

인간움직임이나 신체활동은 연구 대상이 될 수 없음을 보여주는 바로 위의 증거에 더하여, 그 주장의 수용을 어렵게 하는 또 다른 난점이 있다. 인간움직임과 신체활동의 옹호자들은 서로 다른 핵심 개념을 사용하는 다양한 관점에서 각각을 다룰 수 있다고 주장한다. 생명물리 학문, 심리사회 학문, 인문 학문을 수용하기 위해 반드시 거쳐야 하는 단계로서 인간움직임과 신체활동이 핵심 개념에 따라 세분화될 수 있다고 주장하는 것은 공통의 연구 대상이 있다는 주장을 부정한다. 서로 다른 관점이 적용되고 주제 대상이 서로 다른 핵심 개념으로 연구되면 곧 바로 공통성은 특이성으로 대체된다. 예를 들어보면 이 문제가 분명해질 것이다.

식물학자, 목재상, 예술가 그리고 어린 소년이 공히 같은 나무를 보고 있다. 그들은 모두 같은 나무를 보고 있기에 공통의 관심 대상으로 주장할 수 있다. 그러나 식물학자가 그 나무의 수령과 건강을 결정하기 위해 연구를 시작하자마자, 목재상이 그 나무로 몇 개의 판재를 산출할 것인지를 결정하기 위해 측정을 시작하자마자, 예술가가 그 나무를 그림의 모델로서 평가하기를 시작하자마자, 어린 소년이 나무집을 만들기에 가장 좋은 위치를 결정하기 위해 그 나무를 꼼꼼히 살펴보기를 시작하자마자 공통성은 사라지고 특이한, 별개의 관점으로 대체된다. 이는 인간움직임이나 신체활동의 경우에도 해당된다. 매우 일반적인 수준에서 두 현상은 연구 대상 또는 공통의 관심 초점을 나타낼 수 있지만, 학자가 특정한 별개의 요소에 학적 관심을 집중하는 바로 그 순간 공통성은 증발한다.

현재의 분과학문들은 각자의 통사 구조, 개념 구조와 함께 각자의 전문 언어를 가지고 있다. 여러 학문의 통합 구성 학문이라는 인간운동학은 따라서 여러 가지의 통사 구조, 개념 구조, 전문 언어를 가질 것이다. 뉴엘은 이러한 다양한 분과학문 또는 학문이 어떻게 통합될 수 있는지를 설명하고자 하지 않으며, 다수의 전문 언어가 있음으로 인해 발생하는 많은 의사소통의 장벽을 어떻게 극복할 수 있는 지의 문제를 다루지 않는다. 하나의 학문은 다수의 학문들로 구성될 수 없으며, 뉴엘은 헨리의 주장을 검토함으로써 이 교훈을 배웠을 것이다.

분명하게 말할 수 있는 것은 다수의 분과학문이 존재하며 각각은 저마다의 특정한 연구 대상에 관해 지식을 생성하고 있다는 것이다.

네 번째 비평

학문은 지식을 위한 지식, 그 자체로 목적인 지식을 산출하고 전달하다고 한다. 학문은 전달된 지식이 어떻게 사용될 지와 무관하며 직무 준비에 관한 책임도 없다. 이러한 사고방식의 수용은 교과목의 내용뿐만 아니라 사용할 교수 방법에도 영향을 미친다. 학문적 전공과정에서 학문주의자는 해당 학문의 지식을 생성하고 전달하는 한 높은 수준의 자율성이 있다.

직무 준비 전공과정에서는 다소 다른 상황이 지배적이다. 이 과정에서 각 학문적 교과목의 내용을 선정할 때 미래의 직무 실천가의 요구를 고려해야한다. 그 요인은 교재가 제시되는 방식에도 영향을 미친다. 이러한 가정의 상황에서 학문 지식은 내재적 가치와 외재적인 가치가 다 있다. 이렇게 학문주의자의 자율성은 미래 직무전문가의 요구와 연관되는데, 학문 지식은 직무 실천의 이론적 토대가 되기에 그러하다.

학문과 직무라는 두 가지 상이한 전공과정의 지향에 관한 이 짧은 서술은 뉴엘의 논저를 교육과정을 통제하려는 권력 투쟁의 연장선으로 해석한 시덴톱과 로크의 입장을 어느 정도 뒷받침한다. 추가의 증거가 이어진다.

인간운동학이 독자의 대학 학문으로 여겨지려면, 직무 준비에 대한 책임이 없어야 한다(Katch, 1990, p. 306). 이 입장은 또 다른 선도자인 스피르두소(Spirduso, 1990, p. 300)의 지지를 받는데, 그는 학부 전공과정은 대학원 수준에 대비한 직무 준비와 함께 본질적으로 학문적이어야 한다고 믿는다. 학문적 학부 전공과정은 학문-지향일 것이다. 이러한 교육과정에 대한 거부로서, 베인Bain은 이 접근이 "전통적 학문을 지식의 원천으로 규정하는 경향이 있다"(1991, p. 216)고 경고한다. 학문, 특히 심리사회("연성soft") 학문이 아니라 생명물리("경성hard") 학문이 중시된다. 논리적 귀결로서 경험적 지식을 포함한 다른 방식의 앎은 간과된다. 학문적 전공과정에서 활동적 교과목은 자리할 수 없으며, 따라서 교육과정에는 움직임을 직접 경험함에서 생성되는 지식을 획득할 기회가 없을 것이다.

하지만 인간운동학은 포괄적이라고 말한다. 즉 그것은 학문, 직무, 수행 지향을 아우른다. 인간운동학이 세 가지 지향을 모두 포괄한다는 견해는 우리 분야의 다수 선도자들이 정립한 학문 개념과 충돌한다. 세 가지의 지향을 견지하는 것은 인간운동학을 학문과 다른 것으로 만든다.

실천 현실에서 인간운동학은 학문과 직무 준비를 포괄할 수 있는 듯 보인다. 웨이드와 베이커(Wade 와 Baker, 1995)가 최근에 출간한 『인간운동학 개론Introduction to Kinesiology』은 신체활동의 과학과 실천이라는 부제를 달고 있다. 1부 "인간운동학: 학문"(1995, p. 13)은 인간운동학은 학문이라고 분명하게 선언한다. 학문으로서 인간운동학은 직무 준비에 대한 책임이 없어야 할 것인데, 그러나 2부는 "인간운동학: 직무"(p. X)라는 제목을 달고 있다. 서술된 직무는 학교에서 체육교수, 스포츠지도, 학교 체제 밖의 취업, 스포츠 경영의 기회를 포함한다. 제시된 정보에 따르면 인간운동학은 직무 준비의 영역이라고 쉽게 결론지을 수 있다. 저자들은 이것이 학문인 인간운동학과 어떻게 조화를 이루는지 설명하지 않는다. 또한 이것이 명칭의 변화 이외 체육과 실제로 어떻게 다른지 설명하지 않는다.

인간운동학의 옹호자들 간에는 상당한 의견차가 있다. 어떤 이들은 학문만의 교육과정을 선호하는 반면 다른 이들은 직무 준비를 포함시킨다. 혼돈보다는 모호함이 확연하다(Thomas, 1991, p. 219). 문제를 더욱 혼란스럽게 만드는 것으로 뉴엘은 수행 지향의 포함을 주장하면서 정작 이 성분에 관한 논의를 하지 않는 것을 감안하면, 그가 우리 주제 영역의 경험적 참가 요소에 대해 어떻게 생각하는지 궁금하다.

모순과 혼란이 만연하다.

다섯 번째 비평

뉴엘이 한 세 가지 논평은 많은 혼란의 바탕을 정확히 지적해 준다. 이에 대한 인용 해설은 많은 오해와 착각을 해소하는 발판이 될 것이다.

문제를 명확하게 함에 있어서 뉴엘이 인간운동학은 연구 분야라는 주장과 학문이라는 주장 사이에서 동요했음을 다시 떠올리는 것이 중요하다. 주된 추구는 학문적 위상에 관한 것이기에, 인간운동학은 포괄적인 학문이라는 주장은 처음의 두 인용을 분석하는데 맥락이 될 것이다. 세 번째 인용에서 뉴엘이 사용한 연구 분야라는 용어의 개념은 맥락으로 다루어질 것이며, 도출된 통찰은 학문으로서의 인간운동학에도 적용될 것이다.

뉴엘은 인간운동학의 학문적 위상을 주장하기 위한 발판으로서 "체육은 학문 지향으로 전환되었다는 주장이 흔하지만, 그 학문이 무엇이고 주제는 학문의 기준에 부합하는지에 대한 해명은 분명하지 않다"(1990a, p. 229)고 말한다. 학문 지향으로 전환되었다면, **학문이 있어야 한다**는 가정이 성립한다. 꼭 그렇지만은 않다. 많은 학문주의자 즉 운동생리학자, 생체역학자, 스포츠심리학자, 스포츠사회학자, 스포츠사학자, 스포츠철학자, 스포츠교육학자, 스포츠행정이론가 등의 노력에서 비롯된 학문적 추구로의 전환은 부정할 수 없다. 이 학자들은 **저마다의 분과학문을 연구하면서** 체육이 학문 지향으로 전환되었다는 주장을 충분히 뒷받침하는 학적 지식을 산출하고 전달해 왔다. 그러나 그것이 앞의 분석 결과가 보여주듯이 체육 또는 학문 연합체인 인간운동학을 학문으로 만들지 못한다.

한 세기 넘게 어떤 형태로든 체육의 일부였던 운동생리학을 제외하고, 다른 분과학문들 모두는 그것이 제공하는 지식이 직무 실천을 향상시킬 것이라는 가정에 근거하여 대학 전공과정 안에 포함될 수 있었다는 점을 유의하는 것이 중요하다.

위의 인용 마지막 구절에서 뉴엘은 주제가 학문의 기준에 부합할 수 있는지 의아해한다. 3장에서 논의했듯이 학문에는 더 많은 기준이 (킹과 브라우넬King 과 Brownell이 열거한 특성 10가지) 있다. 지금 장에서 10가지 특성 중 4가지만 적용하여 수행한 분석에 따르면 **다수의 (분과)학문이 있다**는 것은 분명하다. 집단으로 묶인, 이러한 학문들의 모음은 학문의 특성에 부합하지 못한다.

필요하다면, 도달한 결론을 뒷받침하는 추가 증거는 뉴엘의 정확한 관찰에서 발견된다. "신체활동 연구에 대한 소위 학문적 접근을 촉구함에 있어서, 이 분야가 동족 학문의 집합처럼 작동하는 경향이 있음이 분명하다"(1990b, p. 250). 이 분야는 동족 학문의 집합처럼 작동하는 경향이 있는데, 그것은 실제로 존재하기 때문이다. 체육은 학문이라는 헨리의 주장을 논구한 3장에 있는 목록을 사용할지 아니면 웨이드와 베이커, 프리만이 인간운동학을 지지하며 제안한 목록을 사용할지는 중요하지 않은데, 왜냐하면 모든 목록은 다양한 동족 학문이나 분과학문의 명칭에 대한 기록이기에 그러하다. (분과)학문은 저마다의 연구 대상, 개념 구조, 통사 구조, 전문 언어를 가지고 있다. 그러므로 실제로 존재하는 것은 동족 학문의 모음이라는 점은 전혀 놀랍지 않다.

이 책의 앞에서 나는 교차학문cross discipline, 학제학문interdiscipline, 복합학문compound discipline의 개념을 논외로 했다. 앞 단락의 논평은 그 조치를 충분히 뒷받침하는데, 왜냐하면 체육에는, 혹 인간운동학이라 부르더라도, 직무 준비에 대한 다중학문multidisciplinary 접근이 실제로 존재하기 때문이다. 교차학문, 학제학문, 복합학문과 같은 용어는 실제로 존재하는 것을 덮기 위해 만들어졌으며, 지속된다면 혼란을 가중시킬 뿐이다.

포함된 학자들에게 초점이 되는 패러다임(Thomas, 1991, pp. 218, 220)이 없다. 그렇다고 해서 패러다임이 전혀 없다는 의미는 아니다. 분과학문은 각각의 패러다임이 있기 때문이다. 이렇듯 다양한 패러다임의 존재는 분과학문 간의 차이를 부각시키고 강화시킨다. 패러다임 대신에 신체활동이나 인간움직임을 연구 대상으로 제안한다고 상황이 낳아지지 않는다. 왜냐하면 각 분과학문은 특정하고 고유한 연구 대상이 있기 때문이다.

뉴엘은 학적 활동에 대한 조사하고 한탄한다. "나는 신체활동에서 가장 중요한 열 가지 이론적 문제가 무엇인지에 대해 현재 이 연구 분야의 학자들 다수의 합의가 있는지 의문이며, 이는 부분적으로 하위 영역의 분절, 학생과 교수진의 좁은 시야 때문이다"(1990b, p. 253). 뉴엘은 합의 부족에 대해 정확하게 평가하고 있지만, 그 부족의 이유는 납득할 만큼 충분하지는 않다. 하위 영역의 분절은 하나의 연구 분야에 속한 학문의 다수 다양함, 그리고 그가 제안한 인간운동학이라는 "학문"에 속한 분과학문의 다수 다양함에서 기인한다. 각 학문/분과학문은 각각의 특정하고 고유한 연구 대상이 있으며, 이는 곧 하위 영역의 분절을 의미한다.

가장 중요한 열 가지의 이론적 문제는 무엇인지에 대해 연구 분야 내 학자들 간에 합의가 이루어지지 않았으며, 뉴엘이 제안한 "학문"은 여러 분과학문으로 구성되기 때문에 합의가 이루어질 수 없다. 다양한 분과학문의 학자들은 각자의 영역 안에서 문제를 파악하기 때문에 합의가 있을 수 없다. 뉴엘은 분과학문들로 구성된 학문이라는 헨리의 논고를 따라했을 뿐 아니라, 문제를 더욱 혼란스럽게 하는 특성들(연구 대상으로서 신체활동과 명칭으로서 인간운동학)을 추가했다.

여러 분과학문으로 구성된 "학문"인 인간운동학은 다수 다양의 학문을 하나로 묶으려는 잘못된 시도이다. 그것은 이루어질 수 없다. 단련운동생리학자는 생리학을 계속할 것이고, 단련운동 및 스포츠심리학자는 심리학을 계속할 것이고, 스포츠역사학자들은 역사학을 계속할 것이다. 특정 시기의 생체역학을 제외하고는 다양한 분과학문의 모든 학자들은 **하지 않는 것이 인간운동학이다**.

인간운동학을 이 추정 학문의 명칭으로 제안하는 것은 이해에 문제를 일으킨다. 학문으로서 인간운동학은 한 세기 이상 특정한 연구 대상, 개념 구조, 통사 구조, 전문 언어, 학문 영역의 지식을 발전시키고 명확히 하는데 주력하는 학자 집단과 함께 존재해 왔다. 인간운동학이 현재 단련운동생리학자, 심리학자, 사회학자, 사학자, 철학자 등을 포함하는 또 다른 학문을 지칭한다면, 그 단어가 사용될 때 의미하는 것을 어떻게 이해할 수 있을까? 미국체육학회가 통과시킨 결의안은 이 혼란을 가중시킨다.

인간운동학에 여러 역할을 부여하는 것은 혼란을 가중시킨다. 만일 인간운동학이 진정으로 학문이라면 직무 준비와는 무관하다. 반면에, 그것이 직무 준비 전공과정이라면, 다수의 다른 학문들이 속할 때 명칭으로 하나의 학문을 선택하는 것을 정당화하는 근거로 제안할 수 있는 것은 무엇인가? 해부학, 생리학, 화학, 조직학, 약리학 등의 학문들은 의학의 직무 준비 전공과정에 속하지만, 의학이라는 명칭을 위 학문들 중 하나의 명칭으로 교체하자고 과감하게 주장하는 사람은 없을 것이다. 직무 준비 전공과정의 명칭으로서 인간운동학은 뉴엘과 미국체육학회가 부여한 의미, 혹은 캐서린 웰스가 부여한 의미를 담고 있는가? 전자의 의미라면 분석에서 알 수 있듯이 직무는 실제로는 없는 학문을 기반으로 한다. 후자의 의미라면 직무는 실재하는 분과학문 중 오직 하나를 기반으로 하지만, 그것은 생체역학의 주도가 계속 확장되면서 뒷전으로 밀려난 분과학문이다.

인간운동학, 학문, 직무 중 어떤 해석이 대학 전공과정의 수행 성분을 논할 때 적용되어야 하는가? 그 이해는 수행 성분을 배제하기 때문에 학문일 수는 없다. 학문적 위상의 확보에 주력하고 있기 때문이며 그러한 지향을 가진 전공과정도 증가하고 있다. 수행 성분이 배제됨에 따라 이율배반의 상황이 발생한다. "움직임 활동 참여가 없는 인간운동학은 악기 연주가 없는 음악 전공과정과 같다"(Bain, 1991, p. 216). 그러나 인간운동학에 다양한 의미와 역할이 부여된다고 하면, 그 명칭은 수행 지향에 관여하는 대학 전공과정과 수행 성분을 배제한 대학 전공과정을 동시에 지칭할 것이다.

인간운동학이라는 용어를 채택하고 그에 다중 의미와 역할을 부여하는 뉴엘의 주장에 반대하는 것이, 분석이 보여준 혼란을 야기하는 혼돈에서 벗어나 질서를 가져올 것이다. 혼란은 질서보다는 혼돈에 훨씬 더 가깝다.

여섯 번째 비평

체육은 고등교육의 연구 과정에 적합하지 않은 명칭인데, 그 이유는 체육이 너무 많은 고정관념에 매여 있기 때문이다(Charles, 1994, pp. 10, 11). 체육은 교사교육과 연관되기에 학문적 위상은 격하된다. 설상가상으로, 체육은 데카르트의 이원론적 인간관을 지지하는 것으로 해석될 수 있다. 즉 신체는 정신과 분리된 실체처럼 교육된다. 상황을 바로잡기 위해 필요한 것은 인간운동학이라는 새로운 명칭을 채택하는 것뿐이라고 한다.

명칭 변경은 고등교육에서 필수적이라고 여겨진다. "**인간운동학**과 **체육**의 차이는 무엇인가? 첫째, 어쩌면 더 심오하게, **인간운동학**은 체육에는 없는 -학이라는 고상한 의미를 담고 있다"(Slowikowski와 Newell, 1990, p. 286). 명칭에 -학이 있으면 즉각 학문적 존경을 얻을 수 있다(Slowikowski와 Newell, 1990, p. 280). 이러한 견해는 학문적 추구가 고등교육 전공 과정을 교사교육의 책임에서 멀어지게 하려는 시도라는 비평을 뒷받침한다. 교사교육의 책임이 없다면, 다른 직업 선택을 위한 직무 준비를 뒷받침하는 어떤 근거도 상상하기 어렵다. 그러나 우리가 보았듯이 인간운동학은 포괄적이라는 이론의 측면, 그리고 웨이드와 베이커가 쓴 개론서의 내용이 입증하듯이 실천의 측면 모두에서 직무 준비의 책임이 있다.

인간운동학이라는 용어는 폭넓은 접근이 필수라고 여겨진 이래 여러 가지 의미가 덧붙여졌다(Newell, 1990c, p. 275). 이러한 접근은 장점이 있다고 하는데, 특히 이 단어를 거의 알려지지 않은 학계 밖 세계에 소개할 때 그렇다고 한다. "사회에서 이 단어의 의미는 확고하지 않기에 우리는 인간운동학을 상당히 유연하게 정의할 수 있다. 실제로, 이 용어를 둘러싼 불확실의 분위기는 (일부 사람들이 주장하는 것처럼 단점이 아니라) 장점이다"(Newell, 1990c, p. 275). 뉴엘과 반대로, 단어는 일반적으로 명확한 의사소통의 전제조건인 특정한 의미를 가지고 있다. 앞의 분석에서 보았듯이, 인간운동학에 여러 가지의 의미를 부여하는 것은 혼란을 초래했다. 이 통찰은 사회에서 인간운동학에 대한 모호한 정의와 다중의 의미가 장점이 아니라 단점이 될 것이라는 반론을 뒷받침한다.

인간운동학을 포괄적인 학문의 명칭으로 삼는 것은 그런 학문이 존재하지 않기에 불합리하다. 그러나 학문으로서 인간운동학은 한 세기가 넘는 역사를 가지고 있다. 그 의미가 언젠가는 소멸될 것이라는 일부 논자의 희망과는 반대로, 그 전공 영역에 관심이 있는 학자들이 있는 한 그런 일은 없을 것이다. 설령 이 예견이 빗나가 원래의 의미가 소멸된다 하더라도, 우리는 여전히 학문 아닌 것의 명칭이 존재하지 않는 학문과 직무 준비 영역의 명칭으로 사용되는 기이한 상황에 놓이게 된다.

인간운동학을 둘러싼 혼란함과 애매함에 대조적으로, 체육이라는 용어는 "오래되고 명예로운 역사가 있으며 사회에서 이해되고 있다"(Spirduso, 1990, p. 302). 이 문구는 공공 학교에서 체육이라는 명칭의 유지를 지지하는 긴 문장의 일부다. 그 취지는 인간운동학이 그 체제에서 체육을 대체하자는 뉴엘의 제안을 거부하는 것이다. 체육은 학교 안의 직무로, 또한 학교 밖 지역 센터, 건강 및 체력 클럽, 직장 체력 센터와 같은 시설의 직무로 사회에서 널리 이해되고 있다. 스포츠지도는 오랫동안 체육과 연관된 직무로 인정받아 왔다. 개인훈련지도자Personal Trainer는 담임교사보다는 개인교사처럼 기능을 하는 체육교육자로 간주된다. 그리고 이들 조직의 다양한 관리직은 체육교육자가 합당하게 승진하는 직위로 여겨진다. 사회에서 체육은 무난하고 명확하게 이해된다.

체육에 없는 것은 학문적 존경이 따라 붙을 것으로 여기는 명칭 안의 -학이다.

대학 학과의 명칭 변경은 인상을 변화시키고자 함이다. 학과 명칭은 변경되었음에도 개설된 전공과정은 기본적으로 동일하게 유지된다. 이런 식의 인상 변화는 답이 될 수 없다. 인상을 변화시키려면 체육이 학교 체제를 넘어 다양한 직업 선택을 포함할 수 있게 확장된 직무 준비 전공과정임을 대중에게 알릴 필요가 있다. 대중은 대개 상황을 알고 있기에 이 과업은 부담스럽지 않을 것이다. 대중과 대학 동료에게 모든 직업 선택은 다양한 분과학문의 이론이 뒷받침함을 설명하는 것은, 인상을 변화시키기 위해 새로운 명칭을 채택하는 피상적인 움직임보다 학문적 위상을 제고하는데 훨씬 더 실질적으로 기여할 것이다.

인간운동학 대 체육이라는 명칭 논쟁에서 최후의 단어는 우리 영역 밖에 있는 사람에게 제공될 것이다. 다음의 논평은 대학 운동선수의 자격 유지에 활용되는 부적절한 관행을 다룬 기사에 대한 반응으로 작성된 편지의 일부이다. "거의 모든 대학생이 알고 있듯이, 인간운동학은 좋은 구식 체육의 멋진 명칭일 뿐이다"(Baker, 1997, p. 19). 베이커는 현행 논쟁에 기득권이 없기 때문에, 그의 논평은 인간운동학이라는 용어의 사용이 피상적임을 보여주는데 더 큰 호소력이 있다. 체육이라는 용어는 살아 있으며 그 의미를 이해하는 사회에서 널리 받아들여진다.

새로운 노선의 입론

인간운동학은 연구 분야의 명칭으로서 여러 가지 면에서 문제가 있다.

1. 타 연구 분야들은 여성 연구, 원주민 연구, 캐나다 연구 등의 예처럼 관심 현상을 따라 명명하기 때문에, 인간운동학은 "학문"을 따라 명명한 분야로는 유일할 것이다.
2. 사용된 의미가 100년 이상 존속해 온 학문인 인간운동학을 지칭한다면, 이는 성립할 수 없는데, 왜냐하면 연구 분야는 학문과 다른 지식체이기 때문이다.
3. 사용된 의미가 다수 학문들로 구성된 포괄적인 학문인 인간운동학을 지칭한다면, 그 명칭은 존재하지 않는 학문을 지칭하는 것이다.
4. 인간운동학에 부여된 여러 가지 의미로 인해 애매하고 혼란스럽다.
5. 연구 분야는 추구하는 위상이 아니다. 학문이 목표다.

인간운동학은 다수 학문들로 구성되는 학문의 명칭으로 불합리한데, 왜냐하면 그런 학문은 존재하기 않기 때문이다.

절차적 지식, 방법지에 대한 해명이 없는 것은 체육에 해가 된다. 이러한 상황을 개선하기 위해 그러한 유형의 지식의 본성을 밝히고 명확히 할 필요가 있다. 이 특별한 과업은 3부, 특히 신체행위지식, 신행지에 관한 해명에서 수행된다. 이 해명은 체육을 학교 교육과정의 필수 부분으로 정당화하기 위해 새로운 노선의 입론을 개발하는데 기초가 된다.

References

Bain, L. (1991). Further reactions to Newell: Knowledge as contested terrain. *Quest, 43*(2), 214-217.

Baker, J. (1997). Letters. *Sports Illustrated, 86*(3), 19.

Brassie, P.S., & Razor, J.E. (1989). HPERD unit names in higher education-A view toward the future. *JOPERD, 60*(7), 33-40.

Carlisle, R. (1978). Human movement as a field of study. In F. Landry, & W.A.R Orban (compilers and editors), *Philosophy, Theolog and History of Sport and of Physical Activity*, pp. 111-118. Miami: Symposia Specialists Inc.

Charles, J. (1994). *Contemporary Kinesiology: An Introduction to the Study of Human Movement in Higher Education*. Englewood, CO: Morton Publishing Company.

Corbin, C.B. (1989). Letters: AAPE resolution passed. *JOPERD, 60*(7), 4.

Corbin, C.B. (1991). Further reactions to Newell: Becoming a field is more than saying we are one. *Quest, 43*(2), 224-229.

Curl, G.F. (1973). An attempt to justify human movement as a field of study. In J.D. Brooke & H.T.A. Whiting (Eds.), *Human Movement-A Field of Study*, pp. 7- 17. London: Henry Kimpton.

Harris, J.C. (1990) Editor's note. *Quest, 42*(3), IV.

Katch, F.I. (1990). Commentary: Reascending the mountain. *Quest, 42*(3), 305-314.

King, A.R., & Brownell, J.R. (1966). *The Curriculum and the Disciplines of Knowledge: A Theory of Curriculum Practice*. New York: John Wiley & Sons.

Kretchmar, RS. (1990). Commentary: Riding the Juggernaut. *Quest, 42*(3), 330-333.

Kretchmar, R.S. (1994). *Practical Philosophy of Sport*. Champaign, IL: Human Kinetics.

Kuhn, T.S. (1970). *The Structure of Scientific Revolutions*, 2nd. ed. Chicago: University of Chicago Press.

Locke, L.F. (1990). Commentary: Conjuring kinesiology and other political parlor tricks. *Quest, 42*(3), 323-329.

Newell, K.M. (1990a). Physical education in higher education: Chaos out of order. *Quest, 42*(3), 227-242.

Newell, K.M. (1990b). Physical activity, knowledge types, and degree programs. *Quest, 42*(3), 243-268.

Newell, K.M. (1990c). Kinesiology: The label for the study of physical activity in higher education. *Quest, 42*(3), 269-278.

Newell, K.M. (1990d). Kinesiology: Further commentary on the field of study. *Quest, 42*(3), 335-342.

Razor, J.E., & Brassie, P.S. (1990). Trends in the changing titles of departments of physical education in the United States. *The Academy Papers, 23*, 82-90.

Ross, S. (1978). Physical education: A pre-discipline in search of a paradigm. *International journal of Physical Education*, IV(2), 9-21.

Ross, S. (1987). Humanizing the undergraduate physical education curriculum. *Journal of Teaching in Physical Education, 7*(1), 46-60.

Siedentop, D. (1990). Commentary: The world according to Newell. *Quest, 42*(3), 279-296.

Slowikowski, S.S., & Newell, K.M. (1990). The philology of kinesiology. *Quest, 42*(3), 279-296.

Spirduso, W.W. (1990). Commentary: The Newell epic-A case for academic sanity. *Quest, 42*(3), 297-304.

Stothart, P. (1997). Private communication to the author, May 26.

Struna, N.L. (1991). Further reactions to Newell: Chaos is wonderful! *Quest, 43*(2), 230-235.

Thomas, C.E. (1991). Further reactions to Newell: A rose by any other name. *Quest, 43*(2), 218-223.

Wade, M.G. (1991). Further reactions to Newell: Unravelling the Larry and Darryl magical mystery tour. *Quest, 43*(2), 207-213.

Wade, M.G., & Baker, J.A.W. (1995). *Introduction to Kinesiology: The Science and Practice of Physical Activity*. Madison, WI: WCB Brown & Benchmark.

제 2 부

교육 가능한 존재인 인간
PERSONS AS EDUCABLE BEING

6장 교육과 체육에서의 인간
7장 이원론: 정신과 신체
8장 오직 신체인 인간
9장 통합된 존재인 인간

    인간은 체육과 교육의 주된 관심사다. 교육자, 지도자, 관리자 및 새로이 등장한 직무의 실천가는 사람이 잘 배울 수 있도록 하는데 노력을 기울인다. 체력과 건강을 증진시키는 일은 사회적으로 인정받는 발달을 이끄는 일과 마찬가지로 체육교육자의 관심사이다. 모든 경우에서 직무 실천가의 관심 대상자는 개인 또는 학급, 팀, 집단을 이루는 인간이다. 이 활동들은 학습이 발생한다는, 즉 교육이 가능하다는 가정에 근거한다.

  직업이 의료 지향적이고 건강 증진, 부상 예방 또는 재활에 중점을 둔 체육교육자의 주된 관심사는 인간이다. 그 지향이 교육적이든 의료적이든 인간에 대한 보다 깊은 이해가 요구됨은 분명하다.

  인간에 관한 지식은 다양한 방식으로 획득하는데, 어떤 것은 비공식적이고 어떤 것은 공식적이다. 비공식적으로, 우리는 타인과의 일상적인 상호작용을 통해 그리고 사건을 해설하고 관련된 인간을 묘사하는 매체를 통해 인간에 대해 배운다. 공식적으로, 우리는 생명물리 학문, 심리사회 학문 그리고 타 학문과 다른 방식으로 인간을 연구하는 철학을 포함하는 인문 학문을 다루는 강의를 통해 인간에 관해 배운다.

  여러분은 앞서 신체와 정신을 분리된 존재자로 보는, 철학적 인간관의 하나인 이원론을 접했다. 세 가지의 다른 인간관, 즉 유심唯心의 인간관 유신唯身의 인간관, 통합의 인간관이 서술된다.

이 주제에 대한 우리의 관심은 일반적이기보다는 특수하기에 네 가지의 이론적 견해 각각을 탐구할 것이다. 이는 만일 있다면 어떤 견해의 인간이 교육될 수 있는지를, 그리고 만일 있다면 어떤 견해의 인간이 신체적으로 교육될 수 있는지를 결정하기 위함이다.

세 개의 물음이 인간관 각각에 대한 탐구를 이끌 것이다. 그런 인간은 어떻게 학습할 수 있는가? 그런 인간은 자신이 알고 있음을 어떻게 표명할 수 있는가? 각각의 경우에서 신체적인 것**의** 교육과 신체적인 것을 **통한** 교육이라는 두 가지 해석의 체육은 어떻게 이루어질 수 있는가?

유심의 인간관은 바로 말해질 수 있다. 우리는 비신체적 존재(정신만의 인간)를 식별할 방법이 전혀 없기 때문에, 교사와 학습자 간 상호작용이 포함된 활동인 교육과 같은 것은 있을 수 없다. 당연히 체육이라는 것도 있을 수 없다. 더욱이, 비육체적non-corporeal 존재인 정신만의 인간이 알고 있음을 어떻게 표명할 수 있는지 상상하기 어렵다. 그가 안다는 것을 표명할 능력이 없다면 학습이 일어났는지의 여부를 결정하는 것은 불가능하며, 이 결론은 교육과 체육에 동일하게 적용된다. 실로, 유심의 인간관이 받아들여지는 경우에서는 교육과 체육은 허사가 된다.

교육과 체육이 존재한다는 견해를 뒷받침할 수 있는 증거는 충분하다. 그 증거는 유심의 인간관을 거부하는 근거를 제공한다.

7장, 8장, 9장에서 세 가지의 인간관에 대한 탐구가 이루어진다.

세 가지 인간관 각각이 탐구됨에 따라 여러분은 가지고 있는 인간에 관한 지식은 확장될 것이다. 아울러 여러분은 교육과 체육에 대해 더 잘 이해하고 지식이 어떻게 표명되는지에 대한 새로운 통찰을 얻을 것이다.

06

교육과 체육에서 인간

PERSONS IN EDUCATION AND PHYSICAL EDUCATION

"대논쟁" 동안 윌리암스Williams는 신체적인 것의 교육 편의 옹호자들이 이원론적 인간관을 가지고 있다고 비난하였는데, 이는 체육이라는 용어에 대해 가능한 한 가지 해석에서 비롯된 것이다. 신체적인 것의 교육을 말하는 것은 신체가 정신과 별개로 교육될 수 있음을 함의한다. 이렇게 신체와 정신을 분리하는 것은 이원론적 인간관을 나타낸다.

반대로, 신체적인 것을 통한 교육인 체육은 그 문제로부터 자유롭다고 윌리암스는 주장했다. "신체적인 것을 통한 교육을 강조하는 현대 체육은 정신과 신체의 생물학적 통합에 근거한다."(1930b, p. 279) 그는 비-이원론적 또는 전일적holistic 인간관을 주장했지만 "정신과 신체의 생물체적 통합"이 의미하는 바는 해명하지 않았다. 윌리암스(1930b, p. 280)가 전일적 인간관의 이론적 기반이 될 것으로 믿었던, 새로 등장한 행동주의 심리학을 언급할 때 약간의 암시는 있었다.

윌리암스는 다른 편이 이원론적 인간관을 가지고 있다고 비난하였지만, 체육이나 교육에서 인간관의 채택에 따른 귀결을 전혀 지적하지 않았다. 마찬가지로, "정신과 신체의 생물체적 통합"에 관한 그의 주장은 행동주의와 관련이 있는 듯 보임에도, 체육이나 교육에 대한 함의나 귀결은 전혀 언급하지 않았다. 그러한 정보가 없다면 그 인간관이 체육과 관련하여 장점과 단점이 있는지를 평가할 근거가 없다. 이 소홀함은 이어지는 세 개의 장에서 바로잡힐 것이다.

다양한 인간관에 대한 비난과 주장은 반복되어 왔지만, 체육 논저에서 이러한 주장을 짚어보는 학술적 탐구는 부족하다. 견해들 각각의 인간은 어떻게 지식을 획득할 수 있는지, 똑같이 중요하게, 각각의 인간은 어떻게 지식을 표명할 수 있는지에 관한 서술은 거의 없다. 윌리암스가 정신과 신체의 통합을 주장할 때 그랬던 것처럼, 일단 특정한 주장이 제기되면 그 주제는 우리 분야 학자들의 관심에서 사라져버린다. 불행히도, 탐구의 부재는 만연한 오신誤信과 오해에 반박할 수 있도록 잘 개발되고 명료하게 표현된 반론의 부재이기에 체육에 해가 된다.

인간이 무엇인가에 대한 확실하고 포괄적인 이해가 없다면 체육에 해가 되는 주장과 언설은 논박되지 않고 지속될 것이다. 종종 체육교육자는 부지불식중에 이원론의 사고를 받아들이고 심지어는 지지하기도 한다. 다양한 인간관에 대한 이해와 그로부터 기인하는 귀결에 대한 인식은 체육에 대한 오신과 오해를 불식시키는데 필수의 기반이다. 이러한 논제를 명확히 하는 것은 교육에 대한 함의도 담고 있다.

인간

인간은 무엇인가의 물음에 대해 많은 답변들이 개진되어왔다. 이 간단하지만 가장 심오한 물음에 답하려는 시도들이 다양한 학문 분야의 학자들에 의해 이루어져왔다. 어떤 학자는 물적 성분을, 다른 학자는 심적 차원을, 다른 학자는 사회적 측면을, 또 다른 학자는 정신적spiritual 요소를 다루었다. 많은 저서와 논문이 인간 존재에 대한 우리의 이해를 확장하고자 저술되었다. 다음 내용은 망라하거나 한정하고자 한 것이 아니라 7장, 8장, 9장의 논의를 준비하기 위해 몇 가지 기본 개념과 한 가지 탐색의 길을 소개하기 위함이다.

유심론의 인간관은 거부되었는데, 비육체적 존재는 식별할 수 없기 때문이다. 이 거부 입장에 대한 추가의 지지는 그런 인간은 자신이 알고 있음을 표명할 길이 없다는 평가에서 연유한다. 인간은 식별과 지식 표명이 가능하기 위해서는 신체가 필요하다. 고로 인간성의 한 가지 근본 조건은 체화embodiment, 즉 공간을 점유하고 시간 속에 존재하는 살아 있는 신체적 존재이다. 이러한 인간은 계량되고 측정될 수 있으며 다양한 기관의 기능이 탐구, 조사, 기술, 설명될 수 있다.

인간은 살아있고 실존하는 인간, 독립된 고유의 존재, 개인, 자아이다. 1인칭대명사 (주격) "나me"와 (목적격) "나me"을 사용하는 인간은 자신의 실존을 인식하는 존재이다. 자아-의식은 이러한 인식을 서술하는 데 사용되는 용어다. 1인칭대명사 (주격) "나me"와 (목적격) "나me"의 사용에는 주체성subjectivity의 관념이 함축되어 있다. 이 대명사의 사용은 주체가 나라는 것을 나타낸다. 즉 세계가 나에게 작용할 때 경험의 주체는 나이고, 세계에 작용하는 자는 주체인 나다.

모든 인간은 고유의 과거, 현재와 미래에 대한 감각을 가지고 있다. 극히 불행한 소수의 사람을 제외하고는 인간은 생각을 이해하고 표현하고 타인과 관계를 맺을 수 있으며 세계 속에서 이리저리 움직이는 능력이 있다. 언어와 신체 움직임을 통해 생각이 표현되고 지식이 표명되며 지성이 입증된다.

인간성의 근본 조건의 하나는 체현, 신체적 자아지만 그것이 인간성의 전부일까? 달리 요구되는 것은 없을까? 그 다른 것은 심적 성분, 정신이 아닐까? 정신이 없다면 주관성 같은 것이 있을 수 있을까? 만약 정신이 존재한다면, 정신이 신체와 어떤 관련이 있는지 해명이 필요할 것이다. 어떤 이들은 정신은 존재하지만 신체와 별개라고 믿는데, 이 견해는 7장에서 살펴본다. 또 어떤 이들은 정신은 존재하지 않는다고 믿는데, 이 견해는 8장에서 살펴본다. 또 다른 이들은 정신과 신체는 통합되어 있다고 믿는데, 이 견해는 9장에서 살펴본다.

정신과 신체

인간에 관해 더 나은, 더 정교한 이해를 얻고자 할 때 관심은 마음에 집중된다. 그것은 존재하는가? 그것이 존재하는지 또는 존재하지 않는지 어떻게 입증할 수 있는가? 지금까지 정신을 계량 또는 측정한 사람은 없지만, 그렇다고 해서 정신이 존재하지 않는다는 의미는 아니다. 과학은 이 문제를 해결할 수 없기에, 관찰과 논리적 분석에 의거하는 다른 종류의 탐구가 요구된다.

심신관계의 문제를 명료하게 하는 것은 체육에서 가장 중요한데, 이 주제는 상당한 혼란과 오해로 얽혀있기 때문이다. 이론과 실천의 차원 모두에서 그 오해는 이 분야에 심각한 해를 끼친다(Best, 1978).

명료화 과정에 천착하는 한 가지 방법은 지금 있는 사고를 인정하는 것이다. 심신을 따로 보는 이원론은 문자 그대로가 아니라 은유적으로 말하자면, 고대 그리스 철학자들의 저작에서 연유한 서양 사고에서 매우 길고 깊게 뿌리내린 전통을 가지고 있다(Rintala, 1991). 이 인간관은 의학과 교육을 포함한 많은 영역의 발전에 큰 영향을 미쳤다. 건강과 관련하여 목에서 아래의 신체는 의사가 보살핀다. 목 위의 부분은 정신과의사와 심리학자의 보살핌에 위임된다. 교육에서 비슷한 분리를 볼 수 있다. "정신"에 관한 사안은 교실 교육자의 보살핌에 맡겨지고, 신체의 보살핌은 체육교육자에게 맡겨진다.

이원론의 인간관이 명시적으로 또는 대부분의 경우처럼 암묵적으로 비판 없이 받아들여지면 체육은 곤란을 겪을 수밖에 없다. 사유성思惟性의 정신은 무사유의 신체보다 더 가치가 있다. 체육교육자는 무사유의 성분인 신체에 관여한다고 간주되기에, 그들과 그들의 교과영역은 교육제도에서 위상이 격하된다.

이원론의 인간관이 용인되는 경우 체육에 또 다른 문제가 발생하는데, 그것은 정신의 기능인 사유는 말과 글을 통한 발화發話로만 표명된다는 일반적 견해에서 비롯된다. 이러한 맥락에서 신체는 무사유의 것으로 간주되며, 따라서 신체는 지식의 표명이나 지능의 표출을 할 수 없다. 기술 습득과 기술 실행은 아무리 뛰어나더라도 정신이 관여하지 않기에 지식의 표출로 인정받을 수 없다.

심신이원론은 체육의 치명적인 적이다.

오직 신체

현재까지 과학은 인간 정신의 존재에 대한 실증적 증거를 제시하지 못했다. 정신을 가진 인간, 경험의 주체인 인간은 행위를 개시할 수 있고 대부분의 상황에 어떻게 반응할지를 결정할 수 있다. 그런 인간은 동일한 자극에 대해 상이한 방식으로 반응할 능력을 가지고 있다. 대조적으로, 오직 신체인 인간은 동일한 자극에 대해 늘 동일한 방식으로 반응할 것이다. 동일한 자극에 대해 동일한 방식으로 반응하는 일관되게 재현 가능한 행동은 과학의 존립을 위한 전제 조건이다. 유신론[1]의 인간관을 인정하는 것은 인간 존재를 과학으로 완전히 탐구할 수 있고 기술할 수 있는 다른 모든 것들과 같은 범주에 위치시킨다. 인간에게 정신이 있다고 주장하는 것은 인간 존재를 과학이 완전한 설명할 수 없는 별개의 범주에 위치시킨다.

오직 신체, 즉 유신의 인간은 특정 방식으로 반응하도록 조건화될 수 있는 유기체이다. 그런 인간은 행위를 개시할 수 없는데, 왜냐하면 그 과정을 개시하기 위해 존재하는 "나", 즉 경험의 주체가 없기 때문이다. 조건화는 체력 수준을 향상시키고 기술을 습득시키고자 그 과정을 사용하는 체육교육자에게 친숙한 용어이다. 이 인간관이 지배하는 경우 신체를 기계처럼 간주하기 쉬운데, 이러한 견해는 18세기 중반에 등장했다(Aldrich, 1994, p. 57). 신체는 기계처럼 인식될 수 있는 경우 그렇게 취급될 수 있고, 또한 그렇게 취급된다(Hoberman, 1992). 이러한 인간관이 지배하는 경우 창의와 사유처럼 일반적으로 받아들여지는 현상을 설명하는 데 극복할 수 없는 난관에 봉착한다.

인간이 오직 신체, 즉 조건화되는 유기체라고 한다면, 교육의 방법은 단 한 가지에 한정된다. 인간 유기체는 특정 자극에 반응하게 조건화되기에, 특정 자극이 사용될 때마다 동일한 반응이 유발된다. 다른 반응이 나오지 않도록 하는 반응 및 절차의 통일성은 현 상태를 유지하고 진보를 억제하게 한다. 조건화가 유일한 방법인 경우, 반응의 다양성과 문제에 대한 새로운 해법은 배제될 것이다. 이러한 견해는 문제에 대한 새로운 해법을 찾는 반응의 발전과 다양성을 촉진하는 과정이라는 교육에 대한 우리의 이해와 충돌한다.

통합된 존재

서양의 사유에서 심신이 통합된 존재unitary beings로서의 인간은 논구하기에 가장 어려운 견해였다. 이 인간관은 일원론monism 또는 전일론holism이라는 표제에 어울린다. 과거 60~70년 간 체육을 전공하는 학생들은 "전일론의 신조에 따라 길러졌다"(Kretchmar, 1990, p. 68). 이 논제에 주력한 논저의 부족과 개설된 체육철학 강좌의 부족을 감안하면 이 특별한 주제는 거의 방치되었다고 해도 과언은 아니다. 체육에 대한 이 인간관의 함의와 귀결

---

[1] [역주] 유물론唯物論으로 번역하는 것도 가능할 것이나, 원저의 표현인 "body only"의 뜻을 살려 "유신론唯身論"으로 번역한다. 책에서 유신론을 정반대의 견해인 유신론唯神論, 즉 유심론唯心論과 혼돈하지 않기를 바란다.

은 탐구되지 않았다.

이러한 피상적 대처의 결과에 대해 크렛츠머Kretchmar는 "….그 노선은 논외였다"고 평가한다(1990, p. 68). 이 주제에 대한 진지한 학술적 숙고가 부재함을 고려할 때 그 결과는 그리 놀랍지 않다. 또 다른 요인이 더 큰 영향을 미쳤는데 바로 서양 사유를 지배하는 이원론 전통이다(Malcolm, 1971, p. 12; Rintala, 1991, p. 260). 그 지배적 전통은 인간에 대한 우리의 사고에도 영향을 준다. 이러한 고착된 사고방식을 극복하고 진정 우리가 원하는 것이라면 전일적 견해로 대체하는 진지한 연구와 분석에 기초한 공동의 노력이 필요하다.

학습자와 학습

학생들은 교실에서 긴 나눗셈을 배운 다음 풀어야 하는 많은 예문을 받는다. 학습이 일어나고 있으며 긴 나눗셈 문제에 대한 정답들을 찾음에 따라 지식이 표명된다. 사고, 기억, 추론 및 문제해결과 같은 인지 영역의 행동은 학생이 답을 찾는 행위에 담겨있다. 수학 수업이 끝나면 같은 반 학생들은 체육 수업을 위해 체육관에 가는데, 체육 수업에서 주된 기술은 농구공 드리블이다. 수업이 진행됨에 따라 도전을 다양하게 하고 확장하기 위해 여러 가지 장애물이 배치된다. 사고, 기억, 추론, 문제해결과 같은 인지 영역의 행동은 여러 가지 장애물을 돌면서 농구공을 드리블하는 행위에 담겨있다. 두 활동 모두에서 참가자들은 무언가를 학습하고 있었고, 또한 학습이 포함되는 경우 사고, 개념 및 교육에 관해 이야기하는 것은 합당하다.

위의 가상 상황에서 다수의 요점을 뽑을 수 있지만 네 가지만 강조한다. 첫째, 교실에서 긴 나눗셈 문제를 푼 아이와 체육관에서 크로스오버 드리블을 익힌 아이는 동일한 사람이라는 점이다. 어떤 인간관이든 간에 두 경우에 동일하게 적용된다. 둘째, 사고는 수학 문제나 농구 문제를 풀든 모든 의도적 활동에 스며있음은 분명하다. 셋째, 지식은 교실과 체육관 모두에서 표명된다. 넷째, 학습자가 발전하고 더 많은 지식을 획득함에 따라 더 높은 수준의 앎이 표명되며 더 훌륭한 지능을 반영한다. 이는 교실과 체육관에 똑같이 적용된다.

효과적인 교수는 부분적으로 학습자에 관한 깊은 이해에 기초한다. 그 이해는 체육이 논해질 때마다 어떤 인간관이 적용되는지에 대한 인식이 포함되어야 하는데, 그 요소는 교육적 관점에서 체육 수업에서 일어나는 일에 대한 기본적 이해에 영향을 미치기 때문이다. 네 가지 인간관 중, 만일 있다면, 어떤 인간이 교육될 수 있는지를 포함하여 인간 본성에 대한 이해의 부족은 부적절한 교수법으로 이어질 수 있고 너무 오랫동안 이 분야를 괴롭혀 온 오신과 오해를 고착시킬 수 있다.

새로운 노선의 입론

다양한 인간관의 이해와 그에 따른 체육의 귀결을 파악하는 것은 우리의 주제 영역에 대해 제기된 특정 협의를 반박하는데 필수적 기반 중 하나이다.

학습은 교실과 체육관 모두에서 일어나고 있다. 두 곳 모두에 사고, 기억, 추론, 문제해결과 같은 인지 영역의 행동은 자리하며 지식의 표명을 뒷받침한다.

교실에서든 체육관에서든 지식을 획득하는 자는 바로 동일한 인간이다.

References

Aldrich, K.R. (1994). Balance, not dominance-The three Rs are not enough. *JOPERD, 65*(3), 57-60.
Best, D. (1978). *Philosophy and Human Movement*. London: George Allen and Unwin.
Hoberman, J. (1992). *Mortal Engines: The Science of Performance and the Dehumanization of Sport*. New York: Free Press.
Kretchmar, R.S. (1990). *Practical Philosophy of Sport*. Champaign, IL: Human Kinetics.
Malcolm, N. (1971). *Problems of Mind: Descartes to Wittgenstein*. New York: Harper & Row.
Rintala, J. (1991). The mind-body revisited. *Quest, 43*(3), 260-279.

07

이원론 : 정신과 신체

DUALISM: MIND PLUS BODY

르네 데카르트(RENÉ DESCARTES, 1596-1650)는 흔히 근대 철학의 아버지로 불리는데 저서 『방법서설Discourse on Method』과 『제일 철학에 관한 성찰Meditation on First Philosophy』에서 자신의 연구 방법과 실재에 대한 견해를 상세하게 제시한다. 그는 자신의 입장을 논구하면서 과거 3세기 동안 서양 사고를 지배한 그의 인간관에 대한 통찰을 제공하는 많은 진술을 제시한다. 그것이 지배적인 견해라고 믿는 이들이 있다. 그 견해가 체육에 미친 영향이 매우 강했기에 그것을 더 잘 이해하여 우리가 유력한 입장에서 상황에 대처하는 하는 것이 좋을 것이다.

코기토 에르고 숨 Cogito ergo sum, 나는 생각한다, 고로 존재한다. 이는 데카르트가 근본적 또는 방법적 회의라는 자신의 탐구 방법에 대해 설정한 엄격한 준거를 충족하는 제일 명제의 표현이다. 데카르트는 이 문제를 매우 신중하게 숙고한 후, 생각한다는 것은 의심할 수 없다(의심은 사유의 일부이다)는 결론을 내렸는데, 그가 의심하는 모든 행위에 사유의 행위가 참되게 존재함이 입증되기 때문이라고 한다. 데카르트는 다른 거의 모든 것을 의심할 수 있었지만, 의심을 하는 따라서 사유를 하는 자인 자신이 존재함은 의심할 수 없었다. 이를 의심의 여지가 없고 필수 불가결한 것으로 본 데카르트는 자신의 철학을 정립하고 이성적 연역을 통해 인간 지식의 개념을 구성하는 기본 공리로 삼는다.

3장에서 연구에 관한 몇 가지 기본 원리, 특히 어떻게 개념 구조(이론)가 질문할 물음을 결정하고, 이어서 설정된 물음이 수집할 자료를 결정하는지에 대해 알아보았다. 사실상, 사용된 방법이 탐구의 결과에 영향을 미친다. 이 통찰은 데카르트가 수행한 탐구를 포함하여 모든 연구에 적용된다. '나는 생각한다, 고로 나는 존재한다.'는 문구에 담긴 그의 주된 탐구 결과는 서양 사고에 큰 영향을 미쳤다는 점에서 그가 어떻게 그런 결론에 이르렀는지, 그것이 의미하는 바가 무엇인지를 자세하게 이해하는 것은 중요하다.

가장 중요한 것으로 데카르트가 "나"라는 대명사를 사용할 때 의미하는 바가 무엇인지 매우 엄밀하게 이해할 필요가 있는데, 왜냐하면 그는 인간 존재는 분리되고 구별되는 실체인 신체와 영혼soul(정신mind)의 연합union이라고 믿었기 때문이다. 이 인간관을 데카르트식 이원론Cartesian dualism이라고 한다.

방법적 회의

데카르트는 자신의 철학적 입장을 정초하는 기본 공리가 필요하다고 확신했다. 그 믿음은 그를 방법적 회의methodological doubt로 서술될 수 있는 절차를 채택하게 했다. 그는 어떤 이성적 존재도 의심할 수 없는 것에 도달할 때까지 모든 것을 의심할 것이다. 이 과제는 세 가지 기준을 충족해야 했다: 의심의 여지가 없음, 확실함, 보편적으로 참임. 이렇듯 절대적으로 확실한 관념idea은 드러난다면 논리적 연역을 통해 다른 확실함과 참이 도출될 수 있는 기초가 될 것이다.

이성은 데카르트에게 "전적으로 확실하지 않고 의심의 여지가 있는 사상事象 matters의 인정"은 유보해야 하며(『성찰』 p. 145), 또는 명백하게 오류로 보이는 어떤 것도 받아들이지 않아야 한다고 확신하게 했다. 그는 기본 공리에 대한 탐구에서 매우 높고 엄격한 기준을 세웠다. "만일 내가 의심할 어떤 하나의 이유라도 찾을 수 있다면 이것은 전체의 거부를 정당화하기에 충분할 것이다"(위와 같은 책). 그에 있어 확실하고 의심의 여지가 없는 진리의 기준을 충족하지 못하거나 심지어 의심의 여지가 있는 어떤 언설이나 명제도 철학의 토대로 용납될 수 없었다.

데카르트의 기본적인 철학 물음은 "나는 무엇을 아는가?"이다(Ross, 1986, p. 16). 제기된 물음에 대한 답은 데카르트 자신이 가지고 있는 믿음을 반성하면서 등장했다. 데카르트는 이런 식으로 물음을 구성함으로써 문제를 지식에 대한 일반적 접근에서 생각하는 인간에 대한 것으로 전환한다. 데카르트는 우선의 과업은 인간이 무엇을 알 수 있는지를 결정하는 시도로 본다. 그 물음에 답하고자 내적 관찰inward observation, 자기 성찰introspection, 이성적 사유rational thought를 적용한다. 이 접근은 지식의 문제를 외적인 공통의 세계에서 "내적" 정신의 세계로 이동시킨다.

신뢰할 수 없는 감각

우리의 감각을 전적으로 그리고 절대적으로 신뢰할 수 없다는 것은 잘 알려져 있고 널리 인정받고 있다. 종종 우리는 존재하지 않는 것을 보거나 듣기도 하고, 반대로 종종 눈앞에 있는 것을 못보고 넘어간다. 마찬가지로 우리의 감각이 이따금 우리를 속인다는 것은 잘 알려진 사실이다. 곧은 막대기는 일부가 물에 잠길 때 굽은 것처럼 보인다. 전적으로 신뢰할 수 없는 것은 항상 의심의 여지가 있고, 따라서 우리의 감각이 지식의 원천이 될 수 있다고 믿을 수 없다. 또한 우리의 감각은 지식을 탐구하는 수단이 될 수 없다. 이는 감각을 통해 획득되는 실증적empirical 지식에 대립하는 데카르트의 첫 번째 입론이다.

두 번째 입론은, 우리는 깨어 있는지 꿈을 꾸고 있는지를 절대적으로 확실하게 말할 수 없다는 것에 근거한다. 만일 꿈을 꾸는지 깨어 있는지 이따금 혼돈한다면, 어떻게 어떤 특정 순간에 자신이 깨어 있는지 또는 꿈꾸고 있는지를 확실하게 알 수 있을까? 데카르트는 자신의 경험을 통해 알게 된 것을 바탕으로 "우리가 한번 속은 것은 무엇이든 전적으로 신뢰하지 않는 것이 더 현명하다"고 결론짓는다(『성찰』, p. 145). 우리의 감각이 지식을 위해 필요한 반박불가의 증거를 제공할 수 없다면, 다른 방법의 사용이 필요하다.

감각 지각에 근거한 모든 것이 의심스럽다면 우리 자신의 신체가 존재한다는 것도 의심스러운데, 왜냐하면 데카르트는 우리 자신의 신체가 존재함을 아는 것은 감각 지각을 통해서라고 가정했기 때문이다. 이 점에서 데카르트의 연구 방법은 그를 곤경에 빠뜨리는데, 이제 신체적이면서 비신체적인 자기 존재를 다루어야 하기 때문이다. 그는 자기 신체의 존재를 부정하는 것이 필연적으로 자기 존재를 부정하는 것은 아니라는 해법을 찾는다. 그는 자기 존재를 확인하는데 신체도 감각도 필요하지 않았다. 이는 데카르트가 이 문제를 생각할 때마다 확인되는데, 그가 자기 존재를 생각할 때면 언제나 자신이 존재함을 확실하게 알기에 그러하다.

데카르트는 존재하는 모든 물질적인 것들이 자신을 속이려는 거대한 계략의 일부이라는 생각을 품고 있었다. 만일 그렇다면, 그것은 자기 존재에 대한 증거의 추가가 되는데, 속임을 당하는 어떤 존재가 실재해야 하기 때문이다.

> 그렇다면 의심할 여지없이 나는 또한 존재한다. 그가 원하는 만큼 나를 속이도록 내버려 둔다면, 내가 나는 어떤 것이라고 생각하는 한 그는 결코 나를 아무것도 아닌 것이게 할 수는 없을 것이다. 따라서 모든 것을 숙고하고 주의 깊게 검토한 후에, 우리는 다음의 명확한 결론에 도달해야 한다: 나는 있다, 나는 존재한다는, 내가 그것을 말할 때마다 또는 내가 그것을 정신에 떠올릴 때마다 필연적으로 참이다 (『성찰』, p. 150).

자기 성찰과 논리가 이 결론에 도달하는데 사용된다. 어떤 그리고 모든 상황에서, 데카르트가 생각하는 한 그는 존재한다.

데카르트 이론 속에서 "나"

데카르트에게 있어 의심하는 행위는 생각하는 행위의 일부이며, 이는 그가 의심할 때마다 자기 존재를 더욱 확증하는 것을 의미한다. 자기 존재에 대한 확실하고 의심할 여지가 없는 지식은 제일 원리, 기본 공리이지만, 이제 데카르트는 존재하는 "나"가 엄밀하게 무엇인지의 결정에 직면하게 된다. 그는 "그러나 나는 무엇인지, 나는 존재한다고 확신하는 나는 누구인지에 대해 나는 아직 충분히 분명하게 알지 못한다" (『성찰』, p. 150)는 문제를 인정한다. 데카르트는 이 문제에 대한 숙고에서 전적으로 확실하고 의심할 여지가 없는 것만을 받아들이는 자신의 연구 방법에서 벗어날 수 없다. 그가 알고 있는 유일하게 확실하고 의심할 여지가 없는 것은 그가 "생각하는 것…그 외에 무엇인가?…나는 우리가 인간 신체라고 부르는 구성체들의 집합이 아니다"(『성찰』, p. 152)는 것이다. 존재하는 "나"는 신체적 인간bodily person이 아니다; 존재하는 "나"는 감지를 통해서가 아니라 "지성" 또는 생각을 통해 아는 사유의 인간이다.

데카르트는 "나"는 무엇인지에 관한 의심을 남기지 않기 위해, "나는 사유의 존재이지 연장延長의 존재가 아니다"(『성찰』, p. 165)라고 덧붙였다. 신체는 연장의 것이기에 존재하는 "나"는 정신이지 신체가 아니다.

정신과 신체의 정의

데카르트가 정의한 정신은 공간 속에 존재하지 않고 시간 속에 존재하는 비연장의 실체unextended substance, 비-물질적 사유의 것non-material thinking thing이다. 대조적으로, 신체는 연장의 것, 즉 어떤 장소를 점할 수 있고 다른 신체는 그곳을 점할 수 없는 방식으로 공간을 점유하는, 경계가 있는 형상bounded figure으로 정의된다. 데카르트는 정신과 신체의 이러한 차이를 매우 분명히 한다. 그는 또 다른 저서 『정념론The Passions of the Soul』에서 다음과 같이 단언한다. "따라서 우리는 신체가 어떤 식으로도 사유한다고는 할 수 없기에, 우리 안에 존재하는 모든 종류의 사유는 영혼에 속한다고 믿을 근거가 있다"(p. 332). 그러므로 신체는 물질적, 비-사유, 연장의 실체이다.

데카르트는 자신의 기준인 "판명 명석한 관념clear and distinct idea"을 정신과 신체에 적용했다. "그리고 확실히 사유하는 것이지 길이, 너비, 깊이의 연장을 가진 것이 아니고 신체에 관한 어떤 것에도 참여하지 않는 인간 정신을 내가 가지고 있다는 관념은 무엇이든 육체적인 것에 관한 관념보다 비교할 수 없을 정도로 훨씬 명석하다"(『성찰』, p. 171). 각각의 본성으로 인해 정신은 신체보다 더 잘 알 수 있으며, 정의에 따르면 정신은 신체의 어떤 속성도 가지고 있지 않다. 반대로, 신체는 연장의 비-사유 실체로서 정신의 어떤 성질도 가지고 있지 않은데, 정신의 주된 속성은 사유이기에 그러하다. 정신은 신체에 적용되지 않는 술어predicates로 특징지어지는 반면, 신체는 정신에 적용되지 않는 술어로 특징져진다. 이 구분은 근본적이다. 정신과 신체는 상호 배타적인 근본적으로 다른 유형이다.

분리된 실체인 정신과 신체

데카르트에 따르면, 정신과 신체 둘은 신에 의해 분리되어 존재하게 될 수 있다. 데카르트는 기본 명제를 진전시켜 다음과 같이 주장한다, "…이러한 나(즉, 내가 나로 존재하게 하는 나의 영혼)는 나의 신체와 전적으로 그리고 절대적으로 구별되며 신체 없이도 존재할 수 있다는 것은 확실하다"(『성찰』, p. 190). 이 점에서 데카르트에 있어 "나"는 오로지 사유의 실체인 정신에 국한되며, 정신과 신체는 개념적으로 분리된 실체이다. 만약 정신이 신체 없이 존재할 수 있다면, 어떤 정신이든 어떤 신체에도 거주한다는 것은 논리적으로 생각할 수 있다.

심신 관계

정신과 신체의 이러한 근본적 분리는 앉기와 서기와 같은 일상의 신체적 현상에 관한 어떤 해명에도 문제를 일으킨다. 데카르트는 자신의 입장을 바꾸지 않을 수 없다고 느꼈다. "자연은 또한 고통, 허기, 갈증 등의 감지sensations를 통해, 나는 배 안의 키잡이처럼 나의 신체 안에 박혀 있을 뿐만 아니라 나는 그것과 매우 긴밀하게 결합되어 있어서, 말하자면 그것과 너무 뒤섞여서, 그것과 일체를 이루는 듯 보인다는 것을 가르쳐 준다"(『성찰』, p. 192). 처음에 데카르트는 자신이 유일한 본질은 사유인 존재이며, 사유의 실체는 존재론적으로 신체적 실체와 다르고 배타적이라고 주장했지만, 이제 그는 감지와 인상은 정신 속에서 물질적 신체와의 결합을 통해서만 발생할 수 있다고 주장함으로써 자신의 논지를 수정하는 듯 보인다. 감지가 신체 안에서 일어난다고 믿는 것은 합당하기는 하지만, 공통점이 전혀 없는 정신과 신체라는 두 가지의 이질적인 실체가 어떻게 긴밀하게 연결될 수 있는지에 대해서는 심각하고 극복할 수 없는 문제들이 여전히 남아 있다.

양립할 수 없는 것처럼 보이는 두 가지 인간관이 이 주제에 대한 데카르트의 양면성에서 등장한다. 엄격하게 말해서 방금 언급된 인용문(『성찰』, p. 192)에 앞서 제시된 논증에 따르면 인칭 대명사 "나"는 사용될 때면 오직 한 가지 실체, 즉 정신만을 가리킨다. 그러나 만일 그것이 오직 비연장적 실체라면 우리는 다른 마음을 식별할 수가 없다. 즉, 우리는 다른 신체만을 식별할 수 있을 뿐이다. 데카르트는 분명히 이 난제를 깨닫고 감각의 신뢰성에 관한 자신의 입장을 바꾸어, 감각이 그에게 가르쳐 주는 것으로 보이는 모든 것을 인정하지도 의심하지도 않는 입장을 취한다. 그는 신이 만들었다고 믿었던 자신의 신체가 존재할 수 있음을 부정하지 않기 위해 이 입장이 필요했다. 이 변경은 "인간"이라는 용어에 대해 두 가지 의미를 산출한다. 하나는 인간을 정신만으로 보는 것이고 다른 하나는 널리 받아들여지듯 인간을 정신과 신체의 조합으로 보는 것이다.

정신과 신체의 분리는 데카르트에 있어서 하나의 논리적 가능성인데, 그가 그것들은 "그렇게 뒤섞여…일체를…이루는"(『성찰』, p. 192)이라고 주장하지만 말이다. 데카르트는 자신의 본질은 사유라고 단호하게 말한다. 즉 다른 어떤 것도 오로지 사유하는 존재로만 구성되는 그의 본질에 속하지 않는다. 데카르트는 다른 성분인 신체를 단순히 기계로 간주하고 시계와 비교했다. 데카르트에 있어, 모든 것의 참됨을 결정하는 것은 정신만의 소관이지 정신과 신체의 소관이 아니다.

정신과 신체가 논리적으로 분리 가능한 본체들이며 각각이 독립적으로 존재할 수 있는 경우, 내가 지금 기거하는 신체를 내가 가지고 있다는 것은 우연의 사실일 뿐이다. 이 견해에 담긴 의미 중 하나가 말콤Malcolm에 의해 언급되었다. "데카르트가 몇 년 동안 나의 신체와 연합해 온 내가 신체에서 분리될 수 있고 탈체화된 상태로 살아남을 수 있다는 것만을 의미하지 않았다. 그는 나는 신체를 갖지 않고라도 존재할 수 있다는 것을 의미했다"(1971, p. 5). 생각하는 것(의심, 이해, 긍정, 부정, 의지, 상상, 감정을 포함하는)이 신체 안에 있거나 신체와 혼합된 정신이 아니라 정신 홀로의 본성임을 감안하면, 탈체화된 정신의 경험은 체화된 것과 매 한가지일 것이다. 정신은 사유라는 그 본질적 기능을 발휘하는데 신체는 필요하지 않다. 그리고 지식은 사유를 통해서만 획득될 수 있기에, 신체에 일어나는 모든 일은 어떤 식으로든 정신에 영향을 미칠 수 있지만 필히 지식으로 이어지는 것은 아니다.

데카르트의 인간관은 체육에 관한 두 가지 대립적인 견해, 즉 신체적인 것**의** 교육과 신체적인 것을 **통한** 교육을 고찰함을 통해 검토될 것이다.

데카르트식 인간과 신체적인 것의 교육

동작 기술motor skills의 습득을 포함하여 신체의 훈련과 발달을 강조하는 신체적인 것의 교육인 체육에는 사유가 전혀 요구되지 않다는, 즉 "정신적" 개입이 전혀 없다는 인상을 준다. 신체적인 것의 교육과 같은 것이 있을 수 있다는 바로 그 주장은 데카르트식 인간관에 근거하여 논의된다면 이해할 수 없다는 비난이 붙을 수 있다. 그의 논제에 따르면 교육될 수 있는 것은 오직 정신적인 것, 즉 사유의 성분뿐이다. 물질적 실체들은 본성상 생각할 수 있는 종류의 것이 아니며, 따라서 데카르트식 신체 즉 물질적 실체는 교육될 수 없다. 사실, 신체 근육은 피로의 감소와 건강의 증진을 위해 강화될 수 있으며, 또한 매우 복잡한 동작 기술과 같은 많은 작업을 보다 효율적으로 수행하도록 훈련될 수 있지만, 그 훈련은 진리가 전달되지 않기 때문에 교육으로 해석될 수 없다. 정신, 즉 사유하는 것은 교육될 수 있지만, 신체처럼 사유하지 않는 것은 교육될 수 없다.

그리 보면, 체육이라는 것은 교육으로 부를 수 없는 것이 되는데, 왜냐하면 교육되는 것이 교육될 수 없는 물질적 실체이기 때문이며, 또는 만약 누군가 그것을 교육이라고 주장한다면 그것은 그 용어에 대한 특수한 정의를 전제해야하기 때문이다. 교육이라는 용어에 대한 우리의 통상적 이해는 지식의 전달을 포함하며 그 이해를 데카르트식 신체에 적용하면 부적절한데, 왜냐하면 신체는 지식과 같은 것을 그 자체에 통합시킬 수 없는 실체이기 때문이다. 결국 신체적인 것의 교육이라는 체육 개념은 신체 지식bodily knowledge 개념 자체가 배제되며, 따라서 데카르트식 인간관과 완전히 양립할 수 없다.

데카르트식 인간과 신체적인 것을 통한 교육

신체적인 것**의** 교육인 체육 개념을 그것의 계승인 신체적인 것을 **통한** 교육인 체육으로 대체하는 것은 전자의 개념이 직면하는 문제들을 제거하는 것처럼 보인다. 후자의 견해는 체육이 개인의 사회적, 심리적, 신체적, 지성적 발달에 기여한다는 믿음을 담고 있다. 사실상 왕성한 신체활동에 참여함으로써 교육되는 것은 **정신**이다. 교육되는 것은 정신이라고 주장하는 것은 데카르트의 이론과 완전하게 양립하는 듯 보이지만, 이 주장도 매우 심각한 다수의 난점에 직면한다.

데카르트식 견해에 따르면, 정신의 본질적 특징은 사유 속에서 자신의 활동을 반성하는 능력이다. 그것은 또한 데카르트 연구 방법의 본질, 즉 "내적 관찰"로 기술되며, 이는 우리가 자기의 사유를 살펴봄으로써 우리가 아는 것을 알게 된다는 것을 나타낸다.

추가 지식은 제일 공리 또는 원리에서 개발되는데, 이 경우 데카르트는 감각 경험이나 외부 세계에서 수집한 정보에 의존하지 않고 탐색했다. "신체활동"이나 "정신활동"과 관련하여 외부 세계에서 기인하는 교육 형태의 사건은 불필요할 수 있는데, 그 이유는 정신은 외부 자극이 없이도 스스로를 성찰하여 그 자체로 완결될 수 있기 때문이다.

데카르트식 정신을 교육한다는 발상과 관련하여 또 다른 심각한 문제가 대두되는데, 이는 교육은 무엇보다도 교사와 학생이 참여하는 사회적 과정이라는 견해에서 비롯된다. 교육이 아무리 좁게 또는 넓게 정의되든지, 하나의 기본 요소가 있어야 한다. 즉, 적어도 "정신들의 만남"이 있어야 한다. 데카르트가 정신을 비연장의 실체로 정의한 것은 다른 정신을 식별할 방법이 없는 상황을 만든다. 다른 정신을 식별할 수 있는 능력이 없다면 보낸 메시지(전한 지식)가 접수됐는지의 여부를 알 수 없기에 의사소통이 문제가 된다. 소통이 없다면 지식의 전달도 접수도 불가하다.

그런 상태에서 정신은 교육될 수 없다. 신체적인 것을 **통한** 교육인 체육은 신체적인 것**의** 교육과 마찬가지로 형편없게 되는데, 그 이유는 그것 역시 데카르트식 인간관과 양립할 수 없기 때문이다.

데카르트식 인간과 체육

데카르트는 자신의 철학을 확립하면서, 자기의 존재 증명은 자기의 사고에 의존하지만 "나는 생각한다, 고로 나는 존재한다"(『방법서설』, p. 101), 자기의 몸이나 세계의 존재에는 의존하지 않는데, 그럼에도 불구하고 정신은 신체와 연결되어 있다고 결론짓는다. 영국의 현대 철학자 케니Kenny는 "나는 배의 키잡이처럼 나의 신체에 기거하는 것이 아니라 그것과 매우 긴밀하게 결합되어서, 나는 그것과 함께 일체를 이루는 것처럼 보인다"는 「여섯 번째 성찰」에 실린 유명한 구절을 언급하며 다음과 같이 말한다.

> 이러한 발언들은 영혼과 신체가 연결되어 있다는 사실과 그것들이 있는 그대로 연결되어야 하는 이유를 분명하게 한다; 그러나 그 발언들은 그들이 연결되는 방법을 설명하지 않는다. 데카르트의 원리에서 어떻게 비연장의 사유 실체가 연장의 비사유 실체의 운동을 일으킬 수 있는지, 그리고 어떻게 연장의 비사유 실체가 비연장의 사유 실체의 감지를 일으킬 수 있는지 이해하기 어렵다. 두 가지 실체의 속성은 상호작용이 불가능한 다른 범주에 속하는 것 같다(1968, pp. 222, 223).

만약 비연장적 사유의 실체인 정신이 연장적 비사유의 실체인 신체의 운동을 촉발할 수 없다면, 내가 아무리 움직임에 관해 생각해도 나는 움직일 수 없다. 의도적인 인간 행위는 인간 행동의 범주에서 배제되어야 할 것이다. 단지 안면경련과 몸서리만이 가능한 듯하다.

데카르트의 정신과 신체에 관한 정의에서 나타나는 또 다른 요인은 신체적 움직임, 즉 의도적 행위가 불가능해 보인다는 결론을 강화한다. 마음은 비연장적, 비물질의 사유하는 것으로 정의된다. 대조적으로 신체는 연장적, 비사유의 것으로 정의된다. 이 정의의 맥락에서, 우리는 사유하는 것인 정신은 신체에 명령할 수 있다는 설명을 쉽게 받아들일 수 있다. 하지만, 비사유의 것으로 정의되는 신체는 메시지를 해독하고 이해하는 능력, 즉 사유를 필요로 하는 과정을 가지고 있지 않기에 어떤 움직임도 일어나지 않을 것이다. 명령을 실행하는 것은 사유가 필요하기에 그 능력이 결여한 신체는 정신이 보낸 명령을 따를 수 없다.

이러한 조건 하에서 체육은 이해할 수 없는 것이 되는데, 왜냐하면 연장적 비사유 실체인 신체를 움직이게 하는 방법이 정신(비연장적 사유 실체)에 귀속되는 지시를 의미한다면, 신체(연장적 비사유 실체)적인 것**의** 교육도, 신체적인 것을 **통한** 교육도 있을 수 없기 때문이다.

데카르트식 인간과 교육

데카르트식 인간은 어떻게 배우는가? 이는 비사유의 연장적의 것(신체)과 비연장적 사유의 것(정신)이라는 분리된 두 가지 실체가 어떻게 상호작용하게 되는지에 관해 데카르트의 해명이 없다는 점에서 답하기 어려운 물음이다. 교육은 구술 지도, 읽기, 토론 또는 문제해결의 형태이든지 나름의 형태나 움직임 속에 신체를 포함하지만 이런 신체의 활동이 어떻게 "지식"으로 전환되는지는 설명할 수 없는데, 그 이유는 신체와 정신이 어떻게 상호작용하게 되는지를 알 수 없기 때문이다.

데카르트식 인간은 어떻게 지식을 표명하는가? 이 역시 답하기 어려운 물음이다. 지식을 표명하는 일은 구술이나 서술의 답변 또는 기술 실행이라는 형태의 신체 움직임이 필요하다. 그러나 위에서 설명했듯이 데카르트식 신체는 정신의 명령에 따라 행동할 수 없고, 따라서 그런 인간은 알더라도 그 지식을 표명하는 것은 불가하다.

이러한 맥락에서 체육은 마찬가지로 형편없게 된다. 지식(무언가를 하는 방법을 아는 것)의 표명으로서 기술 실행은 적어도 두 가지 이유로 실격될 것이다. 첫째, 기술 실행은 "신체적" 지식으로 여겨질 법하지만, 데카르트의 논리에 따르면 신체는 알 수 없다. 둘째, 기술 실행에 대한 평가 기준은 성공이지 참은 아니다. 행위가 참인지 검증될 수 없는 경우에는 지식에 관해 말할 게 없다.

데카르트 논리의 맥락에서 지식이 어떻게 전달되고 획득되는지, 지식이 어떻게 표명될 수 있는지를 파악하기 어렵다. 교육에 관한 모든 이론과 개념은 지식의 전달과 학습이 이루어졌는지(지식이 표명되었는지)를 확인하는 방법(들)을 포함하기에, 데카르트식 이원론과 교육은 양립할 수 없는 것으로 보인다.

우리의 유산

정신과 신체의 본질적 분리라는 데카르트의 견해는 지난 3세기 동안의 철학 전통에서 지배적이었다. 1950년대 중반부터 철학에서 변화가 일어났지만, 그 새로운 사상들은 체육에 스며들지 못했고 교육에도 그러했다. 이원론적 인간관은 모든 수준의 체육과 교육에서 많은 학자들과 직무전문가들이 묵인해온 견해다. 진지한 학술적 분석의 부족은 그 견해가 너무 오랫동안 지배하게 하여 체육에 해를 끼쳤다. 철학자들이 데카르트의 견해를 받아들이는 것, 체육교육자와 교육자가 그의 논리를 받아들이는 것이 그러하다. 왜냐하면 나의 분석이 보여주었듯이, 그러한 용인은 신체적인 것**의** 교육으로 여겨지든 신체적인 것을 **통한** 교육으로 여겨지든 교육적 노력인 체육을 배격하고 또한 우리가 이해하는 교육을 배격하기 때문이다.

새로운 노선의 입론

데카르트식 이원론은 300년 이상 서양에서 지배적 전통이었다.

체육교육자와 교육자는 이 인간관을 진지한 비판적 평가 없이 묵인해 왔다.

이 인간관의 용인은 교육 제도 안에서 체육이 타 교과들과 동등하게 인정받는데 해가 되었다.

체육에 대한 비판의 상당 부분 – 신체는 교육될 수 없고 정신 교육은 신체 교육 또는 신체적 향상보다 더 중요하다 – 은 묵인되어 온 이원론적 인간관에서 비롯된다.

그러한 비판이 제기될 때 체육교육자들은 그 속에 이원론적 인간관이 담겨있는지를 판단하기 위해 진술을 분석해야 한다. 분석을 통해 묵인된 믿음의 확인이 이루어지면 이제 반박이 가능하다. 이원론적 인간관을 용인하는 견해인 경우, 지금 장에서 제시된 이유로 체육도 교육도 불가하다.

References

Descartes, R. (1968). *Discourse on Method and Other Writings*. Translated with an introduction by F.E. Sutcliffe. Harmondsworth: Penguin Books (Original work published 1637.)

Descartes, R. (1951). *Meditations on First Philosophy*. Translated with an introduction by LJ. Lafleur. Indianapolis, IN: Bobbs-Merrill. (Original work published 1642.)

Haldane & Ross. (1967). *The Philosophical Works of Descartes*. Rendered into English by E.S. Haldane and G.R.T. Ross. London: Cambridge University Press.

Kenny, A. (1968). *Descartes: A Study of His Philosophy*. New York: Random House.

Malcolm, N. (1971). *Problems of Mind: Descartes to Wittgenstein*. Harper Torchbooks. New York: Harper & Row, Publishers.

Ross, S. (1986). Cartesian dualism and physical education: Epistemological incompatibility. In S. Kleinman (Ed.), *Mind and Body: East Meets West*, pp. 15-20. Champaign, IL: Human Kinetics Publishers, Inc.

08

오직 신체인 인간
PERSON AS BODY ONLY

 두 가지 인간관, 즉 하나는 정신만으로 그리고 다른 하나는 정신과 신체라는 두 개의 분리되고 독립적인 성분으로 구성된 실체라는 견해는 교육과 체육에 대한 통상적 견해와 양립할 수 없기 때문에 거부되었다. 이들 이론의 맥락에서 비물질적 사유의 실체로 정의되는 정신은 철학적으로 넘기 어려운 난제들을 초래하고, 실천적으로 교육과 체육에서 지식이 어떻게 표명될 수 있는지에 관한 해결 불가의 문제들을 야기한다. 그러한 생각 또는 그와 유사한 것을 지지하는 모든 시도는 같은 난관에 봉착한다. 이러한 문제를 피하는 하나의 길은 가장 큰 골치거리로 보이는 정신을 제외하는 인간관을 개발하는 것이다. 그러한 견해는 행동주의behaviorism에서 발견되는데, 이 이론은 인간을 오직 신체로, 단지 반사적으로 행동하는 생체organism로 본다.

 행동주의는 심리학의 여러 학파 중 하나로서 잘 알려지고 널리 퍼진 이론이다. 이것은 이론 및 임상 접근으로서 흔히 자극-반응(S-R) 심리학이라는 포괄적인 제목으로 분류된다. 행동주의는 많은 학자에 의해 개발되고 정립되었다. 가장 유명한 학자는 스키너B.F. Skinner일 것인데, 그는 하버드에서 재직 동안 대학 사회와 일반 대중 사이에서 폭넓은 독자층을 확보한 여러 책을 저술했다. 행동주의를 설명하고 해명하는 그의 저서들은 심리학의 임상 실천에 영향을 미쳤으며 그 분야를 리더십과 관리이론과 같은 다른 영역으로 확장시켰다. 교육과 체육 역시 이 학파와 관련이 있는 사상들의 영향을 받았다.

스키너는 저서 『자유와 존엄을 넘어Beyond Freedom and Dignity』(1971)와 『행동주의에 관하여About Behaviorism』(1974)에서 인간을 구성하는 것은 무엇이고 인간 연구에서 사용되어야 할 적절한 방법은 무엇인지를 설명한다. 그는 행동주의를 확립하면서 내적 본체, 정신 또는 그가 명명한 "호먼큘러스homonculus"를 배제하는 자신의 인간관에 대한 많은 진술을 제시한다. 이 내적 존재자, "호먼큘러스"를 제거하면 인간을 신체로만 보는 관념이 남는다. 이 인간관과 인간 연구를 위한 과학적 접근에 관한 스키너의 주장에는 논리적 결과들이 뒤따른다. 이들은 지식이 어떻게 획득되는지, 지식이 어떻게 표명되지, 그리고 교육과 체육은 어떻게 되는지와 관련하여 탐구될 요구된다. 이런 식으로 행동주의를 검토하고 드러난 인간관을 평가하는 것은 앞의 장에서 설정된 절차에 따른다.

행동주의 : 개관

스키너의 견해에 따르면, 지난 2,500년을 돌이켜 보면 인간 행동에 대한 이해는 진전이 거의 없었음이 드러난다. 정신적 생활과 그것이 이루어지는 세계가 만들어진 고대 그리스에서 알려진 것 이상의 발전은 이루어지지 않았다. 그 당시에는 지금과 마찬가지로 행동의 원인에 대해 "감정 및 내성적 관찰과 관련된 원인에 대한 잘못된 이해로 뒷받침되는 정신주의적 용어의 "내적" 설명이 이루어졌다"(Skinner, 1974, p. 165). 스키너는 우리의 행동이 우리가 의도적으로 내적으로 생성한 감정과 사유의 결과에서 기인한다고 믿는다면 우리는 착각하고 있다고 확신한다. 그런 인간관의 믿음은 인간 행동을 설명하기 위해 "내적" 원인을 찾아야 함을 의미한다.

인간에 대한 오류의 개념을 만들어 내는 이 잘못된 접근은 두 가지 심각한 결과를 낳는다. 첫째, 정신주의적mentalistic 설명은 정신 현상을 설명하지 못하며 실제 원인에 무관심하게 한다. 둘째, 더욱 심각하게, 가정된 "내적" 요인에 기인하는 정신주의적 해석은 과학적 탐구의 범위에서 벗어난다는 사실이다. 인간을 정신주의 용어로 설명하려는 우리의 시도에서 이룬 진보, 혹은 스키너가 말하듯이 이루어지지 못한 진보를 과학으로 쉽게 파악할 수 있는 엄청난 진보와 비교해 보면, 우리가 인간을 이해하고자 할 때 과학으로 눈을 돌려야 함은 분명히 드러난다.

행동은 과학의 방식으로 연구될 수 있다. 즉, 물리학과 생물학의 방략은 행동에 관한 과학에 적용될 수 있다. 전통적으로 주목을 받아 왔던 "내적" 원인은 환경, 즉 "종이 진화하고 개체의 행동이 형성, 유지되는 환경으로 대체된다"(Skinner, 1971, p. 13). 개인의 행동을 형성하고 유지하는 것은 환경이다. (이것이 어떻게 이루어지는지는 곧 설명될 것이다.) 이러한 환경은 쉽게 이용할 수 있고 모든 사람이 볼 수 있으며 과학적 탐구가 가능하다. 인간에 대한 과학적 연구는 도달 불가하고, 감지 불가능한 "내적" 원인에서 벗어나, 행동주의 이론에 따라 행동을 결정하는 환경에 초점을 맞춘다.

과학의 범위를 벗어나는 인간의 특징인 "내적 인간", "호먼큘러스"를 제거하면, 인간은 다른 모든 대상의 영역 안에, 말하자면 과학적으로 연구될 수 있는 세계 안의 다른 모든 것들과 동등하게 자리하게 된다. 인간은 더 이상 물질세계의 나머지 것들과 분리되어 있지 않다. 인간은 이제 과학적 탐구의 대상이라는 맥락 안에 놓이게 된다. 세계에 존재하는 다른 모든 대상들은 과학적 탐구와 설명이 가능하기에, 모든 것을 포괄하는 범주에서 인간을 제외할 타당한 이유는 없어 보인다.

신비로운 실체인 "정신"이 제거되면서, 과학이 인간에 대한 명백한 이해, 즉 비과학적 접근으로 인해 오랫동안 접할 수 없었던 이해를 제공하는 것을 막는 장벽은 없는 것처럼 보인다. "과학적 분석으로 등장하는 것은 내부에 인간이 있는 신체가 아니라, 복잡한 행동 목록을 표출한다는 의미에서 인간인 신체이다"(Skinner, 1971, p. 199). 인간인 신체는 그 행동을 밖으로 표출하며 이러한 행동은 환경적 요인의 맥락에서 과학적으로 연구, 분석, 설명될 수 있다.

행동에 대한 과학적 설명은 인간 종에 관한 분명한 기술에 기초한다. "그것은 생물학적 체계의 시작이자 결과이며, 행동주의적 입장은 그것 이상도 이하도 아니라는 것이다"(Skinner, 1974, p. 44). 이는 스키너의 이론에 깔려 있는 기본 가정이다. (이는 스키너가 비과학적 해석이 초래한 진보의 부족을 언급한 것 외에 충분한 논증을 전개한 후에 도달한 입장은 아니라는 점에 유의해야 한다. 그것은 그가 하는 주장이다.) 생물학적 체계로서 각 아동은 유전적 기질을 가진 인간 종의 일원으로 태어나며, "그는 자신을 개인으로 표출되게 하는 강화의 우발contingencies of reinforcement에 따라 행동 목록을 이내 습득하기 시작한다"(Skinner, 1971, p. 127). 사실상, 그의 일생 동안 동일한 과정이 이어진다. 즉, 그의 행동 목록은 그를 표출되게 하는 강화의 우발에 의해 결정되지만 그의 유전적 기질에 의해 제한된다. 행동이 어떻게 나타나는지는 조작적 조건화operant conditioning 과정을 통해 설명된다. 개별 유기체가 그의 전 역사를 통해 표출하는 행동은 강화의 우발에 의해 형성되고 유지된다.

강화의 우발

인간을 포함한 모든 생명체는 환경 속의 요인 및/또는 사건에 의해 자극을 받는다. 인간을 포함한 유기체는 자극으로 말미암아 특정한 방식으로 반응한다. 그 다음 이 행동은 자신의 행위로 인한 결과에 의해 강화될 수 있다. 행동은 강화에 의해 특정한 방식으로 수정, 통제될 수 있다. 예를 들어, 한 마리의 쥐는 밀대가 설치된 울타리 안에 놓인다. 쥐가 밀대를 누르면 장치에서 음식 알갱이가 나오고 쥐는 그것을 먹는다. 여러 번 반복한 후 쥐는 음식을 원할 때 밀대를 누르도록 조건화 된다. 장치에서 나오는 음식은 밀대를 누르는 행동을 강화한다.

조작적 조건화

조작적 조건화에서 초점은 행위의 결과에 의한 행동의 강화다. 동물이 동일한 자극에 반응할 때마다 동일한 반응이 나타날 경향을 높이기 위해 편성schedule을 쉽게 짤 수 있다. 강화를 제어함으로써 반응은 강화되거나 소멸될 수 있다. 정적 강화, 즉 밀대를 누르면 바로 음식이 나오는 것은 특정 행동이 반복되는 경향을 강화할 것이다. 부적 강화, 예를 들어 밀대 옆의 조명이 켜진 단추를 누르면 약한 전기 충격이 가해지는 것은 해당 행동의 소멸에 작용할 것이다. 주어진 자극에 대한 반응의 규칙성은 행동에 대한 과학적 연구를 가능하게 한다.

밀대를 누르는 행동을 강화하는 음식 알갱이와 조명이 켜진 단추를 접촉하면 발생하는 가벼운 전기충격과 같은 사례는 강화의 우발이 행동 목록을 결정한다는 이론을 설명하는

데 도움이 된다. 음식과 같은 정적 강화 인자는 특정 행동이 반복될 경향을 보장하며, 이 경우 밀대를 누르는 것이다. 가벼운 전기 충격과 같은 부적 강화 인자는 조명이 켜진 단추를 누르는 특정 행동이 소멸된 경향을 유지, 강화할 것이다. 어떤 행동이 표출될지, 어떤 행동이 소멸될지를 결정하는 것은 강화의 우발 이며, 전문적으로 말하면, 행동 목록을 결정하는 것은 강화의 우발이다.

인간 행동을 이해하기 위해서는 환경에 관심을 기울여야 하는데, 왜냐하면 스키너의 이론에 따르면 인간을 포함한 모든 유기체의 행동을 형성하고 유지하는 것은 환경이기 때문이다.

스키너식 인간

스키너의 저작에서 드러나는 것은 인간을 "주어진 일련의 우발에 적합한 행동의 목록"(Skinner, 1971, p. 199)으로 보는 관점이다. 개인의 유전적 기질과 환경적 우발의 역사를 알면 행동의 목록은 과학적으로 연구될 수 있고 정확하게 분석될 수 있다. 이 요인들은 알 수 있을 뿐 아니라 행동의 결정 인자이기도 하다. 스키너는 "우리가 환경의 영향에 대해 알면 알수록, 인간 행동의 어떤 일부라도 자율적으로 제어하는 주체에 귀속시킬 근거는 적어진다"(1971, p. 101)고 지적한다. 환경적 요인이 행동을 결정하지, "내적 인간"이 결정하지 않는다. 인간 유기체는 다른 모든 유기체와 마찬가지로 환경에 반응하고 자극에 반응한다. 즉, 그는 변화를 촉발하지도 않으며, 환경적 우발이 발생하기 전에 자기 행동에 대한 결정을 내리지도 않는다.

행동의 변화는 강화의 강도와 편성을 조작함에 의해 발생된다. 태도와 감정 같은 정신주의적 개념들은 관련이 없다. 즉, 행동은 강화의 조작에 의해 변화되는 것이다. 스키너는 "우리는 특정한 방식으로 행동을 강화한다. 우리는 인간에게 목적이나 의도를 부여하지 않는다. 우리가 변화시키는 것은 태도가 아니라 행동이다"(1971, p. 95)라고 말한다. 선호, 목적, 의도, 태도는 의식의 주체에 귀속시킬 수 있는 것들이지만, 그런 개념들은 과학적 탐구로 다루어질 수 없다. 유기체가 표출하는 행동은 과학적으로 탐구될 수 있으며, 그래서 "나는 좋아한다.", "나는 사랑한다.", "나는 화난다.", "나는 즐긴다."와 같은 모든 정신주의적 표현은 행동을 기술하는 용어로 변환시킬 필요가 있다.

스키너는 행동주의가 과학적 접근이라는 입장을 매우 분명하게 밝힌다. "행동에 관한 과학적 분석은 인간의 행동이 촉발하고 창조하는 주체인 인간 자신이 아니라 그의 유전적, 환경적 역사에 의해 제어된다는 것을 가정해야 한다고 나는 믿는다"(1974, p. 189). 인간 유기체는 반응한다. 의도적 행위라는 의미에서 행동하는 것이 아니다. 스키너는 이 점에 대해 매우 단호하다. "인간은 독창의 주체originating agent가 아니다. 그는 많은 유전적, 환경적 조건들이 결합의 효과로 함께 작용하는 자리locus"(1974, p. 168)이며, "과학적 입장에는 행동의 진정한 창작자나 촉발자로서의 자아가 설 자리가 없다"(1974, p. 225). 이 입장은 여러 가지 면에서 문제가 있다.

몇 가지 난점의 등장

창조성creativity은 행동주의로 설명할 수 없는 현상이다. 스키너는 창조적 행동이 S-R 심리학에서 풀 수 없는 문제라는 것을 인정하지만, 조작적 조건화는 그것을 돌연변이의 관점으로 설명한다(Skinner, 1974, p. 114). 의도적 주체가 없다면, 인간의 모든 창조적 행동은 순수한 우연에 의해서만 설명될 수 있다. 내가 보기에, 순수 우연도 부적절한 가설인데, 왜냐하면 "행운의 사건lucky event"과 함께 이 "새로운" 행동을 수용하는 환경이 있어야 하기 때문이다. 또한, 우리는 창조성에 대해 생각할 때 일반적으로 독창성originality과 의도를 떠올린다. 독창성은 행동이나 산물을 다른 유사 행동이나 산물과 구별하는 것이기 때문에 중요하다. 문제의 행동이나 산물이 뜻밖에 일어난 일의 결과, 즉 의도하지 않게 발생한 것으로 판단되면 우리는 그것을 요행이라 하고 "창조적"이라 하지 않는다.

행동주의는 또한 인간 삶의 또 다른 특징인 사고에 관해 심각한 난점이 있다. 스키너는 자신의 분석이 적절하지 않다는 것을 인정하지만, 주제의 복잡성을 지적하고 "정신적 또는 인지적 설명은 전혀 설명이 되지 않는다"(1974, pp. 102, 103)고 지적하는 것으로 다소의 위안을 삼는다. 스키너(1974, p. 103)는 사고를 결함 있는 자극 제어로 인한 것일 수 있는 "약하게 행동하기behaving weakly"로 서술한다. 사고는 은밀한 행동, 즉 타인이 탐지할 수 없을 정도로 작게 발생하는 행동이다. 스키너는, "인간 사고는 인간 행동이다…사고는 행동의 차원을 가지며, 행동에서 표현을 발견하는 상상의 내적 과정이 아니다"(1974, p. 117)고 주장한다. 만일 그렇다면, 사고가 탐지할 수 없을 정도로 작은 행동이라는 스키너의 정의는 사고를 과학의 도달 범위에서 제외시키는 것으로 보인다. 과학이 어떤 것을 연구하기 위해서는 그것은 관찰할 수 있거나 목적에 맞게 고안된 도구로 탐지할 수 있어야 한다. 사고가 탐지할 수 없는 행동이라면, 그리고 탐지할 수 없고 연구할 수 없다면, 인간 삶의 중요한 특징인 사고는 행동에 관한 과학의 범위를 벗어난다는 결론을 내리는 것이 합당하다.

불충분한 과학

스키너는 지난 2,500년 동안 과학이 이룬 엄청난 진보와 정신주의적 용어로 인간을 설명하려는 시도의 정체를 대비시켰다. 과학이 발전함에 따라 많은 영역에서 새로운 지식을 활용할 수 있게 되었다. 과학이 계속 발전하기 위해서는 새로운 실험의 결과인 새로운 지식이 기존의 것에 더해져야 한다. 스키너가 우리의 인간 이해를 발전시키는데 필요하다고 주장하는 인간 행동의 과학은 다른 모든 과학과 같은 방식으로 작동해야 한다. 행동주의 이론은 그것이 생명물리 학문에 속하든 인간행동 학문에 속하든 근본적으로 과학적 진보라는 개념 자체가 문제다.

과학자들은 과학 지식을 발전시키기 위해 실험을 한다. 행동주의 이론에 따르면 어떤 실험이 성공적일 때 강화는 과학자들이 똑같은 실험을 하도록 촉진할 것인데, 그러나 정반대의 경우가 많다. 과학자는 어떤 실험이 성공적으로 실행되면 새로운 실험으로 나아간다. 수행된 각각의 새로운 실험은 조작적 조건화의 기본 원리에 첨예하게 대립한다.

과학적 방법은 외현의 행동을 관찰하고 기록하는데 적합하다. 하지만 인간 내면에는 사고와 감정처럼 과학이 객관적으로 관찰하거나 측정할 수 없는 현상이 많이 있다. 오직 외현의 행동만이 연구되며, 스키너의 이론에 따르면, 행동은 대부분 환경적 사건에 의해 결정된다. 행동에 대한 책임은 인간에 있지 않고 행동을 일으키는 환경 변수에 있다. 자연과학의 방법, 절차, 지향을 유지하기 위해서는 스키너가 그랬던 것처럼 의도는 배제해야 한다. 의도와 함께 의도적이고 목표 지향적이며 열망하는 존재인 인간 주체 역시 배제해야 하는데, 왜냐하면 자연과학은 동일한 상황 하에서 어떤 때는 행동하기를, 다른 때에는 행동하지 않기를 결정하는 의도적 주체를 허용할 수 없기 때문이다. 그런 행동은 과학이 기초하는 전제들에 부합하지 않는다. 과학적 접근은 같은 환경 요인이 제공될 때마다 같은 방식으로 행동하는 유기체만을 허용할 수 있다.

슈와츠와 라시(Schwartz와 Lacey, 1982, 5장)는 동물의 자연 환경에는 행동주의 이론으로 포용할 수 없는 원리가 작동할 수 있음을 보여주기 위해 실증적 증거를 제시한다. 이러한 발견은 자연적 외연natural extension인 인간 동물의 행동을 포함하여 모든 동물의 행동을 설명하려는 행동주의 이론의 적합성에 대한 심각한 물음을 제기한다. 슈와츠와 라시(1982, pp. 230 ff)는 인간에 대해 수행된 많은 연구 결과를 인용하여 행동주의 이론의 원칙들 다수는 실험실 환경에서 작동할 수 있지만, 교실이나 공장과 같은 자연적인 사회적 상황에서는 작동하지 않음을 보여준다. 행동주의 이론의 예측력과 설명력은 불충분하다.

부적절한 설명

행동주의 이론은 인간이 하는 것을 충분하고 적절하게 설명하지 못한다. 조작적 조건화는 **일부** 행동을 설명할 수 있을 것이지만, 그 이론의 토대에 의문을 제기하는 반대 사례들이 너무 많다. 잘 정의되지 않고 수시로 변하는 행동은 행동주의 이론으로 설명할 수 없으며, 상업적 또는 교육적 노력의 성공에 필수적인 개념인 계획 수립이 요구되는 복잡한 행동도 설명할 수 없다. 행동주의 이론에 따르면 행동은 전적으로 환경에 의해 결정되는데, 이는 스키너가 완강하게 주장하는 특징이다. 즉, 나는 발언권이 없고 단지 과거 우발의 역사에 따라 자극에 반응할 뿐이다. 계획 수립은 계획자가 미래를 어느 정도 통제한다는 것을 함의한다. 환경적 조건이 정리, 조직될 뿐 아니라 나 자신의 의도적 행위의 일부도 미리 결정된다. 그러나 이것은 행동주의 이론에서는 있을 수 없는데, 왜냐하면 유기체인 나는 단지 나의 행동을 제어하는 환경에 반응할 뿐이라고 말하기 때문이다. 나는 오직 반응하는 유기체로서 계획하는 능력이 없다.

만일 과학적 접근이 사용된다면 이 견해에서 벗어날 수 없다. 어떤 유기체도 정해진 양식의 규칙을 변화시킬 수 없다. 그러나 변화와 이탈은 독창성이 적용되는 계획 수립의 개념에 담긴 의미와 맞닿으며, 이는 새로운 창작을 의미한다. 행동주의 이론에 대립하는 인간 존재의 이러한 특징은, 실험의 성공적 완결이 이미 수행된 실험의 반복이 아니라 새로운 실험의 개발로 이어지는 과학에서 쉽게 발견할 수 있다.

과학자는 계획 수립과 연관된 목표 지향의 인간이다. 그는 단지 그에게 영향을 주는 환경적 요인들에 반응하는 유기체가 아니다. 이 서술은 물론 뒤따르는 의도적인 인간, 목표 지향의 인간이라는 과학자에 관한 서술은 행동주의 이론에서 허용될 수 없다. 그는 먼저 자신의 목표, 즉 자신이 알고자 하는 것을 결정한 다음, 목표 달성의 수단, 즉 수행할 실험의 종류를 선택한다는 점에서 의도적인 인간이다. 이 과정이 없다면 어떻게 과학이 수행될지 상상하기 어렵다. 그러나 스키너는 우리의 모든 행동은 환경에 의해 통제되며, 과학자를 포함한 모든 인간은 단지 자극에 반응할 뿐이라고 주장한다. 자극에만 반응하고 실험을 설계할 수 없는 과학자는 과학을 할 수 없으며, 따라서 스키너가 인간 행동을 이해하는 수단으로 지목한 그 과학적 활동은 있을 수 없을 것이다.

행동주의 이론이 설명할 수 없는 인간 행동

행동주의 이론은 과학자의 행동을 설명할 수 없으며, 논리적으로 확장하면 목표 추구의, 의도적인 인간의 행동을 설명할 수 없다. 그러한 행동을 이해하기 위해 다른 접근을 사용할 수 있는데, "목표", "의도", "이유", "계획"과 같은 개념이 요컨대 목표 지향적인 설명이 과학자들이 새로운 실험을 수행하는 것과 같은 경우를 설명하는데 유용하다. 이러한 용어로 제시된 해설은, "목표"라는 개념을 구성하는 "계산", "예측", "계획"처럼 익숙한 개념들을 명시적으로 참조하는 것으로, 완벽하게 이해가 가능하다. 단순한 외삽법 extrapolation이 아니라도, 이전의 경험에 기초하여 목표는 개인에 의해 결정되며 그 다음에 목표 달성을 위한 수단이 고안된다. 이는 새로운 행동으로, 잘 이해되지만 행동주의 이론으로는 완전하게 이해하기 힘든 것인데, 왜냐하면 인간을 단지 반응하는 생물학적 유기체가 아니라 의도적 존재로 가정하기 때문이다. 이 대안적 해설이 함축하는 바는 인간 종의 모습을 한 신체가 아니라 자아로서의 인간이다.

행동주의는 과학적 이론으로서 우리 행동의 많은 부분을 해명하거나 설명할 수 없기 때문에 매우 부적절하거나 실패작이다. 조작적 조건화가 인간에게 작용되는 경우가 있음은 쉽게 인정할 수 있지만, 그렇다고 해서 행동주의 이론을 모든 행동에 대한 타당성 해명으로 인정해서는 안 된다. 예를 들어, 새로운 실험을 수행하는 과학자의 외현적 행동을 설명할 수 없으며, 생각하는 행동도 설명할 수 없다. 행동주의 이론은 이러한 명백히 원칙에서 벗어나는 것들을 설명할 수 있고 사고를 과학적 탐구의 범위 안에 포함시킬 수 있을 때까지, 스스로의 명령으로 설정하는 것, 즉 인간 행동을 설명할 수 없다.

행동주의 이론은 인간을 환경에 의해 행동이 결정되고 제어되는 행동을 하는 유기체에 불과한 것으로 묘사함으로써 인간에 대한 개념을 잘못 표현한다. 인간은 다양한 수준에서 자기의 미래에 대해 희망하고 열망하고 계획하는 미래-지향적, 목표-의도적 존재이다. 이런 해명들은, "정신주의적" 관점으로조차도, 쉽게 이해되고 수용된다. 또한 환경적 요인의 측면으로만 제시된 해명보다 더 그럴듯해 보인다. 우리가 자기의 목표를 결정하고 그것을 달성하기 위한 수단을 선택하는 것은 쉽게 이해될 수 있지만, 이는 인간이 의도적 존재라는 것을 함의하기에 행동주의 이론에서는 성립할 수 없다. 인간을 단지 행동하는 유기체, 즉 오로지 환경에 의해서만 행동이 결정되는 유기체로 보는 것은 왜곡된 견해를 갖는 것이다.

윤리적 함의

행동주의 이론은 계획 수립과 같이 널리 수용되는 개념을 설명할 수 없을 뿐 아니라, 계획자에 의한 미래의 통제를 함축하는 그런 개념을 수용할 수도 없다. 행동주의 이론은 외부 환경이 행동을 결정한다고 주장하기 때문에 계획자에 의한 통제와 충돌한다. 그 견해에 따르면 인간인 나는 내 행동의 결정에 발언권이 전혀 없으며, 그리고 만일 그것이 타당한 해석이라면 그에 따라서 나는 내 행동에 대해 책임이 전혀 없다. 나는 내 행동을 결정하지 않았다. 그 행동은 환경에 의해 결정되고, 그러므로 환경에 책임을 묻는 것이 논리적으로 보인다. 우리의 모든 법체계는 이러한 견해에 대립한다. 즉, 우리는 우리 행동에 책임이 있다. 어떤 행동이 책임을 질 수 없는 개인에 의해 이루어졌다는 것이 입증되는 경우, 예를 들어 내 차가 뒤차의 추돌에 의해 앞차를 충돌한 경우는 면책된다. 이러한 예외를 논외로 하고, 우리 각자가 자기 행위에 대해 책임을 묻는 우리의 법체계는 암묵적으로 행동주의 이론을 전면으로 거부한다.

나의 행동에 대한 책임을 내가 아닌 환경에 지우는 논리에 따르면, 나는 부정적 행동에 대해 책임을 질 수 없으며 나의 행동이 칭찬받을 만한 때 그 공로를 취할 수도 없다.

스키너식 인간과 교육

스키너식 인간은 어떻게 배울까? 스키너는 주장한다. "교육의 핵심은 행동주의 용어로 말해질 수 있다. 교사는 학생이 나중에 다른 우발들 하에서 유용할 행동을 습득할 수 있는 우발들을 마련한다"(1974, p. 184). 스키너가 말하듯이, "교수-학습" 과정은 행동이 습득되는 다른 과정이나 환경과 결코 다르지 않으며, 그렇듯 학생이 겪는 과정은 교육보다는 조작적 조건화로 말하는 것이 보다 정확하다. 교사가 우발들을 마련하며 학생은 그것들을 접하고 반응한다. 그런 다음 그 행동은 학생의 행동에서 비롯된 결과에 의해 강화되며, 그런 식으로 특정 행동, 즉 유용할 것으로 여겨지는 행동은 재발 경향을 보장하는 방식으로 강화된다.

이러한 사건들의 연쇄가 발생하기 위해서는 어떤 형태로든 우발들이 질서 있게 마련되어야 한다. 나는 이것이 스키너가 "교사가 우발들을 마련한다"고 말하는 때 의미한 바라고 생각한다. 그러나 우발을 마련하는 것은 의도적 존재에 의한 계획 수립을 전제로 하며 그것은 스키너의 이론에서 허용될 수 없다. 앞에서 논한 바와 같이 계획 수립은 행동주의와 조화를 이룰 수 없는 개념이다. 그러나 모든 교육은 계획 수립이 필요하다. 모든 교육적 노력의 토대인 교육과정의 개념은 계획 수립을 빼고는 이해할 수 없으며, 계획 수립이 교육과정의 전제 조건이라면 행동주의 하에서는 교육과정이 성립할 수 없다. 그리고 교육과정이 없다면 교육이 무엇을 의미하는지 이해하기 어렵다.

잠시 이런 난점들을 무시하고, 대신에 제기된 물음에 답을 구하기 위해 학습자에게 주의를 기울인다고 가정해 보자. 학생은 배우는가? 스키너에 따르면, 학생이 하는 일은 조작적 조건화의 과정을 통해 행동 목록을 획득하는 것이다. 지식은 학생에게 전달되지 않는다. 그는 어떻게 행동할지에 대해 조건화된다(Skinner, 1974, p. 121). 교사는 우발들의 마련을 통해 학생이 행동을 습득하게 하는데, 그 행동은 일단 "올바르면" 미래에 반복되는 경향을 보장하도록 강화된다. 교육의 필수 요소인 이해의 발달이라는 중요한 논제를 잠시 접어두면, 조작적 조건화는 학생의 행동 목록을 늘리는데 사용되는 유일한 방법이다. 조작적 조건화는 교육에서 사용되는 많은 방법 중 하나일 수 있지만(3장 참조), 교육이 그것만의 과정이라는 견해를 수용하는 것은 잘못이다. 그런 견해를 수용하는 것은 부분을 전체로 착각하는 것이다.

조작적 조건화는 성공하면 동일 반응이 반복되게 하고, 유기체가 동일한 우발에 직면할 때마다 동일 반응이 일어나게 할 것이다. 이러한 과정은 반응의 동일성을 보장하는데 작용하며, 동시에 대체의 새로운 반응은 정적으로 강화하지 않기 때문에 창조성을 적극 억제하는데 작용한다. 다른 반응이 있을 수 없게 하는 반응 및 과정의 동일성은 현상을 유지하고 진전을 억제한다. 그러한 조건에서 지식의 진보는 배제된다. 교육은 영구히 정태적일 것이다.

원칙에서 벗어나는 것이 등장한다. 교육은 모든 교과 영역에서 수렴적 사고와 발산적 사고를 촉진한다는 것이 통념이다. 모든 교과 영역에서, 아마도 특히 수학과 과학에서, 발산적 사고는 어린 학생들의 기초 숙달을 위해 초급 수준에서 장려된다. 정답에 별점을 주는 것은 조작적 조건화라는 제목에 걸맞은 오랜 관행이다. 그러나 학생들의 이해력이 향상됨에 따라 교사는 학습자의 문제 해결 능력을 촉진하기 위해 발산적 사고를 장려한다. 교육의 이러한 측면은 행동주의 기본 원칙에 정면으로 대립한다.

일부 교과 영역, 몇 가지 예로서 언어, 움직임교육, 예술, 음악에서는 창조성을 장려하는 수단으로 발산적 사고가 적극적으로 장려된다. 언어 교과에서는 가장 어린 학생들에게 조차도 자기의 이야기와 시를 쓰도록 장려한다. 조작적 조건화가 이런 교과 영역에서 활용된다면 모든 이야기, 작문, 시, 음악 표현 및 신체 움직임은 이전의 것과 동일하게 될 것인데, 왜냐하면 그것이 "성공적"이라고 여겨지면 재발을 보장하게 정적으로 강화되었을 것이기 때문이다.

조작적 조건화는 성공적일 때 동일한 우발에 대한 반응에서 동일한 행동이 재발되게 한다. 이러한 맥락에서, 유일한 관심사는 정확한 반응을 이끌어내는 것이며, 따라서 관련 원리의 가르침과 과정에 대한 청해聽解, 한마디로 이해는 제공할 필요가 없다. 강조되는 것은 적절한 행동이 고정될 때까지의 반복이다. 단순히 기계적인 방식으로 반응하는 것은 행동 목록의 범위를 넓힐 수 있는데, 그러나 과거 반응을 암기 반복하거나 단지 복제하는 것은 교육받은 사람의 징표로 여겨지지 않을 것이다.

스키너식 교육 환경에서는 오직 하나의 "교수-학습" 과정, 즉 조작적 조건화가 있을 뿐이다. 나는 사실이라고 믿는 바, 스키너가 인간을 비의도적 반응의 유기체로 정의한 것에 근거하여 조작적 조건화만 실시된다면, 원리의 이해와 새로운 지식의 발견은 교육 목표에 포함될 수 없는 것처럼 보인다.

스키너식 인간은 교육되지 않는다. 스키너식 인간은 조건화된다.

스키너식 인간이 표명하는 지식

스키너식의 인간, 즉 비의도적 반응의 유기체는 어떻게 지식을 표명하는가? 일견 이는 대답하기 매우 간단한 문제인데, 거의 모든 신체 움직임(안면경련과 몸서리는 제외)은 지식의 표출라고 할 수 있기 때문이다. 그러나 더 심오한 수준에서, 대답은 더 어렵다. 스키너는 의도를 배제하며 모든 행동은 통제가 이루어지는 환경에 대한 반응이라고 주장한다. 재발을 보장할 만큼 자주 강화되는 행동은 사고가 필요하지 않다. 그것은 단지 자극에 대한 반응일 뿐이다. 사유가 전혀 포함되지 않는 경우, 행동이 단순히 이전 행동의 기계적 반복인 경우는 지성에서 기인한다고 할 수 없다. 이것은 스키너식 인간이 자기 행동에서 "지식"을 표출할 수 있는 원칙 이탈의 상황을 만들어내지만, 스키너의 인간 정의는 우리가 그런 행동을 지성으로 인정하는 것을 제약한다.

스키너식 인간과 체육

스키너는 "과학적 분석에서 드러나는 실상은 내부에 인간이 있는 신체가 아니라, 복잡한 행동 목록을 보여준다는 의미에서의 인간인 신체이다"(1971, p. 99)라고 말한다. 인간에 관한 이러한 기술은 언뜻 보기에는 신체적인 것**의** 교육이라는 체육 개념과 완벽하게 양립하는 것처럼 보인다. 만일 인간에게 신체적인 것the physical이 전부라면, 신체적인 것**의** 교육인 체육은 실행 가능한 기획일 뿐 아니라 유일한 교육적 기획임에 틀림없다. 이 명제가 매력적임에도 불구하고 신체적인 것**의** 교육이라는 체육 개념은 납득할 수 없는데, 왜냐하면 스키너의 이론에 따르면 인간은 주어진 자극에 반응하도록 조건화 되는데, 그것은 교육받은 존재와 매우 다르기 때문이다. 현재 체육으로 불리는 것은 신체적 조건화로 이름을 바꿔야 할 것인데, 그러나 그렇게 하는 모험은 교육적인 것에 대한 모든 주장을 포기하게 될 것이다.

신체적인 것을 **통한** 교육이라는 체육은, 혹여 가능하더라도, 더욱 퇴락할 것이다. "신체적인 것을 **통한** 교육"이라는 문구에 함축된 것은 대근 및 소근 동작 활동 중에 신체의 움직임을 통해 정신이 교육될 수 있다는 생각이다. 그러나 스키너의 이론에서는 교육받는 "정신"이 없기에, 그렇듯 행동주의 견해가 견지된다면 신체적인 것을 **통한** 교육이라는 체육 개념은 납득할 수 없게 된다.

거부된 오직 신체인 인간

행동주의 이론은 창의와 사고 같은 인간 존재의 공통적 특징을 설명할 수도 해명할 수도 없다. 과학으로서 행동주의는 우리의 지식과 이해를 발전시키기 위해 새로운 실험을 수행하는 과학자의 행동을 포함하여 의도적 인간 행동을 설명할 수 없다. 또한 체육을 포함한 모든 교과 영역에서 교육과정을 개발하는 데 필요한 활동인 계획 수립이라는 일반적으로 받아들여지는 생각에 부합할 수 없다. 이 이론에서 인간 종의 구성원들은 교육받는 것이 아니라 조건화된다. 행동주의는 부정확하고 오도된 인간관을 제공한다. 추가의 이유들을 들 수 있지만, 방금 열거된 이유는 인간에 관한 이 이론을 거부할 근거로 충분하다.

모든 심리적 속성을 가진 인간이 단지 반응하는 신체 유기체, 생물적 체계에 불과하다는 주장은 행동주의자, 물리주의자physicalist, 중추상태 유물론자central state materialist, 마음-신경 일치mind-brain identity 이론 모두에 공통적인 특징으로 보인다. 이 인간관은 이러한 이론 집단을 다른 인간관, 특히 이원론적 인간관과 구별된다. 이 집단 내의 각 개념들 간에는 색다름과 미묘한 차이가 있지만, 모든 행동주의/유물론materialist의 해설에는 "경험의 주체"가 부재하다. 스키너의 이론에 대한 논의에서 보았듯이, 경험 주체의 부재는 우리에게 적어도 인간에 관한 왜곡되고 불완전한 묘사를 제공한다. 스키너의 인간관을 인정할 수 없게 하는 다수의 동일한 비판들은 또한 행동주의와 유사한 위에 열거한 이론들의 인간관을 인정할 수 없게 한다.

새로운 노선의 입론

조건화는 체육에서 체력 향상과 기술 확립을 위해 사용되는 개념과 접근의 설정에서 접하는 단어이자 때때로 사용되는 과정이다. 그러나 이러한 목표를 달성하는데 다른 방법들이 성공적으로 사용된다. 조건화를 체육에서 사용되는 유일한 방법으로 인정하는 것은 부분을 전체로 오해하는 것이다.

스키너식 인간은 학습할 수 없는데, 만일 학습이라는 용어가 원리의 이해를 포함한다면 그러하다. 그런 인간은 조작적 조건화의 과정을 통해 행동 목록을 획득한다. 이렇듯 스키너식 인간은 교육받는 것이 아니라 조건화된다.

조작적 조긴화의 결과로 표명되는 행동은 시식을 표출할 수 있지만, 그것은 기계적, 반사적 반응이기에 지성은 그러한 행동에서 기인할 수 없다.

행동주의는 우리 행동의 많은 부분을 설명할 수 없다.

인간 이론인 행동주의는 설명하고자 하는 바로 그 개념을 잘못 표현하고 있다.

행동주의 인간관을 받아들이는 것은 교육과 체육 모두를 납득할 수 없게 만들기 때문에, 유신론의 인간관은 거부된다.

그러나 종종 이 인간관은 체육교육자와 교육자에 의해 암묵적으로 그리고 진지한 비판적 평가 없이 받아들여진다.

때때로, 체육에 관한 비판 – 우리가 하는 모든 것은 신체를 조건화하는 것이다 – 은 행동주의 인간관에 뿌리를 두고 있다.

그러한 비판이 제기되면 체육교육자는 진술을 분석하여 행동주의 인간관이 담겨 있는지 판단해야 한다. 분석이 암묵적으로 유지되는 믿음을 확증하는 경우, 반박이 가능하다. 즉, 유신론의 인간관이 수용된다면, 지금 장에서 제시된 이유로 체육도 교육도 가능할 수 없다.

References

Descartes, R. (1968). *Discourse on Method and Other Writings*. Translated with an introduction by F.E. Sutcliffe. Harmondsworth: Penguin Books (Original work published 1637.)

Descartes, R. (1951). *Meditations on First Philosophy*. Translated with an introduction by LJ. Lafleur. Indianapolis, IN: Bobbs-Merrill. (Original work published 1642.)

Haldane & Ross. (1967). *The Philosophical Works of Descartes*. Rendered into English by E.S. Haldane and G.R.T. Ross. London: Cambridge University Press.

Kenny, A. (1968). *Descartes: A Study of His Philosophy*. New York: Random House.

Malcolm, N. (1971). *Problems of Mind: Descartes to Wittgenstein*. Harper Torchbooks. New York: Harper & Row, Publishers.

Ross, S. (1986). Cartesian dualism and physical education: Epistemological incompatibility. In S. Kleinman (Ed.), *Mind and Body: East Meets West,* pp. 15-20. Champaign, IL: Human Kinetics Publishers, Inc.

09 통합된 존재인 인간

PERSONS AS INTERGRATED BEINGS

세 가지의 인간[1]관, 즉 유심론, 심신이원론, 유신론은 두 가지의 주된 이유로 성공할 수 없는 이론이기에 거부되었다. 각 개념은 인간에 대한 부정확한 묘사를 제공하며, 교육과 체육에 대한 우리의 일반적 견해와 양립할 수 없다. 그 밖의 난점들도 뚜렷하다.

데카르트식 이원론은 의도적 행위에 대한 만족스러운 해명을 제공할 수 없다. 실제로 그런 인간이 어떻게 움직일 수 있는지 이해하기 어렵다. 긍정적인 측면에서, 데카르트식 인간은 정신을 가지고 있고, 따라서 인간 경험의 주체는 정신이기에, 그 이론은 인간 주

---

[1] [역주] 지금의 장은 스트로슨Strawson의 인간관을 다룬다. 그는 인간(사람)의 통합성, 개별성, 현실성을 강조하기 위해 human(being)보다는 person이라는 단어를 사용하는 점에 고려하면, person은 '개인' 또는 '인격'으로 번역하는 것이 보다 합당할 수 있다. 그럼에도 불구하고, 원저에서 "세 가지의 인간관three conceptions of a person", "데카르트식 인간Cartesian person" 등이 등장하는 바와 같이 저자는 person을 앞의 장들에서 사용한 human(being)과 거의 같은 의미로 사용하는 점, 그리고 지금의 장을 앞의 장들과 연결하여 이해해야 하는 독자의 의식 흐름을 감안하여, person을 '인간'으로 번역한다. 다만, 문맥 상 불가피한 경우에는 '개인'으로 번역한다.

관성subjectivity을 해명할 수 있게 한다. 그러나 정신, 즉 비물질의 사유하는 것에 대한 데카르트의 정의로 인해 우리는 타 정신을 식별할 방법이 없다. 게다가, 논리적으로 어떤 정신도 언제든지 어떤 신체에 자리를 차지하는 것이 가능하다. 경험의 주체는 정신이지 정신과 신체가 아니기에, 논리적으로 우리는 경험의 주체인 한 인간을 타인과 식별할 방법이 없다.

행동주의는 주체 개념을 부정한다. 즉 경험의 주체로 존재하는 정신은 없다. 그러나 그렇게 함으로써 인간은 반응하는 생물학적 유기체로 전락한다. 그런 인간은 행동을 개시할 수 없기에 혁신과 창조를 할 수 없다. 그런 인간은 조건화된다. 그들은 교육받지 못한다. 인간이 조건화 되지만 교육받지 않는다면, 그들이 표출하는 행동은 지식의 표명일 수 있음에도, 그것은 기계적 작용의 반응일 뿐이기에 지성은 그런 행동에 귀속될 수 없다.

네 번째 인간관이 있는데, 이는 그간의 복잡한 논제를 다루는데 있어 매우 다른 방식을 취하는 일원론이며, 데카르트 이원론과 행동주의에서 나타나는 난점을 피하려는 접근이다. 이러한 이론은 스트로슨(P.F. Strawson(1959))이 저서 『개별자들: 기술적 형이상학에 대한 논고*Individuals: An Essay in Descriptive Metaphysics*』의 제3장 "인간Persons"에서 제시한 것이다. 그 장을 충실하게 검토하고 설명할 것이다. 이 고찰은 스트로슨이 다른 견해들을 어떻게 다루는지, 그리고 통합된 존재라는 그의 인간관, 즉 정신과 신체 각각은 인정되지만 분리되고 고립될 수 있는 존재자가 아니라는 것을 이해시키기 위함이다.

서양 문화에서 인간 존재에 대한 일원론은 정식화하기가 가장 어려웠다. 이것은 인간에 관한 기본 가정이 일원론적인 동양과 대조적이다. 스트로슨의 이론은 세심하고 논리적으로 발전되었지만 세부에 있어서는 매우 전문적이고 추상적이다. 문제를 명료하게 하기 위해 설명이 제공될 것이고 전문 용어는 보다 쉽게 이해될 수 있는 언어로 변환될 것이다. 설명에 이어서 이 관점의 인간이 어떻게 지식을 획득하고 표명하는지에 대한 탐구에 집중할 것이다. 또한, 신체적인 것**의** 교육과 신체적인 것을 **통한** 교육이라는 두 가지 체육 개념은 이 인간관의 맥락에서 어떻게 성립할 수 있는지를 고찰할 것이다.

개관

스트로슨의 이론에 대한 이해를 돕기 위해 10가지 요점을 짧게 살펴본다.

1. 스트로슨은 자기의 인간관을 데카르트의 이원론, 물질주의/행동주의와 구별하는데, 그는 이를 "소유권 부재no-ownership" 이론으로 명명한다. 그 이론들에는 경험(들)을 "소유"할 경험 주체가 없기 때문에 그 명명은 잘 들어맞는다.

2. 스트로슨의 인간관은 의식, 인간 주관성을 포함한다. 정신은 이 이론의 필수 부분으로서 스트로슨의 인간관을 스키너의 견해와 구별하게 한다. 물론 스트로슨식 인간은 정신을 가지고 있지만, 사물의 체계scheme에서 그 위치는 데카르트의 이론에서 발견되는 것과 다르다.

3. 그가 이 이론을 발전시키는 데 사용하는 절차는 우리가 우리와 관련된 문제에 대해 일상적으로 생각하는 방식에 기초한다. 좀 더 상세히 말하면, 우리는 인간과 관련하여 일상적으로 행동·의지·의도·감정과 같은 것들을 우리 자신에게 귀속시키며, 또한 신장·체중·외모·피부색·자리location와 같은 것을 우리 자신에게 귀속시킨다.

4. 스트로슨의 이론에는 두 가지의 귀속 범주가 있다. 의식의 상태(행동, 의지, 의도, 감정)와 관련된 범주로 P-술어predicates라는 표제 하에 놓이고, 우리의 신체적 상태(신장, 체중, 외모, 피부색, 자리, 즉 우리의 육체적 특징)와 관련되는 범주로 M-술어라는 표제에 들어맞는다. 이러한 귀속이 인간 존재에게 적용되는 방식은 매우 독특한 것으로 이 이론의 중요하고 돋보이는 점이다.

5. 스트로슨은 인간 개념이 근원적 개념이라고 주장한다. 근원적 개념은 나누어질 수 없는 개념이다. 이 개념은 스트로슨이 자신의 인간관을 데카르트식 이원론과 구별하게 한다.

6. 그 다음에, 어렵고 복잡한 논제로서, 의식을 어떻게 해명할 것인지, 개인적 경험과 경험의 연속성을 어떻게 해명할 것인지가 다루어진다.

7. 그리고 똑같이 어려운 과제, 즉 나와 타인을 어떻게 구별할 것인지에 주목한다. 이는 다음 논제를 다루기 위한 토대를 마련하는 필수의 예비 단계이다.

8. 단순히 나와 다른 인간 존재를 구별하는 것만으로는 충분하지 않다. 스트로슨은 타인의 의식 상태라는 견해를 수용하는 논제로 나아간다. 이 견해는 데카르트식 이원

론에서는 해결할 수 없는 문제인데(103면 참조), 행동주의에는 이론에 내포된 "소유권 부재" 때문에 존재하지 않는 문제이다.

9. 스트로슨은 (7)과 (8)에서 제기된 논제들을 다루면서, 우리가 인간 존재들 사이에서 의사소통을 어떻게 해석하는지를 설명하고, 우리의 실존은 공유된 이해에 의존한다고 지적한다.
10. 의도적 행위는 이 인간관을 이해하는 데 핵심 요소로서, 스트로슨이 전면에 부각시킨 것이다. 간단한 행동들이 그의 일원론적 인간관을 해명하고 뒷받침하는 데 활용된다.

스트로슨은 두 가지의 동시 발생하고 서로 얽힌 과업을 수행한다. 하나는 그의 일원론적 인간관을 정교하게 하는 것이고, 다른 하나는 대립하는 이론인 데카르트식 이원론과 물질주의/행동주의에 대한 논박이다. 그가 자신의 이론을 발전시키면서 두 대립 이론들의 결점을 지적하고, 그렇게 두 견해를 거부하는 근거를 다져간다. 결국, 스트로슨의 논제는 두 노선으로 전개되는데, 하나는 그가 주창한 입장의 타당성을 확인시키는 것이고, 또 하나는 다른 두 이론의 오류를 드러내는 것이다.

스트로슨식 인간

연구에 관한 몇 가지 기본적 이해, 특히 제기된 물음이 어떻게 수집될 자료를 결정하는지는 3장에서 언급했다. 실로, 사용된 연구 방법이 탐구의 결과에 영향을 미친다. 이러한 통찰은 모든 연구에 적용되는데, 스트로슨이 수행한 연구는 곧 드러나겠지만 이 요인을 인식한 듯 보인다.

스트로슨은 의식의 상태가 신체와 분별되지만 어떻게든 연결되는 정신적 실체(정신)에 귀속되는 데카르트식 이원론을 성공 가능한 이론이 아니라고 본다. 물질주의/행동주의("소유권 부재" 이론) 역시 논박되는데, 의식의 상태가 어떤 것에도 귀속되지 않으며 따라서 소유권이 부재하다는 주장이기 때문이다. 스트로슨은 두 견해 모두 종국에는 정합적이지 않음을 보여주면서, 우리가 생각하는 인간과 가장 일치한다고 주장하는 자신의 인간관을 제시한다. 스트로슨은 이러한 식으로 문제를 구성함으로써 자신의 인간관이 의식, 즉 인간 주관성을 포함하고 있음을 분명히 한다. 의식의 포함은 스트로슨의 견해를 물질주의/행동주의에서 발견되는 견해와 구별하게 한다.

스트로슨은 의식 개념을 유지하는데, 이는 인간이 정신을 가지고 있다는 견해를 받아들인다는 것을 나타낸다. 이는 그가 데카르트와 공유하는 듯 보이는 입장이지만, 곧 보게 되겠지만, 이 주제에 관해 둘 사이에는 큰 차이가 있다.

스트로슨은 저서에 부제, 기술적 형이상학에 대한 논고An Essay in Descriptive Metaphysics를 붙임으로써 자신의 논구는 우리가 일상적으로 우리와 관련된 문제를 생각하는 방식에 근거하여 세계에 대한 우리의 사유 구조를 기술할 것이라고 공언한다. 스트로슨은 이를 인간 개념에 적용하면, 우리가 일상적으로 행위·의지·의도·정서·숙고·감지·사유·감정과 같은 것들을 우리 자신에게 귀속시키며 이러한 것들은 순전히 물질적인 신체에 결코 귀속시키지 않을 뿐만 아니라 신장·체중·외모·피부색·자리·몸자세와 같은 것들도 우리 자신에게 귀속시키며 이러한 것들은 물질적 신체에 귀속시킬 수 있고 그렇게 하는 속성이라는 관찰에서 시작한다(p. 89). 이것이 우리가 일상적으로 인간에 관해 생각하는 방식이다.

스트로슨은 이러한 일상적 관찰들에 기초하여, "인간 개념은 의식의 상태에 귀속되는 술어와 육체적 특성, 물질적 상황 등에 귀속되는 술어 모두 단일 유형의 단일 개체에 동등하게 적용될 수 있는 바와 같이 한 유형의 존재자에 관한 개념"(p. 101)이라고 말한다. 정신적 특성과 신체적 특성은 인간의 개념에 동등하게 적용할 수 있다. 우리의 일상적 관찰들에 근거하여 의식의 상태를 인간에게 귀속시키는 것은, 스트로슨의 인간관을 행동주의와 전혀 다른 범주에 위치시킨다. 스트로슨은 이제 자신의 이론을 데카르트식 이원론과 구별해야 했다.

"인간 개념은 의식의 상태에 귀속되는 술어 그리고 육체적 특성, 물질적 상황 등에 귀속되는 술어 모두 한 종류의 개인에게 동등하게 적용될 수 있게 하는 한 종류의 개별자에 관한 개념"(p. 101)이라는 진술이 의미하는 바는 스트로슨이 또 다른 견해와 연결시켜 보면 더 잘 드러난다. 그는 인간 개념은 영혼화된 신체an animated body나 신체화된 영혼an embodied anima의 개념으로 분석되어서는 안 되는"(p. 103) 근원적 개념이라고 말한다. 영혼화된 신체 또는 신체화된 영혼의 두 입장 중 하나에서 탐구를 시작하면, 스트로슨이 피하고자 한 극복 불가의 난관에 부딪히게 된다.

영혼화된 신체는 아마도 유기체가 환경의 자극에 단순히 반응하는 행동주의에서 발견되는 인간 개념을 나타낼 것이다. 신체화된 영혼은 아마도 스키너가 비난한 개념으로 "진짜" 인간이 인간 신체에 기거하는, 즉 "호먼큘러스"라는 내적 인간이 존재하는 것을 의미할 것이다.

스트로슨이 제시한 두 가지 요점은 다음과 같다. 의식의 상태, 즉 그가 P-술어로 명명한 것 그리고 육체적 특성, 즉 그가 M-술어로 명명한 것 **둘 다**를 귀속하는 존재자가 인간이라는 그의 주장, 그리고 이러한 인간 개념은 근원적 개념이라는 그의 주장은 결합하여 논리적 귀결을 낳는다. 먼저, 의식의 상태와 물질적 성질 모두는 하나이고 동일한 것에 귀속될 수 있으며, 그것은 바로 **인간**을 의미한다.

그런 인간은 데카르트가 묘사한 것일 수 없는데, 왜냐하면 데카르트의 이론에 따르면, 의식은 오직 정신에만 귀속될 수 있지 그것과 분리되고 구별되는 신체에는 귀속될 수 없기 때문이다. 반대로 데카르트의 이론에서 육체적 특성은 신체에만 귀속될 수 있지만, 비연장의 실체로서 그러한 귀속이 적용되는 종류의 것이 아닌 정신에는 귀속될 수 없다. 스트로슨의 이론에서 의식의 상태(P-술어)와 신체적 성질(M-술어) 모두는 하나의 동일한 것에 귀속시킬 수 있으며, 그것은 바로 **인간**이다. 이렇듯 스트로슨식 인간은 데카르트식 인간과 분명하게 구별될 수 있다.

위에서 언급했듯이 스트로슨이 제시한 두 가지 요점은 또한 행동주의/물질주의 인간관에 관한 귀결을 담고 있다. "소유권 부재" 이론, 또는 그가 덧붙인 "자아의 '주체 부재 no-subject' 주의"에 반대하는 스트로슨의 논증(Strawson, p. 95)은 비슷한 사고의 노선을 따르지만 다소 다르다. 소유권 부재 이론은 모든 심리적 속성을 가진 인간을 단지 행동하는 유기체로 여기는 물질주의 이론이기에, 경험은 정신에 귀속되지 않는다는 것을 강하게 주장해야 한다. 스키너가 인간 존재는 정신을 가지고 있지 않다고 주장한 것을 생각해 보자. 이 노선의 논증을 명증하게 하고자 할 때 문제에 봉착하는데, 이는 소유격 대명사의 사용이 배제되기 때문이다. 그것은 경험 일반에 관한 문제가 아니라 **나의** 경험 또는 **너의** 경험에 관한 문제이다. 경험의 주체가 없는 소유권 부재 이론은 인칭 소유대명사의 맥락으로 말할 수 없는데, 왜냐하면 경험을 "소유"하고 그 연속성에 의미를 부여할 인간이 없기 때문이다. 이 통찰은 스트로슨이 그러한 이론들에 "소유권 부재"라는 표식을 붙이는 근거를 제공한다.

스트로슨은 후기 이론에서 인간적 경험과 경험의 연속성에 관한 견해를 밝힌다.

또 다른 귀결이 스트로슨이 견지한 견해, 특히 인간 개념의 근원성에 관한 주장과 관련하여 등장한다. 내가 그의 입장을 이해하는 바로는, 정신의 개념은 근원적(근본적) 인간 개념에서 파생된 것이며, 인간 개념은 데카르트가 시도했던 것처럼 정신과 신체라는 두 가지 성분으로 구성될 수 **없다**는 것을 의미한다. 이 점을 인식하면 왜 의식의 상태가 특정한 물질적 상태가 귀속되는 것과 동일한 것에 귀속될 수 있는지를 알 수 있다. 즉 우리가 두 종류의 술어들 모두가 귀속되는 자는 바로 **인간**이며, 이는 인간에 관한 우리의 일상적 견해와 호응한다. 인간 개념의 근원성에 대한 인식이 의식의 상태가 어떤 것에 귀속되는 이유를 이해하는데 어떻게 도움이 되는지는 곧 드러날 것이다.

스트로슨 이론의 기초는 환경 안의 특정 대상인 객관적 개별자들objective particulars에 대한 식별identification과 재식별reidentification이라는 개념이다. 우리가 특정 대상들을 식별하기 위해서는 그것들이 시간과 공간 속에 존재해야 하고, 우리가 그것들을 다시 식별하기 위해서는 그것들이 시간과 공간 속에 존속해야 한다. 그 기초를 확립한 스트로슨(p. 87)은 개별자들 또는 대상들을 기본과 비기본의 두 종류로 구별하고자 한다. A가 기본적 개별자이고 B가 비기본적 개별자라고 가정하면, 이 경우 우리는 A를 참조하지 않고는 B를 식별할 수가 없지만, B를 참조하지 않고도 A를 식별할 수 있다. (이것이 어떻게 가능한지는 다음 단락에서 명료해진다.) 시간과 공간 속에 존재하고 존속하는 특정 대상만 식별되고 재식별될 수 있기에, 스트로슨은 기본적 개별자들은 3차원체three-dimensional bodies라고 결론짓는다.

구체적으로 정신과 인간을 참조하면, 오직 인간만, 3차원체로서, 식별될 수 있으며, 따라서 인간은 기본적 개별자이다. 누군가의 정신이어야 하는 정신은 비기본적 개별자이다. 우리는 먼저 정신이 있는 인간을 식별하지 않고는 정신을 식별할 수 없으며, 이 사실은 기본적 개별자는 정신이 아니라 인간임을 매우 분명하게 나타낸다. 그 함의는 분명하다. 즉, 우리는 정신을 인간으로부터 분리되고 떨어져 있는 것으로 말할 수 없으며, 인간을 정신으로만 정의할 수 없다. 우리는 정신에 대해 말할 때마다 어떤 특정한 인간의 정신을 말하고 있음에 틀림없다. 이 견해는 스트로슨의 이론과 데카르트의 인간관 사이의 차이를 더욱 뚜렷하게 한다.

스트로슨의 기본적 개별자는 인간이지 인간 신체가 아니라는 점을 강조하는 것이 중요하다. 심신문제에 관해 글을 쓴 철학자 롱(D.C. Long, 1964)은 그의 입장을 지지한다. 탐구의 출발점이 항상 정신인 데카르트의 논구와는 첨예하게 대조적으로, 롱은 신체의 견지에서 문제를 논한다. 롱은 인간이 정신(행동주의에 대립)과 신체를 가지고 있다고 주장하면서도 다음과 같이 경고한다. "우리는 먼저 어떤 살아 있는 인간 신체를 식별하고 나서 그것이 어떤 인간의 신체라고 결정할 수 없는데, 왜냐하면 그것은 분명히 그것과 연관된 정신을 가지고 있기 때문이다. 살아 있는 인간 신체는 언제나 꼭 살아 있는 인간 존재의 신체이다"(Long, 1964, p. 331). 이는 이러한 통찰을 뒷받침하기 위해 제시된 논리를 통해 더욱 강화될 중요한 구분이다. 이 구분 역시 스트로슨의 두 가지 범주의 개별자인 기본과 비기본의 맥락에서 이해될 수 있다.

앞 단락에서 초점 논제에 대한 롱의 지지는 두 가지의 논증을 강화시킨다. 첫째, 어떤 살아 있는 인간 신체를 식별하기 위해서는 그것이 무엇인지를 먼저 알아야 하지만, 우리가 아는 것은 유일한 것은 어떤 살아 있는 인간 신체, 어떤 인간이다. 결국, 우리가 어떤 살아 있는 인간 신체를 식별한다고 말할 때 그 식별에서 사용하는 준거는, 우리가 어떤 살아 있는 인간을 지목할 수 있게 하는 것과 동일하다. 살아 있는 인간의 개념은 논리적으로 살아 있는 인간 신체의 개념에 앞선다. 둘째, 현실에 대한 우리의 현재 이해에서, 인간의 신체가 **아닐 수도 있는** 살아 있는 인간 신체라는 개념은 납득할 수 없다. 스트로슨의 용어로 표현하자면, 인간은 기본적 개별자인데 왜냐하면 우리가 살아있는 인간 신체를 말할 때마다 우리는 그것을 한 **인간**의 신체로만, 즉 어떤 한 **인간에 속한** 신체로만 식별할 수 있기 때문이다.

스트로슨은 인간 개념은 나누어질 수 없는 근원적 개념이라고 주장한다. 또한 그는 개별자나 대상을 기본과 비기본의 두 가지 범주로 규정하는데, 기본 대상은 곧 인간이다. 정신과 신체에 관한 함의는 분명하다. 우리는 먼저 자기 정신을 가진 그 인간을 식별하지 않고는 어떤 정신을 식별할 수 없다. 또한 우리는 먼저 어떤 인간의 신체를 식별하지 않고는 어떤 살아 있는 인간 신체를 식별할 수 없다. 인간은 의식의 상태(P-술어)와 육체적 특성(M-술어) 모두가 바로 동시에 귀속될 수 있는 존재자이다.

근본 가정

스트로슨은 자신의 인간관을 정교하게 하는데, 다음의 주장에서 시작한다. "우리 각자는 자신을 한편으로 자신의 상태와 구별하고, 다른 한편으로 자신이 아닌 것이나 자신의 상태가 아닌 것과 구별한다"(p. 87). 그런 다음 그는 자신, 자신의 상태, 타자들과 그것들의 상태를 구별하게 하는 조건이 무엇인지 알고자 한다. 어떻게 나는 나 자신을 타인들과 구별할 수 있는가? 내가 그러한 주장을 할 수 있으려면 나는 자신을 물질적 실체로 인식하고 의식이 있는 자로 인식하는 존재인 경험의 주체여야 한다. 만약 그렇지 않다면, 내가 그런 인식을 가지고 있지 않다면, 스트로슨이 내가 할 수 있다고 주장하는 그 구별을 나는 할 수 없을 것이다. 나는 나 자신에 대해 인식하고 있을 뿐만 아니라 세계 속에 타 존재들이 있다는 것도 인식하고 있다.

우리 자신의 존재에 대한 해명

물질적 신체인 자신을 타 물질적 신체들과 구별하는 것은 스트로슨의 주된 관심사는 아닌데 그는 두 개의 핵심 물음, 즉 "왜 어떤 사람의 의식 상태들은 어떤 것에나 귀속되는가?", "왜 그것들은 육체적 특성, 특정한 물질적 상황 등과 똑같은 것에 귀속되는가?"(p. 90)를 둘러싸고 등장하는 것이 진짜 문제라고 본다. 연관된 두 물음은 스트로슨이 우리 자신의 존재를 해명하고자 시도할 것임을 보여준다. 첫째 물음에 대한 대답은, 스트로슨이 우리가 자신의 개인적 경험에 대해, 자신과 타자들에 관한 인식인 의식에 대해 해석하는 방식을 설명할 수 있게 할 것이다. 둘째 물음에 대한 대답은, 첫째 대답을 확립하는데 기여하는 동시에 스트로슨의 인간관이 한편으로 데카르트가 제공한 해명과 다른 한편으로 행동주의자/물질주의자가 제공한 해명과 어떻게 다른지 보여준다.

대답에 착수하기 위해, 스트로슨은 "어떤 사람이 의식의 상태, 경험을 자신에게 귀속시키는 것, 그 사람이 하는 방식으로, 어떤 사람이 그것들을 자신이 아닌 타인에 귀속시키는 것은 필수 조건이다"(p. 99)고 주장한다. 더 간단히 말하면, 나는 의식의 상태, 경험을 나 자신에 귀속시킬 수 있는데, 오직 내가 의식의 상태, 경험을 타인에게 귀속시킬 수 있을 경우에만 그러하다. 스트로슨은 이러한 주장이 다른 철학자들의 강한 비판을 불러일으킬 것임을 알고 있다. 그들은 이 두 경우에서 검증 방법이 너무 다르다 – 내가 의식의 상태를 가지고 있음을 입증하는 방법은 타인들이 의식의 상태를 가지고 있음을 입증하는데 사용되는 절차와 다르다 – 고 주장할 것이고, 이에 근거하여 그 주장을 거부할 것이다. 해당 면의 각주에서 스트로슨(p. 99)은, 그의 견해에서 개념은 본성상 일반적이며, 이는 곧 독특한 개인에게 적용 가능한 개념이라는 관념이 불합리하다는 것을 의미한다고 설명한다. 개념들이 일반적 적용가능성이 있다면 그것들은 모든 사람 또는 해당 부류의 모두에게 적용된다. 그렇다면, 만약 내가 나 자신을 한 인간으로 파악할 수 있다면, 논리적으로 나는 타인들을 인간들로 파악하거나 파악할 준비가 되어 있어야 한다.

하나의 사례는 개념의 일반적 적용 가능성의 관념을 드러내는데 도움이 될 것이다. 신참과 고참인 두 명의 굴뚝 청소부는 첫 작업에 착수한다. 첫 작업을 마친 신참은 고참 동료가 그을음으로 덮인 것을 발견한다. 그는 근처의 수돗가를 발견하고 자신을 씻고자 다가간다. 그는 자신도 그을음으로 덮였으리라 여겼기 때문이다. 그의 고참은 관찰이 아니라 과거의 경험을 바탕으로 자신의 얼굴도 그을음으로 덮여 있다는 것을 알기에 따라 한다. 굴뚝을 청소한 어떤 사람은 그을음이 뒤덮인 채로 돌아갈 것이다.

내가 해석하는 개념의 일반적 본성에 관한 스트로슨의 설명은 우리가 상호주관의, 대인관계의 사회적 과정을 통해 개념을 획득한다는 것, 따라서 그 적용 가능성은 검증 방법의 차이에 근거한 어떤 주장보다 우선한다는 것을 의미한다. 우리는 타인과의 상호작용 결과로 개념을 획득하는데, 이는 우리가 인간의 개념을 배우는 방식이다. 내성을 통해 인간의 개념에 대해 배운다고 주장하는 것은 데카르트가 주장한 입장으로 이어진다. 즉, 인간은 사고하는 존재로만 정의하면, 결국 불가피하게 유아론[2](MacMurray, 1957, p. 31)으로 이어지는데, 이는 스트로슨이 피하고자 한 함정이다. 스트로슨은 상호주관의 사회적 과정과 개념의 공적이고 공유되는 본성을 논리적 출발점으로 삼음으로써, "의식의 상태를 자기 자신에게 귀속시킬 수 있는 것은 오직 타인에게 귀속시킬 수 있을 때에만 가능하다"(p. 100)는 주장이 가능하게 된다.

스트로슨의 해설에서 등장하는 것이 일원적 인간론인데, M-술어(육체적 특성)와 P-술어(의식의 상태) 모두 동일한 것에 귀속되며, 그것은 바로 한 인간이다. 그 이론의 맥락에서, 정신만을 말하거나 신체만을 말하는 것은 추상abstraction인데, 말해지는 정신은 어떤 특정 인간의 정신이고, 마찬가지로 신체는 어떤 개별 인간의 신체이기 때문이다. 정신과 살아 있는 인간 신체는 이차적이고 비근원적 개념이며 그것들의 정체는 그 정신과 신체가 있는 해당 인간에 의거한다. 즉, 정신과 신체는 이차적, 비근원적 개념으로서 근원적 개념인 인간의 맥락에서만 식별되고 설명될 수 있다.

불행하게도, 교육과 체육 모두에서 사람들은 너무 자주 정신만을 또는 신체만을, 마치 분리된 존재자들인 것처럼 말한다. 곧 바로 그 부분들이 전체로 오인되거나, 스트로슨의 용어로 표현하면, 정신 및/또는 신체는 근원적 개념으로 간주된다. 인간과 정신이라는 두 개념 중 근원적인 것은 전자라는 스트로슨의 주장은 교훈을 담고 있는데, 우리가 그러한

---

[2] 유아론唯我論/solipsism: 문자 그대로, "나 자신만이 존재한다." 자기 자신 외에는 어떤 실재reality도 존재하지 않는다고 주장하는 이론. 여기에 적용하면, 우리는 다른 정신을 식별할 방법이 없기에 다른 정신이 존재한다는 것을 알 수 있는 방법이 없다.

논의에 참여할 때마다 한 개념을 다른 개념으로 대체하는 경솔한 습관에 빠지지 않도록 우리 사유의 최전선에 있어야 한다는 것이다.

스트로슨 이론의 바탕은 나 자신과 타인들을 구별할 수 있는, 또한 나 자신의 상태를 타인들의 상태와 구별할 수 있는 능력이다. 이러한 구별을 하는 것은 본성상 일반적 개념들의 사용을 포함한다. 개념들이 일반적으로 적용될 수 있다면, 그에 따라 나는 타인에 관하여 배운 것을 나 자신에게 적용할 수 있다. 스트로슨은 "우리가 행동하고, 서로에게 행동하며, 공통의 본성에 부합하게 행동한다는 사실을 앞서 생각한다면, 우리가 어떻게 서로를 파악할 수 있는지, 그리고 우리 자신을 인간으로 파악할 수 있는지 이해하기가 더 쉽다(p. 112)"고 말한다. 나는 타인들을 그들의 의도적 행위들을 통해 파악하게 되면서, 이것이 나의 본성이자 그들의 본성이라는 것을 파악하게 된다. 만약 내가 P-술어(의식의 상태)를 그들에게 적용할 수 있다면, 그 다음 나는 P-술어(의식의 상태)를 나 자신에게 적용할 수 있다.

전면에 부각된 행위

스트로슨은 자신이 제기한 매우 어려운 물음, 즉 "인간person이라는 개념은 어떻게 가능한가?"에 대해 완벽한 답을 제시하는 것은 불가능함을 인정한다(p. 111). 그는 모종의 P-술어(의식의 상태), 즉 "의도나 마음의 상태 또는 적어도 의식 일반을 분명하게 함의하는 것들, 그리고 신체 움직임의 특징적 양태나 양태들의 범위를 나타나는데, 반면에 어떤 매우 뚜렷한 감지나 경험은 엄밀하게 전혀 나타내지 않는 것들"(p. 111)에 초점을 맞추면서 답변을 시작한다. 산책하기, 밧줄감기, 편지쓰기와 같은 단순하고 일상적인 통상의 활동이 그럴 것이다. 이러한 예들은 우리가 그것들을 관찰에 근거하여 타인들에게, 그리고 관찰 이외에 근거하여 우리 자신에게 귀속시키기는 것을 전혀 주저하지 않음을 보여주기 위해 사용된다. 나는 관찰 없이 내 행위에 대해 직접적으로 아는데, 단순히 그것은 내가 의도한 것이고 나의 행위이기 때문이다. 더 나아가, 나는 관찰에 근거하여 타인의 행위를 예견할 수 있고, 나는 주체이기에 나 자신의 행위를 알 수 있다. 일단 우리가 타인의 움직임을 **행위**로 파악하면, 우리는 그것을 의도[3]의 맥락에서 해석하고 그럼으로써 의식을 타인

---
[3] 의도적 행위intentional action는 11장에서 자세히 설명된다.

에게 귀속시킨다.

　행위는 주체에 의해 행해진다. 주체는 추상적인 존재일 수 없다. 즉, 주체는 그 남자 또는 그 여자의 구체적인 실존 현실 속에서 논리적으로 생각될 수 있을 뿐이다. 행위 속에서 나는 내가 주체로 존재함을 안다. 나의 존재와 내가 아는 세계는 주어진다(Macmurray, 1957, p. 91). 주체는 고립되어 홀로 존재할 수 없다. 주체는 "나의 행위에 대한 저지와 지지"(Macmurray, 1961, p. 220)로 존재하는 타 주체들과의 관계 속에 존재한다. 행위는 자신과 타인에 관한 사유와 인식을 전제로 한다. 행위 속에서 나는 또한 타자와 나의 역동적 관계를 인식한다. 행동하고 아는 자아는 그러한 타 존재들과의 관계 속에 있는 구체적, 실존의 존재이다.

　나는 주체로서, 정의에 의하면, 행하는 능력이 있다. 맥머레이Macmurray는 다음과 같이 지적한다. "행위는 미래의 결정이다. 자유는 행동할 수 있는 능력이며, 따라서 미래를 결정할 수 있는 능력이다. 이러한 자유는 두 가지의 차원이 있는데 움직일 수 있는 능력과 알 수 있는 능력이며, 둘 다 타자를 준거로 삼는다"(1961, p. 166). 주체에 의해 실행되는 활동인 행위는 앎을 함의한다. 그러나 맥머레이의 견해에서, 주체는 추상적 존재자가 아니다. 행위는 자아, 현실의 실존적 존재에 의해 이루어지며, 이러한 존재에 적용할 수 있는 적절한 용어는 "인간"이다. 한 인간은 행동하고, 생각하고, 알고, 타 인간들 관계를 맺는다.

　인간은 정신 및/또는 신체와 같은 단순한 존재자로 환원될 수 없다. 의도적 행위는 주관이자 주체인 인간에 의해 일거에 그리고 동시에 실행된다. 움직임을 의도적 행위로 인식하는 속에서, 우리는 판단이 내려지고 결정이 이루어짐을 알아차리고, 이렇게 행위의 개념적 본성을 확인한다.

　스트로슨이 M-술어들(육체적 특성들)만이 귀속될 수 있는 기본적 개별자들과 M-술어들(육체적 특성들)과 P-술어들(정신의 상태들) 모두가 귀속될 수 있는 기본적 개별자들, 즉 인간들을 구별하는데 있어서 핵심 요소로 인간 활동으로서의 행위를 지목한 것은 실로 의미심장하다. 행위, 즉 의도적 인간 행위는 내린 판단과 내린 결정에 기초하여 세계 속에서 이리저리 움직이는 자기 의지적 주체self-willed agent를 전제로 한다. 판단을 하고 결정을 한다고 말하는 것은 개념적 과정을 시사한다. 개념의 "소유"와 사용은 우리가 P-술어(의식의 상태)를 인간이라 부르는 기본적 개별자에 귀속시킬 수 있게 해준다.

스트로슨의 이론적 발전의 결정적 지점에서 행위를 전면에 내세운 것의 중요성은 다또 다른 관점으로 평가할 수 있다. 스트로슨식 용어로 표현하면, 의도를 형성하는 자는 인간이며 행위는 인간에 의해, 즉 P-술어(의식의 상태)와 M-술어(육체적 특성) 모두가 귀속될 수 있는 고유의 기본적 개별자에 의해 실행된다. 정신과 신체의 통합이 자리한다. 이 통합은 인간 개념이 분석될 수 없는 근원적 개념이라는, 즉 인간은 자신의 부분들로 환원될 수 없다는, 스트로슨의 격근본적 견해를 떠올리면 쉽게 납득할 수 있다. 인간은 일원의, 통합된 존재이다.

의도적 행위는 주체인 동시에 주관인 인간에 의해 실행된다. 주체로서의 인간은 행위를 실행하고 주관으로서의 인간은 경험의 "소유자"이자 경험에 의미를 부여하는 자이다. 경험의 연속성을 해설하는 것은 전혀 문제가 없는데, 왜냐하면 경험의 소유자는 공시적共時的으로 단절되지 않는 기본적 개별자인 바로 인간이기 때문이다. 그러나 그러한 인간은 경험의 소유자인 것만은 아니다. 즉, 스트로슨이 용어에 부여한 의미에 따르면, 그러한 인간은 신체·사지·장기·근육·신경계·열망·두려움·희망·관심·의심을 가진 살아있고, 생각하고, 의도하고, 느끼는 존재이다. 그러한 인간은 우리가 일상에서 생각하는 인간과 합치하는 존재이다. 이러한 인간은 총체적 개별자, 합체의 존재이며 교육자와 체육교육자가 계발하고자 하는 인간을 기술하기 위해 근래 사용하는 용어인 "전인whole person"과 매우 잘 어울린다.

지식 획득, 지식 표명

그런 인간은 어떻게 학습을 하는가? 그런 인간은 어떻게 지식을 표명하는가?

두 물음에 대한 대답은 인간의 모든 행위, 움직임, 행동, 생각, 감정 등이 스트로슨이 부여하는 의미로 이해되는 그 인간의 것이라고 말하는 것에서 시작된다. 물론 이 진술은 동의반복[4]처럼 보이지만, 데카르트식 이원론과 행동주의에 대립하는 주장으로 이해되어야 한다.

데카르트식 이원론에 반대하여, 지식을 신체와 분리된 존재자로 여기는 정신에만 귀속시키며, 따라서 논리적으로 신체는 지식을 표명할 수 없는 비사유의 실체로 정의될 수

---
[4] 하나의 생각을 다양한 말로 하는 불필요한 반복

있다고 간주하는 관행을 거부한다. 데카르트 이원론과 반대로, 정신은 신체와 분리된 존재자가 아니며, 정신을 인간과 같다고 보는 관점을 허용한다. 스트로슨의 이론에 따르면, 정신은 그 정체성을 정신이 있는 **인간**에 의거하며, 따라서 정신에 귀속되는 지식은 정신이 있는 인간에 귀속되는 지식으로 이해되어야 한다.

행동주의에 반대하여, 오직 행동하는 유기체, 즉 경험의 주관이 없는 존재자라는 개념을 부정한다. 그런 존재는 자극에 반응하게 조건화되기에 결코 행위를 개시할 수 없다. 이 견해의 한 가지 귀결은 의도적 인간 행위의 배제이다. 행동주의에 대립하는 스트로슨의 이론에 따르면, 신체는 그 정체성을 신체가 있는 인간에 의거하기 때문에 자기의 지식을 자기의 의도적 신체 행위로 표명하는 자는 바로 주관이자 주체인 인간이다.

요약하자면, 스트로슨의 견해에서 지식을 획득하는 자는 정신이나 신체가 아니라 **인간**이다. 그리고 이러한 지식을 표명하는 자는, 스트로슨이 이 용어에 부여한 의미로, 인간이다. 어떤 때는 지식이 말글verbal 표현을 통해 명제적으로 표명되고, 다른 때는 비명제적 지식이 말글 아닌nonverbal 의도적 행위로 표현된다. 6장에서 언급된 학생을 떠올려 보자. 그들은 수학 지식을 획득하였고 표명하였으며, 그 다음 드리블 기술의 향상을 통해 농구 지식을 획득하였고 표명하였다.

스트로슨식 인간은 어떻게 배우는가? 모든 방식으로 즉, 말글 지도를 통해, 읽기를 통해, 신체 행위의 실행을 통해, 신체 기술의 연습을 통해 배운다. 지식의 획득에 사용되는 방편이 무엇이든 간에, 이 물음에 답하려는 목적에는 별로 중요하지 않은데, 왜냐면 모든 경우에서 학습하는 것은 인간이지 "정신"이나 "신체"가 아니기 때문이다. 이는 수학 지식, 과학 지식, 역사 지식 그리고 "방법지knowing how"의 모든 범주, 즉 그림을 그리는 방법, 악기를 연주하는 방법, 스케이트를 타는 방법, 논증을 하는 방법, 농담을 하는 방법, 나무집을 짓는 방법을 아는 것에 적용된다. 이 목록에는 주체가 행위를 실행하는 속에서 획득하는 지식인 신체행위지식, 신행지[5]가 포함될 것이다. 지식 획득의 모든 경우에서, 지식이 획득될 수 있는 광범위한 활동들을 통해 지식을 획득하는 자는 인간이다.

스트로슨식 인간은 어떻게 지식을 표명하는가? 모든 방식으로, 즉 말하기를 통해, 예술적 창작을 통해, 의도적 행위를 통해 표명한다. 각각은 인간의 표현이다. 지식의 표명인 적절한 반응으로 말하기가 요구될 때가 있고, 예술적 창조나 의도적 신체 행위가 요구될

---

[5] PAK(신행지)에 대한 충분한 해명은 12장에 제시

때도 있다. 또한, 가능한 분명하게 자신을 표현하기 위해 말하기와 몸짓을 동시에 할 때와 같이 말글 표현과 신체 행위 모두가 필요한 경우도 있다. 각각의 지성 반응, 각각의 지식 표명은 그것을 하는 인간의 표현이다. 그리고 이러한 다양한 반응을 하는 속에서, 인간은 다양한 유형[6]의 모든 지식을 표현하기 위해 인간 존재인 우리가 이용할 수 있는 다양한 방편을 사용할 수 있는 자신의 능력을 보여주고 있다.

스트로슨식 인간과 체육

스트로슨식 인간이 어떻게 지식을 획득하고 표명하는 지에 관한 통찰은 신체적인 것**의** 교육과 신체적인 것을 **통한** 교육이라는 두 가지 대립된 체육 개념에 관하여 중한 의미를 담고 있다. 신체적인 것**의** 교육은 신체 자체가 정신과 분리된 것으로 교육될 수 있음을 함의하는 듯하다. 앞에서 한 인간관들에 대한 분석은 그것들에 따르면 체육 개념은 납득할 수 없거나, 기껏해야 매우 제한된 과정인 조건화로 축소됨을 보여주었다. 신체적 대상은 그처럼 교육될 수 없지만, 신체적 존재를 가진 인간은 교육될 수 있다. 이제 이러한 맥락에서 "신체적인 것**의** 교육"을 말하는 것은 두 가지의 가능한 해석을 낳을 수 있다. 첫째, 만약 우리가 신체적인 것을 오직 몸으로만 the physical as the body only 잘못 파악다면, 그 개념은 이미 언급된 이유들로 인해 납득할 수 없다. 그러나 만약 우리가 인간 신체라는 개념을 스트로슨 이론의 견지에서, 즉 특정한 인간의 신체로 해석한다면, 이제 그 개념은 교육을 받는 자는 신체가 아니라 신체를 가진 인간이라는 명백한 이해에 의해서만 실현 가능하고 수용 가능하게 된다. 이해의 명료함을 담보하기 위해 그리고 정확성을 기하기 위해, 우리는 이제 체육은 신체적인 것**의** 교육이 **아닌 인간의 교육** education of person이며, 여기서 그 인간은 "전인"으로 쉽게 이해될 수 있다고 말해야 한다. 신체가 아니라 인간이 교육될 수 있고 그리고 교육된다.

신체적인 것을 **통한** 교육인 체육은 정신이 신체적인 것을 통해 교육될 수 있다고, 실제로 교육된다고 가정한다. 교육되어야 하는 것이 정신인 경우 "체육"이라는 명칭 자체와 그에 수반되는 함의는 문제를 일으킨다. 교육되어야 하는 것은 정신이라는 견해를 고수하는 것은, 명시적이든 암시적이든, 정신과 신체를 대조시키는 이원론적 인간관이 수용되

---

[6] 10장에서 두 가지 유형의 지식, 즉 명제지와 방법지를 다룬다.

는 경우에만 지지될 수 있다.

정신이 교육받는다고 말하는 것은, 이원론에 관한 물음 그리고 지식이 어떻게 신체에 의해 획득 또는 표명될 수 있는지에 관한 물음을 발생시킨다. 스트로슨의 이론에 따르면, 이 문제는 해소되는데 왜냐하면 교육을 받는 자는 인간이지 **정신은 아니기** 때문이다. 이는 내가 지식의 획득에서 정신이 하는 역할을 부정한다는 의미로 해석되어서는 안 되며, 우리가 정신에 관해 말할 때는 인간의 정신 또는 바로 그 인간에 관해 말하고 있다는 스트로슨의 관점에서 해석되어야 한다. 체육이 신체적인 것을 **통한** 교육이라는 주장을 정신의 교육으로 해석하는 것은 체육을 지속된 2류 위상으로 전락시키는데, 왜냐하면 그것은 암묵적으로 이원론을 수용하고, 더 해롭게는 기본적으로 신체에 교육 불가의 딱지를 붙이는 것처럼 보이기 때문이다. 하지만 만약 그 주장이 체육은 **인간의 교육**이라는 의미로 다시 개념화된다면, 지식이 전달되는 모든 인간 활동은 교육적이게 된다.

혼란을 피하고 거짓된 인상에 근거한 비판의 가능성을 방지하기 위해, 신체적인 것**의** 교육 또는 신체적인 것을 **통한** 교육이라는 체육의 정의는 이 분야의 어휘에서 삭제되어야 한다. 역사적 이유로 이 용어들을 참조할 수 있게 하기 위해 예외는 필요하다. 그러한 관점들은 인간의 교육인 체육 개념으로 대체해야 한다. 체육에서 어떤 특수한 지식이 전달되고 획득되는지는 12장 움직임 지식, 신행지에서 상술할 것이다.

스트로슨 이론의 타당성

인간은 말글로 또는 말글 아닌 방식으로 다양한 범위의 개념들을 획득함으로써 교육되고, 그 다음 특정 상황의 요구에 따라 말이나 행동을 통해 자기의 지식을 표현한다. 이러한 다양한 개념의 획득은 전인의 계발이라는 관점에서 쉽게 이해될 수 있는데, 전인은 말하고 행동하기 때문이다. 이런 사람은 폭넓은 과정을 통해 교육될 수 있고, 모든 교육의 과정은 쉽게 실행될 수 있는데, 왜냐하면 스트로슨의 이론에 따르면 또 다른 정신을 식별하는데 문제가 전혀 없기 때문이다. 교육에 있어, 스트로슨의 인간관은 우리가 통상 인간이라고 여기는 것과 가장 일치하는 인간관을 제공할 뿐 아니라 현대에 개념화된 전인의 계발이라는 교육관을 허용하기에 실현 가능한 것으로 보인다. 또한 스트로슨의 인간관은 다음의 단서가 붙은 체육 개념을 허용한다. 우리는 체육을 신체적인 것**의** 교육도,

신체적인 것을 **통한** 교육도 아닌 **인간의 교육**으로 여겨야 한다. 여기서 함의된 바, 체육의 관심사는 학생이 광범위한 말글 아닌 형식의 개념을 획득하고, 그리고 이를 기술 실행이라는 형식의 의도적 행위를 통해 표명하는데 기여하는 것이다.

새로운 노선의 입론

체육에 씌워진 모종의 혐의를 반박하고 이 분야에 대한 오해를 해명하기 위한 하나의 선결 요건은 다양한 인간관에 대한 이해이다.

앞의 분석에 근거하면 일원의, 통합적 인간이 교육될 수 있음은 분명하다.

그 통찰은 체육을 포함한 모든 교과 영역에 적용된다.

그런 인간은 다양한 유형의 지식을 획득하고 자기의 지식을 말글과 말글 아닌 많은 방식으로 표명한다.

체육은 이제 **인간의 교육**으로 다시 개념화된다.

체육의 특수한 영역, 즉 그것의 내생적 주제는 12장, 움직임에서의 지식, 신행지에서 상세하게 다루어질 것이다.

References

Long, D.C. (1964). The philosophical concept of a human body. *Philosophical Review, 73*(3), 321-337.
Macmurray, J. (1957). *The Self As Agent*. Atlantic Highlands, NJ: Humanities Press.
Macmurray, J. (1961). *Persons in Relation*. Atlantic Highlands, NJ: Humanities Press.
Strawson, P.F. (1959). *Individuals: An Essay in Descriptive Metaphysics*. London: Methuen & Company, Ltd.

제 3 부

앎과 움직임; 움직임과 앎
KNOWING AND MOVING; MOVING AND KNOWING

10장 명제지와 방법지
11장 의도적 움직임
12장 움직임에서의 지식

    인간은 세계 내에서 이리저리 움직인다. 인간은 다양한 방식으로 지식을 획득하고 지식을 표명한다. 서 있든, 앉아 있든, 누워 있든 가만히 있든 때때로 지식은 획득된다. 지식 획득이 언급될 때 가장 자주 떠오르는 장면은 정보를 전달하는 타인의 글을 읽거나 말을 듣는 인간이다. 그럴 수도 있지만, 지식은 다른 방식으로도 획득된다는 것을 염두에 두는 것이 중요하다. 즉, 우리는 움직이면서 배운다. 획득된 지식은 적절한 때에 우리가 알고 있다고 말할 수 있게 해 주며, 말글로 응답을 구성하여 답변할 수 있게 해 준다. 그런데, 말글의 응답이 부적절할 때가 있다. 이런 경우 우리는 기술을 실행하는 의도적 행위를 통해 알고 있음을 표명한다. 지식은 다양한 방식으로 표명될 수 있다.

 인간은 세계 속에서 이리저리 움직이면서 다양한 유형의 지식을 획득하고 다양한 방식으로 알고 있음을 표명하는데, 어떤 것은 말글의 방식이며 어떤 것은 말글 아닌 방식이다.

 2부에서는 네 가지 인간관을 탐색했는데 어떤 인간이 교육 가능한지, 어떤 인간이 신체적으로 교육 가능한지를 확인하기 위함이었다. 탐구를 위해 몇 가지 물음을 설정하였다. 그런 인간은 어떻게 지식을 획득하는가? 그런 인간은 어떻게 지식을 표명하는가? 분석에 따르면, 하나의 인간관, 통합된 존재만이 교육과 체육에서 지식을 획득할 수 있으며, 또한 그 관점의 인간은 말글로 또는 말글 아닌 방식으로 지식을 표명할 수 있다.

지식은 명석한 것distinct entity라고 자주 말해져 왔다. 지식이 어떻게 학문으로 직조되는지에 주목하고(3~5장 참조), 지식을 다양한 인간관과 관련지어 고찰했다(6~9장 참조). 3부에서는 연구 대상으로서의 지식에 주목한다. 논의될 문제들 중 일부는 고대 그리스에 뿌리를 둔 문제의 정식화, 즉 지식이라 할 수 있는 것은 무엇인지, 지식은 의견이나 믿음과 어떻게 다른지, 지식은 어떻게 범주화될 수 있는지를 포함한다. 명제지knowing that와 방법지knowing how to의 두 가지 지식 유형이 간략하게 다루어진다. 위의 주제들은 10장을 이루는데, 11장에서 다룬 주요 논제의 토대이다.

인간 움직임의 분명한 범주인 의도적 행위는 인간관 각각에 대한 탐구 과정에서 때때로 언급되었다. 엄밀히 말해, 행위는 주체(인간 존재)에 의해 이루어진다. 기술 실행은 의도적 행위의 한 예인데, 해당 기술을 행하는 것이 주체의 의도임은 분명하기 때문이다. 기술 실행은 체육에서 중심에 자리한다. 의도적 행위의 개념에 대한 통찰은 기술이 실행될 때마다 일어나는 일을 더 깊게 이해할 수 있는 기반이다. 철학적 관점에서 얻은 통찰은 교육심리학, 운동학습, 신경과학 및 생체역학에서 얻은 이해를 보완한다.

11장에 제시된 의도적 행위, 즉 기술 실행에 대한 해명은 사유 과정의 관점에서 인간이 기술을 실행할 때 실제로 일어나는 일을 설명한다. 기술 실행은 본성상 개념적이라고 할 수 있으며, 따라서 유식의 움직임knowledgeable movement으로 정당하게 정의된다.

지식은 인간이 세계에서 움직일 때 획득되고 지식은 인간이 기술을 실행할 때의 의도적 행위를 통해 표명된다. 그러한 특정 범주의 지식, 즉 신체적 행위 속에서 획득되고 표명되는 지식은 신체행위지식physical action knowledge, 신행지PAK로 정의된다. 신체행위지식이 어떻게 획득되고 표명되는지를 상세하게 해설한다. 그 설명이 진행됨에 따라 사유 과정과 "느낌feeling"의 역할이 강조된다.

신체행위지식은 체육에 내생적이며, 그 교육과정을 구성하는 활동에서 발생한다. 각급학교/대학의 다른 어떤 주제 영역도 이 특수한 범주의 지식과 관련이 없다. 그것은 체육의 고유한 영역이다. 12장 전체에서 이 주제를 다룬다.

10

명제지와 방법지

KNOWING THAT AND KNOWING HOW TO

책 전체에서 반복되는 주제는 연구에 대한 몇 가지 기본적인 이해, 특히 상정된 연구 문제가 어떻게 수집될 자료를 결정하는 지에 관한 것이다. 활용된 연구 문제는 탐구 결과에 영향을 미칠 뿐만 아니라 때로는 후속 탐구가 이루어질 패러다임을 설정하기도 한다. 특히 지식의 판단 기준을 확립하는 방법을 결정하려는 시도에 주력하는 탐구의 일반적 방향과 관련하여 그러하다.

명제지

지식에 관한 연구에 주력하는 철학 분과인 인식론에서 기본 가정의 하나는 지식과 믿음 또는 이따금 의견으로 불리는 것 사이에는 분명한 차이가 있다는 것이다. 믿음은 참일 수도 오류일 수도 있다. 나는 참된 믿음을 가질 수도 있고 오류 믿음을 가질 수도 있다. 예를 들어, 나는 지구가 평평하다고 믿을 수도 있고, 지구가 둥글다고 믿을 수도 있다. 반면에 지식은 오류일 수 없다. 지식은 정의상 참이다. 오류 지식은 모순이다. 믿음/견해는 참일 수도 오류일 수 있지만, 지식은 참일 뿐이지 결코 오류일 수는 없기에 양자는 구별되어야 한다.

지와 믿음을 구별함으로써 지식의 판단 기준에 관한 논제에 접근하는 것은 철학에서 긴 전통을 가지고 있는데, 적어도 플라톤의 저작(『고르기아스Gorgias』, 『메논Meno』, 『테아테투스Theaetetus』)으로 거슬러 올라간다. 예를 들어, 플라톤은 소크라테스에게 그가 확신하는 몇 안 되는 것 중 하나로서 지식과 옳은 또는 참된 의견(믿음)이 다르다는 것을 재차 확인한다(『메논』, 98b). 지식과 믿음 사이에는 명확하고 때로는 매우 밀접한 상호 관련이 있는 듯 보이지만, 그것들 사이에는 분명한 차이가 있다. 지식을 가지고 있음은 옳은 또는 참된 의견을 가지고 있음을 전제로 하지만, 그 반대가 필히 참인 것은 아니다. 왜냐하면 지식이 없어도 옳은 또는 참된 의견을 가지고 있을 수 있기 때문이다. 어떤 주어진 때에 정확하게 추측할 수 있고 따라서 참된 의견을 가질 수 있지만, 미래의 어떤 때까지는 알지 못할 수 있다. 또한, 참된 의견을 가지고 있으면서도 전혀 모르는 경우도 있을 수 있다. 이러한 식으로 참된 의견/믿음과 지식의 구별은 지식의 판단 기준에 관한 문제를 함축한다. 분명히, 옳은 또는 참된 믿음은 그 자체만으로 지식이라 판단하기에 불충분하다. 추가의 것이 있어야 한다.

인식론자들은 통상 **지식**을 **의견/믿음**과 구별되는 것으로 정의하는데, 다음을 근거로 삼는다. 지식은 개별 철학자가 궁극적으로 옹호할 수 있다고 생각하는 주장을 구성하는데, 반면에 **의견/믿음**은 **일부의** 정당화가 가능하지만 완전한 옹호는 아닌 주장을 구성한다. 지식 주장에 대한 옹호나 정당화를 공고히 하려면 참된 믿음에 무언가 추가되어야 한다. 언명된 명제는 사태state of affairs를 정확하게 진술해야 한다. 그것은 실재에 대한 정확한 반영 또는 성찰이어야 한다. 지식을 주장하는 사람은 그것이 지식이라고 믿어야 하며, 실제로 그렇게 믿는 것이 정당하다고 믿어야 한다. 지식은 정당화된 참된 믿음justified true belief이라고 할 수 있다.

지식에 대한 이러한 정의를 표현하는 하나의 방식은 다음과 같은 정식화이다.

    X는 Q를 안다.
    만일 그렇다면, 그리고 그러한 경우에만

(i) X는 Q를 믿는다.

(ii) X는 Q에 대한 합당한 증거를 가지고 있다.

그리고 (iii) Q

명제적propositional 지식은 세 가지 조건이 충족되어야 한다. 첫째, 믿음 조건으로, X는 Q를 믿어야 한다. 둘째, 증거 조건으로, 명제가 지식으로 판단되기 위해서는 충분한 정당성이 있어야 한다. 그리고 셋째, 명제 Q는 참이어야 한다. 그것은 실재를 정확하게 성찰하거나 반영하여야 하며, 또는 사실에 대응하거나 이론이나 학설에 포함된 다른 명제와 정합해야 한다[1]. 만일 셋째 조건이 충족되지 않으면, 오류 지식은 있을 수 없기 때문에 그 주장은 인정될 수 없다.

참이 지식의 필요조건인 경우, 모든 지식 주장은 말로, 즉 명제적으로 표현할 수 있어야 하며, 그래서 이론異論이 제기되면 옹호될 수 있어야 한다. 피어스(Pears, 1971)는 "지식의 조각들은 단어로 또는 적어도 기호로 만들어지며, 그것들은 의미가 있어야 한다. 즉, 그것들은 진술이거나 진술과 같아야 한다. 더욱이 그것들은 참이어야 하며 억측이어서는 안 된다"(p. 13)고 말한다. 청각장애인이 의사소통을 위해 사용하는 기호인 수화도 포함될 것인데, 각 움직임은 특정 단어나 구를 의미하기 때문이다.

지식을 정당화된 참된 믿음으로 정의하는 개념적 기틀 안에서, 각 "지식의 조각"은 명제적으로 정식화 되어야 하고 단어나 다른 기호로 언술되어야 하는데, 이는 피어스가 지적한 전제 조건이다. 지식 주장을 단어로, 즉 명제적으로 구성하는 것은 특정 "지식의 조각"이 결정적 검사, 진리의 대상이 될 수 있도록 하는 필수의 전제 조건이다. 고대 그리스인들이 지식과 믿음/의견을 구별하는 이 특수한 논제를 다룬 방식은 그 문제가 지금도 논구되는 있는 기틀을 형성했다. 이러한 지적 작업은 거의 전적으로 철학자들의 과제였다. 말은 철학자의 작업 도구이기에, 그들은 압도적으로 명제적 지식, 명제지knowing that에 몰두했다.

인식론의 견지에서, 합리론rationalism과 경험론empiricism이라는 철학 학파 모두 확실성certainty, 여심의 여지가 없음indubitability을 궁구하였다. 비록 각 학파가 적용한 과정과 방법은 다르지만 목표는 동일한데, 즉 모든 의심을 견딜 수 있고 진실성의 검사를 통과할 수 있는 진술의 정식화이다.

---

[1] [역주] 두 가지의 전통적 진리관을 표현하고 있다. 진리 대응론correspondence theory of truth과 진리 정합론coherence theory of truth 이다.

체육에 대한 시사

지식에 대한 견해가 말로 구성되는 것에 국한되는 경우, 즉 궁극적 검사, 진리가 반드시 적용되어야 하는 경우, 체육은 교과로 옹호할 수 없는 위치에 놓이게 된다. 표준인 진리는 체육에는 부적절한데, 그 이유는 체육 프로그램을 구성하는 활동에 적용될 수 없기 때문이다. 체육에 대한 악영향은 모든 수준의 교육에서 체감된다. 고등교육에서 헨리Henry와 뉴엘Newell 같은 저자들은 체육/인간운동학의 "학문적" 위상에 대한 각자의 주장을 정당화하기 위해 다른 학문에서 차용한 명제적 지식에 의지한다. 이러한 시도의 논리적 결과는 3장과 5장에서 폭넓게 논의되었기에 추가로 언급할 필요는 없다. 초등 및 중등학교 수준에서 문제는 기본적으로 동일하다. 즉, 체육 고유의 것으로 주장할 수 있는 서술된 지식체, 명제의 집합이 부재하다.

지식 표명의 다른 방식

교실에서 학생들이 수학 수업에서 구구단을 배운 다음 농구공을 드리블하는 방법을 배우기 위해 체육관에 들어가는 가상 상황을 떠올려 보자. 두 경우 모두 지식은 획득되었으며 지식은 아이들이 알고 있음을 보여줌으로써 표명되었다. 교실에서 지식은 곱셈 문제에 대한 정답으로 명제적으로 표명되었고, 체육관에서 지식은 농구공을 올바르게 드리블을 함을 통해 비명제적으로 표명되었다. 개인이 농구공을 드리블 하는 방법, 야구공을 타격하는 방법, 수영하는 방법, 앞구르기를 하는 방법 또는 체육 프로그램을 구성하는 일련의 활동에서 기술을 배울 때 교육은 이루어진다. 이러한 활동의 참가자들은 무엇인가를 배우고 있다. 당신은 X를 하는 방법을 알고 있는가? 라는 질문에 대한 응답으로, 예, 나는 할 수 있다는 명제 형식의 대답은 질문자를 반드시 만족시키는 것은 아니다. 모든 의심을 제거하기 위해, 즉 내가 알고 있다는 것을 실제로 확인시키기 위해, 나는 그 기술을 실행해야 한다.

기술의 올바른 실행은 곧 지식의 표명이다. 그것은 말글 아닌 형식의 지식 표명이다. 그것은 말로, 명제 형식으로 대체될 수 없는 지식의 표명이다(Carr, 1878, p. 19). 그것은 진리라는 표준의 적용이 적합하지 않은 경우인 지식의 표명이지만, 그럼에도 불구하고 지식의 표명이다.

방법지

적어도 두 가지 유형의 지식, **에피스테메**episteme/진지와 **프로네시스**phronesis/지혜에 대한 구별과 논의가 이루어진 것은 고대 그리스까지 거슬러 올라간다. **진지**眞知는 이론적 지식 theoretical knowledge으로 더 자주 말해지며 명제지 영역이라고 할 수 있다. **지혜**智慧는 주어진 상황에서 적절한 방식으로 행동을 하는 방법과 시기의 앎으로 이해될 수 있다. 따라서 그것은 실천적 지혜practical wisdom로 볼 수 있으며, 방법지라는 표제에 잘 들어맞는다. 체육이 관여하는 것은 기술의 개발 및 실행, 운동 행동, 의도적 신체 움직임, 수행 기법이라는 형식의 행위이기에, 그 직무의 실천가는 이 유형의 지식, 방법지에 관한 학습에 가능한 많이 특별한 관심을 가져야 한다.

이 지식 유형의 표출을 살피기에 앞서, 네 가지의 인간관을 고찰하여 어떤 인간이 교육받을 수 있는지, 신체적으로 교육받을 수 있는지를 결정하고자 한 2부에서 제시된 것을 다시 떠올리는 것이 중요하다. 오직 네 번째 인간관, 즉 통합된, 일원의 존재인 인간만이 자격이 있었다. 거기서 배운 한 가지 중요한 교훈은 그런 인간이 수행하는 모든 의도적 행위에는 그것이 말글 표현이든 신체적 기술 수행이든 사고를 담고 있다는 점이다. 어떤 활동이든, 그것은 전인에 의해 실행되는 행위이다. 정신과 신체는 통합되어 있고 분리될 수 없다. 이렇듯, 모든 의도적 행위는 말글의 반응이든 신체적 움직임이든 사유를 함유하고 있다.

방법지의 개념을 파악하기는 어렵지 않다. 우리는 지속적으로 표명되는 방법지의 사례들을 너무 자주 보아서 알아차리지 못하는 듯하다. 여러분은 각자 하루 종일 일하면서 다양한 방식으로 방법지의 수많은 사례들에 관여하는데, 얼마나 자주 이러한 유형의 지식을 표명하는지는 거의 의식하지 않는다.

이제 그것이 여러분의 관심을 끌게 되었으니, 여러분은 이 지식의 표현들을 더 의식하게 될 것이다. 이런 인식과 함께 이 현상을 여러 관점에서 이해할 필요가 있다.

행위 속 지성

대다수의 철학자들은 명제적 지식, 명제지에 몰두하였고, 소수의 철학자들이 실천적 지식, 방법지의 탐구에 관심이 있었다고 말하는 것이 정확할 것이다. 이 주제에 관한 논의는 1949년 길버트 라일Gilbert Ryle이 『마음의 개념The Concept of Mind』을 출간함으로써 자극을 받았다. 이 중요한 저작은 다년간의 폭넓은 연구의 결과로서 2장은 명제지knowing that와 방법지knowing how to의 분석을 담고 있다. 기술 실행 중에 일어나는 일을 보다 정교하게 이해하는데 기초가 되는 새로운 통찰이 제시되었는데, 이는 체육 교과의 성립 가능성에 관한 새로운 주장을 뒷받침한다.

여러 목적의 추구가 라일의 『마음의 개념』에서 이루어진다. 하나는 방법지를 별개의 지식 유형으로 명료하게 해명하는 것이다. 다른 하나는 이원론적 인간관의 수용에 내포된 문제, 오해와 결점을 드러내는 것이다. 라일은 모든 지식은 본성상 언어적 또는 상징적이라는 지배적 믿음이 틀렸음을 밝힘으로써, 자신이 "이지주의 전설intellectualist legend"로 명명한 견해는 신뢰할 수 없다고 주장하고자 한다. 라일의 견해에 의하면, "이지주의 전설"을 따르는 사람은 무언가를 아는 것은 그것에 관해 적합한 언명을 할 수 있는 것으로 믿는다. 결국 지식의 모든 것은 명제지, 명제적 지식에 국한된다.

라일(1949)은 "기계 속의 유령the Ghost in the Machine"(p. 15), 즉 정신으로 알려진 고립된 장 속에 있다고 가정된 내적 존재에 대한 공격에 집중한다. 이것은 데카르트식 이원론에 관한 강력한 논평이다. 라일의 "기계 속의 유령"은 내적 존재로, 스키너가 호먼큘러스homonculus로 불렀던 것과 동일한 존재자로 보인다. 이원적 인간관이 용인되면 신체, 즉 비사유의 것은 알 수 없고, 신체가 알 수 없다면 신체는 지식을 표명할 수 없다는 것은 논리적 귀결이다. "이지주의 전설"에서 지식은 오직 정신에 의해서만 표명될 수 있으며, 그것이 취하는 형식은 말글 표현이다.

라일은 우리가 통상 사람에 대해 어떤 것을 하는 **방법**을 안다고 말하는 점을 주목하고, 이는 그러한 수행을 말글로 설명할 수 있는 것과 다르다는 점을 지적함으로써 말글식 지식과 내가 실천적 지식, 방법지라고 부르는 것을 구별한다. 이러한 포괄적인 관점에서 지능은 "이지주의 전설"에서 이론화라고 부르는 활동과 자주 연관되는 사고라는 내적 과정에 결코 국한되지 않는다. 라일에게 있어 개인의 지능은 행해진 것, 행위의 특성에 의해 판단된다.

이것은 지식의 평가와 지능의 귀속에 관한 다른 방식이며, 이원적 인간관에 근거하지 않는다. 우리가 정신의 특성들을 발휘하고 있는 사람을 서술할 때, 겉으로 표출되는 행동과 발화utterances를 유발하는 신비한 내적 사건을 의미하는 것이 결코 아니다. 그럴 때 우리는 그 외현의 행동과 발화 자체를 말하고 있다(Ryle, 1949, p. 25). 근본적 전환이 등장한다. 이 새로운 기틀에 의하면 똑똑한, 영리한, 현명한, 독창적인, 둔한, 어리석은, 부주의한 등의 정신적 특징들은 해당하는 개인의 각 행위와 그 모두에서 나타날 수 있다. 판단은 행동이 실행된 방식에 근거하여 이루어진다.

주의할 것이 있다. 지능적 행위는 먼저 이론 부분이 정신적으로 재생되고 실행 부분이 뒤따르는 두 단계의 작용, 즉 라일이 이지주의 전설의 탓으로 본 그 과정이 아니다. 우리가 종종 행동하기 전에 생각하지 않는다는 말은 아니다. 우리는 흔히 적절하게 행동하기 위해 숙고하고 계획한다. 논박의 대상은 모든 지능적 수행은 적절한 명제(이론)에 관한 숙고가 선행되어야 한다는, 즉 지능을 요하는 기술을 수행하는 사람은 실행에 앞서 해당 이론을 다시 떠올려야 한다는 식의 주장이다. 라일의 공박은 두 가지 논증에 근거한다. 첫째, 기술의 실행이 이론의 정의와 설명에 앞서 성공적으로 이루어지는 경우가 있다(Ryle, 1949, p. 30). 새로운 상황에 대응하여 즉각적으로 새로운 기술을 창조하는 경우가 있다. 그런 경우에는 되뇔 이론이 없기에, 이론을 앞서 연습 삼아 떠올릴 수 없음은 분명하다.

둘째, 어떤 이론으로도 정교하게 할 수 없는 기술들(예를 들어 농담하기)이 있다. 재차 말하건대, 이런 경우 행위에 앞서 이론을 되뇔 수 없다. 훨씬 더 충격적인 것으로, 라일은 두 번째 논증을 확장하여, 겉으로 표출되는 행위에 선행하여 이론화하는 행동 자체가 하나의 행위이며, 이처럼 이론화라는 침묵의 앞선 행동이 필요하다고 주장한다. 후자의 행동은 다시 선행의 이론화 행동이 필요할 것이며, 그렇게 철학자들이 악순환의 퇴행이라고 하는 것에 빠지게 될 것이다. 이지주의 전설은 이런 사고방식을 만연하게 하고, 그 사고방식의 수용은 "그 순환의 해소는 논리적으로 불가능하다"는 귀결이 따른다(Ryle, 1949, p. 30). 지능적intelligent은 행동에 적용될 때 수행된 절차, 실행된 방식, 사실상 행동의 특질을 묘사하지, 선행의 이지적intellectual 작용을 묘사하지 않는다.

지식을 나타내는 형용사로서 지능적은 이제 행동 자체의 특성에 적용될 수 있다. 지능적이라는 형용사를 모든 신체적 행위에 선행한다고 가정되는 정신적 작동에만 적용했던 이전의 제한은 이제 제거된다. 그렇다면 지능에 대한 대안적 개념이 적용 가능한데, 그것은 지능을 그 선행된 것이 아니라 행위 자체로 드러나는 특성으로 보는 것이다. 방법지는 지능적 수행, 세심하고 능숙한 수행과 동일시되며, 여기서 주체는 자신이 하는 것을 "사고"하는 것으로 묘사될 것이다. 이런 사고는 행위가 원칙에 부합하는 방식, 실행의 용이함, 그리고 일련의 상황에서 적용하는 행위의 적절함으로 나타난다.

라일은 이원적 인간관이 널리 받아들여지고 있다는 인식을 바탕에 두고 경고를 표한다. 그는 행함 속 사고의 개념을 잘못 해석하지 말라고 경고한다. "인간은 신체적으로 활동적이고 정신적으로 활동적이지만, 두 개의 다른 '장소'에서 또는 두 개의 다른 '동력engines'이 동반하는 활동을 하는 것이 아니다. 활동은 하나일 뿐이지만, 한 가지 이상으로 설명상의 묘사가 필요하고 그리되기 쉽다"(Ryle, 1949, p. 50). 평행parallel 또는 동반synchronous 이원론은 배제된다.

일원적, 통합적 인간관이 받아들여지면 행함 속의 사고라는 개념은 오해의 여지가 없다. 9장에서 논의한 바와 같이, 그런 인간은 생각하고 행동하는 총체적 존재이며, 따라서 이원론은 배제된다.

라일이 상세하게 했듯이 방법지에 관한 긍정적 해설에는 우리가 많은 기술을 배우는 방법에 대한 간략한 서술이 포함되어 있다. 이것은 "이지적" 참여가 필요함을 보여주기 위해 제시되었다. "모든 학습은 아주 간단한 요령이라 할지라도 나름의 지능적 능력이 필요하다. 지도에 따라 행하는 능력은 이러한 지도에 대한 이해가 필수다. 따라서 어떤 명제적 역량propositional competence은 역량들 중 하나를 획득하는 조건이다"(Ryle, 1949, p. 49). 명제적 역량을 요하는 말글식 지도를 능숙한 행위로 전환하는 것은, 라일에 경우, 기술 자체의 적절한 실행과 마찬가지로 지능의 명백한 표시이다.

라일이 다루지 않은 한 가지 절차는 체육에 널리 퍼져 있기 때문에 고려할 가치가 있다. 말글식 지도 대신에 시연이 빈번하게 사용되는데, 이는 기술이 어떻게 수행되어야 하는지를 보여주기 위함이다. 학생들이 시연을 관찰할 때 사고 과정이 연관되어 있는데, 이 경우 단어의 사용 없이 학습 과정이 시작된다. 여기서, 바로 앞의 인용에서 라일이 기술한 상황과 달리, 필요한 정보가 시범에서 말글 아닌 방식으로 전달되었기에 말글의 지도(명제)를 실천적 지식(기술 실행)으로 전환할 필요가 없다. 기술 시범을 통해, 즉 말글 아닌 방식으로 정보를 전달하고 받는 것은 방법지의 공적 의사소통적 본성을 나타낸다.

기술 실행과 습관

지식의 표명인 능숙한, 지능적 수행은 사고가 행위 자체에 있는 경우로 맹목적 습관과 구별되어야 한다. 습관은 주의와 최소한의 "사유"를 거의 필요로 하지 않는 행동으로 기술될 수 있다. 습관의 경계를 넘는 광범위한 활동에서 지능적 수행은 규칙에 들어맞게 하고 당면한 특정 상황에 적절하게 하는데 사유가 요구된다. 각각의 경우, 즉 방법지의 사례이든 명제지의 사례이든 그 행위의 지능은 그것이 행해진 방식에 의해 판단된다.

지능을 행동에, 지식의 표명인 기술 실행에 귀속시키는 것은 지능의 개념적 본성을 나타낸다. 이 통찰은 기술의 가르침과 관련된 교과 영역인 체육에 있어 매우 중요하다. 기술 실행을 지식의 표명으로 보는 견해의 수용은, 기술 실행은 사유를 함유하고 있다는 견해의 수용을 수반하는데, 생각하지 않고 아는 것은 불가능하기 때문이다.

또 하나의 구별

라일이 언급하지 않은 것으로, 어떤 것을 하는 방법의 앎과 단순히 그것을 할 수 있음 간의 구별을 추가할 필요가 있다. 동물이 본능적으로 하는, 단순히 어떤 것을 할 수 있음은 이해가 전혀 개입되지 않기 때문에 어떤 것을 하는 방법의 앎과 동일시할 수 없다. 통상 어떤 것을 하는 방법의 앎은 과제의 활동과 관련된 원리에 대한 나름의 이해와 지식을 함의한다. 즉, 통상 어떤 것을 하는 방법의 앎은 일정 단계에서 주의의 집중과 의지적 노력을 요하는 움직임 및 행위의 양식을 의미한다. 연습과 함께 이런 움직임 중 일부는 판에 박히게 되는, 즉 습관이 되는 경향이 있지만, 이 경우에도 다소의 주의의 집중과 의지적 노력이 존재하며, 관련된 몇 가지 원리를 설명함으로써 이해는 쉽게 표명된다. 방법지는 단순히 할 수 있음과 구별되며 개념을 전제하는 판단과 이해의 적용을 포함한다.

판단, 이해, 개념이 관련되는 경우 적용과 실행의 수준에서 개인차가 상당하리라고 예상하는 것은 합리적이다. 어떤 사람들은 다른 사람들보다 더 능숙하다. 개인마다 도전에 대한 이해가 다르며 목표를 달성하기 위해 행동을 취하고 기술을 실행할 때 판단을 내리는데 쏟는 경험과 재능은 광범위하다. 또한 개인마다 협응의 수준도 상이하다. 이러한 요인들을 조합하다면, 한편으로는 기술 실행에서의 광범위한 수준과 능력을 해명하는데, 다른 한편으로는 새로운 기술이 어떻게 창출되는지를 설명하는데 도움이 된다.

지식과 이해

지능적, 적절한, 혁신적, 부적당한, 심지어 어리석은 등과 같이 행동의 특질을 판단하는 것은 해당의 활동에 대한 이해가 필요하다. 행동이 일정 형태의 신체 움직임인 경우, 요구되는 이해는 동일한 또는 유사한 행동을 경험한 것에서 비롯된다. 그것은 단지 수행을 목격하는 것과 목격한 것을 이해하는 것의 차이이다. 하나의 예는 요점을 드러낼 것이다. 하얀 눈을 그리는 것은 예술가에게 매우 어려운 과업 중 하나다. 잘 그려졌을 때 그것은 중요한 성과이며 참으로 지능적 수행(방법지)에 관한 탁월한 사례이다. 완성된 그림을 관찰하는 화가가 아닌 사람은 그것을 훌륭한 예술작품으로 감상할 수 있지만, 그들은 화판에 눈을 그리고자 시도한 경험이 없다면 그 작품의 훌륭함을 완전하게 이해할 수 없다. 이것이 바로 음악가들이 다른 음악가들을, 예술가들이 다른 예술가들을, 운동가들이 다른 운동가들을 가장 잘 감식鑑識할 수 있는 이유다. 그들은 각자 자신의 경험을 바탕으로 성공적인 수행을 위해 어떤 지식이 필요한지를 이해한다.

이해는 타인의 기술 실행을 감식하기 위한 전제 조건으로서, 성공적 수행을 위해 주체에게 필요한 것이 무엇인지에 대한 인식을 포함한다. 필요 사항에 대한 인식은 종종 암묵적인데, 특히 관찰자가 동일한 기술을 실행한 경험은 있었지만 타인과 그 행위에 대해 논의할 기회가 없었던 경우에 그러하다. 이해에 필수적인 것은 성공적 수행의 기준에 관한 인식이다. 예를 들어, 문을 열고 닫는 것과 같이 매우 간단한 행동의 경우에는 기준이 분명하지만, 과업이 더 복잡한 경우에는 기준을 충분히 이해할 수 있도록 미리 명시해야 할 수도 있다. 어떤 사람이 해당 행위를 실행한 경험이 있다면 그는 기준을 이미 알고 있다고 가정하는 것이 합리적이다. 기준에 관한 일정 지식을 포함하는 기술 실행을 감식하는 것은 인간 행위의 의사소통적 본성을 나타낸다. 인간 행위와 관해 이해, 감식, 소통을 말하는 것은 재차 그것의 개념적 본성을 보여준다.

체육에 도입

이지주의 전설에 대한 라일의 비판은 지능에 관한 그의 개념과 결합하여, 체육에 대해 적어도 두 가지의 중요한 논리적 결과를 낳는데, 특히 여기서 진전되고 있는 새로운 근거와 관련하여 그러하다. 첫 번째, 인간의 의도적 신체 행위는 이제 지능의 표명으로 여겨지는데, 지능은 선행의 정신적 활동보다는 행위가 실행된 방식에 의해 판단되기 때문이다. "사고", 즉 지知는 행行 속에 있다.

방금 한 언급, 즉 사고 곧 지는 행 속에 있음을 설명하는 한 가지 방법은 운동선수가 시합을 잘한 뒤에 자주 듣는 문구를 분석하는 것이다. "머리를 썼네"는 흔히 지도자가 선수에게 하는 칭찬이라고 할 수 있다. 이 구절은 선수가 아이스하키에서 공격수를 부딪쳐 막거나 농구공을 쳐서 골인시키기 위한 수단으로 머리를 사용했다는 의미가 아니다. 이 구절은 특정 목표를 달성하는데 특정 행위로 일정 수준의 혁신이나 능숙함을 보여준 선수가 행한 기술에 내재하는 사유 과정을 의미한다. 실행된 기술은 종종 미리 계획되었을 수도 있지만, "지평landscape"이 계속 변화하고 행위가 유동적인 많은 스포츠 상황에서는 흔히 즉흥적인 행위일 수 있다. 두 경우 모두 칭찬은 행위로 표출된 지능을 확인시켜 준다.

두 번째 귀결은 지능에 대한 이해의 변화에서 찾을 수 있다. 과거에 이지주의 관점의 지배 하에서 지능은 좁게 정의되어 수학, 언어, 논리 및 추상적 개념에 관한 능력으로 한정되었다. 우리가 이론화로 부르는 정신적 활동을 강조했다. 이제 부분적으로는 라일이 보여준 통찰 덕분에, "기계 속에 유령"(Ryle, 1949, p. 15)이 기거하는 식의 정신으로 알려진 사적 영역이자 절연된 장에서 개념 공유의 공적 영역으로 근본적인 전환이 이루어졌다. 명제 형식의 언어와 수학적 능력이 지식을 표현하고 지능을 표출하는 유일한 수단이 결코 아니다. 이제 기술 실행은 지식의 표현이자 지능의 표명으로 받아들여진다.

지식 표명과 평가 표준

우리 각자는 듣기, 읽기, 관찰, 숙고, 세상을 돌아다님 등 다양한 방식으로 지식을 획득한다. 우리 각자는 다양한 방식으로, 즉 미술가는 그리기로, 발레리나는 춤추기로, 운동선수는 기술 실행으로, 학생은 놓인 문제에 정확하게 답하고 기술을 적절하게 실행함으로 지식을 표명한다. 문제가 명제 형식의 답을 요구하는 경우에는 참이 평가의 표준이다. 오답, 즉 실재에 대응하지 않는 답은 지식일 수 없다.

놓인 문제들 모두가 말글의 응답을 요구하는 것은 아니다. 이따금 적절한 응답은 인간 행위 형식으로 나타난다. 여러분은 자전거를 어떻게 타는지 압니까? 나는 명확하지 않는 말글의 응답보다는 자전거에 앉고 주행한다. 말보다는 그 행위가 내가 자전거를 탈 수 있음을 증명한다. 행위가 적절한 응답인 경우, 평가의 표준은 해당 기술의 성공적 실행이다.

기술 실행 형식의 적절한 행위를 사용하는 것은 명제적 지식의 사용이 부적절한 문제를 해결하기 위해 사용되는 응용 지식의 한 형식인 실천적 지능practical intelligence이라고 할 수 있다. 그렇다고 해서 문제 해결의 방법에 관한 착안들이 논해질 수 없다는 말은 아니다. 강조되어야 할 것은 운동생리학과 생체역학의 가장 정교한 이론적 지식이더라도 자전거 타기에 필수인 기술을 획득하지 않으면 자전거를 탈 수 있게 만들지 못한다는 점이다. 운동생리학과 생체역학의 지식이 없어도 실천적 개념의 표명이라고 할 자전거 타기에 필요한 기술을 획득할 수 있다. 실제로, 자전거를 처음 타는 사람들의 거의 대부분, 즉 아이들은 운동생리학과 생체역학의 형식적 지식이 전혀 없거나 심지어 그 주제 영역에 대해 들어본 적도 없다고 말해도 과언이 아니다.

우리는 다양한 주제 영역에서 많은 지식의 획득을 통해 이론적 지식을 개발하고 늘려가고 있다. 우리는 수학의 기본 개념을 먼저 숙달하지 않고 삼각법, 함수와 같은 고급 수학을 할 수 없다. 수학이나 다른 주제 영역에서 개념의 파악은 유식 아님 무식의 문제가 아니다. 즉, 복잡다단한 개념을 이해하고 숙달하는 데는 수준들이 있다. 이러한 이해의 발달은 점점 더 복잡해지는 수학 문제를 다루고 해결하는 것으로 표명된다. 실천적 개념의 영역에서도 비슷한 상황이 지배적인데, 여기서 지식은 수준이 점점 더 복잡해지는 기술의 시도를 통해 표명된다.

더 복잡한 기술의 실행에서 성공을 평가하는 한 가지 방법은, 해당 수행을 더 높은 수준의 실천적 개념에 대한 더 능한 숙달의 표명으로 보거나, 또는 카(Carr, 1978, p. 5)의 표현처럼 실천적 사유practical reasoning로 보는 것이다.

실천적 개념은 언어로 구성되거나 언어에 의존할 필요가 없다. 윌라드(Willard, 1973)가 지적하듯이, "사고는 어떤 언어도 수반함 없이 발생한다"(p. 132). 비슷한 관점이 힐리(Healy, 1990)에 의해 표현되었는데, 그는 인간 존재는 "말글 아닌 방식으로 사유할 수 있고, 또한 활발한 인간의 정신적 삶은 시각적 상과 말글 아닌 상징을 사용하여 경험을 해석하고 기억한다. 화가, 조각가, 건축가는 자신의 예술적 발상을 발전시키는데 언어에 크게 의존하지 않는다"(p. 107)고 확신한다. 우리는 말글 외로 사유하는 사람들의 목록에 운동선수를 쉽게 추가할 수 있다.

말글 아닌 방식의 사유는 신경해부학과 신경생리학의 차원에서 살펴볼 수 있다. 저명한 현대 신경과학자인 다마지오Damasio는 "심상은 그것을 생성하는 감각 양상에 상관없이, 그리고 그것이 사물에 관한 것인지, 사물과 관련된 과정인지에 상관없이, 우리 사유의 주요 내용일 것이다"고 확신한다(1994, p. 107). 우리의 사유 과정이 어떻게 기능하는지에 관한 이러한 견해는 수행의 향상을 돕기 위해 심상, 즉 말글 아닌 형식의 사유를 활용하는, 스포츠 심리학이라는 당금의 주된 추구를 설명하는데 도움이 될 수 있다. 위에서 언급했듯이 수행의 향상은 더 높은 수준의 실천적 개념에 대한 더 능한 숙달의 표명이라 할 수 있다.

『마음의 위기Endangered Minds』에서 힐리의 관심은 이 책의 주된 추구와 거리가 멀지만, 그녀는 말글식이 아니지만 기술 실행의 개념적 본성에 대한 통찰을 확장할 수 있게 하는 예리한 관찰을 제시한다.

"그러나 흥미롭게도 시각적 자극은 말글식 아닌 사유에 대한 주된 접근 경로는 아닐 것이다. 신체 움직임, 즉 만지고 느끼고 조작하고 물리적 세계의 관계에 대한 감각적 인식을 생성하는 능력은 그것의 주요 기반이다"(Healy, 1990, p. 342).

의도적 행위로 표명되는 사유인 말글식 아닌 사유의 발달에서 핵심 요소는 시각적 자극보다는 움직임, 만지기, 느끼기, 조작하기인 듯하다. 우리 인간 존재가 어떻게 기능하는지에 대한 이러한 이해는 철학자 카(Carr, 1978, p. 5)에 의해 뒷받침되는데, 그는 우리가 세계 속에서 이리저리 움직일 수 있게 해주는 것은 말글식 아닌 실천적 사유라고 지적한다. 카의 견해는 한 장소에서 다른 장소로 걷기, 문을 열고 닫기, 앉기와 서기와 같은 일상의 활동에 적용하려는 의도일 것이다. 말글식 아닌 실천적 사유에 대한 그의 인정은 우리가 체육과 스포츠에 참여하는 경우로 쉽게 확장될 수 있다. 이동하기, 만지기, 느끼기, 물체 조작하기는 말글식 아닌 사유의 능력을 개발하는 수단이다.

우리는 모두 연습이 완벽을 만든다는 옛 속담을 들어본 적이 있다. 인간인 우리는 아무리 많이 연습해도 완벽에 도달하는 경우가 거의 없지만 연습 없이는 수행 수준이 거의 향상되지 않는다는 것을 알고 있다. 힐리의 통찰에 따라, 연습 회기는 기술 실행의 향상을 목적으로 고안된 일련의 계획된 신체 움직임일 뿐만 아니라 수준 높은 말글식 아닌 사유를 촉진하기 위해 고안된 훈련으로 볼 수 있다. 전문 운동선수에게 기술 실행과 말글식 아닌 사유의 수준이 모두 높아진 상당량의 연습은 도움이 된다. 연습에 관한 이러한 견해는 운동선수가 높은 수준에서 새롭고 혁신의 지능적 기술을 표출하는 것을 고등의 실천적 지식의 표명으로 인정하는데 기여한다.

나는 안다

앞 절에서 다양한 앎의 영역에서 지식이 표명되는 방식의 유사함과 상이함을 주목하였다. 모든 유형의 앎에 담겨있는 한 가지 보편적 특성은 지능이다. 또 하나의 특성은 보편적이면서도 다양하게 표명되는데, 이는 "성취 측면achievement aspect"이라고 부르는 것이다. 비트겐슈타인의 통찰은, 특히 아래의 두 번째 구절에서, 이 요점을 이해하는데 도움이 된다.

> "'안다'라는 단어의 문법은 '할 수 있다', '가능하다'라는 단어의 문법과 밀접한 관련이 있음이 분명하다. 그러나 또한 '이해한다'라는 단어의 문법과 밀접한 관련이 있다"(기법의 "숙달").
> 그러나 "안다"라는 단어의 이러한 사용도 있다: 우리는 "이제 나는 알아!"라고 말한다 – 그리고 비슷하게 "이제 나는 그것을 할 수 있어!" 그리고 "이제 나는 이해한다!"라고 말한다(Wittgenstein, §§ 150, 151).

이론의 영역이든 인간 행위의 차원이든, 개인이 "나는 안다"고 말할 수 있게 하는 통찰이 등장한다. 예를 들어, 이해는 복잡한 수학 문제가 설명될 때 또는 특별히 어려운 기술이 시연될 때에는 천천히 이루어지지만, 학습자가 개념을 즉시 파악하는 경우처럼 성취가 거의 즉각적으로 이루어질 때도 있다. 일단 해당 개념이 파악되고 숙달되면, 그 이후의 사용이 반드시 성취에 대한 의식적 인식을 동반하는 것은 아니다. 이러한 인식은 암묵적인데 이 때 관심은 다른 사안에 향해 있다.

앞의 인용에서 비트겐슈타인이 설명하듯이, 명제지(명제적 지식)와 방법지(실천적 지식) 모두 이러한 특징을 가지고 있다. 그것들의 상이함은 표명에서 나타난다. 명제적 지식의 경우, 이해한다고, 이제 요점을 파악했다고 말함으로써 성취를 알리고, 적절한 진술을 함으로써 성취를 표명한다. 실천적 지식의 경우, 이해한다는 것, 안다는 것을 나타내기 위해 진술을 할 수 있으며, 그리고 더 이상의 진전이 없다면, 이론으로는 알지만 실제로는 꼭 그렇지는 않다고 말할 수 있다. 연습에서 알고 있음을 보여주기 위해 그 행위를 실행한다. 실천적 지식에서, 성취 측면은 행위 자체로 입증된다.

새로운 노선의 입론

두 가지 유형의 지식, 명제지(명제적 지식)와 방법지(실천적 지식)는 구별된다. 체육에서 특별한 관심사는 후자다.

각 유형의 지식에는 고유의 평가 표준이 있다. 즉, 명제적 지식은 참이고, 실천적 지식은 성취다. 표준으로서 참은 실천적 지식의 영역에서는 적용할 수 없다.

인간은 다양한 방식으로 지식을 획득하는데, 그 중 하나는 세계 속에서 이리저리 움직이는 것이다.

인간은 다양한 방식으로 지식을 표명한다. 때로는 말글식 표현을 통해서, 때로는 기술이 실행될 때의 의도적 행위를 통해서이다.

지식의 반영인 지능은 행동이나 수행이 해당 원칙에 부합하는 방식, 실행의 용이함, 행한 움직임의 혁신성, 특정 시간에 펼쳐진 일련의 상황에서 적용의 적절성으로 나타난다.

기술의 적절한 실행은 지식의 표명이자 말글 아닌 형식의 지능의 표출이다.

체육에서 학생은 실천적 지식을 획득하고 그 지식과 지능을 기술 실행의 방식으로 표명한다.

References

Carr, D. (1978). Practical reasoning and knowing how. *Journal of Human Movement Studies, 4*, 3-20.
The Collected Dialogues of Plato. (1973). E. Hamilton & H. Cairns (Eds.), Princeton, NJ: Princeton University Press.
Damasio, A.R. (1994). *Descartes 'Error': Emotion, Reason, and the Human Brain*. New York: G.P. Putnam's Sons.
Healey, J.M. (1990). *Endangered Minds: Why Our Children Don't Think*. New York: Simon and Schuster.
Pears, D. (1971). *What Is Knowledge?* New York: Harper & Row Publishers.
Ryle, G. (1949). *The Concept of Mind*. New York: Barnes & Noble Inc.
Willard, D. (1973). The absurdity of thinking in language. *Southwestern Journal of Philosophy, 4*, 125-132.
Wittgenstein, L. (1953). *Philosophical Investigations*. Translated by G.E.M. Anscombe. Oxford: Basil Blackwell.

11

의도적 움직임

MOVING INTENTIONALLY

 이 장은 간단한 두 단계의 실험과 함께 시작하는데, 여러분과 여러분 곁에 있는 한 명의 동료가 참여한다. 동료는 곁에서 관찰하고, 여러분은 팔을 어깨 높이까지 올린 다음 편한 자세로 되돌아온다. 행위가 완료되면 첫 움직임과 똑같이 하는데, 동료가 여러분의 팔을 잡고 올렸다가 내린다. 동작의 범위 및 속도가 같은 움직임이 발생했는데, 같은 속도로 팔은 같은 높이까지 올렸다가 원래 위치로 내렸기 때문이다. 그러나 그 둘 사이에는 중요한 차이가 있다. 첫째 경우는 의도적 행위로 기술될 수 있고, 둘째 경우는 단순한 신체 움직임으로 기술될 수 있다.

 의도적 행위와 단순한 신체 움직임 간의 차이는 무엇인가? 의도적 행위의 경우, 나는 언제 시작할지, 어디서 멈출지, 얼마의 힘과 속도는 사용할지, 어떤 궤적을 따라갈지, 언제 어떻게 처음의 자세로 돌아갈지에 관해 판단에 근거하여 결정을 한다. 두 번째 경우, 단순한 신체 움직임 동안 나의 팔은 타인에 의해 움직여진다. 일단 타인이 나의 팔을 움직이도록 허용하는 결정이 내려지면 나는 더 이상 의사 결정 과정에 관여하지 않는다. 자발적이지도 고의적이지도 않은 단순한 신체 움직임, 즉 그것은 주체에 의해 **행해진 것**이 아니다. 정확하게 말하자면, 그것은 행위가 아니다. 이 초입의 진술은 앞의 장에서 자주 사용된 문구인 의도적 행위를 설명하는데 집중하는 탐구를 시작한다.

이 탐구는 의도적 행위에 대한 명확한 설명의 제공이 목표가 아니며, 논의는 미묘한 차이와 논란이 광범위함을 유의하는 것이 중요하다. 그러한 과업은 철학 저서에 남겨 놓은 것이 최선이다. 훨씬 더 한정된 목표를 추구할 것인데, 즉 우리가 세계 속에서 이리저리 움직일 때 포함되는 사유 과정을 충분하게 통찰하는 것이다. 단순한 행위가 실행될 때 포함되는 사유 과정에 관한 지식을 확보하는 것은 더 복잡한 기술이 실행되었을 때 어떤 일이 일어나는지를 이해하고 파악하는데 도움이 될 것이다.

의도적 행위

엄밀히 말하자면, 주체는 의도적 행위에 관여하거나 관여하려고 하는 인간 존재이다.

의도적 인간 행위는 방향, 목표, 목적, 즉 해당 주체가 실행하거나 달성하려는 의도나 목표를 함축한다. 의도적 행위는 행동이 주체에 의해 인도되는, 주재主宰 행동directed behavior이라 말할 수 있다. 이러한 행위의 개념은 욕구나 바람을 함의한다. 인간 존재의 의도적 행위는 본질상 목적을 향한 수단으로 구성된다. 작인作爲의 화살arrow of agency이 현재를 지나 미래를 향하고 있다. 행위는 미래를 향한다. 행위는 주체의 의도, 목표나 목적이 달성된 결과로 끝나는 주재 행동이다.

행동이 의도적 행위이기 위해서는, 주체가 적절한 움직임을 해야 할 뿐만 아니라 그렇게 하려는 의도가 있어야 한다. 예를 들어, 아이스하키에서 센터는 상대 팀의 청색 라인을 넘은 다음, 쇄도하는 팀 동료에게 패스를 한다. 퍽은 패스를 가로채려던 수비에게 맞고 골대 안으로 들어간다. 규칙에 따르면, 이 골은 센터의 성과로 인정되는데 그가 퍽을 다룬 최후의 공격 선수였기 때문이다. 그러나 그 골은 의도적 행위의 목록에 포함될 수 없는데 그 센터는 골대를 향해 슛을 시도한 것이 아니라 패스를 하고 싶었기 때문이다.

의도함이 항상 (1) 행동을 유발하거나 (2) 의도된 목표나 목적이 달성되는 것은 아니다. 어떤 일을 하고 싶었지만 실행되지 않을 때도 있는데, 변심하거나 상황이 행동을 방해하기 때문이다. 나는 이틀 전에 구입한 소설을 읽기 시작하려고 하는데, 책에 손을 뻗는 순간 제목이 아픈 친척을 방문하기로 한 약속을 떠오르게 한다. 나는 그 책을 펴는 대신에 바로 집을 나와 병원으로 간다. 한편, 의도적 행동이 정한 목표나 목적에 항상 도달하는 것은 아니다. 나는 연습 때 점프 슛을 100번 하려고 의도했는데 첫 시도에서 발목을 삐어 어쩔 수 없이 중단한다. 이러한 경우, 그 행동이 목표 달성에 이르지 않았더라도 목표를 지향했다면 의도적 행위로 볼 수 있다.

행위는 움직임으로 환원될 수 없지만, 행위의 개념은 움직임, 일종의 변화를 필요로 한다. 행동한다는 것은 원하는 목표의 달성을 위해 나의 신체를 의지대로 움직이는 것이다. 나의 몸을 의지대로 움직인다는 것은 내가 행동할 때 그것을 통제한다는 의미한다. 하지만 모든 신체 움직임이 행위인 것은 아니다. 예를 들어, 안면경련, 전율 그리고 지금 장의 첫 부분에서 서술한 실험처럼 타인이 나를 움직이게 하는 경우는 의도적 행위의 사례가 아니다. 나의 몸을 의지대로 움직이고, 그것을 통제하는 것이 의식적 행동이다. 즉, 만약 의식적 행동이 아니라면, 주재 행동이라는 개념은 사라지고 그 실행은 단순한 신체 움직임이 된다. 나는 내 팔을 들어 올릴 때 직접 알지 증거에 근거해서가 아니다. 그리고 나는 관찰에 기초하지도 않고 다른 관찰에서 추론할 필요도 없이 그것을 안다. 나는 그것이 단지 나의 의도적 행위이기 때문에 그것을 안다. 즉 나는 단지 행동하기로 결정했기 때문에 그것을 안다.

행위에 앞서 형성되는 의도와 그렇지 않는 의도를 구별할 필요가 있다. 흔히 의도는 행위를 실행하기 전에 형성된다. 의도의 형성과 행위 자체 간에는 긴 간격이 있을 수 있다. 예를 들어, 다음 주에 있을 테니스 시합을 생각하면서, 상대의 백핸드가 포핸드보다 약하기에 백핸드에만 서브를 하려는 의도를 가졌다. 그런 경우, 주체인 나는 그런 식으로 행동할 의도를 이미 형성했기 때문에 내가 무엇을 할지를 안다. 시합 당일 나는 상대의 백핸드에만 서브를 하는데, 그렇게 의도를 행위로 전환한다. 그러나 앞서 형성한 의도가 없는 상황들이 있다. 이런 경우 의도는 행위와 동시에 형성된다. 의도는 행위 속에 있다고 말할 수 있다.

주체인 내가 수행하는 많은 행위들은 사전의 의도 형성 없이 즉흥으로 이루어진다. 상황이 발생함에 따라 나는 그것에 대응하여 행동한다. 그런 경우 의도는 행위 안에 있다. 즉 의도와 행위는 거의 동시에 발생하는데, 의도는 행위보다 1000분의 1초 앞서 형성되어야 게시揭示될 수 있기 때문이다.

내가 사전 의도를 형성하는 경우, 내가 행위를 실행하지 않을 때조차도 나는 내가 의도하거나 의도하였음을 아는데 그것은 **나의** 의도이기 때문이다. 의도가 행위 속에 있는 경우, 여전히 나는 그 행위를 의도적으로 하는지, 또는 내 몸이 타인에 의해 움직였는지 알 수 있다. 나는 내가 나의 팔을 움직였는지, 또는 나의 팔이 저절로 움직였는지를 안다. 나는 내가 의도적으로 나의 팔을 움직이는 때를 알고, 또한 나의 팔이 저절로 움직이는 때를 안다.

우리는 우리 자신의 의도적 행위를, 우리가 시작한 변화를, 우리 몸의 움직임을 의식한다. 우리는 의지대로 개시하는 변화를, 자세의 변화를, 따라서 나와 타인 및 주변의 사물들 간의 관계 변화를 의식한다. 나는 내가 무엇을 하려고 하는지 바로 안다. 즉, 나는 내가 지금 무엇을 하고 있는지를 안다. 그리고 나는 내가 방금 무엇을 했는지를 안다. 나는 내가 무엇을 하려고 하는지 알기 위해서는 내가 지금 무엇을 하고 있는지 알아야 하고, 나의 현재 행위를 조금이라고 이해하려면 내가 그 행위를 할 때 내가 무엇을 하고 있었는지를 알고 있어야 한다. 나는 내가 무엇을 하려고 하는지를 쉽게 아는데, 그것은 **나의** 의도이지 타인의 의도가 아니기 때문이다. 또한 나는 내가 무엇을 하고 있는지를 쉽게 아는데, 그것은 **나의** 행위이지 타인의 행위가 아니기 때문이다. 만약 어떤 사람이 자신이 하고 있다는 것을 모른 채 무언가를 하고 있다면, 그는 그 일을 의도적으로 하고 있지 않다는 것은 사실임에 틀림없다.

앞의 고찰은 앎과 의도적 행함 간의 부정할 수 없는 연관을 분명하게 드러낸다. 그렇다면, 의도적 행위는 이제 주체가 알고 하는 행동이라고 할 수 있다. 행위를 관장하고 지시하는 의도가 있는 행위로 향하는 의도의 흐름이 있다. 행위 전과 행위 중의 결정은 판단에 근거하여 이루어진다. 판단은 의도적 행위의 필수 부분이다. 판단과 결정에 대한 언급은 개념을 함의하는데(Weitz, 1977, p. 20), 왜냐하면 개념 없이는 판단도 결정도 불가능하기 때문이다.

판단을 내림은 사유를 필요로 한다. 즉 내려진 판단이라는 개념은 유효한 선택사항에 대한 평가를 기반으로 이루어진 결정을 함의한다. 선택사항을 평가하는 데에도 사유가 필요하다. 선택사항에 대한 평가, 결정, 판단의 세 가지 활동 모두 사유를 필요로 한다. 선택사항에 대한 평가, 결정, 판단이 의도적 행위를 단단히 뒷받침한다는 점을 감안하면, 사고가 의도적 행위의 필수 부분임은 논리적 귀결이다.

즉각적 결정이 필요하지 않는 경우 주체는 어떤 행위를 할지를 곰곰이 생각할 수 있는 시간의 여유가 있다. 즉각적인 결정이 필요한 경기와 스포츠에서는 경험이 중요한 역할을 한다. 오랜 동안 축적된 거대한 지식의 저장소는 선택사항을 정하는데 풍부한 기반을 제공한다. 그런 경우, 경험이 많은 운동선수들이 경기의 열기 속에서, 큰 압박을 받을 때조차 현명한 결정을 내리는 것을 발견하는 것은 놀라운 일이 아니다.

햄프셔(Hampshire, 1965)는 중요한 관찰을 했는데, 그는 "우리가 깨어 있고 완전히 의식하고 있는 동안, 항상 의도를 가지고 행동하고 움직이며, 그 때의 대부분에서 우리의 사고는 실천적 사고로서 의도된 행위로 직접 표출되고 말로는 구성되지 않는다"(p. 78)고 언급한다. 의도적 행위를 실행하는 주체는 자신이 무엇을 하고 있는지 의식하며, 비록 개념들을 말글로 표현할 수는 없더라도(Weitz, 1977, p. 4) 판단과 결정에 활용한다. 그의 행위를 인도하고 지시하는 사유는 명제적으로 언표될 수 없을지라도 본성상 개념적이나. 이러한 말글식이 아닌 실천적 개념(10장 참조)은 의도적 행위로 표명된다.

의도의 형성과 유지, 판단, 결정은 모두 사유를 포함한다. 햄프셔의 견해에 따르면(1965, p. 170) 의도는 사고와 필히 연결된다. 사고thinking는 사유thought를 표현하는 수단을 갖는 것과 필히 연결되며, 행위로 불리는 의도적 행동의 범주에서 행위는 사유를 표현하는 수단이다. 사유와 행위는 서로 얽히고 얽혀 있다. 즉, 의도적 행위는 사유가 함유되어 있다고 할 수 있다.

의지적 행위는 목적적이다. 달성해야 할 목표가 있다. 목적성은 다수의 선택사항 중에서 선택이 이루어졌음을 뿐만 아니라 동기와 의도는 행위로 나타나며 그 행위가 완료될 때까지 지속됨을 함의한다. 원하는 당초의 목표가 달성되지 않을 경우, 목적성과 창의성은 주체가 목표 달성을 위한 추구로 개시한 후속의 행위(들)에서 볼 수 있다.

의도적 행위는 사유가 없는 것도 아니고 개념적 내용이 없는 것도 아니다. 이것은 걷기와 앉기라는 평범하고 일상적인 행동들을 통해 쉽게 입증된다. 일상에서 걷기는 결정이 암묵적인 습관의 제어를 받으며, 그 결정은 암묵적으로 이루어지기에 우리는 그것을 의식적으로 인식하지 않는다. 하지만, 미끄러운 경사면을 걸어 올라가려 할 때 우리의 주의는 발걸음 하나하나에 집중한다. 즉 각 결정은 명시적으로 이루어지며 우리는 그 과정에서 발걸음 하나하나에 대해 "생각함"을 충분히 의식한다. 비슷한 가상 상황이 의자나 소파에 앉는 경우의 대부분에 잘 적용된다. 그러나 아주 낮은 안락의자나 바닥의 베개가 있을 때, 우리는 앉는 행위에 모든 주의를 집중하고 내린 뚜렷한 결정을 충분히 의식한다.

우리는 수없이 자주 "실행"하는 의도적 행위를 할 때, 우리가 한 결정을 **자의식으로** 인식하거나 반성적으로 인식하지 않으며, 또한 판단이 말글식으로 이루어지는 것도 않는다. 판단을 내리고 결정을 하는 것은 암묵적이며, 장애물 넘기나 밧줄 아래로 통과하기의 예처럼 신체적 행위에 포함된 결정은 말글이 아닌 방식으로 이루어진다.

습관과 암묵적 선택은 반성과 의사결정의 과정에 대한 자의식적 인식의 부재를 설명하는데 도움이 된다. 이것은 행위와 사유라 불리는 것에 똑같이 적용된다. 아이들은 특정 질문에 대한 습관적 반응을 개발하기 위한 수단으로 구구단을 암기한다. 구구단이 기억에 남으면 습관이 이어지고, "3곱하기 3은 얼마인가"라는 질문에 대한 응답은 사유 과정에 늘 내재하는 선택과 의사결정의 요인에 대한 인식 없이 정답을 끌어낸다. 우리가 익숙한 환경에서 평소의 방식으로 움직이면서 의도적 행위를 실행할 때에도 상황은 비슷하다. 즉, 판단, 선택, 결정은 행위에 내재한다.

의도적 행위는 사람이 한다. 맥머레이(Macmurray, 1957)는 의도적 행위의 개념적 본성에 대한 중요한 통찰을 제시한다.

> 반성하는 자아와 행동하는 자아는 동일한 자아이다; 행위와 사유는 그 활동의 대조적 양태들이다. 그렇다고 그것들이 자아의 존재 안에서 동등한 지위를 갖는 것은 아니다. 사고할 때 정신만이 활동적이다. 행동할 때 신체는 실제로 활동적이며 정신도 그러하다. 행위는 맹목적이지 않다. 우리가 반성에서 행위로 전환할 때 의식에서 무의식으로 전환하는 것이 않는다. 우리가 행할 때 감각, 지각, 판단은 신체 움직임과 함께 지속적으로 활동한다. …그러므로 행위는 우리의 모든 능력이 참여하는 자아가 충만하고 구체적인 활동이다 (p. 86).

위에서 맥머레이가 묘사한 "자아"는 일원의 통합된 존재이며, 9장에서 논의한 인간관과 다르지 않다. 의도적 행위는 말글식이 아닌 개념의 표현이다. 즉, 그것은 실천적 사고의 체현embodiment이다. 우리는 의도적 행위를 할 때 무엇을 하는지를 안다. 그리고 "안다"는 정확하게 말로 표현할 수 있음을 필히 함의하지 않는다. 의도적 행위는 사고를 포함한다. 즉, 그것은 행위로 표현되는 말글식이 아닌 사유의 한 형식이다. 따라서 의도적 행위는 움직임과 지식의 합일이다. 즉, 그것은 "유식有識의 움직임"이다.

기술 실행은 주체가 해당 기술의 실행을 의도한 것이기에 의도적 행위의 한 사례이다. 이제, 기술 실행은 움직임과 지식의 합일이라는 것은 논리적 귀결이다. 즉, 그것은 "유식의 움직임"이다.

새로운 노선의 입론

의도적 행위는 사유를 함유한다.

의도적 행위는 본성상 개념적이다.

의도적 행위는 정확하게 유식의 움직임이라고 할 수 있다.

(체육의 핵심적 관심사인) 기술 실행은 의도적 행위로서 사유를 함유하고 본성상 개념적이다.

기술 실행은 말글식이 아닌 사유와 추론의 표명이다.

References

Hampshire, S. (1965, 1982). *Thought and Action*. London: Chatto and Windus.
Macmurray, J. (1957). *The Self as Agent*. Atlantic Highlands, NJ: Humanities Press.
Weitz, M. (1977). *The Opening Mind: A Philosophical Study of Humanistic Concepts*. Chicago: The University of Chicago Press.

12

움직임 지식

KNOWLEDGE IN MOVEMENT

두 가지 유형의 지식, 대상지(명제지)와 방법지(실천지 또는 절차지)를 확인했고 검토했다. 방법지, 실천적 또는 절차적 지식은 체육교육자로부터 적절한 관심을 받지 못했다. 이는 놀라운 일인데 체육에서 주된 관심사가 기술 획득, 기술 발달, 기술 실행, 운동 행동, 수행 기법의 형태인 움직임이기에 그러하다. 이 활동들은 모두 의도적 행위라는 표제에 잘 들어맞는다. 확인했듯이, 의도적 행위는 본질 상 사유를 함유하고 개념적이다. 따라서 의도적 행위의 사례인 기술 실행은 본질 상 사유를 함유하고 개념적이라고 말할 수 있다. 기술 실행은 말글이 아닌 사유와 추론의 표명이자 지능의 표출이다.

개인이 농구공을 드리블하는 방법, 롤러블레이드를 타는 방법, 배영을 하는 방법 또는 체육 프로그램을 구성하는 여러 가지 활동에서 기술을 학습할 때 지식은 획득되고 있다. 아놀드(Arnold, 1991)가 지적했듯이, "**기술**은 절차적 지식의 특수 형태라는 점을 이해해야 한다"(p. 73). 체육 프로그램과 관련된 실천적 또는 절차적 지식, 기술의 특수 형태를 나는 신체행위지식Physical Action Knowledge 또는 신행지身行知/PAK로 명명했다. 다음은 신행지에 대한 자세한 해명인데, 그런 지식은 어떻게 획득되고 표명되는지, 그런 지식은 다른 유형의 지식과 어떻게 유사한지, 그리고 어디에 차이가 있는지를 설명한다.

신체행위지식, 신행지

신체행위지식, 신행지는 주체가 행위를 할 때 가지고 있는 지식이다. 나의 이 주장에는 이러한 지식 유형의 경험적 본성, 즉 주체가 행위를 실행할 때 그것이 어떤 "느낌"인지 알게 되는 순간이 담겨 있다. 트럼펫을 연주하는 것과 미식축구에서 전진 패스를 하는 것은 이 요점을 잘 예시할 것이다. 트럼펫의 마우스피스를 입술에 대고 그저 불어대기만 해서는 음악적 소리가 발생하지 않는다. 입술을 오므리고 모종의 방식으로 숨을 내쉬어 소리를 내고 그리고 그 "느낌"을 경험하면 이후의 시도에서 무엇을 할지를 안다. 마찬가지로, 미식축구의 전진 패스를 할 때 야구에서 사용되는 투구 동작을 그저 똑같이 하는 것만으로는 미식축구에 적합한 패스의 나선형 운동이 생성되지 않는다. 나선형을 생성시키려면 팔 동작, 손목 동작, 손가락 움직임의 협응을 포함하는 특수한 움직임이 필요하다. 일단 그 "느낌"을 경험하면 이 지식을 이후의 시도에서 사용한다.

이전에 행위를 실행한 경우, 이미 약간의 경험과 지식을 가지고 있다. 새로운 행위는 이전의 지식을 활용하고 새로운 지식을 생성하며, 새로운 행위가 이전의 다른 행위와 유사한 경우 새로운 지식을 이미 보유한 지식에 쉽게 동화시킬 수 있다. 신행지의 획득에 관한 이러한 서술은 기술의 가르침에 있어서 발전에 관한 교육학적 실천을 설명하고 정당화한다. 가장 간단하고 기초적인 움직임부터 시작하는 것은 학습자가 특정 스포츠나 움직임 활동에서 신행지를 쉽게 획득할 수 있게 한다. 고급 기술의 가르침은 학습의 기초가 되는 지식 기반의 보유에 의해 촉진된다.

저명한 현대 신경과학자에 따르며, 우리는 지식을 언어language와 비언어nonlanguage 형태 모두로 저장한다. "기질적 표상dispositional representation 형태로 기억 속에 있는 지식은 비언어와 언어 방식 모두에서, 거의 동시에 의식에 접속할 수 있다"(Damasio, 1994, p. 166). 때때로 우리는 지식을 언어 형태로 저장하고 기억을 사용하여 적절한 단어를 떠올린다. 신행지가 관련될 때와 같은 다른 경우에는 지식을 비언어 형태로 저장하고 기억을 사용하여 그 "느낌"과 행한 실제 움직임을 모두 떠올린다. 그리고 배우가 대사를 암송하고 적절한 몸짓을 할 때와 같이 회상recollection이 비언어와 언어의 두 방식으로 저장된 지식에 접속하는데 사용되는 경우가 있다.

모든 학습자가 똑같은 발전 과정을 따르는 것이 필요하지 않다. 모든 타 교과 영역에서 발생하는 바와 같이, 체육에서 일부 학습자들은 동료보다 더 잘 적응하고 더 빨리 발전할 수 있다. 일부는 매우 재능이 있어 조금씩 발전할 필요 없이 가장 높은 수준의 기술을 실행할 수 있다. 소수의 학생만이 그런 재능이 있다.

이전 지식에 직접 기반을 하는 새로운 기술의 도입이 항상 가능한 것은 아니다. 새로운 활동이나 새로운 스포츠가 소개되는 경우처럼 그 행위가 전혀 관련 없을 때가 있다. 예를 들어, 앞공중돌기를 처음 행함으로써 획득된 지식은 매우 일반적인 방식만 기존의 지식과 단지 연관될 수 있다. 이러한 경험적 측면은 부연이 필요하다.

지식은 지도의 결과로서 경험이나 발견에 의해 획득된다. 이러한 관찰은 명제적 지식뿐만 아니라 신행지에도 적용된다. 신행지는 지도 또는 발견에 의해 발생하는 움직임을 경험함으로써 획득된다. 신행지의 새로운 사례는 실행한 움직임의 결과로 발생한다. 이러한 움직임을 만들기 위해, 따라서 새로운 신행지를 획득하기 위해, 이전에 획득한 신행지가 활용되고 새로운 신행지는 지식의 망에 "통합"되거나 기존의 "창고"에 추가된다. 명제적 지식의 획득, 활용, 발전과 관련하여 유사한 상황이 존재하는데 기존의 지식을 기반으로 새로운 지식을 획득하면 이 새로운 지식은 다시 추가의 지식이 더해지는 기반이 될 수 있다.

신행지는 일반적으로 그것과 연합되고 연결되는 두 가지 다른 유형의 지식인 (1) 행위를 실행하기 위해 필요한 지식, (2) 자신의 행위에 대해 가지고 있는 지식과 다르다. 각 주제에 대해 차례로 논의한다.

신행지는 (1) 행위를 실행하기 위해 필요한 지식과는 다르다. 이 지식은 행위를 실행할 때 할 것에 관한 행동 지침agenda이나 점검 목록checklist이라고 할 수 있는데, 신행지는 행동 지침에 없는 요소이다. 누군가에게 자전거 타기를 가르치는 것이 한 예일 것이다. 나는 올바른 순서에 따라 세세한 움직임을 모두 담고 있는, 즉 해야 할 것의 점검 목록을 암송하는 것에서 시작하고, 그 다음 학습자에게 그 목록을 암기하고 암송을 반복하도록 요청할 수 있다. 이 시도가 성공했다고 해서 그가 자전거 타기를 배웠다고 할 수는 없는데, 목록을 명확하게 기억하는 것과 자전거를 타는 것은 별개의 다른 것, 즉 다른 지식이기 때문이다. 암송에서 빠진 것은 경험적으로 획득되는 행위 지식인 신행지이다. 학습자에게 고정된 자전거를 타도록 하는 두 번째 단계를 추가할 수 있다. 그것은 일상의 자전거 타기와 다른데, 자전거를 타는 행위에서 획득되는 특수한 지식이 여전히 빠져 있기 때문이다.

자전거 타기와 같은 기술의 실행에는 명제적으로 표현될 수 있고 신행지와 결합될 수 있는 일부 "이론적" 지식이 포함될 수 있다. 이러한 사례가 발생할 때 의도적 행위, 즉 기술 실행은 다양한 유형의 지식이 결합될 수 있는 인간 행동 양식임을 보여준다. 이 요점은 곧 다루어질 것인데, 여기서의 강조점은 점검 목록의 암송도, 고정된 자전거를 타는 경험도 자전거를 타는 방법을 아는 것과 동일시할 수 없다는 것이다.

자전거 타기의 학습에 관한 모든 것은 운동감각kinesthetic sense을 통해 균형을 유지하는 법을 학습하는 것에 불과하다고 말함으로써 내 설명에 반론을 제기할 수도 있다. 그 견해는 두 가지 이유로 옳지 않다. 첫째 운동감kinesthesia은 감각 환류 기제sensory feedback mechanism로서 그 자체로 지식을 구성하지 않으며, 둘째 운동감이 환류를 제공하더라도 물리적 환경에 적응하는데 있어 나름의 의식적 결정을 하는 자는 자전거를 타는 사람이다. 운동 제어는 의식적 결정의 과정을 포함하며 단순한 운동감 환류에 대한 자동적인 반응이 아니다. 이것은 쉽게 알 수 있다. 자전거에 앉았을 때 균형을 유지할 수 있는 자세는 한 가지 이상이 있으며, 운동감각이 환류를 제공하기에 자전거를 타는 사람은 자세의 조정에 관한 의식적 결정을 내리거나, 경우에 따라 똑바른 자세로 돌아가는 것이 아니라 균형을 잃은 자세로 얼마나 오래 주행할 수 있을지를 확인하려는 결정을 내리기도 한다. 자전거 타기에서 운동감 환류는 매우 중요하며, 마찬가지로 올바른 경로로 가는지, 현재의 위치, 목적지에 도달하는 방법, 교통 법규, 안전 규칙을 알 수 있도록 주변 환경을 살피는 것도 중요하다. 그러나 운동감 환류, 주변 세계에 대한 지식 그리고 방금 언급한 다른 지식은, 혹여 함께 말해질 때조차, 어떤 행위를 할 때 가지고 있는 지식, 즉 이 경우 자전거를 탈 때 가지고 있는 지식인 신행지를 대신할 수 없다.

나는 신행지는 명제적으로 표현될 수 없으며 행위의 실행으로 입증된다고 주장한다. 이는 신행지가 인체 동작에 관한 서술이나 행위에 관한 명제로 환원될 수 없음을 의미한다. 그렇다고 해서 우리가 신행지에 대해 진술을 할 수 없다는 말은 아니다. 즉, 우리의 모든 사유 과정이 말로 이루어지는 것은 아니며(10장과 11장 참조), 우리의 모든 개념이 명제 형태로 완전하게 표현될 수 있는 것도 아니라는 점을 지적하는 것이다. 길슨(Gilson, 1957)은 "인간은 손**으로** 생각하지 않지만, 화가의 지성은 분명 그의 손**에** 있는 만큼 화가는 손으로 영감을 얻는 순간에 때때로 손이 하는 일에 너무 많이 신경 쓰지 않고 손이 제 역할을 하도록 할 수 있다"(p. 31)고 말한다.

길슨은 그림을 그릴 때 손으로 영감을 받는 순간에 화가의 지성은 그의 손**에** 있다고 주장하면서, 그 사유 과정은 말이 아닌 형태로 존재하고 행위의 실행으로 표명된다고 알려 준다. 이 경우에서 지식은 행위 속에, 즉 그림 그리기 속에 있다. 길슨은 이것이 영감의 순간에 발생함을 지적하면서, 화판에 단지 기계처럼 물감을 칠하는 것이 아니라 예술의 창조적 측면에 주목하게 한다. 화가의 손**에서** 이루어지는 지성적 활동은 화판에 물감을 칠하는 행위에서 표명된다. 이 지식은 명제적으로 표현될 수 없지만 많은 명제들이 정식화될 수 있는 바탕을 이룬다.

점검 목록을 기억하는 것은 실천적 지식과 다른 명제적 지식을 포함한다. 이와 관련하여 햄린Hamlyn은 다음과 같은 흥미로운 논평을 했다. "실제로는 할 수 없지만 이론으로 하는 방법을 안다는 의미에서, 즉 원칙은 알고 있지만 그것을 적용할 수 없는 경우를 제외하면, 할 수 없으면 하는 방법을 안다고 말할 수 없음은 당연하다."(1970, p. 104). 햄린은 점검 목록 또는 일련의 원칙은 배웠지만 해당 기술을 실행하는 시도가 없었던 실제 사례를 말하는 듯하다. 만약 그것이 사실이라면, 그리고 그럴 수 있다면, 그의 논평은 두 가지 유형의 지식, 즉 명제적 지식과 실천적 지식이 있음을 함의한다. 이론적으로 아는 것은 명제적 진술을 할 수 있다는 것이다. 그러나 햄린이 서술한 앞의 상황에는 주체가 행위를 행하는 속에서 가지고 있는 실천적 지식인 신행지가 빠져 있다.

또 다른 미묘한 차이는 숙고할 만하다. 방법지는 원칙에 관한 지식을 포함하지만, 그 원칙을 언표하거나 정식화할 수 있음을 반드시 포함하지는 않는다. 이전의 경험과 가설적 판단("내가 라켓을 더 빠르게 휘두른다면…")에 따라 자기 움직임을 수정하고 조정하는 사람들은 그런 행동에 포함되어야 하는 인지적 고려를 예증한다. 완전한 이론적 설명이 있을 수 없다는 것은 놀라운 일이 아닌데, 기술에는 말로 표현될 수 없는 것들이 있기 때문이다. 즉 그런 지식과 이해는 기술의 실행으로 입증된다.

명제적 지식과 신행지의 차이를 추가로 설명할 수 있다. 기술을 수행하는 방법에 관한 말글식의 지침은 적절한 동작 순서를 진술하는데 세심한 주의를 기울여 매우 세밀하게 제공할 수 있다. 유심히 듣고 있는 학습자는 종종 시연을 요청하는데, 즉 신행지를 말로 된 설명이 아니라 행위로 보고 싶다는 뜻을 표한다. 역으로, 때로 기술을 가르치기 위한 가장 좋은 교육학적 전략은 학습자가 신행지가 표명되는 것을 볼 수 있도록 하는 시연이다. 이러한 해설은 신행지의 말글식이 아닌 의사소통 특성을 나타낸다.

말글식 지시가 첨가되며 시연에 의존하지 않고 기술이 실행되는 경우들이 있다. "호키포키Hokey Pokey"는 한 예이다. 진행자가 "오른쪽 다리를 넣습니다."라고 외치면, 누구나 시범의 필요 없이 지시에 따를 수 있다. 이런 경우, 학습자는 명제적 진술을 실천적 지식으로 전환하도록 요청받으며, 일단 그렇게 하면 명제적 지식과 신행지의 두 갈래 지식을 갖게 되고, 이들은 해당 기술을 실행할 때 "결합"된다. 자신은 해당 경험을 해본 적이 전혀 없는데도 타인에게 기술 실행의 방법을 가르치는 사지마비자의 경우에는 다소 다른 상황이 뚜렷하다. 기술을 실행하는 사람은 명제적 지식과 신행지를 모두 가질 수 있는 반면, 사지마비자는 움직임을 경험할 수 없기에 명제적 지식만 가지게 되며, 따라서 행위 속에 있는 지식을 획득할 수 없다. 사지마비자는 말을 할 수 있고 말할 때 혀를 움직이고 입술을 가볍게 벌려 공기의 배출을 조절하는 나름의 신행지를 가지고 있을 것이다. 하지만 우리는 이러한 움직임을 거의 의식하지 않기 때문에 이 경우 신행지는 암묵적일 것이다. 사지를 움직일 수 있는 능력을 가진 사람들은 행위 속에 있는 그 지식을 쉽게 경험하고, 따라서 신행지의 개념을 더 쉽게 이해할 수 있다.

명제적 지식과 마찬가지로 신행지에는 믿음 요소belief element가 있는 듯하다. 행위를 실행하기 전에 나는 행위를 할지 말지를 결정하는데 도움이 되는 다양한 요인들을 평가한다. 결과를 결정하는 한 가지 요인은 내가 필요한 것은 무엇이든 할 수 있다는 믿음이다. 만약 내가 할 수 없다고 믿는다면 행하지 않을 것이고, 행하지 않는다면 그 결정에 들어가는 요인 중 하나는 내 자신의 능력과 한계에 대한 믿음일 것이다. 내가 할 수 있다고 믿지 않는 경우, 나는 행하지 않는다. 성공할 공산이 매우 크다는 것을 알지만 할 수 있다고 믿기 때문에 행하는 때가 있을 것이다. 성공적 실행은 나의 믿음을 정당화한다. 즉 실제로 나는 참된 믿음을 가지고 있지만 성공하지 못한 행위는 나의 믿음에 반하는데, 그래서 그 경우에는 나는 거짓된 믿음을 가지고 있다고 말할 수 있다.

믿음은 시간상 행위에 선행할 필요가 없지만, 대신에 의도적 행위의 개념적 본성 중 필수 부분일 것이다. 즉, 그것은 행위 자체에 함축된다. 우리가 의도적 행위의 이러한 특징을 의식하지 않는 한 가지 이유는, 우리의 의도적 행위의 대부분이 일어서기, 앉기, 옷을 입고 벗기의 예처럼 우리가 수없이 행해 왔고 그래서 더 이상 주의를 기울이지 않기 때문이다. 그러나 기술이 더 복잡한 경우 또는 상이한 환경, 긴장한 상황에서 익숙한 기술을 실행하는 경우에는 다를 것이다. 중요한 시합의 마지막 순간에 동점이나 승리를 위해 슛을 시도하는 농구 선수는 자신의 시도의 중요함을 인식하게 되고 이러한 인식으로 인해 자신의 능력을 의심할 수 있다. 그는 자신이 득점할 거라고 믿지 않을 수 있는데, 그러한 상황에서 새로운 요인이 등장한다. 믿음의 동요는 특정 선수들이 압박감이 없을 때는 쉽게 구사하는 기술임에도 불구하고 압박 상황에서는 그 기술을 성공적으로 행하지 못하는 이유를 설명하는 한 가지 방식일 것이다. 압박감이 없으면 해낼 수 있다고 믿을 수 있다. 여기서 나의 의도는 "심적 압박choke" 현상을 설명하는 것이 아니라 인식론 관점에서 그것을 가볍게 조명하는 것이다.

행위를 실행하는 데 성공하리라고 믿지 않더라도 일단 시도해 볼 수도 있다. 나의 능력을 시험해 보고 싶은 때가 있을 수 있고, 설령 내가 성공하지 못할 거라고 믿더라도 실패한 시도에서 무언가를 배울 수 있음을 알고 있으며, 이는 미래의 성공에 도움이 될 수도 있다. 어떤 때는 심지어 성공할 수 없음을 믿고 있음에도 불구하고, 대안이 없기에 어쩔 수 없이 시도하기도 한다. 나는 집 사이의 간격인 약 6미터를 뛰어 넘을 수 없다고 믿고 있음에도 불구하고, 선택의 여지가 없기에 불타는 지붕에서 이웃의 지붕으로 뛰어 넘기를 시도한다. 그러한 끔찍한 결과의 상황에 직면했다고 가정해서, 필요한 행위가 무엇이든 실행할 수 있다고 진심으로 믿는 사람들이 있다. 상당히 연약한 여성이 차 밑에 갇힌 자신의 아이를 구하기 위해 차를 들어 올린 이야기는 이러한 현상을 입증한다.

신행지는 (2) 나의 행위에 대해 가지고 있는 지식, 즉 행위가 실행된 방식을 의미할 수 있는 지식과 다르다. 이 범주의 지식을 설명하는 한 가지 방법은 체육 수업의 조언이나 경기 지도의 지침이다. 예를 들어, 테니스 라켓을 휘두르기 전에 발이 준비되지 않았음, 또는 농구 자유투를 했을 때 손목을 제대로 구부리지 못했음과 같은 언급들이다. 행위가 실행된 방식에 관한 정보는 학습자의 수행 향상에 도움이 되는 중요한 환류를 제공한다. 행위가 실행된 방식을 의미하는 이러한 지식은 모두 명제적으로 표현될 수 있는 반면에 신행지는 그렇게 표현될 수 없다. 즉 신행지는 행위 자체의 경험에서 직접적으로 비롯되며 행위로 표명된다. 행위가 실행된 방식에 관한 모든 지식은 그 사실 이후에, 즉 행위가 실행된 후에 제공되어야 하지만, 신행지는 행위 자체의 실행 중에 발생한다. 행위에 대한 일부 진술은 신행지에 기반을 하거나 근거를 두는 데, 반면에 행위에 관한 다른 명제와 지식은 거울이나 다른 도구로 동작을 관찰하는 예처럼 자기관찰에서 얻을 수 있다.

자기 행위에 관한 추가의 지식은 두 가지 원천에서 비롯된다. 행위를 관찰하고 유용한 단서와 제언의 형태로 환류를 제공하는 지도자, 교육자, 동료 등의 타인들 그리고 행위의 과정과 결과를 스스로 관찰하는 때의 자신이다. 반면, 신행지는 주체가 행위를 실행하는 중에 가지는 지식이다. 그것은 행위를 실행하는 경험의 일부이다. 그것은 주체인 내가 행동할 때마다 가지는 직접적 지식 유형이다. 그것은 내가 행위에 참가할 때 즉각적으로 가지는 지식 유형이다.

때로 그것은, 글을 쓰면서 가려운 곳을 긁을 경우나 말을 하면서 파리를 쫓는 경우처럼, 나의 행위에 의도적 요소가 최소한만 있는 듯 보이는 경우가 있다. 종종 그러한 행동은 개념적 내용이 없음을 암시하는, 딴 데 정신이 팔린 것처럼 묘사된다. 의도적인 따라서 개념적인 그런 행동은 최소의 주의를 기울인다는 관점에서 설명하는 것이 더 정확할 것이다. 가려운 곳을 긁고 파리를 쫓는 것은 최소한의 주의를 기울임에도 판단과 결정을 수반한다. 따라서 개념적이지 아닐 수 없다. 주의를 기울임을 준거로 하면, 역설적이게도 방금 묘사된 행동 유형과 고도로 숙련된 행동 사이에는 연관성이 있는 듯하다. 오랜 연습을 통해 숙련된 기술은 직접적 주의를 많이 기울이지 않고 실행할 수 있다. 최상 수준에서 스키를 타는 사람은 초급이나 중급의 경사면을 주변의 경치를 감상하면서 활강할 수 있다. 이 경우에서도 충분한 주의를 기울이지 않고 결정과 판단이 내려지지만, 그것이 행위의 개념적 성격을 절하시키지는 않는다.

지금까지, 신행지와 명제적 지식의 차이를 강조하는 동시에 신행시에 관해 더 나은 이해를 제공하기 위해 둘 사이를 뚜렷하게 구분하였다. 사용된 접근 방식은 두 가지 유형의 지식이 항상 분리되고 독립적으로 작용한다는 인상을 줄 수 있지만, 그렇지 않다. 우리는 이런저런 움직임을 하면서 종종 두 가지 유형의 지식을 결합시킨다. 이것은 수술 중인 외과의사의 예에서 알 수 있다. 그의 이해와 수행의 의식적 과정에서 순간순간 발생하는 각 상황처럼 이론적 지식은 수술 중 실행으로 구현된다. 외과의사가 의학 이론을 낮은 소리로 말하지 않지만, 그는 수술 칼을 섬세하게 그러나 능숙하게, 적절한 방식으로 움직일 때 하고 있는 일에 대한 깊은 이해를 표명하면서 강렬한 인지적 활동을 하고 있다. 그가 수술 칼을 움직일 때, 이전의 수술을 통해 익히고 개발한 실천적 지식인 신행지는 정교한 움직임 각각에서 사용되는 기술과 주의로 표명된다. 외과의사인 그의 기술은 이론적 지식의 결과로만 형성되는 것도, 신체적 행위에 대한 지식의 결과로만 형성되는 것도 아니다. 즉 둘 다 행한 모든 움직임 속에 존재하고 얽혀 있다.

신행지와 의학 이론은 외과의사가 수술을 행할 때 의도적 행위에 반영된다. 두 가지 유형의 지식, 즉 실천적 지식과 명제적 지식은 여기서 명료하게 구별될 수 있다. 절개, 혈관 고정, 섬세한 장기 이동, 종양 절제 속의 실천적 지식인 신행지는 의학 이론에 의해 알게 되거나 인도된다. 의학 이론이 없다면, 신행지는 의도적 행위 속에서 수술 칼을 사용하는 경우에 여전히 존재할 것이지만, 그 경우에 그것은 다른 개념이나 이론에 의해 알게 되거나 인도될 것인데, 혹여 칼로 찔러 살인을 시도하는 경우라는 악한 결과를 바라는 것일 수도 있다. 이제 외과의사의 예로 돌아와서, 현존하는 명제적 지식, 즉 의학 이론의 실체를 살펴보자. 수술 칼을 처음 잡아보는 의대생의 경우에 수술 칼의 조작은 신행지에 의해 알게 되거나 인도되지 않는다. 그가 해부학, 생리학, 신경학의 모든 이론적 측면을 통달했더라도, 깔끔하고 적절한 절개를 하는데 필요한 실제 조작을 경험하기 전까지 신행지는 존재하지 않는다. 학생이 절개를 하면 신행지가 획득되고, 모든 이론적 및 실천적 개념이 그러하듯이 개발과 숙달을 위해 연습이 필요하다.

수술 중에 외과의사는 신행지 개념(수술 기술)과 말글식 개념(의학 이론)에 대한 자기의 숙달을 보여줌으로써 한 사람은 다른 사람을 인도하고 가르친다. 근육, 정맥, 동맥, 신경 및 장기의 위치와 절개로 인한 반응에 관한 지식과 함께 기타 많은 의학 정보는 수술 칼에 얼마나 많은 공력을 들여야 하는지, 절개와 고정에 얼마나 주의를 기울여야 하는지, 장기를 얼마나 섬세하게 움직여야 하는지에 대한 실천적 지식인 신행지와 결합된다. 분석을 목적할 때 각 유형의 지식은 정의, 서술, 분석될 수 있지만 수술에서 그 지식들은 여지없이 서로 얽힌다. 의도적 행위의 대부분이 그러한데, 즉 말글식 개념과 신행지 개념은 서로 얽혀서 우리가 세계 속에서 이리저리 효과적으로 움직일 수 있게 하고 목표를 달성하는데 기여한다. **의도적 행위, 곧 기술 실행은 이론적 지식과 실천적 지식이 만나는 곳**_meeting place_**이다.**

신행지는 주체가 행위의 실행 속에 갖는 지식이다. 만약 이런 유형의 지식이 사적인 것으로 간주된다면, 그것은 "정신적" 영역 안에만 자리할 수 있게 되고 결국 라일이 효과적으로 반박한 견해인 이지주의 전설로 회귀하게 된다. 신행지의 공적이고 공유되는 성격은 의도적 행위로 표명되는 것에서 알 수 있으며, 이러한 지식을 상호주관적으로 판단할 수 있는 성공의 공적 준거 또는 수행 규범이 있다. 신행지는 주체가 행위의 실행 속에 갖는 지식이라는 주장은 지식이 "정신"에 한정되고 명제 형태로만 표현될 수 있다는 데카르트식 인간관에 대한 반박이다.

말하기를 통해 세상을 변화시키기 때문에 말하기 자체가 행위이지만, 말하기는 모든 말글식 표현의 요소인 신행지와 동일한 것은 아니다. 말하기 위해서는 입술의 모양을 만들고 혀를 움직이고 입을 여닫고 적절한 순간에 숨을 내쉬어야 한다. 이러한 의도적 신체 행위는 특정한 소리, 즉 소음 같은 단순한 소리가 아니라 생각의 표현, 의견의 제기, 지시의 제공, 대화의 참여를 위해 필요한 말에 해당하는 특정한 소리를 생성하기 위해 필요하다. 신행지는 원하는 말을 만드는 소리를 생성하기 위해 입술, 혀, 입, 횡격막을 움직일 수 있게 하는 지식이다. 재론하여, 두 가지 유형의 지식은 서로를 인도하고 알려준다. 그러나 덧붙이자면, 신행지 없이는 말이 형성될 수 없을 것이기에, 이런 의미에서 명제적 지식은 실천적 지식에 의존한다.

체육의 내생 지식

모든 수준의 학교에서 교육은 지식의 전달 및 획득과 관련이 있다. "역사적으로 교육은 앎, 기억, 추론, 문제 해결이라는 **인지 영역**의 행동과 관련이 있다"(Metheney, 1975, p. 73). 생물학, 화학, 수학, 역사, 문학과 같은 교과 영역은 학생에게 전달되는 각자의 지식체를 분명하게 드러낼 수 있다. 맥클로이McCloy와 윌리암스Williams가 한 바와 같은, 체육에 대한 이전의 교육적 주장은 지식체의 분명한 해명을 고려하지 않았다. 헨리Henry, 뉴엘Newell과 같은 비교적 근래의 선도자들은 타 학문에서 차용한 지식을 확인시켰을 뿐, 그 누구도 활동 자체에서 발생하고 타 교과 영역의 주 관심사가 아닌 지식체를 해명하려 하지 않았다. 이러한 노력들은 체육의 내생 지식이 없다는 인상을 주고, 체육을 2류로 격하시키는 견해를 낳는다.

입증해 왔듯이, 체육에 대한 그러한 이해는 잘못된 것이다. 체육에는 내가 신체행위지식, 신행지로 부르는 지식체가 있다. 실천적 지식의 일종인 신행지는 본성상 사유를 함유하고 개념적이지만 비명제적이다. 그것은 경험적으로 획득되고 행위로 표명된다. 엄밀히 말해, 신행지는 체육 수업에서 기술을 습득하고 실행하는 속에서 획득되고 표명된다. 이러한 특수한 종류의 지식은 체육에서 내생하고 체육의 특별한 관심사이다. 체육은 학습 평가 기준rubric에서 신행지라는 체육의 고유 영역으로 분류된 광범위한 개념의 전달과 개발에 관여한다. 어떤 타 교과도 체육 활동을 구성하는 스포츠와 경기 기술에서 나타나는 폭넓은 말글식이 아닌 개념과 관련이 없다.

이제 의도적 인간 행위의 개념적 본성에 대한 분명한 이해는 확보되었고, 기술 실행은 본질상 실천적 또는 절차적 **지식**으로 평가되기에 충분하다. 기술 실행에 대한 적합한 표기어는 방법지인데, 항상 개념과 사유가 포함되어 있기 때문이다. 사유와 행위는 일상적인 활동 중에 그리고 재간과 창의가 요구되는 복잡한 경기와 스포츠 상황에서 움직일 때, 실제 문제를 해결하기 위한 기술 실행에서 통합된다. 어려운 상황을 극복하는 이러한 능력은 보다 높은 수준의 통찰과 창의를 보여주는, 고급의 말글식이 아닌 실천적 추론의 표명으로 이해될 수 있다.

  체육 수업에서 학습하는 신체 기술에 관한 개념의 획득은 교실에서의 다른 학습 경험과 매우 동일한 방식으로 이루어진다. 새로운 개념이 처음 소개되면 일부 학습자는 바로 파악하지만, 대부분은 이해하고 적절하게 적용하기 전에 해보는 시간이 필요하다. 실습은 학습자의 이해를 향상시키고 활용을 용이하게 한다. 신행지의 말글식이 아닌 개념과 타 영역의 개념 간에는 한 가지 뚜렷한 차이가 있다. 그 차이는 학습된 개념이 표현되는 방식이다. 교실에서 우리는 말글식 표현을 통해 지식을 표명하고 그러한 개념들을 숙달한 정도를 입증하며, 체육에서는 신체 행위를 통해 지식을 표명하고 이러한 말글식 아닌 개념들을 숙달한 정도를 입증한다.

  말글식이 아닌 개념은 의사소통이 불가하다는 의미는 아니다. 체육교육자, 스포츠지도자, 부모, 그리고 타인을 가르치는 데 참여한 사람은 누구나 다음과 같은 경험을 했을 것이다. 신체 기술에 관한 말글 설명이 종종 매우 상세하게 제공되고, 그러면 학습자는 명제적 지식을 적절한 신체 행위로 전환할 것으로 기대된다. 앞서 언급했듯이 학습자는 듣고 있다가 행위의 실행을 시도하는 대신에 시연을 요구하는 경우가 종종 있다. "보여주세요"는 말글 표현이 아니라 인간 행위의 형태로 개념을 전달할 수 있는 정보의 요청이다. 말로 충분하지 않은 경우에는 어떻게 하는지 보여주는 것이 대신한다.

  이따금 실수를 바로잡을 때 말하는 것보다 시범을 보이는 것이 훨씬 더 효과적이다. 많은 체육교육자와 스포츠지도자는 새 기술을 가르치거나 기술을 향상시키는 가장 효과적인 방법은 말하는 것이 아니라 올바른 실행을 보이는 것이라고 강하게 주장한다. 학습자는 행위를 보고 난 다음 모방을 한다. 이런 경우에 말글 아닌 의사소통이 말글 의사소통보다 더 효과적이다.

  체육 수업 중에 학습은 발생한다. 즉, 신행지는 학생들이 새 기술을 시도할 때, 이미 가지고 있는 기술의 향상을 위해 실습할 때 획득되고 있다. 메시니(1975, p. 73)는 역사적으로 교육은 인지적 영역의 행동, 구체적으로 앎, 기억, 추론, 문제해결에 관심을 기울여 왔음을 상기시킨다. 그런 인지 활동은 체육에서 기술이 획득되고 표명될 때마다 뚜렷하다. 기술 실행은 앎의 입증이며 이전에 학습된 기술의 반복은 분명히 기억을 포함한다. 추론과 문제해결은 목표의 달성을 위해 난관을 극복하는 행위 과정을 조정하고자 기술을 사용할 때 나타난다. 추론과 문제해결은 경기와 스포츠에서 경합이 진전됨에 따라 지속적으로 표명된다.

체육 교육과정을 구성하는 활동들에서 형성되는 지식체인 신행지는 정의, 설명, 제시되었다. 사유를 함유하고 말글식이 아니지만 개념적인 그것의 성격은 상술되었다. 더욱이, 앞 단락에서 설명했듯이, 체육 수업에서 기술을 실행하고 있는 학생들은 행위 경험뿐만 아니라 앎, 기억, 추론, 문제해결이 포함된 인지 경험을 한다. 이러한 통찰은 체육의 개념을 다시 정립할 수 있는 기초를 제공하며, 또한 체육을 타 교과와 동등하게 학교 교육과정의 필수 부분으로 정당화하는데 활용할 수 있는 새로운 근거의 토대를 구성한다.

새로운 노선의 입론

신행지는 의도적 행위를 통해 획득되고 표명되는 지식이며, 따라서 기술 실행은 사유를 함유하고 본성상 개념적이며 유식의 움직임이라고 정당하게 말할 수 있다.

지식과 지능은 기술 실행에서 표명된다.

말글식이 아닌 추론은 실행의 문제를 해결하는데 활용된다. 그런 문제들, 즉 세계 속에서 이리저리 움직이는 것은 말의 사용을 통해 해결할 수 있는 것이 아니다.

기술 실행은 신체 움직임뿐만 아니라 앎, 기억, 추론, 문제해결을 포함하는 행위와 인지의 경험이다.

신체 기술의 획득 및 실행은 체육의 영역이다.

활동에서 발생하고 기술 실행으로 표명되는 지식은 체육에 내생적이다. 그 지식체인 신행지는 어떤 타 교과와도 관련이 없다. 즉 그것은 체육의 고유 영역이다.

References

Arnold, P.J. (1991). The preeminence of skill as an educational value in the movement curriculum. *Quest*, *43*, 1, 66-77.

Damasio, A.R. (1994). *Descartes 'Error': Emotion, Reason and the Human Brain*. New York: G.P. Putnam's Sons.

Gilson, E. (1957). *Painting and Reality*. Princeton, NJ: Princeton University Press.

Hamlyn, D.W. (1970). *The Theory of Knowledge*. Garden City, NY: Doubleday & Company, Inc.

Metheny, E. (1975). *Moving and Knowing in Sport, Dance, Physical Education*. Mountain View, CA: Peak Publications.

제 **4** 부

전통적 접근
TRADITIONAL APPROACHES

13장 의료-교육: 짝진 전통적 지향
14장 "사회적" 발달
15장 건강

    체육의 구성과 구조는 공공 학교와 고등교육 수준에서 이 책의 1부에서 검토 분석되었다. 체육을 학교 교육과정에 포함시키는 것을 정당화하고자 제안된 다양한 근거들이 검토되고 비판되어 그 부적절함이 드러났다. 네 가지의 인간관을 고찰하여 어떤 인간이 교육받을 수 있는지, 신체적으로 교육받을 수 있는지를 결정하고, 그 다음 기술 실행은 사유를 함유하고 말글식이 아닌 개념임을 분명하게 해명했다. 이러한 노력에서 비롯된 것은 교과로서 체육에 대한 새로운 이해이며, 체육의 고유 영역인 신행지라는 특수한 지식체의 전달과 획득의 강조이다.

    성과가 중요한데, 체육을 교육의 필수 부분으로 정당화하는 포괄적인 진술을 정식화하는 과제는 아직 미완이다. 고유한 지식체의 전달과 획득에 초점을 맞춘다고 해서 "전통적 접근"으로 분류될 수 있는 정당화 방식의 가치가 사라지거나 부정되는 것은 아니다. 약 100년 전으로 거슬러 올라가는 그 견해는 체육이 학습자의 신체적, 사회적, 심리적, 인지적 발달에 기여하는 바를 강조한다. 일부 논자들은 상이한 표기어를 사용하지만 주장은 기본적으로 동일하다. 즉 체육은 체력 및 건강의 증진을 포괄하는 신체적 발달, 타자와의 상호작용을 통한 사회적 발달, 개인의 성격 개선 및 심동 기술의 습득을 포함하는 심리적 발달, 그리고 주장되었던 당시의 맥락에서 명제적 지식의 획득만을 의미하는 이지적 발달에 기여한다. 앞서 논평했듯이, 이러한 주장들은 체육의 수단적 가치를 강조한다.

  1870-1880년대로 거슬러 올라가는 초기 체육은 거의 전적으로 건강 그리고 오늘날 우리가 체력physical fitness이라고 말하는 것에 몰두했다. 당시 이 직무 분야에서 영향력 있는 선도자들은 거의 다 의사였고, 자신들의 교육과 직무 관심으로 인해 이 신생의 분야를 의료medicine 쪽으로 향하게 했다. 그 초기의 영향은 여전히 존재하는데, 체력의 지속적인 강

조, 대학 교육과정에서 운동생리학의 지배적 위치, 조정調整체육adaptive physical education의 성장, 최근 심장재활의 등장에서 확인할 수 있다. 의료의 영향력을 반영하는 건강은 체육 활동의 본성에 의해 주요 목표였고 앞으로도 그럴 것이다.

건강에 대한 진지한 관심이 체육의 교육적 역할을 축소시키지 않으며 축소시켜서도 안 된다. 건강과 교육은 양립할 수 있고, 사실상 목표로 보면 상호 보완적이다. 현대 사회에서 학교는 어린 연령층에게 건강과 체력을 교육하는 책임이 부여된 기관이다. 넓은 연령층에 영향을 줄 수 있는 학교의 능력에 관해 합의가 있을 수 있지만 그 합의는 체육 활동의 목표에 적용되지 않는다. 일부 선도자들은 의료와의 관계를 더욱 긴밀하게 하는 것을 선호하는 데(과거라면 신체적인 것의 교육 견해를 옹호했을 것이다.) 반면, 다른 선도자들은 똑같이 단호하게 우리를 교육에만 몰두하게 할 것이다(신체적인 것을 통한 교육의 견해를 지지했을 것이다). 즉 양 쪽이 제안한 주장의 장점과 관계없이 한 가지는 분명하다. 즉 체육은 의료 요소와 교육 요소를 모두 포함한다는 것이다. 이 관심 범위는 의료-교육 병립Med-Ed Continuum라는 용어에 반영되어 있다.

이 배치 구조에서 발생하는 여러 가지 장점과 단점은 13장에서 고찰할 것이다. 이 분야에 관한 두 가지 상이한 개념의 존재는 일부 선도자들은 분야를 그 병립의 한쪽 극단으로 이끌고, 반면에 다른 선도자들은 똑같이 목소리 높여 분야를 다른 극단으로 이끌기 때문에 항상 긴장을 야기한다. 때로는 학문 대 직무 준비의 맥락에서 논쟁이 형성되기도 하고(5장 참조), 또 어떤 때는 특히 고등교육에서 각 편이 특정 교과목을 포함시키고 다른 교과목을 배제하고자 대립함에 따라 교육과정은 전쟁터가 된다. 생명물리 학문의 교과목이 우세한 대학 전공과정은 일반적으로 체력의 강조와 함께 보다 의료 지향적인 전공과정이 된다. 반대로, 심리사회 학문, 인문 학문 및 교육학 교과목의 비중이 큰 교육과정은 병립에서 교육적 지향에 맞춰져 있다.

의료-교육 병립에 관한 고찰과 그로부터 발생하는 몇 가지 논제들에 대한 논의는 13장에서 볼 수 있다. 체육이 사회적, 생리적, 인지적 발달에 기여한다는 다양한 선도자들의 주장은 14장에서 검토될 것이다. 건강 증진과 질병 예방에서 운동의 역할은 15장에서 살필 것이다.

4부에서 수행된 과제들은 지금까지 논의된 논제들을 보완하며, 다음의 세 장을 읽으면 더 쉽게 이해할 수 있듯이 체육의 구성을 반영한다. 교육과 건강(의료)이라는 두 가지의 구성 요소가 모두 다루어질 것이다. 이러한 과제들을 완료하면 마지막 주제인 체육의 개념 재정립을 위한 무대가 마련된다. 이와 같이, 대부분의 전통적 주장인 전체적 발달을 유지하면서도 새로운 요소, 즉 체육 수업에서 학습자에 의해 전달되고 획득되는 내생의 지식체인 신행지의 정의와 상술을 추가한다.

13

의료 - 교육 : 짝진 전통적 지향

MED-ED: OUR TWIN FOREBEARS

지리 공간, 사회 구성, 경제 활동 및 일반적인 신념 체계의 주요 변화들은 미국의 19세기 후반 40년을 특징짓는다. 도시화와 산업화라는 두 단어는 이 시기에 일어나는 변화를 적절하게 표현한다. 사람들은 일자리를 찾아 시골에서 도시로 이동했고, 동시에 유럽에서의 이민이 가속되었다. 마을에서는 나타나지 않는 다양한 사회 및 건강 문제들이 표면화되었는데, 부분적으로는 빈곤 때문이었고 부분적으로는 도시계획의 부재 때문이었다. 과학은 지배적인 신념 체계인 종교를 대체하기 시작했다. 정신, 신체, 영혼spirit 간 관계의 최종 산물이라 할 건강은 점점 더 종교 지도자가 아닌 전문가들의 관심사가 되었다.

이때는 정형적인 유럽식 체조 체계 시대로서, 독일식(프리트리히 루트비히 얀Friederich Ludwig Jahn)과 스웨덴식(퍼 헨릭 링Per Henrick Ling)이 주류였다. 이 현상을 연구하는 대부분의 역사가들은 각 체계의 서술에 초점을 맞춘 다음, 토착의 미국식 체계의 발전 추구를 논의하기 위한 서곡으로서 각 체계를 옹호한 사람들 간의 경쟁에 주목한다. 독일식이든, 스웨덴식이든, 또는 미국식이든 각각은 건강 증진을 위해 고안되었다. 종종 **의료 체조** medical gymnastics로 불리는 링의 체계는 발달 및 치료 요소를 모두 포함했으며, 이 지향은 다른 정형화된 체조 체계에서도 발견된다. 그 시대의 발전에 대한 하나의 정확한 평가가 있다. "체육은 거의 **의료**를 배경으로 성장했다…"(Siedentop, 1994, p. 216). 이 전문 분야의 초기라고 할 그 당시에 주된 관심사는 건강, 건강 체조calisthenics, 교정 운동remedial exercises 이었다.

의료적 맥락의 지배는 저명한 선도자들 대부분의 학위에서 나타난다. 디오 루이스Dio Lewis, 에드워드 하트웰Edward Hartwell, 에드워드 히치콕Edward Hitchcock, 더들리 사전트Dudley Sargent, 알리다 F. 에이버리Alida F. Avery, D.F. 링컨D.F. Lincoln, 윌리엄 앤더슨William Anderson, 그리고 조지 피츠George Fitz 등의 영향력 있는 선도자들은 모두 의학박사였는데, 고등교육 기관에 임용되어 체련physical training(당시 그렇게 불림)과 보건 프로그램을 담당했다. "이들의 배경은 개설 교과목과 교수진이 수행하는 연구에 큰 영향을 미쳤다"(Spears 와 Swanson, 1983, p. 175). 의사가 학과장이나 학장으로 임용되는 관행은 20세기 초반까지 지속되었다. 1908년에 실시된 조사에 따르면, 대학 체육 프로그램의 책임자 중 3분의 2가 의학 학위자였다(Davenport, 1994, p. 27). 20세기 초 그 관행은 사라졌는데, 미국의 경우는 1940년대까지 지속된 캐나다의 경우보다 훨씬 빨랐다.

1885년 11월 27일, 뉴욕 브루클린의 아델피대학Adelphi Academy에서 중요한 모임이 열렸다. 체육에 대한 관심의 확산 발전에 따라(Ziegler, 1962, p. 120), 의학박사 앤더슨Anderson, Wm. G.의 소집에 응한 60명의 선도자들은 미국체육진흥협회American Association for the Advancement of Physical Education, AAAPE를 결성했다. 이 조직은 미국보건체육여가무용협회 (현재 연합)(American Association (now Alliance) for Health, Physical Education, Recreation, and Dance)로 발전하였다. 창립 총회에서 의사인 히치콕 박사, 서전트 박사, 앤더슨 박사가 집행위원으로 선출되었다.

이 무렵부터 스포츠의 인기가 높아지기 시작했다. 건강 증진은 여전히 모든 체육 프로그램의 주된 목표였지만, 스포츠 지도에 더 많은 시간이 할당됨에 따라 정형적 체조에 대한 강조는 감소했다. 1880-1890년대는 체육의 전환이 시작된 시기라 할 수 있는데, 이 시기에 초점이 확대되어 의료와 교육을 모두 포함했다.

미국체육진흥협회AAAPE의 창립 총회에서 등장했고 개정 정관에 표현된 것이 아동과 청소년의 교육에 대한 관여였다. 신생 협회의 많은 선도자들은 이 분야에 대한 폭넓은 미래 포부를 가지고 있었다. 즉, "운동시합athletics을 포함하는 체련의 목표는 **보건**hygienic과 **교육**educative이다"(Park, 1992, p. 138). 팍Park은 새롭게 부상하던 직무의 목표로 건강과 교육을 모두 지지한 다른 의사들을 양면의 목표에 대한 지지 확대의 증거로 덧붙인다.

미국체육진흥협회의 창립 직후 체육을 교육의 기치 아래로 옮기기 위해 중요한 조치를 취했다. 1891년 전미교육협회National Education Association, NEA는 체육에 대해 교육과정 분야로 인정하는 새로운 지위를 부여였다. 2년 후인 1893년의 시카고 세계박람회에서 전미교육협회 후원 하에 국제교육대회가 열렸다. 그 때 체육 및 보건 부문이 공식적으로 설립되었으며, 미국체육진흥협회 회장 에드워드 하트웰 박사가 그 대회의 체육 부문 좌장으로 초빙되었다.

토마스 우드Thomas Wood는 1893년 대회에서 "새로운" 체육에 관한 자신의 미래 포부를 발표했다. 그 발표는 "체조 교육과정에서 20세기 체육을 주도하게 된 신체적인 것을 통한 교육 철학으로의 전환을 위한 발판을 마련했다"(Siedentop, 1994, p. 73). 신체적인 것을 통한 교육 견해가 신체적인 것의 교육 편을 압도한 듯 보이지만, 그것이 이야기의 끝은 아니다. 건강 또는 의료 지향은 지속되었고, 현재까지 목표로 유지되고 있다.

모든 이가 교육으로의 이동을 받아들인 것은 아니다. 과학을 더욱 강조하는 요구가 이 분야의 다수 선도자들로부터 제기되었고, 그 결과로 미국체육연구회American Society for Research in Physical Education가 창립되었다. 1904년 4월 첫 연례 모임에서 22명의 창립회원 중 13명이 발언을 했다. 그들 중 9명은 의학 학위자, 2명은 생명과학 박사 학위자였다(Park, 1992, p. 165). 이처럼, 당시에도 이 분야는 "의료"와 교육을 모두 포괄하고 있음을 알 수 있다.

체육이 고등교육으로 이동함에 따라 의료-교육 병립에서 발생하는 쟁점들이 더욱 첨예하게 부각되었다. 교육을 지향하는 교수진은 경험 과학보다는 교과과정, 시설, 교수법 등의 실천적 논제에 관심이 더 많았다. 생명물리 학문 박사학위를 가진 다른 교수진들은 교육학적 논제보다는 경험 과학에 관심이 더 많았다. 앞서 언급했듯이 대학 프로그램의 책임자였던 의학박사들은 경험 과학이나 교육학적 논제보다는 처치 실습clinical practice에 더욱 관심이 있었다. 교육, 과학, 처치의 세 가지 지향이 등장했다. 이 세 가지는 모두 20세기 내내 지속되었고 현 시대에도 쉽게 파악할 수 있다.

20세기 초반의 발전

세 가지의 일반적 추세가 결합하며 체육은 교육의 영역으로 다가가고 의료의 영향에서 멀어지게 되었다: (1) 사회, 고등교육, 학교에서 스포츠의 인기 증가; (2) 진보주의 교육 운동의 지지자들이 옹호한 공교육에 대한 새로운 미래 포부; (3) 인구의 급속한 증가와 공교육에 대한 지원. 각각은 이 분야의 신체적인-것-을-통한-교육을 어떻게 지지했는지를 보여주기 위해 간략하게 논의할 것이다.

스포츠의 인기 증가 스포츠의 인기가 높아짐에 따라 학교 교육과정에서 그 입지가 확장되었다. 세기의 전환 이전 대부분의 교육자들은 스포츠가 교육기관에 적합하지 않다고 믿었다. 그들은 사회적 활동social activity이라는 가치는 인정했는데, 따라서 그것은 다른 조직의 책임이지 학교의 책임은 아니었다. 스포츠를 좋아하고 학교에서 그러한 활동에 참가할 기회를 원하는 학생들이 매우 많아짐에 따라 교육자들은 자기의 입장을 재검토하게 되었다. 진보주의 교육 운동(다음 절을 참조)에 의해 표명된 새로운 교육의 미래 포부를 수용한 견해에 따라 스포츠는 점차 모든 수준의 교육에서 받아들여졌다.

스포츠 참가는 아동과 청소년의 신체적, 사회적, 심리적, 도덕적 발달에 기여한다는 주장이 제기되었다. 교육에 대한 관점이 변화하면서 그 기여는 이제 학생들의 삶에서 중요하게 여겨졌고 학교에서의 스포츠를 정당화했다. 스포츠가 두드러지면서 체육도 변화했다. 교육과정은 과거 체조와 체력에 집중한 것에서 벗어나 개인 및 단체 스포츠의 지도를 포함하는 쪽으로 뚜렷한 전환이 일어났다.

진보주의 교육 철학자 존 듀이John Dewey, 심리학자 윌리엄 제임스William James와 같은 주요 사상가들의 저술에 힘입어 새로운 교육관이 등장하기 시작했다. 역동적으로 진화하는 미국 민주주의에 뿌리를 둔 교육과 학교교육은 지식의 전달과 미리 결정된 가치관의 주입보다 훨씬 더 넓은 맥락에서 발견할 수 있다. 진보주의 교육은 아동 중심으로 학습자의 요구와 관심에 초점을 맞추었다. 교육은 아동의 전인적 발달에 관여해야 했다. 이 관점은 각 아동의 심리적 발달뿐만 아니라 사회적, 신체적 발달에 대한 관여도 함의하였다.

학업의 진척은 분명히 중요했지만, 교육의 관여는 그 이상으로 확장되었다. 학교는 이 가치 아래 학생들이 졸업 후의 삶을 준비하게 하는 책임이 있다고 여겨졌다. 학교교육이 끝나면 졸업생들은 민주주의 사회에서 책임 있는 시민으로 자리매김할 것으로 기대되었다. 학생들이 그러한 책임을 맡을 수 있도록 준비시키는 것은 학교의 과업이었다.

아동의 전인적 발달에 관한 진보주의 교육의 관심은 마찬가지로 발달을 강조한 "신체육New Physical Education"에서 발견되는 견해들과 일치하지 않더라도 양립할 수 있었다. 20세기 초반 헤더링턴C.W. Hetherington은 중요한 논문인 "기초 교육Fundamental Education"을 발표하였는데, 이는 그를 "현대 체육의 아버지"로 불리게 만들었다. 그는 이 논문에서 "신체육"을 교육 안에 위치시키는 기본 철학을 제시했다. 그는 사려 깊은 설명 속에서 다양한 범주와 확장된 범위를 규정한다.

> 이 논문은 교육적 과정에서 일반적인 신경 근육 활동, 주로 일반적인 놀이 활동의 기능과 역할을 서술하는 것을 목적으로 한다. 우리는 **일반적 놀이**라는 용어를 놀이, 경기, 운동시합, 무용, 체조의 놀이 측면, 그리고 대근이 다소 왕성하게 사용되는 모든 활동을 포함하는 것으로 사용한다…이 논제를 제시하기 위해 교육적 과정의 네 가지 차원이 고려된다: 인체 교육, 심동 교육, 인성 교육, 지성 교육 (Hetherington, 1910, p. 160).

헤더링턴의 논구는 건강 지향(인체 교육)을 유지함으로써 이전의 체육 개념을 통합하는 동시에 진보주의 교육의 목표에 일치하는 추가의 목표들을 포함하도록 지평을 확장시켰다.

헤더링턴의 네 가지 문구는 신체육의 네 가지 주요 목표이자 신체적인 것을 통한 교육의 철학적 토대가 되었다. 신체적인 것을 통한 교육을 표명할 때면 대개 그가 제안한 네 가지 목표에 기초한다.

진보주의 교육과 신체육은 양립할 수 있었다. "20세기 전반기 미국 체육계의 위대한 선도자들은 드문 예외를 제외하고는 진보주의 교육의 옹호자들이었다: 토마스 우드Thomas Wood, 로잘린드 캐시디Rosalind Cassidy, 클라크 헤더링턴Clark Hetherington, 제시 피어링 윌리엄스Jesse Feiring Williams, 그리고 제이 비 내쉬Jay B. Nash"(Siedentop, 1994, p. 216). 진보주의 교육이 체육에 미친 영향은 우드와 캐시디가 1927년 출판한 저서의 제목, 『신체육: 시민성 교육을 위한 순화 활동 프로그램The New Physical Education: A Program of Naturalized Activities for Education Toward Citizenship』에 반영되어 있다. 이 제목은 과거 프로그램으로부터의 탈피를 선언하고, 부제는 진보주의 교육에 담긴 철학을 분명하게 지지한다. 진보주의 교육은 확장된 교육 개념으로서 체육이 아동과 청소년의 건강과 다방면의 조화로운 발달에 기여할 수 있는 역할을 고려했다.

급속한 인구 증가와 교육 지원 20세기 초반의 20년 간 도시의 관리들은 인구의 급속한 증가를 충분히 수용하게 학교를 빠르게 건설할 수 없었다. 이러한 학교 인구의 증가는 체육교사를 포함하여 많은 교사 수요를 창출했다. 이 기간에 이전의 사립 교사 양성기관과 독립 사범학교는 대학에 통합되어 위상이 제고되었다. 진보주의 교육 운동의 영향 하에 교육은 별개의 뚜렷한 연구 대상으로 자리 잡았다. 대학 체육 전공과정의 주 관건은 교사 양성이었기에, 그러한 전공과정 책임자들의 의학 자격이 적절한지에 관한 예민한 의문이 제기되었다. 1920년대 중반에 의학박사 학위 소지자를 학과장과 학장으로 임용하는 관행에서 벗어나는 경향이 뚜렷했다.

고등교육은 1920년대와 1930년대에 확장되었다. 체육에서 중요한 이정표는 교육학 박사학위 프로그램의 도입이었다. "체육 전공의 최초 교육 학술박사학위(Ph.D.) 과정이 1924년 뉴욕대학교와 콜롬비아대학교 사범대학에 개설되었다. 5년 후 체육에 집중한 교육박사학위(Ed.D.)가 피츠버그대학교과 스탠포드대학교에 개설되었다"(Spears와 Swanson, 1983, p. 222). 뉴욕대학교와 콜롬비아대학교가 소재한 뉴욕시는 교육과 체육에 관한 고등 연구의 중심이 되었다. 이 기관의 교육과 체육 교수진은 모두 진보주의 교육철학의 옹호자였으며 그 지향을 학생들에게 전수했다. 그 당시에는 박사학위 과정이 적었기 때문에, 차세대 선도의 구성원은 열성적인 진보주의 교육가에게 교육을 받고 영향을 받았다.

해가 갈수록 정형적 체조 체계와 의료 지향의 영향은 더 축소되었고, 그 자리는 신체육이 표방하는 사상으로 대체되었다. 하지만 윌리암스와 멕클로이 간의 "대논쟁The Great Debate"을 특징으로 하는 1930년대까지 그 대립은 끝나지 않았다. 윌리암스의 정의(신체적인 것을 통한 교육)에 따르면, 목표는 클라크 헤더링턴이 표명한 4대 목표와 맥을 같이 했다. 대조적으로, 멕클로이(신체적인 것의 교육)는 체육을 신체 자체의 단련과 발달로 보았는데, 이는 이 분야를 의료에 더 밀착시키는 훨씬 더 제한된 관점이다. 문제를 복잡하게 만드는 또 다른 유력한 선도자인 제이 비 내쉬는 체육의 목표는 아동이 여가를 선용할 수 있도록 준비시키는 것이라고 가르쳤다. 그의 입장은 체육을 의료나 교육보다는 여가recreation에 밀착시켰다.

세 선도자 모두 학생들과 동료들 사이에서 충성스러운 추종자를 키웠고 학교를 체육을 위한 적합한 장소로 보았다.

기본적으로 교사 양성이 대학 학위과정의 유일한 관건이었고 체육이 공공 학교에 포함된다는 점에 선도자들의 의견 일치가 있었기에 신체적인 것을 통한 교육 견해가 승리한 듯 보인다. 그러나 신체 발달에 대한 관심은 이 견해의 필수 요소로 유지되었다. 형식상 "대논쟁"은 끝났지만, 곧 상술하겠지만, 논쟁은 결코 끝나지 않았다. 신체 발달에 대한 관심은 수면 아래에서 계속 끓고 있는 의료 지향과의 연결을 유지한다. 그것은 1950년대에 다시 등장하여 체육의 역할과 기능이 논의될 때마다 변함없이 모습을 드러낸다.

20세기 중후반의 발전

20세기 내내 인구는 계속 증가했고 도시화와 전반적인 부의 수준도 높아졌다. 세계 문화를 이루는 스포츠는 팀의 확산, 경기 관람, 빈번한 TV 중계, 거액의 운동선수 급여 등으로 나타나는 바와 같이 매우 중요하게 되었다. 이러한 경향과 함께 체육에 깊은 영향을 미치는 네 가지의 다른 요인이 등장했다: 지식의 팽창, 전문화, 분야의 분화, 다각화.

산업기반 경제에서 지식기반 경제로의 전환, 대중에 대한 교육과 영향 형성에 있어서 대중매체 활용의 현저한 증가와 같은 다른 사회적 추세들도 파장을 일으켰다. 체육과 특히 관련이 있는 것은 교육이 더욱 중요해졌다는 점이다. 그 결과 대학 입학의 지원 자격을 갖춘 인구의 비율이 증가했다. 미국의회와 캐나다의회가 제2차 세계대전에 참전한 퇴역 군인에게 급여를 지원하는 법률을 제정하면서 학부대학과 종합대학 등록은 크게 증가했다. 퇴역군인이 아닌 사람과 관련하여, 전반적인 부의 증가는 더 많은 고등학교 졸업자가 고등교육을 받을 수 있다는 것을 의미했다.

또한 총 인구의 증가는 취학 아동의 증가를 의미했다. 1940년대, 1950년대, 1960년대, 1970년대에 계속된 교실의 증가는 체육교사를 포함하여 더 많은 교사를 필요로 했다.

지식 팽창 대학의 수가 증가하고 기존 대학이 커짐에 따라 더 많은 교수진이 고용되었다. 이는 모든 학문 분야에서 연구 활동의 괄목할 만한 증가를 가져왔다. 정부와 공공기관은 건강, 환경, 기초 및 응용 과학의 다양한 분야에서 학자들의 연구를 위해 더 많은 재원을 배정했다. 대학 밖에서 산업계는 생산성 향상, 신상품 개발, 경쟁력 확보를 위한 수단으로 연구 개발이 중요함을 깨달았다. 전반적인 부의 증가는 모든 분야에서 연구에 더 많은 재원을 배정할 수 있음을 의미했다.

1960년대 초반 한 때 일부 사서들은 우리의 지식이 10년 마다 두 배로 늘고 있다고 주장했다. 그 후 얼마 지나지 않아 기간은 5년으로 단축되었다. 기간을 논외로 하더라도 20세기 후반에 지식은 급격하게 증가했고 그 추세는 계속 가속되고 있음은 분명하다. 현재 존재하는 많은 학문 분야들은 20-30년 전만 해도 모습을 나타내지 않았다. 혹자는 지난 10년 동안 활동한 과학자의 수가 이전의 세계 역사 전체의 총수보다 더 많다고 주장한다.

전문화 1940년대 후반까지만 해도 체육과의 교수는 교육과정의 모든 과목을 가르칠 수 있다고 여겨졌다. 만능인generalist의 시대였다. 그들은 지식 팽창으로 인해 사라졌고, 하나 혹은 두 개의 학문을 전문으로 하는 학자로 대체되었다. 새로운 학술지가 창간되었고 각 학술지에는 보다 특화되고 전문적인 언어로 된 연구 보고가 게재되었다. 확장된 체육 교육과정의 다양한 교과영역을 포괄하는 지식의 범위는 더 이상 한 사람이 아우를 수 없게 되었다. 전문인의 시대가 도래한 것이다.

1950년대와 1960년대에 체육 박사학위 과정은 증가했지만 대부분 교육 전공 교수진을 통해 제공되었다. 그것은 생물물리 학문이나 심리사회 학문에 관심과 포부를 가진 많은 학생들에게 방해가 되었다. 그들은 모학문의 학과에서 대학원 학업을 구하는 길을 택했다. 졸업 후 많은 이들이 체육과에 임용되었고 고등 전공 지식을 가져왔다. 연구중심 대학교에서 체육과가 확대됨에 따라 다양한 분과학문의 대학원 학위 과정을 개설하는데 필요한 "임계 질량critical mass"을 제공할 수 있는 충분한 인원이 확보될 때까지 더 많은 전공자들이 채용되었다. 이러한 발전이 진행됨에 따라 많은 교수진은 동일한 전공 학문 분야에서 활동하는 타 학자들과 협력할 필요를 느꼈다. 이는 5장에서 열거한 분과학문 학술단체의 창립을 이끌었다.

분화 전공 학술단체의 확산에서 볼 수 있듯이 학자들은 배타적인 분과학문 집단으로 결집한다(Bressan, 1987, p. 30). 이 분야의 새로운 분열은 다른 분열로 발생한 기존 문제를 악화시켰다. 신생 학문주의자의 수와 힘이 증대하면서, 그들은 이 분야의 지향 및 개념 설정에 대한 불만을 표출하기 시작했다. 학문주의자는 직무 준비에 중점을 둔 동료(Sage, 1987, p. 14), 즉 유능하고 자격을 갖춘 교육자, 지도자, 체력관리자fitness consultants, 확장된 체육 분야에 속한 다른 전문가 등이 활용하는 방법과 절차에 관심을 가진 동료와 스스로를 분리시켰다. 이론과 실천 사이에 쐐기가 박히고 있었다. 학문과 직무 준비 사이의 틈은 더 벌어졌다(5장 참조).

새로 창립한 전공 분과학문 단체들은 연구를 촉진함으로써 이 분야를 발전시켰는데, 실제로 각 해당 교과목의 고등 지식을 산출했다. 연구 결과는 해당 분과학문 단체가 창간한 학술지에 게재되었고, 연례 학술행사는 특정 전공 주제 영역에 관심이 있는 학자들이 견해를 교환하는 장을 제공했다. 학문주의자들이 해당의 특정 분과학문에 대한 상호 관심을 공유하는 타 대학 소속의 동료들과 유대를 더 발전시킴에 따라 새로운 결속이 형성되었다. 이러한 새로운 결속은 북미에서 학령 인구가 감소된 것과 거의 같은 시기에 체육과 내부의 단절선을 만들었다. 그 결과 체육교육자와 스포츠지도자의 수요는 감소하고 대학 체육과는 지평을 확장할 수밖에 없었다.

다각화 체육의 직무 준비 범위를 교사교육 밖으로 넓히는 데 자극을 준 하나의 요인은 1940년대와 1950년대의 사회 상황으로 거슬러 올라갈 수 있다. 2차 세계대전 당시 미국 모병통계는 학교 보건 및 체력 활동을 크게 개선할 필요성을 지적했다. 1950년대 초반 크라우스-웨버 체력검사Kraus-Weber fitness test를 통해 얻은 비교문화 검사의 결과는 미국 아동이 유럽의 아동에 비해 훨씬 뒤처져 있음을 보여주었다. 1954년 아이젠하워 대통령은 대통령청소년체력위원회President's Council on Youth Fitness를 신설하는 조치를 취했다. 몇 년 후 케네디 대통령은 개인적 모범을 보이고 위원회에 대한 지원을 강화함으로써 미국인의 체력을 향상시키려는 노력에 박차를 가했다.

체력 단련의 흐름이 꽃을 피우고 운동생리학 지식이 발전함에 따라 유능한 체력 지도자 및 평가자의 수요가 증가했다. 성인을 대상으로 하는 건강 및 체력 클럽은 자격을 갖춘 직원의 합당한 공급처로 체육과를 주목했다. 앞을 내다본 체육과들은 부분적으로 새로운 요구에 대응하기 위해, 부분적으로 교사 수요의 감소를 보완하기 위해, 체력 전문가의 직무 준비를 포함하도록 교육과정과 권한을 수정했다. 스포츠의 인기는 계속 이어졌고 전임 지도자와 관리자의 취업 기회를 확장시켰다. 체육과는 이러한 취업 기회에 대한 직무 준비의 합당한 통로로 여겨졌다.

재활에 중점을 둔 특수체육adapted physical education은 링의 스웨덴 체조 체계에서 그 기원을 찾을 수 있다. 이 전문 분야의 발전에 있어서 보다 현대적 동인은 2차 세계대전에서 부상당한 많은 군인을 대상으로 하는 개호介護의 노력이었는데, 그들은 재활운동과 특별한 여가활동이 필요했다. 1960년대 초반 정신 장애인을 위해 개발된 특별 프로그램이 등장했다. 이후 운동선수처치athletic therapy와 심장재활이 체육 분야의 확장된 직역에 추가되었다.

교육학을 포함하여 지식 지도(Map of Knowledge; Ross, 1981, p. 45)에 나열되는 모든 분과학문의 박사학위 과정이 1970년대와 1980년대에 급증했다. 연구와 이 분야의 이론적 측면에 더 매력을 느낀 학생들은 대학원 학위과정을 제공하는 많은 체육의 학과에서 그 관심을 추구할 수 있었다. 이 학생들은 운동생리학, 스포츠심리학, 생체역학, 운동학습, 스포츠사회학, 관리이론 등등에 관한 고등 학위를 취득했고 좁은 전공과 때로는 제한된 해당 분야의 관점에 자신들을 결속시킨 학문적 입지를 받아들였다. 이 양태는 다각화의 확대에 기여했지만 동시에 분열을 강화했다.

현대의 체육은 다양한 범위의 직업과 취업 가능성을 가지고 있다. 포괄적인 목록을 부록 A에 제시한다. 지식 지도에서 볼 수 있듯이(Ross, 1981, p. 45) 체육의 학부 교육과정은 생명물리 학문, 심리사회 학문, 인문 학문과 방법(교육학)의 과목을 포함한다. 이러한 넓은 범역은 과학, 교육 및 처치 분야에서 취업 기회의 기초를 제공한다. 특수체육, 운동선수처치, 심장재활과 같은 일부 직무 실천은 치료 기법과 함께 생명물리 학문의 기반이 필요한 반면, 체육교수 및 스포츠지도와 같은 다른 직업은 생명물리 학문 및 심리사회 학문과 함께 교육학 지식을 활용한다. 거의 모든 직업이 넓은 주제 범역을 포괄하는 지식 기반에 의존한다고 할 수 있다.

사회 전반에 영향을 미치고 체육에 직접적인 영향을 미치는 여러 요인과 추세가 결합하여 이 분야의 발전에 영향을 주었다. 다양한 특정 이익 집단들은 각각의 지지자들을 거느리고 있었고 이 분야 내 단절선을 만들었다. 생명물리 학문과 심리사회 학문 간의 통상적 대립을 넘어서 이 분야의 본령本領에 대한 논쟁이 일어났다. 학문인가, 아니면 직무 준비 영역인가? 또한 고등교육 학위과정의 목적과 목표에 대한 근본적인 물음이 제기되었다. 이러한 사안들은 우리를 이전의 대논쟁을 넘어 새로운 차원으로 이끈다. 광범위한 입론들을 검토한 바에 의하면 세 가지의 보편적 지향을 확인할 수 있다.

> 1. 교육과 서비스. 체육은 졸업자들이 다양한 직업을 선택할 수 있는 직무 준비의 전공과정으로 여겨진다. 교사 교육은 여전히 선택 사항의 하나이며, 일부 경우에 전공과정의 기초이지만, 그러나 더 이상 인간 서비스 분야의 유일한 취업 진로는 아니다.

2. 처치. 이것은 유사 또는 연관 의료 실천 영역이다. 특수체육, 운동선수처치 및 심장재활에 대한 직업 선택이 여기에 포함된다. 일부 지도가 포함될 수 있지만 주된 초점은 "처치"에 있다.

3. 학문. 체육 또는 이러한 집단의 사고 노선에 더욱 일치하는 인간운동학은 대학의 타 학문들과 같은 방식으로 기능을 하는 학문이다. 주된 관심은 전문적 지식체의 산출 및 전달이며, 그것의 응용에 대해서는 명시적으로 관여하지 않는다. 지식의 창출과 획득은 자체로 가치 있는 선으로 여겨진다.

현재 이들 집단 간에 그리고 집단 중에 긴장이 있다. 예를 들어, 5장에서 언급했듯이 이 분야를 직무 준비의 영역으로 보는 이들은, 학문주의자가 산출한 지식은 실천가들이 쉽게 활용할 수 있는 방식으로 정식화되어야 한다고 믿는다. 이와 대조적으로, 학문주의자들은 자신들의 책임이 학문 자체에 있다고 주장한다. 즉 그들의 관심은 지식이 직무 실천에서 어떻게 활용되는 지로 확장되지 않는다. 집단들은 상반된 방향으로 행진하고 있는 듯 보이며, 결집보다는 분화를 일으키고 있다. 모든 운동선수와 학생이 알고 있듯이 이 긴장은 어떻게 도전에 대응하고 역량을 결집하며, 결과를 산출하느냐에 따라 긍정적일 수도 부정적일 수도 있다. 경쟁의 편들로 분화된 현재의 상태를 보다 결집된 상태로 바꿀 수 있는 방법을 제안하기에 앞서, 몇 가지에 대해 해명이 필요하다.

몇 가지 해명

의료와 건강이라는 용어는 다양하게 때로는 모호하게 사용되기 때문에 따져보는 것이 좋다. 두 단어는 적어도 두 가지의 매우 다른 의미로 사용되는 경우가 빈번해서 소통되는 구체적인 의미를 파악하기 어렵다. 두 용어는 모두 체육과 관련하여 자주 사용되기 때문에 그 다양한 의미를 명확히 하는 것은 중요하다. 두 용어가 사용되는 다양한 방식을 이해하는 것이 혼란을 줄이는 첫 걸음이다. 그 차이점들에 대한 이해는 체육교육자가 우리의 주제 영역이 건강과 의료에 기여하는 바를 더 잘 파악하고 설명하는데 도움이 된다.

의료와 건강의 두 용어와 관련하여 두 가지의 삼각관계를 구별할 필요가 있다. 하나는 교육, 인간 개발, 예방이고, 다른 하나는 진단, 치료, 처치이다. 두 용어가 사용되는 서로 다른 방식을 구별하는 출발점은 이 두 가지 지향을 구별하는 것이다. 다음은 사전적 정의이기 보다는 각 영역에 관한 서술로서 각 영역에서 일하는 사람, 그들의 주 관심사, 각 집단이 인간 복지에 기여하는 바에 대한 설명이다.

(1) **의료**는 아주 일반적으로 말해 치료와 예방, 두 가지 요소로 나누어질 것이다. 의료는 치료와 처치의 차원에서 병리학, 이환율, 정신적 외상, 질병과 관련이 있다. 아픈 사람은 의료 전문가에게 자신을 보이고 진단이 나오면 의사는 치료를 위해, 즉 건강을 회복시키기 위해 노력을 기울인다. 이는 의학과 교육과정을 반영하는데, 그 교육과정은 예비 의사에게 진단에 필요한 요건인 증상의 판별, 서술, 평가의 방법을 주로 가르친다. 진단이 나오면 치료 그리고/또는 요법이 처방된다. 의학과 교육과정에는 예방 의료preventive medicine에 할애되는 시간은 매우 제한적이다. 따라서 이러한 전공과정의 졸업자는 의료의 치료 차원에서 기능을 수행할 준비가 잘 되어 있지만 예방 영역의 자질에 관해서는 의문이 제기될 수 있다.

실제의 의료 실천을 살펴보는 것은 의과대학 교육과정에 담긴 주 관심사를 드러내고 확인시킨다. 의사는 질병의 진단, 치료 그리고/또는 요법 처방에 대부분의 시간을 할애한다. 의료 실천의 재무 구조는 치료 측면을 집중하여 반영한다. 기본적으로 지불자가 정부, 보험회사, 건강관리기관HMOs이든, 개인 진료이든 모든 지불 체계에서 의사는 서비스에 대한 수수료를 받는다. 그 수수료는 질병을 진단하고 치료하는 의사에게 지급된다. 특정 소아 질병으로부터 아동을 보호하기 위해 접종하는 것 외에는 예방 의료의 실천에 대한 지불 계획은 없는 듯하다. 또한 예방 의료는 개별 상담 형태로 수시로 이루어지지만, 일반적으로 의사는 환자를 진단하고 치료하여 돈을 번다. 이처럼 그들의 주 관심사는 질병이며 그들의 업무는 환자가 건강을 회복하도록 돕는 것으로 이루어진다.

의사는 예방 의료의 실천을 위해 보수를 받지 않고, 그것을 하는데 많은 시간을 할애하지도 않는다. 의료계는 환자의 건강 회복을 위해 헌신한다고 말하는 것은 정확하지만, 그 실천은 진단, 치료, 처치의 영역에서 이루어진다는 의미의 의료이다. 이러한 상황에서 건강관리health care라는 용어가 사용될 때 그것은 실제로 의료의 실천을 의미한다.

(2) **건강**은 최근 정적인 개념에서 동적인 개념으로 변하면서 다양한 방식으로 정의된다. 그리 멀지 않은 과거에 건강은 단순히 질병이 없음으로 정의되었다. 정적이고

협소한 견해는 보다 동적인 개념, 즉 평안wellness을 넘어 충분하게 행동하고 삶을 즐길 수 있는 능력으로 대체되었다. 건강은 우리 존재의 한 양상이며 늘 삶의 모든 측면에서 우리에게 영향을 미친다. 건강은 무엇보다도 생리적, 심리적, 사회적, 영적 행복의 조건이다.

동적인 좋은 건강에 이르고 유지하는 것은 여러 요인에 달려 있다. 세 가지 구성요소, 즉 유전적 기질, 지식, 생활양식 실천이 핵심적 특징으로 강조될 수 있다. 유전적 기질은 생물학적으로 부모로부터 물려받은 것이다. 과거에는 유전적 구성이 불변한다고 여겨졌지만, 유전자 치료의 출현으로 불가능하다고 여겼던 중재interventions는 머지않아 표준 절차가 될 수 있다. 적절한 건강 실천에 관한 지식은 건강교육 과목에서 그리고 부모와 대중매체로부터 획득된다. 바른 건강 지식의 획득은 분명히 중요하지만, 동적인 좋은 건강은 이론 지식을 학습하는 것만으로는 이루어지지 않는다. 무엇을 해야 하는 지의 앎이 반드시 적절한 행위로 전환되는 것은 아니다.

바른 지식에 근거한 건강한 생활양식의 삶이 더 나은 건강으로 이끈다. 이러한 주장을 알맹이 없는 말이나 같은 의미의 반복으로 치부하기보다는 각 개인의 결정이라는 맥락으로 이해해야 한다. 우리는 자기 삶을 어떻게 살지 결정한다. 생활양식의 결정에 규칙적인 신체활동이 포함되면 그 수준이 중간 정도일지라도 건강 및 평안에 도움이 된다. 최근에 발간된 『미국 보건총감 신체활동 및 건강 보고서Surgeon General's Report on Physical Activity and Health(1996)』는 규칙적인 중간 수준의 신체활동이 심장질환, 당뇨병, 결장암, 고혈압으로 인한 발병이나 사망의 위험성을 상당히 줄일 수 있다는 결론을 내렸다.

캐나다보건부Health Canada의 최근 간행물 『캐나다 국민의 건강하고 활동적인 삶을 위한 신체활동 지침Handbook for Canada's Physical Activity Guide to Healthy Active Living(1998)』에는 규칙적 신체활동의 혜택이 다음과 같이 열거된다(p. 4): 건강 증진, 체력 향상, 자세 및 균형 개선, 자존감 향상, 근골 강화, 활력 증진, 이완 및 긴장 감소, 노년기의 독립적 생활 연장. 이러한 혜택은 활동 부재로 인한 다음의 건강상 위험과 뚜렷한 대조를 이룬다: 조기 사망, 심장질환, 비만, 고혈압, 성인 당뇨병, 골다공증, 뇌졸중, 우울증, 결장암. (이 주제는 14장과 15장에서 더 자세히 논의된다.) 현재 거의 매일, 연구 결과들은 신체 활동이 참가자에게 폭넓은 건강상의 혜택을 제공하고, 반대로 활동 부재는 건강에 해롭다는 점을 확인시켜준다.

(3) **의료, 건강 그리고 체육**. 매우 중요한 통찰이 나타난다. 즉, 신체활동은 건강한 생활양식으로 사는데 핵심 요소다. 신체활동은 생리적, 심리적, 사회적 평안에 있어

중요한 요인이다. 신체활동에 참가하는데 필요한 기술을 대부분은 아니더라도 많은 부분 배우는 곳은 체육수업이다. 이상적으로는 체육수업에서 활동적이고 건강한 삶의 평생 참여가 모든 학생에게 촉진되고 체득된다.

건쾌健快한 생활양식healthy active lifestyle에서 비롯되는 높은 수준의 체력은 인간 발달의 향상, 건강의 증진, 수명의 연장, 여러 질환 위험의 감소를 가져온다. 예방 의료가 건강 증진과 질환 위험 감소를 포함한다면, 체육은 그렇게 볼 자격이 충분하다. 체육은 교육의 필수 부분으로서 동적인 좋은 건강을 포함하여 전인의 총체적 발달을 목표로 한다(Paplauskas-Ramunas, 1968). 이렇듯 체육은 의료와 교육 모두에 발을 딛고 있다.

앞에서 언급했듯이 의료적 측면에서 체육은 필요한 신체활동 기술의 가르침과 평생의 쾌활한 생활양식의 장려를 통한 예방 의료라고 할 수 있다. 이는 곧 교육적 주장이기도 하다. 체육은 특수체육 활동과 운동선수처치, 심장재활 등의 분야에서 수행되는 작업을 통해 처치 측면에도 관여한다. 교육의 측면에서 체육은 학생의 사회적 발달에 기여하고 (14장 참조) 또한 다양한 지식체의 전달 및 획득에 책임이 있다. 명제적 지식, 명제지의 영역에서 체육은 다양한 경기와 스포츠의 역사, 전통, 전략, 규칙과 함께 건강 관련 개념을 전달한다. 아울러 체육은 고유 영역으로서 신행지로 칭한 절차적 지식, 방법지의 전달 및 획득에 직접적인 책임이 있다.

분화에서 결집으로

체육은 기원과 발전의 결과로 의료와 교육 양쪽에 발을 딛고 있다. 슬프게도, 현재 이 분야를 괴롭히는 여러 균열 중에서 가장 심각하게 것은 학문주의자와 직무 준비 옹호자 간의 대립이다(5장 참조). 한 편은 처치를 포함한 인간 서비스 영역의 직무 준비를 사명으로 여기는 사람들이며, 반대편은 학문에만 초점을 맞추고 학문적 위상을 갈구하는 학자들이다. 이런 식의 구도라면 한 쪽이 다른 쪽을 배제하고 우위를 점하는 양자택일을 해야 할 듯 보인다. 이는 지금의 구도가 지속된다면 피할 수 없는 결과이다.

학문을 서비스에서, 직무 준비에서 분리하는 것은 잘못된 이분법인데, 모든 사람 특히 학생들의 이익을 위해 둘은 모두 필요하고 협력할 수 있기 때문이다. 건실한 직무 실천은 견고한 지식체, 즉 과학적 발견과 검증된 절차로 성립하는 지식에 의해 뒷받침된다. 모든 취업 선택 중에서 체육교육자는 적절한 직무 실천을 위한 기초로 학문적 지식이 필요하다(Ross, 1981). 인간운동학은 무엇으로 구성되든 또는 어떻게 정의되든 간에 "응용" 학문이다. 따라서 새로운 경험적 탐구의 결과를 검증하기 위해 직무 실천가의 도움이 필요하다.

의료와 교육은 모두 일련의 과학적 지식과 검증된 절차에 의해 뒷받침되는 직무 실천이다. 두 영역에서, 우리 분야의 학문주의자와 직무 준비 지지자를 화해시키는데 도움이 될 수 있는 중요한 교훈을 얻을 수 있다. 실제로 의학교육은 우리의 모범이 될 수 있다. 의학교육은 학부수준에서 학문과 직무 준비의 중요성을 모두 인정한다. 즉 다양한 학문의 과목들이 흔히 의료 소양과 함께 교육과정을 이룬다. 동시에 의학과 학생들은 대부분 병원에서 직무 실천을 익히는 수련의 과정에 참여한다. 대학원 수준에는 학생들이 직무 실천 또는 학문에 관한 고등 학업을 추구할 수 있는 많은 길이 있다. 직무 실천에 관심이 있는 학생들은 심장-흉부외과 의사, 여성의학과 의사, 정형외과 의사, 그리고 스포츠의학 전문의와 같은 전문가로 졸업하기 전에 수년간 전공의 과정(의과대학 교육과정의 필수 구성요소)을 이수한다. 또한 의학 교육과정을 이루는 다양한 학문의 석사 및 박사 학위과정도 제공된다. 협력은 학문의 발전과 함께 사회의 이익을 위한 의료 실천의 발전을 가져온다.

모든 대학 체육 전공과정을 조사하면, 그 명칭이 무엇이든 간에 다수의 분과학문이 존재함을 알 수 있다. 압도적 다수의 학부 학생들이 이 분야의 직무 전문가가 되기를 열망하기에(Ross, 1987, p. 47) 전공과정의 일부는 지도나 임상 경험의 수련과정에 할애한다. 이는 학생들이 졸업 후에 효과적으로 실행할 수 있도록 학문적 및 실천적 지식의 획득이 필요하다는 점에서 의학 교육과 유사하다. 체육 대학원 수준에서도 상황은 거의 비슷하다. 학생들은 전문 실천 영역(예: 체육수업, 스포츠지도, 선수훈련, 관리, 스포츠심리) 또는 분과학문(예: 운동생리학, 생체역학, 심동학습, 스포츠사회학) 중 하나에서 고등 학위를 선택할 수 있다. 양편의 신봉자들이 협력하면 학생과 사회 모두에 이익이다.

의과대학이 직무 실천과 학문의 발전을 위한 이중의 책임을 지고 있는 것처럼, 체육의 대학 학과도 그렇다. 둘 다 학생과 사회에 기여하기 위해 존재한다. 학문과 직무 준비 교과목들은 유식 유능한 실천가의 양성에서 상호 보완의 역할을 한다. 이것은 체육수업, 스포츠지도, 운동선수처치, 심장재활과 같은 실천에서 쉽게 알 수 있으며, 이는 과학자들에게도 적용된다. 학문을 배우는 하나의 길은 범례들을 통해서이다.

이제 요점은 학문을 배우는 학생이 무언가를 행하는 방법을 배우고 있다는 것이다. 학자가 되면서, 그는 특정한 기술과 특정한 이해 방식을 획득한다. 그는 세계를 새로운 방식으로 보는 법을 배우며, 이것은 행함을 통해 획득되는 기술 자체이다. 우리는 학자들이 보는 방식으로 세계를 보고자 시도하고 훈련하지 않고는 그들이 세계를 보는 방식을 배울 수 없다. 이러한 노력과 훈련은 범례들 속에 담겨있다. 우리는 과학을 배움에 있어서 범례, 문제 및 전형적인 실험을 통해 학문을 행한다(Steel, 1985, p. 115).

학문 전공과정의 졸업자는 민간 산업 종사자이든, 공무원이든, 대학교수이든 학문을 실행하고 있다. 어떤 상황에서도 그들은 학문을 행할 때면 학문을 공부하면서 획득한 기술, 직무 실천에 종사한다.

체육의 대학 학과는 직무 실천의 향상을 위한 과목과 함께 분과학문의 과목을 제공한다. 학부 및 대학원 수준에서 이러한 전공과정에 등록한 학생들은 하나 또는 다른 길을 선택할 수 있다. 학문과 직무 준비 옹호자들이 협력하는 경우 최적의 학습 경험이 제공된다. 두 가지 지향의 가치를 인정하는 것은 지금까지 이 문제가 논의된 그리고 약해진 기본 틀의 해체로 나아가는 것이다.

직무 준비는 학문의 기여를 축소하거나 그 위상을 하락시키지 않는다. 이는 우리 분야를 구성하는 다양한 분과학문의 대학원 학위과정이 개설되는 경우에 특히 분명하다. 본질적으로, 현행 교육과정은 변경할 필요가 없는데 그 이유는 교육, 서비스·처치, 학문의 세 가지 진로 모두를 공부할 수 있는 기회를 제공하기 때문이다. 필요한 것은 이 분야에 대한 편협하고 배타적인 정의를 고집하는 교수진의 태도 변화다. 협력의 태도는 이 분야와 관련된 문제들이 논의될 수 있는 새로운 기본 틀을 만들어 낼 것이다.

새로운 노선의 입론

이 장은 체육을 학교 교육과정에 포함시키는데 제시된 전통적 근거에 대한 이해를 확장시킬 수 있는 기초를 제공했다.

지금까지 체육의 지향은 의료와 교육이며, 모두 직무 실천이다. 의료-교육 병립이라는 문구에 반영된 범역은 폭넓은 관심사와 유관한 직업 진로를 나타낸다.

교육, 인간서비스·처치, 학문의 세 가지 직무 지향은 쉽게 알 수 있다.

고등교육 수준에서 체육은 학생들에게 세 가지 지향 모두에서 학업 기회를 제공한다.

공공학교에서 신체활동에 참가하는데 필요한 기술을 대부분은 아니더라도 많은 부분 배우는 곳은 체육수업이다. 이상적으로는 건쾌한 생활에 대한 평생의 참가도 체화될 것이다.

신체활동 참가에서 발생하는 다양한 건강상의 혜택을 고려하면 체육은 예방 의료로 분류될 수 있다.

체육은 전인의 총체적 발달에 기여한다.

References

Bressan, E.S. (1987). The future of scholarship in physical education. In J.D. Massengale (Ed), *Trends Toward The Future of Physical Education*, pp. 25-36. Champaign, IL: Human Kinetics Publishers, Inc.

Davenport, J. (1994). The normal schools: Exploring our heritage. *JOHPERD, 65*(3), 26-27.

Handbook for Canada's Physical Activity Guide to Healthy Active Living. (1998). Health Canada, Ottawa, Ont.

Hetherington, C.W. (1910). Fundamental education. *American Physical Education Review. 15*, 629-635 (Reprinted in A. Weston, *The Making of American Physical Education*, pp. 159-165).

Paplauskas-Ramunas, A. (1968). *Development of the Whole Man Through Physical Education: An Interdisciplinary Comparative Exploration and Appraisal*. Ottawa, Ontario: University of Ottawa Press.

Park, R.J. (1992). Physiologists, physicians, and physical educators: Nineteenth-century biology and exercise, *hygienic* and *educative*. In J.W. Berryman & R.J. Parks (Eds.), *Sport and Exercise Science: Essays in the History of Sports Medicine*, pp. 137-181. Urbana and Chicago: University of Illinois Press.

Physical Activity and Health: A Report of the Surgeon General. (1996). U.S. Department of Health and Human Services, Centers for Disease Control and Prevention, National Center for Chronic Disease prevention and Health Promotion, Atlanta, GA.

Ross, S. (1981). The epistemic geography of physical education: addressing the problem of theory and practice. *Quest, 33*(1), 42-54.

Ross, S. (1987). Humanizing the undergraduate physical education curriculum. *Journal of Teaching in Physical Education, 7*(1), 46-60.

Sage, G.H. (1987). The future and the profession of physical education. In J.D. Massengale (Ed.), *Trends Toward the Future of Physical Education*, pp. 9-24. Champaign, IL: Human Kinetics Publishers, Inc.

Siedentop, D. (1994). *Introduction to Physical Education, Fitness, and Sport*, 2nd ed. Mountain View, CA: Mayfield Publishing Company.

Spears, B., & Swanson, R.A. (1983). *History of Sport and Physical Activity in the United States*, 2nd ed. Dubuque, IA: Wm. C. Brown Company Publishers.

Steel, M. (1988). What we know when we know a game. In P.J. Galasso (Ed.), *Philosophy of Sport and Physical Activity: Issues and Concepts*. pp. 114-122. Toronto, Ontario: Canadian Scholars' Press Inc.

Zeigler, E.F. (1962). A History. In *Professional Preparation in Health Education, Physical Education, Recreational Education: Report of a National Conference*, pp. 115-133. Washington, DC: American Association for Health, Physical Education and Recreation.

14

"사회적" 발달
"SOCIAL" DEVELOPMENT

헤더링턴C. W. Hetherington의 중요한 언설(180면 참조)은 체육이 교육에 포함되는 것을 정당화하는 토대를 제공했다. 수년에 걸쳐 다수의 선도자들(부처Bucher, 1972, 참조)은 표현을 약간 바꿨지만, 체육은 학생들의 신체적, 심리적, 사회적, 지성적 발달에 기여한다는 기본 관점을 유지했다. 일부 저자들은 도덕적이나 인격적 발달의 범주를 추가했다. 20세기 공교육의 목표에 관한 모든 일반적 진술과 양립할 수 있는 이러한 주장은 체육을 타 교과와 동등한 위상에 두고자 하는 염원을 지지하기 위해 제기되었다.

이러한 주장에 대한 보다 깊은 이해를 위해 비판적으로 검토할 필요가 있다. 어떤 것들은 매우 명백해 보여서 입증 근거가 거의 필요하지 않은 듯하지만, 그런 경우라도 더욱 깊은 이해는 체육교육자들이 이 분야를 더 설득력 있는 방식으로 해석할 수 있게 할 것이다. 다른 주장들은 연구에 의해 뒷받침되고 있는데, 이 경우에서도 연구 결과가 우리에게 알려주는 것은 무엇인지, 따라서 이 분야의 현 발전 단계에서 우리가 확신을 가지고 말할 수 있는 것은 무엇인지를 엄밀하게 이해하는 것은 중요하다.

신체적 발달

인간 존재는 세계 속에서 이리저리 움직인다. 움직임은 분명히 신체적 발달 및 성장과 관련이 있다. 움직임의 중요함을 확인하기 위한 매우 많은 연구들이 있는데(Zaichkowsky와 Larson, 1995), 그 연관성은 매우 분명하기에 여기서 더 탐구할 필요는 없다.

신체적 발달에 대한 우리의 관심은 성장을 넘어 기술 습득, 체력 향상, 건강 증진에 집중하고 있다. 이러한 서로 연관된 목표들은 질병 예방, 삶의 질 향상, 수명 연장을 감싸는 예방 의료의 표제에 포함될 수 있다. 우리는 기여할 것이 많다. "연구는 규칙적 운동이 관상동맥심장질환, 고혈압, 여러 종류의 암, 당뇨병, 골다공증 등 만연한 인체 질환의 발생을 오랫동안 막아준다는 점을 분명히 한다"(Scully 등, 1998, p. 111). 이 사안들은 다음 장에서 더욱 자세하게 다룬다.

심리적 및 사회적 발달

예비적 고찰

심리적 발달과 사회적 발달을 분별할 수 있다. 일부 연구자들은 한 영역에만 집중하는 듯 보이기도 한다. 여기서 문제를 쉽게 다루기 위해 해당 접근 방식을 따르지만, 먼저 한 가지를 설명한다. 인간 존재는 본성상 관계적이다. 어떤 인간도 홀로 존재할 수 없다. 즉 우리 인간은 발전할 수 있으려면 타인들이 필요하다. 심리적 발달과 사회적 발달은 불가분의 관계가 있다. 우리 개인이 보여주는 특성은 고립되면 사실상 전혀 의미가 없으며, 그 특성을 반영하는 행위는 타인에게 영향을 주고 관찰될 때 의미가 있다.

심리적 발달과 사회적 발달은 인간 실존human existence의 범주를 가리키는 용어다. 직무 실천가와 예비 실천가는 이 범주들의 근본적 문제들을 다룰 수 있어야 한다. 여러분은 각 영역에서 최적의 발달을 무엇이라고 생각하는가? 어떤 개인적 성향과 사회적 가치가 가장 바람직한가? 대답에 앞서 최적의 심리적 발달에 대한 결정은 사회적 발달을 고려하지 않으면 정식화할 수 없으며, 그 반대의 경우도 마찬가지임을 이해하는 것이 중요하다. 이 물음에 답하는 하는 것은 매우 실제적인 문제들이 관련되기에 추상적인 연습이 아니다. 아래의 답변은 프로그램 우선순위, 교육과정 선택, 교수 방법을 결정하는데 도움을 줄 것이다.

(A) 심리적 발달

1989년 6월 11일, 국제스포츠의학연맹International Federation of Sports Medicine, FIMS은 신체 운동의 부족과 심혈관 이환율 및 사망률 간의 관계를 명확히 하는 성명을 발표했다. 또한 관상동맥질환과 다른 질병의 예방에서 운동의 역할에 대한 논평도 포함되었다. 그 성명을 보충하고자 국제스포츠심리학회International Society of Sport Psychology, ISSP는 단련운동 프로그램 참여에 따른 단기와 장기의 심리적 혜택을 밝히는 자체 성명을 발표했다.

국제스포츠심리학회는 심리적 개선 및 안녕에 대한 단련운동의 역할을 다룬 연구를 검토하여 정기적 신체활동 프로그램에 적극 참여하는 것과 관련될 수 있는 혜택을 열거한다.

1. 상태 불안의 감소
2. 경증에서 중간 증상의 우울증 완화
3. 신경증 및 불안의 완화
4. 중증 우울증에 대한 전문적 치료에 기여
5. 다수 스트레스 지수의 감소
6. 모든 연령과 성별에서 유익한 정서적 효과(ISSP, p. 183).

연구자들과 임상의들 중에는 특정 심리적 기능 장애, 특히 우울, 불안, 스트레스는 신체활동에 참여함으로써 개선될 수 있다는 공통 의견이 형성되고 있는 듯하다. 정신적으로 건강한 개인에서, 단련운동과 심리적 변수들 사이에 유의미하고 긍정적인 관계가 있다는 증거는 설득력이 있는 것으로 받아들여지는데(Berger와 Owen, 1988; Biddle와 Mutrie, 1991), 정신과 내원자 인구의 일부 범주에서는 더욱 두드러지는 것으로 보인다(Martinsen, 1990). 단련운동은 대부분의 사람들에게 신체적으로, 심리사회적으로 유익하다.

연구 설계의 방법론적 결함(Greendorfer, 1987)과 인과의 방향 설정의 문제에 대한 우려에도 불구하고 - 심리적 안녕은 특정 단련운동 프로그램에 대해 선행인지, 후속인지 또는 독립적으로 작용하는지? - **신체 운동의 심리사회적 이익은 생리적 이익과 동등하거나 심지어 능가할 수 있다는 견해는 더욱 널리 받아들여지고 있는 듯하다**. 이 견해는 학계와 대중 언론 모두에서 널리 호응을 받았다(Scully 등, 1998, p. 111).

단련운동과 심리적 건강에 관한 연구의 대부분은 우울증, 불안감, 스트레스 반응성, 기분, 자존감의 변화에 초점을 맞추고 있다. 이러한 범주들은 연구 결과를 검토하는데 사용되는 표제를 제공한다. 또한 많은 연구들은 생리전증후군(PMS), 산후기 및 폐경기와 관련하여 단련운동이 여성에게 미치는 영향을 조사하는데 집중해 왔다. 이러한 연구 결과들에 대한 고찰은 다음과 같다.

우울증. 임상적으로 우울증이 있는 사람들은 신체적으로 정태적인 경향이 있고 신체적 작업 능력이 감소하는 특징이 있다. 그 상태는 포괄적인 치료 요법의 일환으로 단련운동 프로그램의 도입을 찬성하는 주장을 불러일으킨다. 하지만, 우울증을 치료할 때 직면하는 어려움의 하나가 무기력을 극복하도록 동기를 부여하는 방법을 찾는 것이다. 이 일이 어렵지만 기대 결과는 노력할 만한 가치가 있는데, 단련운동 참여 환자에게 중요한 혜택이 발생하기 때문이다.

노스와 동료(North 등, 1990)가 수행한 메타 분석은 1969년과 1989년 사이에 보고된 신체 단련운동과 우울증에 관한 연구 80건을 조사했다. 그들은 단기와 장기의 단련운동 모두 우울증을 유의미하게 감소시켰다는 것을 발견했다. 의료적 또는 심리적 치료를 요하는 사람들이 가장 큰 호전을 보였다. 성별, 연령, 건강 상태와 관계없이 모든 참가자 집단에서 긍정적 효과가 나타났다. 체육에서 가장 유의미한 결과는 단련운동이 심리 치료만큼이나 효과적이라는 점이다. 물론 치료 요법으로 단련운동과 심리 치료를 병행한 것이 단련운동만 한 것보다 우울 억제에 더 좋다.

단련운동은 모든 연령에서 **우울증 예방**에 중요한 역할을 한다. 좌식 생활을 주로 하는 사람은 활동적인 사람보다 우울증에 걸릴 위험이 더 큰 것으로 보인다. 연구(Comacho 등, 1991; Weyerer, 1992)는 단련운동이 남성과 여성 모두에서 우울증의 위험을 감소시킨다는 것을 확인한다. 우울증 예방을 하나의 목표로 하는 지역사회 활동사업은 제공하는 활동에 운동요법을 포함하는 것이 좋을 것이다. 지금까지 보고된 연구 결과에 근거하면, 단련운동 프로그램이 우울증 치료와 예방에 긍정적인 영향을 미친다고 주장하는 것은 무리가 없다.

불안. 단련운동이 우울증에 긍정적인 영향을 미친다면, 신체활동이 불안을 감소시키는 역할을 한다고 보는 것은 자연스럽다. 선행연구 고찰의 결과(Landers와 Petrazzello, 1994)는 사용된 불안 척도(성향이나 상태, 행동, 자기 보고 또는 심리적) 또는 적용한 운동 요법(급성이나 만성)에 관계없이 단련운동과 불안 감소 간의 일관된 연관성을 지적한다. 유산소 단련운동 프로그램은 만성 업무 스트레스로 인한 불안을 줄이는데 효과적이다(Long과 Stavel, 1995). 5분 정도로 짧은 단련운동도 불안 감소 효과를 유발하기에 충분할 수 있다(Tate와 Petrazzello, 1995). 많은 연구 보고에 따르면 불안 감소에 대한 운동의 긍정적 효과는 분명히 뒷받침된다.

스트레스 반응성. 우울증과 불안은 스트레스의 극단적인 사례라고 할 수 있다. 유효한 연구 결과에 따르면, "신체 상태의 개선 또는 체력의 향상은 개인의 스트레스 대처 능력을 촉진할 가능성이 있다"(Scully 등, 1998, p. 113). 유산소단련운동은 스트레스 감소에 긍정적인 영향을 미치는 것으로 보인다. 이런 점에서 단련운동은 교정보다는 예방 측면에 더 기여할 수 있다.

기분. "이제 진짜 기분이 좋아요"는 활동 종료 후에 자주 듣는 말이다. 단련운동에 참가한 거의 모든 사람은 같은 감정을 표현한다. 이런 일화식 보고는 연구에 의해 확인된다. 엄밀히 말하면, 이 분야의 연구자들 사이에서는 일반 모집단에 대한 검사로 기분 상태 검사Profile of Mood States, POMS의 사용이 적절한지에 대해 약간의 논란이 있다. 이 검사는 처음에 임상 모집단에 사용하기 위해 검증되었기 때문이다. 이러한 제약을 유보한다면, 결과는 유산소 및 무산소 단련운동 프로그램이 기분 상태의 상승과 관련이 있을 수 있음을 나타낸다.

한 메타-분석 연구(McDonald와 Hodgdon, 1991)는 운동과 긍정적 기분 간의 분명한 관계를 확인한다. POMS의 6개 하위척도 모두에서 유의미한 효과가 나타난다. 세 개의 연구 보고(Head 등, 1996; Maroulakis와 Zervas, 1993; Steinberg 등, 1997)는 단기의 강한 유산소 단련운동은 긍정적 정서 변화와 유의미한 관계가 있다는 주장에 대한 뒷받침을 더한다. 단련운동은 여성(Agaroff와 Boyle, 1994; Cramer 등, 1991)뿐만 아니라 남성에서도 기분 상태를 개선한다. 한 연구(Steege와 Blumenthal, 1993)는 단련운동이 생리전증후군PMS과 관련된 부정적 정서에 미치는 긍정적 효과를 강조한다.

일화식 보고와 연구 결과는 단련운동이 기분 상태에 미치는 긍정적 효과를 확인한다.

자존감. 연구에 따르면 단련운동과 자존감 사이에는 긍정적 연관성이 있다. 이는 자존감이 낮은 사람들 중에서 가장 뚜렷한 것으로 보인다(McAuley, 1994). 이 연구 영역이 발전함에 따라 측정 항목 – 국제 자존감global self-esteem 또는 영역 세부 자존감 – 그리고 측정 방법(종단 연구는 없음)에 관한 방법론적 문제가 제기되었다. 이러한 기술적 문제는 우리의 관심을 벗어난다. 선행연구에 관한 초기의 검토(Sonstroem, 1984)에서는 신체활동 참가는 단련운동의 유형에 관계없이 자존감을 향상시킨다고 결론짓는다. 또 다른 연구(Gruber, 1986)는 청소년에 대한 신체활동 참가의 긍정적 효과를 보여준다는 점에서 특히 흥미롭다.

연구자들이 계속해서 단련운동과 자존감 간의 관계를 입증함에 따라, 더욱 상세한 결과를 제공하는 보다 정교한 측정 도구를 개발할 가능성이 높다. 활용 가능한 지금까지의 증거에 따르면 단련운동은 자존감에 긍정적 효과를 미친다고 말할 수 있다.

여성의 경우

생리전증후군. 경미한 우울증, 불안 및 기분 저하는 일반적으로 생리 전, 종종 생리 중의 시기와 관련이 있는 상태이다. 생리 전 여성이 단련운동에서 얻는 이익에 관한 일화식 보고와 함께 포괄적 상태에 대한 단련운동의 긍정적 효과를 확인하는 연구를 감안할 때, PMS에 대한 운동의 잠재적 이익을 조사한 연구가 상당히 적다는 것은 매우 의아하다. 선행 연구들은 가벼운 형태의 단련운동이 증상을 개선시킨다고 결론짓는다(Israel 등, 1985). 단련운동은 다양한 생리적, 심리적 증상을 예방하는 효과가 있다.

어떤 유형, 강도, 빈도의 단련운동이 PMS 증상을 완화하는데 가장 좋은 결과를 제공하는지 판단할 수 있게 하는 연구는 충분하지 않다. 기존의 연구(Choi 등, 1995; Shangold, 1986; Steptoe와 Bolton, 1988)는 최소 수준, 높은 빈도, 높은 강도의 단련운동은 큰 이익을 제공하지 않음을 보여준다. 생리 전 시기의 단련운동에 의한 생화학적 변화를 설명하기 위해서는 추가의 연구가 필요하다. 해당 정보가 밝혀지면 적절한 단련운동 프로그램을 처방하는데 기초가 될 것이다.

산후. 많은 여성의 경우 출산 후에 불안과 우울증이 증가한다(O'Hara 등, 1991). 한 연구(Koltyn과 Schultes, 1997)는 단련운동과 가벼운 휴식 후에 상태 불안과 우울증이 유의미하게 감소했다고 보고한다. 또한 단련운동은 기분 장애 전반의 유의미한 감소와 함께 신체적으로 활동적인 산후 여성의 현저한 활력 증가와 관련이 있다. 단련운동은 산후 증상을 완화시킬 수 있다.

폐경. 운동은 폐경과 연관된 기분에 긍정적 영향을 미친다(Shangold, 1990). 근력 단련은 근육량을 늘리고 고령 여성에서 효율을 향상시킨다(Fiatarone, 1996). 고령 여성은 허약해지고 스스로 돌볼 수 없을 정도로 쇠약해지면 흔히 시설에 수용되기 때문에, 만약 운동을 한다면 한동안 독립적인 생활을 할 수 있고 자존감의 유지나 향상도 가능할 것이다. 평생의 신체활동은 여성의 생애 주기 전반에서 건강과 안녕을 증진한다.

선행 연구의 고찰은 신체활동과 단련운동이 예방과 치료에서 심리적 안녕에 긍정적으로 기여함을 분명히 보여준다. 혜택은 유년, 중년, 고령의 남성은 물론 여성에게도 매우 유효하다. 지속적인 연구를 통해 특정 상황에 맞는 최적의 운동 요법을 결정할 수 있을 것이다. 그렇게 될 때 단련운동이 동적인 좋은 건강에 기여하는 바는 지금보다 훨씬 확대될 것이다.

(B) 사회적 발달

인간 존재는 타인과의 상호작용을 통해 사회적 기술을 배운다. 아동은 먼저 가정에서 그 다음 어린이집에서 사회적으로 발달한다. 연령이 늚에 따라 비공식적 놀이 집단과 학교는 대인 관계 기술을 익히는 장이 된다. 학교에서 사회적 용인의 행동은 협력, 단합, 경쟁 및 기타 집단 상호작용의 요소가 요구되는 경기, 스포츠 그리고 다양한 체육활동 참여를 통해 학습된다. 이러한 활동의 참가에서 얻을 수 있는 이득 중 하나가 사회적 용인의 태도, 가치, 행동의 발달이라는 믿음은 오래되고 널리 퍼져 있다. "스포츠는 인격을 형성한다"는 문구는 체육과 스포츠가 참가자의 사회적, 도덕적 발달에 긍정적으로 기여한다는 것을 표현하기 위해 사용된다.

발달 및 인지 과학자들은 아동의 사회적 발달에서 놀이의 중요함을 강조해 왔다. 이 사고 관점은 학교 체육 프로그램 안팎에서 조직적 경기와 스포츠가 참가자에게 미칠 수 있는 영향을 포함하도록 서서히 확장되었다. 논리적으로 볼 때, 체육 및 스포츠 프로그램이 합당하게 구상되고 적절하게 시행되면 사회적 발달에 긍정적 영향을 미칠 것이라는 견해는 반박하기 어렵다. 하지만, 연구 결과로 그 주장을 뒷받침할 때는 문제에 봉착한다.

1960년 코웰Cowell은 체육의 영향과 연관될 수 있는 개인적, 사회적 결과를 다룬 당시의 발표 연구를 체계적으로 검토했다. 그는 사회적 발달, 반사회적 행동, 대인-사회 적응, 사회 이동, 사회 통합, 공격성, 경쟁과 같은 주제를 다룬 연구 결과들을 검토했다. 그린도퍼(Greendorfer, 1987, p. 25)는 코웰의 결론을 다음과 같이 요약한다. "체육의 결과인 사회적 학습 및 사회적 발달과 관련하여 상당한 자의성과 거리감이 있다." 약 25년 후인 그린도퍼의 고찰에 의하면, 그녀(1987, p. 57)의 발견은 코웰의 발견과 일치한다. 그 연구 결과들에서 도출할 수 있는 것은 매우 적다.

이러한 포괄적 연구는 이 영역의 연구 결과를 받아들이기에 앞서 극도의 주의를 기울여야 하는 설득력 있는 이유를 보여준다. 많은 연구들이 연구 설계에서 문제가 있다. "불행하게도, 대부분의 연구는 본질적으로 상관관계가 있으며, 강한 선택 편향 및 또 다른 방법론상의 부적절함으로 인해 설득력이 더 떨어진다"(Biddle, 1995, p. 295). 설상가상으로, 인성에 관한 정확한 정의에 대한 합의나 사회적 성향과 반사회적 성향의 평가 기준에 대한 합의도 이루어지지 않았다.

협력적 경기cooperative games와 대조되는 경쟁적 활동은 체육 교육과정의 큰 부분을 이룬다. 이런 활동에 참가하는 아동들은 여전히 사회적 기술을 배우는 형성기에 있다. 두 범주의 활동에 참가한 효과라고 주장된 것이 조사되었다. 일반적으로, 경쟁적 활동에 참가한 아동은 친사회적 행동의 빈도가 감소하고 반사회적 행동이 증가하는 경향이 있다. 대조적으로, 협동적 경험은 친사회적 행동을 강화하고 반사회적 행동을 감소시킨다(Shields와 Bredemeier, 1995, p. 96). 이러한 일반적 연구 발견은 합당한 결과로 보이는데, 즉 그 활동의 본성 및 구조와 밀접한 관련이 있을 것이다.

연구 결과의 수용에 관한 경고에도 불구하고, 주장의 근거가 될 수 있는 몇 가지 교훈의 도출은 가능하다. 체육은 친사회적 행동의 발달을 위한 수단으로 볼 수 있다. 그런 결과의 달성을 위해서는 활동의 선택, 활용된 교수 방법, 장려할 실제 성향 그리고 원하는 결과를 촉진할 구성 및 환경 조건의 조성 등을 진지하게 고려해야 한다.

연구 절차는 점차 개선되고 있다. 보다 정교한 측정 도구는 보다 정확하고 유익한 결과를 산출하게 할 것이다. 여전히 기본 가정은 유효하다. 즉, 체육은 사회적 발달에 영향을 줄 수 있다. 이 발전 단계에서 주장은 신중하고 정확해야 한다. 더 발전되고 상세한 결과들이 제시됨에 따라 우리의 주장은 더욱 강력해질 것이다.

지성적 발달

체육은 지성적 발달intellectual development에 기여한다는 주장이 제기되어왔다. 이 주장은 두 가지 방식으로 해석되었다. 첫째, 학생은 다양한 체육 및 스포츠 활동 참가를 통해 수학, 영어, 과학 및 타 교실 교과에 관한 자신의 지식을 확장시킨다. 둘째, 체력 수준이 향상되면 인지 기능이 향상되는데, 우리는 아마도 더 건강해지면 더 빠르고 더 명료하게 생각할 것이다. 두 가지 해석은 모두 문제가 있다.

비들(Biddle, 1995, p. 294)은 단련운동이 지적 및 인지 기능에 미치는 효과를 다룬 연구를 검토하여, 단련운동의 이득은 일부는 지지를 받고 있지만 전체는 여전히 불분명하다고 결론을 짓는다. 토마스와 동료(Thomas 등, 1994)도 다음과 같이 신중한 입장을 취한다. "…우리는 거의 모든 자료가 횡단 연구의 연관성을 반영한다는 점을 분명히 해야 한다…실험 집단의 합당한 기간의 운동, 대조군 사용, 인지 기능의 다면적 측면을 반영한 종속변수 측정이 이루어진 좋은 종단 연구는 (혹여 있더라도) 매우 드물다"(p. 521). 연구 결과들은 운동의 결과로 몇 가지의 인지 기능만 향상될 수 있으며 그로 인한 혜택은 미미함을 보여준다.

오랜 세월에 걸쳐 검증된 일화식 교육학적 보고와 논리적 관점에서 분명한 것은 수학, 과학, 역사와 같은 교실 과목("지성적" 발달)에서의 향상은 해당 과목 영역에 대한 직접 활동이 필요하다는 것이다. 토마스 등(1994)은 그 사례를 간결하게 말한다. 즉 "읽기나 수학을 향상시키고 싶다면 움직임이 아니라 읽기나 수학을 연습하라"(p. 527). 이 진술은 체육이 교실 과목에 기여할 수 있음을 배제하지는 않는다. 모든 교과목과 관련하여 한 과목에서 다루는 자료가 타 과목에서 다소 다른 방식으로 다루어질 때 학습은 뒷받침되고 풍부해질 수 있다. 예를 들어, 수학수업의 기하 도형 학습은 체육수업에서 학생들이 도형들을 가정하게 함으로써 향상될 수 있다(Stevens, 1994).

체육은 지성적 발달에 기여한다는 주장을 고집하는 것은 적어도 두 가지 이유로 잘못된 것으로 보인다. 첫째, 이러한 사고방식은 체육이 수단적 가치instrumental value만 있다는 견해를 강화한다. 대조적으로, 타 교과 대부분은 내재적 가치intrinsic value를 주장한다. 둘째, 어떤 교과는 지성적인 것으로 분류될 수 있고 어떤 것은 그렇게 여겨질 수 없는지에 대한 논쟁을 불러일으킨다. 앞에서 논했듯이, 우리가 기술 실행에 포함되는 것에 대한 과거의 경험과 오해로 인해 체육은 불리한 위치에 놓이게 될 것이다.

지성적 발달에 관해 말하기보다는 인지적 발달에 초점을 맞추는 것이 더 적절할 수 있다. 우리는 체육 프로그램의 모든 활동에서 문제 해결의 기회가 매우 많다는 점을 지적할 수 있다. 경기와 스포츠가 행해질 때마다, 전략과 전술이 논해질 때마다 결정을 해야 한다. 좋은 결정은 성공 가능성을 높이고 나쁜 결정은 실패 가능성을 높인다. 때때로 시합 후에 수행을 비판적으로 검토하고 개선이 이루어질 수 있다. 이런 활동은 인지적 발달이라는 표제에 포함될 수 있다.

인지는 신체활동의 필수 부분이다. 우리가 의도적으로 움직일 때 그리고 기술을 실행하는 동안에 사고 과정이 포함된다. "움직임에 대한 계획, 선택, 결정, 지식에 기반하고 환류에 있어 인지 처리는 분명 중요하다"(Thomas 등, 1994, p. 527). 심리학적 관점에서, 이 논평은 기술 실행이 사유를 함유하고 있다는 철학적 주장을 분명히 뒷받침하며, 따라서 기술 실행을 유식의 움직임이라 하는 것은 정당할 수 있다. 훈련의 개별화 원칙에 부합하여, 학습자가 향상을 목적으로 기술을 연습할 때마다 신체행위지식(신행지) 형식의 인지는 발달된다.

강조해야 할 것은 체육 내생의 지식, 신행지의 획득이다. 말글식이 아니면서도 본질상 개념적인 신행지는 체육 고유의 영역으로 주장되는 지식 범주다. 그 범주의 지식은 모든 체육수업에서 개발되고 발전하며, 따라서 우리는 체육은 인지 발달에 기여한다고 쉽게 주장할 수 있다. 이러한 발달의 증거는 체육 프로그램을 구성하는 다양한 활동에서 학습자가 많은 기술을 실행하기 위해 자신의 능력을 발전시키는 것에서 드러난다.

도덕적 발달

도덕적 발달은 종종 인성 발달character development이라고도 하는데 사회적 발달의 특수한 범주로 볼 수 있다. 이와 같이, 이 책의 241면에서 표현된 경고가 특히 여기에 적용된다. 그 경고는 여기서 힘을 얻을 수 있는데, 혼란한 요인들 때문이다. 스포츠와 체육을 통한 인성 함양character building에 대한 연구를 어렵게 하는 한 가지 심각한 문제는 인격의 정의가 다양하다는 점이다(Hodge, 1988). 어떤 정의를 사용해야 하는지에 대해 연구자들 간의 합의가 없다면 각자가 연구하는 것이 다소 다를 수 있다.

기존 연구의 다수는 방법론의 결함이 있다는, 즉 "변인들의 불분명한 조작적 정의, 과도하게 일반화된 결론, 이론적 근거의 부족과 같은 사례가 빈번하다"(Shields와 Bredemeier, 1995, p. 179)는 비판을 받아왔다. 또 다른 문제는 도덕적 사고의 발달과 스포츠를 탐구하는 종단 연구가 부재하여, 인과 관계는 밝혀지지 않은 채 남아있다는 것이다(Shields와 Bredemeier, 1995, p. 189). 스포츠는 체육보다 훨씬 더 많은 대중적 관심을 유발하는 활동이기에 연구 관심도 더 많이 이끌었다. 체육을 통한 도덕적 발달에 대한 연구 보고가 부재하면(Caine과 Krebs, 1986, p. 198) - 발표된 연구는 몇 가지 있지만(예를 들어, Romance 등, 1986; De Busk와 Helleson, 1989), 일반화는 불가능하다 - 체육에 관한 주장은 거의 할 수 없다.

스포츠를 통해서든, 체육을 통해서든 도덕적 사고의 발달을 연구하는 것은 분명히 중요한데, 그 연구에서 사고와 행동 간의 상관관계가 낮기 때문에 제공하는 통찰은 다소 제한적이다. 윤리적 원칙과 도덕적 기준은 구두나 서면의 질문에 대한 답변으로 옹호될 수 있다. 그러나 어떤 점에서는 이 원칙과 기준은 인간 행위의 형태로 표현되어야 한다. 도덕적 발달의 개념과 개인이 도달한 단계를 결정하는데 사용할 수 있는 척도(예를 들어, Kohlberg, L., 1969; 1981; 1984)의 이해가 중요함을 차지하더라도, 말한 것과 행한 것 간의 괴리는 매우 빈번하다. 이 특수한 인간 발달의 영역에서 행동은 판단의 기초이다. 도덕성의 맥락에서 행위는 늘 말보다 부각된다.

스포츠에 참가하면 인격은 함양되는가? 이 주제에 관한 방대한 논저 모음이 있다. 쉴즈와 브레드마이어(Shields와 Bredemeier, 1995, p. 174, 175)는 긍정 주장과 부정 주장을 요약한다. 유용한 실증적 증거의 부족과 함께, 그 사례들은 일반적인 사회학습 원리에 기반하고 논리를 주장의 기초로 삼는다. 매우 일반적으로 말하자면, 특정 성향은 활동의 본성과 구조, 지도자, 교육자, 행정가, 팬, 대중매체의 영향에 의해 촉진되거나 억제될 수 있다. 이 광범위한 주장들은 체육 프로그램 – 수업, 교내, 대교, 오락적, 교정적 – 의 모든 구성요소에 대한 비판적 점검의 필요를 확인시킨다. 즉, 가장 높은 도덕적 표준이 권장될 뿐만 아니라 사용된 방법은 추구하는 구체적 목표에 부합해야 한다.

보다 정교한 연구 결과가 견고한 기반을 제공할 수 있을 때까지 이 영역에 관한 우리의 주장은 절제하는 것이 최선일 것이다.

새로운 노선의 입론

체육이 신체적, 심리적, 사회적, 지성적, 도덕적 발달에 기여한다는 주장과 관련된 논저에 대한 비판적 고찰은 다음을 보여준다.

1. 움직임은 신체적 발달에 중요하다.
2. 연구는 신체활동이 우울증, 불안, 스트레스, 기분, 자존감, 생리전증후군, 산후우울, 폐경에 긍정적 영향을 미친다는 것을 확인한다.
3. 사회적 발달을 지지하는 구체적 주장을 하기에 앞서 보다 정교한 연구가 필요하다.
4. 지성적 발달 대신에 인지적 발달, 특히 체육의 고유 영역인 신체행위지식(신행지)의 발달에 초점을 맞춰야 한다.
5. 연구의 불충분은 우리가 도덕적 발달에 관한 주장을 하는데 방해가 된다.

References

Agaroff, J.A., & Boyle, G.J. (1994). Aerobic exercise, mood states and menstrual cycle symptoms. *Journal of Psychosomatic Research, 38*, 183-192.

Berger, B.G., & Owen, D.R. (1988). Stress reduction and mood enhancement in four exercise modes: swimming, body conditioning, Hatha yoga and fencing. *Research Quarterly far Exercise and Sport, 59*, 148-159.

Biddle, S. (1995). Exercise and psychosocial health. *Research Quarterly far Exercise and Sport, 66*(4). 292-297.

Biddle, S., & Mutrie, N. (1991). *Psychology of Physical Activity and Exercise*. London: Springer Verlag.

Bucher, C.A. (1972). *Foundations of Physical Education*, 6th ed. St. Louis, MO: C.V. Mosby.

Caine, D.J., & Krebs, E. (1986). The moral development objective in physical education: A renewed quest? ... *Contemporary Education, 57*(4). 197-201.

Camacho, TC., Roberts, R.E., Lazarus, N.B., Kaplan, G.A., & Cohen, R.D. (1991). Physical activity and depression: evidence from the Alameda County study. *American Journal of Epidemiology, 134*, 220-231.

Choi, P.Y.L., & Salmon, P. (1995). Symptom changes across the menstrual cycle in competitive sportswomen, exercisers and sedentary women. *British Journal of Clinical Psychology, 34*, 447-460.

Cowell, C. (1960). The contribution of physical activity to social development. *Research Quarterly, 31*, Part II, 286-306.

DeBusk, M., & Hellison, D. (1989). Implementing a physical education self-responsibility model for delinquency-prone youth. *Journal of Teaching in Physical Education, 8*, 104-112.

Fiatarone, M.A. (1996). Physical activity and functional independence in aging. *Research Quarterly far Exercise and Sport, 67*(3), 570.

Greendorfer, S.L. (September 1987). Psycho-social correlates of organized activity. *JOHPERD, 58*(7). 59-63.

Gruber, J.J. (1986). Physical activity and self-esteem in children: a meta-analysis. *Effects of Physical Activity on Children: The Academy Papers* No.19, pp. 30-48. Champaign, IL: Human Kinetics.

Head, A., Kendall, M.J., Ferner, R., & Eagles, C. (1996). Acute effects of Beta blockade and exercise on mood and anxiety. *British Journal of Sports Medicine, 30*, 238-242.

Hetherington, C.W. (1910). Fundamental Education. *American Physical Education Review, 15*, 629-635. (Reprinted in A. Weston, *The Making of American Physical Education*, 159-165).

Hodge, K.P. (1989). A conceptual analysis of character development in sport. Unpublished doctoral dissertation, University of Illinois at Urbana-Champaign.

Israel, R.G., Sutton, M., & O'Brien, K.F. (1985). Effects of aerobic training on primary dysmenorrhea symptomatology in college females. *Journal of American College Health, 33*, 241-244.

Kohlberg, L. (1969). *Stages in the Development of Moral Thought and Action*. New York: Holt.

Kohlberg, L. (1981). *Essays on Moral Development: Vol. 1. The Philosophy of Moral Development*. San Francisco, CA: Harper & Row. SanFrancisco.

Kohlberg, L. (1984). *Essays on Moral Development: Vol.2. The Psychology of Moral Development*. San Francisco, CA: Harper & Row.

Koltyn, K.F., & Schultes, S.S. (1997). Psychological effects of an aerobic exercise session and a rest session following pregnancy. *Journal of Sports Medicine and Physical Fitness*, (37). 287-291.

Landers, D.M., & Petruzzello, S.J. (1994). Physical activity, fitness and anxiety. In C. Bouchard, R.J. Shephard,

& T. Stephens (Eds.), *Physical Activity, Fitness, and Health*. pp. 868-882. Champaign, IL.

Long, B.C., & Stavel, R. (1995). Effects of exercise training on anxiety: a meta-analysis. *Journal of Applied Sport Psychology, 7*(2), 167-189.

Maroulakis, M., & Zervas, Y. (1993). Effects of aerobic exercise on mood of adult women. *Perceptual Motor Skills, 76*, 795-801.

Maroulakis, M., & Zervas, Y. (1993). Effects of Aerobic Exercise on Mood of Adult Women. Perceptual Motor Skills, 76, 799-801.

McAuley, E. (1994). Physical activity and psychosocial outcomes. In C. Bouchard, R.J. Shephard, & T. Stephens (Eds.), *Physical Activity, Fitness and Health*. pp. 551-568. Champaign, IL: Human Kinetics.

McDonald, D.C., & Hodgdon, J.A. (1991). *The Psychological Effects of Aerobic Fitness Training: Research and Theory*. New York: Springer-Verlag.

Martinsen, E.W. (1990). Benefits of exercise for the treatment of depression. *Sports Medicine, 9*, 380-389.

North, T.C., McCullagh, P., & Vu Tran, Z. (1990). Effect of exercise on depression. *Exercise Sport Science Review, 78*, 379-415.

O'Hara, M.W., Schlechte, J.A., Lewis, D.A., & Varner, M.W. (1991). Controlled prospective study of postpartum mood disorders: psychological, environmental and hormonal variables. *Journal of Abnormal Psychology, 100*(1), 63-73.

Physical activity and psychosocial benefits: A position statement from the International Society of Sport Psychology. (1992). *The Physician and Sportsmedicine, 20*(10). 179-180.

Romance, T.J., Weiss, M.R., & Bockoven, J. (1986). A program to promote moral development through elementary school physical education. *Journal of Teaching in Physical Education, 5*, 126-136.

Scully, D., Kremer, J., Meade, M.M., Graham, R., and Dudgeon, K. (1998). Physical exercise and psychological well being: A critical review. *British Journal of Sports Medicine, 32*(2). 111-120.

Shangold, J. (1986). How I manage exercise amenorrhea. *Physician and Sports Medicine, 14*, 118-120.

Shangold, M.J. (1990). Exercise in the menopausal woman. *Obstetrics and Gynecology, 75*(4). 53-58.

Shields, D.L.L., & Bredemeier, B.J.L. (1995). *Character Development and Physical Activity*. Champaign, IL: Human Kinetics.

Steege, J.F., & Blumenthal, J.A. (1993). The effects of aerobic exercise on premenstrual symptoms in middle-aged women: A preliminary study. *Journal of Psychosomatic Research, 37*(2). 127-133.

Steinberg, H., Sykes, E.A., & Le Boutillier, N. (1997). Exercise addiction: Indirect measures of "endorphins"? In J. Annet, B. Cripps, & H. Steinberg (Eds.), *Exercise Addiction: Motivation for Participation In Sport and Exercise*. pp. 6-14. British Psychological Society. Leeds.

Steptoe, A., & Bolton, J. (1988). The short-term influence of high and low physical exercise on mood. *Psychological Health, 2*, 91-106.

Stevens, D.A. (1994). Movement concepts: Stimulating cognitive development in elementary students. *JOPERD, 8*(65), 16-23.

Tate, A.K., & Petruzzello, S.J. (1995). Varying the intensity of acute exercise: Implications for changes in affect. *Journal of Sports Medicine and Physical Fitness, 35*, 1-8.

Thomas, J.R., Landers, D.M., Salagar, W., & Etnier, J. (1994). Exercise and cognitive function. In C. Bouchard, R.J. Shephard, & T. Stephens (Eds.), *Physical Activity, Fitness and Health: International Proceedings and Consensus Statements*. pp. 521-529. Champaign, IL: Human Kinetics Publishers.

Weyerer, S. (1992). Physical activity and depression in the community. Evidence from the Upper Bavarian Field Study. *International Journal of Sports Medicine, 13*, 492-496.

Zaichkowsky, L.D., & Larson, G.A. (1995). Physical, motor and fitness development in children and adolescents. *Journal of Education, 177*(2), 55-79.

15

건강

HEALTH

　개인은 총체의, 통합된 인간 존재이다. 2부에서 분명하게 드러나는 이 가르침은 자주 반복할 필요가 있다. 특히, 우리는 심리사회적 또는 생물학적 논제를 분리하여 다룰 때마다 상기할 필요가 있다. 예를 들어, 논의가 생물학적 논제에 국한될 때 너무 빈번히 심리사회적 논제를 소홀히 하는 경향이 있고, 그 반대의 경우도 마찬가지다. 14장에서 단련운동에서 비롯하는 심리사회적 이익을 강조했다. 여기서는 생물학적 건강의 이득에 집중한다. 이러한 해설에 대해 혹여 정신과 신체 간의 잘못된 이분법을 인정하는 것으로 오해해서는 안 된다. 개인에게 일어나든 모든 경험은 심리적이든 신체적이든 그 개인의 전체 존재에 영향을 미친다.

　규칙적인 운동은 중도의 수준에서도 남여 모두에게 생애 전반에서 상당한 건강 및 안녕의 이익을 제공한다(Brehm과 Iannotta, 1998). 활동적인 생활은 개인의 건강과 안녕을 증진하고 유지하는 수단이다. 이정표적 문서인 『미국 보건총감 신체활동 및 건강 보고서』 (1996)는 전체는 아니지만 일부를 분명히 밝히고 있다. 즉 심장병, 당뇨병, 대장암 또는 고혈압으로 인해 발병하거나 사망할 위험과 일반적 조기 사망률이 상당히 감소한다. 캐나다 보건부의 『건쾌한 삶을 위한 신체활동 지침 Hand book for Canada's Physical Activity Guide to Healthy Active Living』에서 안녕 또는 동적인 좋은 건강이라는 이상에 다가서는 추가의 혜택으로 건강 증진, 체력 향상, 자세와 균형 개선, 근골 강화, 활력 증진이 나열된다(1998, p.4). 이와는 대조적으로 좌식 생활양식은 여러 가지 건강상의 위험을 초래한다. 여기에는 조기 사망, 심장 질환, 비만, 고혈압, 성인 당뇨병, 골다공증, 뇌졸중, 우울증, 결장암이 포함된다. 단련운동의 유무는 의학적, 건강의 상태에 폭넓게 영향을 미친다.

신체활동 참여는 동적인 건강의 증진, 높은 삶의 질 유지에 기여하며 질병 예방에 중요한 역할을 한다(Purcell과 Hergenroeder, 1994). 고대 그리스 이래 서양의 철학자, 의사, 과학자, 교육자 그리고 체육교육자는 신체적으로 활동적인 것이 건강 증진, 신체 기능 향상, 수명 연장에 기여한다는 사고를 권장해 왔다. 비슷한 견해를 동양에서도 찾을 수 있다. 약 1800년 전 중국의 유명한 의사 화타 Hua Tuo는 "인체는 지속적인 운동을 필요로 한다. 규칙적인 운동은 소화를 돕고 혈액 순환을 촉진하며 신체가 질병에 저항하는 것을 돕는다"고 썼다(Zhao, B., 1988, p. 226). 그러한 주장 중 다수는 개인적 의견이나 임상적 판단에 근거하였고 다른 주장은 체계적인 관찰에서 비롯되었다.

현대에는 검증된 연구와 국제적 합의의 성명(Bouchard 등, 1994)에 근거하며 수세기 동안 주장되어온 많은 것들을 확인할 수 있는 강력한 증거가 있다. 몇몇 저명한 과학 및 의학 단체들은 건강 증진의 수단으로 신체활동을 권장하는 공식 성명을 발표했다(Pate, 1995; 캐나다 보건부의 『신체활동 지침』을 승인한 단체의 목록은 부록 B 참조). 앞으로 실시될 조사에서 명백히 드러나겠지만, 운동은 예방 의료의 가장 좋은 형태라고 할 수 있다.

다양한 질병에 걸릴 위험이 감소하면 바로 개인적 이익이 발생하고 의료 수요가 감소한다. 추가의 이점으로는 만성 질환 치료 및 고령자 관리의 미래 비용이 감소한다(Shephard, 1990). 다음은 체육을 대변하여 어떤 정확한 건강 주장을 할 수 있는지를 결정하기 위해 다양한 질병들과 관련된 연구 결과를 검토한 것이다.

신체활동이 특정 질병 및 의학적 상태에 미치는 영향

참조한 보고서 중 다수는 기존 연구를 조사한 검토 논문(예: 『미국 보건총감 보고서』)이다. 이번에 나온 연구 결과는 많은 연구의 결과를 요약한 것으로, 일반적으로 받아들여지는 합의를 도출할 수 있다.

관상동맥 심장 질환. 지난 25년 동안 발생률이 다소 감소했지만, 관상동맥 심장 질환(CHD)은 모든 서구 선진국에서 사망과 장애의 주요 원인으로 남아 있다(Leon과 Norstrom, 1995, p. 311). 현재의 증거는 관상동맥 심장 질환을 예방하고 치료하는 데 있어 규칙적인 신체활동의 가치를 강력하게 뒷받침한다. 『미국 보건총감 보고서』(1996)에서 지적한 바와 같이, 우리는 이제 신체활동이나 심폐체력이 중간에서 높은 수준인 사람은 좌식 습관이 있거나 심폐체력이 낮은 사람들보다 사망률이 낮다는 것을 알고 있다. 가장 활동적인 사람들과 비교했을 때, 좌식 생활양식인 사람들은 관상동맥 심장 질환이나 관련 심혈관질환으로 사망할 위험이 실제로 두 배로 증가할 수 있다.

운동과 CHD 간의 관계에 관해 수행된 많은 연구는 통상 지구성 유형의 신체활동(유산소 운동)에 참여하는 성인 백인 남성을 대상으로 했다. 저항성 유형의 운동에 참여한 개인을 대상으로 한 연구는 훨씬 적다. 도출된 전반적인 결론은 방금 언급한 요인들에 근거했다는 점에 유의하는 것이 중요하다. 하지만 일부 연구는 여성과 일부 아프리카계 미국인 여성을 포함한다(예, Brown, 1996; Dallmann, 1996; Folsom 등, 1997; Brehm과 Iannotta, 1998). 이러한 연구들의 결과는 운동에서 발생하는 몇 가지 혜택을 보여준다. 체중 감소와 함께 신체활동을 늘리면 심혈관 위험 요인을 줄일 수 있다. 성인 백인 남성을 대상으로 제기된 것과 동일한 주장을 하기에 앞서 이러한 인구 집단과 다른 집단을 포함하는 추가 연구가 필요하다.

> 좌식 생활양식, 속칭 "카우치 포테이토couch potato"는 건강에 해롭다. 현대의 생활방식과 관련된 낮은 수준의 신체활동 그리고 심폐체력이나 유산소 능력의 감소는 이제 일반적으로 CHD의 병인과 주요 공중보건 문제인 CHD의 발현에 작용하는 또 다른 중요한 요인으로 인식되고 있다(Leon과 Norstrom, 1995, p. 312).

매우 많은 논저들은 이러한 관찰과 다음과 같은 주장을 뒷받침한다. 즉, 인용된 모든 연구의 결과는 "신체활동과 CHD 위험 및 모든 사망 원인 간의 추정 역관계를 만장일치로 지지한다"(Leon과 Norstrom, 1995, p. 313). CHD와 조기 사망에 대한 보호는 규칙적인 신체활동과 높은 수준의 유산소 운동을 통해 얻을 수 있다(Shephard, 1995; Galgali 등, 1998).

『미국 보건총감 보고서』(1996)에는 아동의 신체활동과 심혈관질환 위험 요인 간의 관계를 집중 검토한 별도의 절이 있다(p. 91, p. 102 참조).

검토 결과는 "아테롬성 동맥경화증이 소아기에 시작된다는 증거(Stary, 1989), 성인기 CHD의 발현이 소아기의 혈중 지질 상승과 관련이 있다는 증거(Lee, Lauer, Clarke, 1986), CHD 위험 인자 양태는 아동기에서 성인기까지 지속된다는 증거(Weber 등, 1991; Mahoney 등, 1991)로 확인된다. 당시 존재했던 보고서들에 대한 검토는 결론을 내리지 못했는데, 부분적으로 표준화된 연구 접근 방법이 없었기 때문이었다. 세 개의 후속 연구(Boreham 등, 1997; Raitaki 등, 1997; Schmidt 등, 1998)는 몇 가지 혜택을 시사하지만, 현 단계에서 이 연령층에 대한 명백한 결론을 내리기에는 증거가 충분하지 않다.

전반적으로 여러 가지 주장이 가능하다. 규칙적인 유산소 운동과 높은 수준의 유산소 운동 모두 CHD의 위험을 감소시킨다는 데 만장일치로 동의한다. "이러한 효과에 대한 생물학적 기제는 설득력이 있으며 풍부한 임상 및 관찰 연구에 의해 뒷받침된다."(『미국 보건총감 보고서』(1996), p. 112). 반대로, 비활동성은 위험을 증가시킨다. "규칙적인 신체활동은 또한 증상을 감소시키고 기능을 개선하며 심근경색에 따르는 사망률을 감소시킨다"(Shephard, 1995, p. 299). 적절하게 처방된 운동 프로그램(심장재활)은 관상동맥 후 회복에 긍정적인 영향을 미치며 후속 사고로부터 보호하는 역할도 할 수 있다. 동은 CHD 위험의 방지와 재활에 중요한 역할을 한다.

암. 서구의 선진국 대부분에서 암은 사망의 두 번째 주요 원인이다. 운동은 이 질병과 관련하여 예방 및 치료 모두에 기여할 수 있다. 올리베리아와 크리스토스(Oliveria와 Christos, 1997)는 동물 실험 연구와 인간 역학 연구에 대한 광범위한 검토를 바탕으로, 운동과 일부 암 발병 사이의 반비례 관계를 뒷받침하는 증거가 있다고 결론짓는다. 신체활동은 유방암과 결장암의 발병을 예방하는 것으로 나타났으며 전립선암에도 중요할 수 있다. 여성의 경우, "많은 연구자들은 신체활동이 여성의 에스트로겐에 대한 생애 노출을 감소시킴으로써 유방암, 난소암, 자궁내막암으로부터 보호한다고 믿는다"(Brem과 Iannota, 1998, p. 90). 다음은 일부 암과 관련된 연구를 검토한 것이다.

결장암. 여러 연구에 따르면, 신체활동이 남성과 여성 모두에서 결장암 위험의 감소와 관련이 있다(『미국 보건총감 보고서』(1996), pp. 113-116; Colditz 등, 1997; Martinez 등, 1987). 신체활동은 내장 통과 시간을 줄임으로써 보호 효과를 발휘할 수 있다는 그럴듯한 설명이 가능할 것이다. 어쨌든 과학적 증거는 신체활동이 결장암 발병 위험에 대한 예방 효과가 있다는 결론을 내린다.

직장암. 신체활동과 결장암 위험에 대한 많은 연구들은 직장암을 별도의 효과로 조사했다. 조사 결과에 따르면 직장암의 위험은 신체활동과 관련이 없다.

유방암. 『미국 보건총감 보고서』에 따르면, "여가 시간 또는 전체 신체활동과 유방암 위험에 대한 역학 연구는 일관성 없는 결과를 산출한다"(p. 117). 이러한 일관성 부족은 부분적으로 다양한 조사에서 연구된 다양한 변인들 때문이며, 부분적으로 일부 연구에서 잠재적 교란 요인들을 무시했기 때문이다. 보건총감은 신중한 입장을 취하는데, 그럼에도 불구하고, "청소년기와 초기 성인기에 신체활동은 나중에 유방암이 발병하는 것을 예방할 수 있다"(p. 117)는 점을 인정한다.

번스타인 등이 참가한 연구팀(Bernstein 등, 1994)은 좀 더 긍정적인 입장을 취한다. 그들의 견해에 따르면, 신체활동은 초경 후 10년 동안 행할 때 유방암 예방에 특히 효과가 있는 것 같다. 미국 보건총감이 표명한 신중한 입장을 받아들인다 하더라도, 예방에 더 부합하는 방식으로 행동하는 것이 더 현명해 보인다. 이를 실행에 적용하면, 중학교와 고등학교의 체육교육자들은 많은 여학생들이 신체활동 프로그램 참여를 기피하는 발달 단계에서 모든 여학생들이 신체활동 프로그램에 참여하도록 해야 할 큰 책임이 있음을 의미한다. 유방암의 위험을 줄이기 위해서는 젊은 여성들이 활동적인 생활양식을 채택하도록 동기를 부여하는 방법을 찾아야 한다.

또 다른 연구팀인 가먼 등(Gammon 등, 1998)은 이 주제의 연구에 대해 주요 비판적 검토를 수행했으며 미국 보건총감의 결론과 다소 다른 결론에 도달했다. 그들은 최근에 발표된 다수 보고서를 평가한 결과, 신체활동에 관한 대부분의 역학 연구가 신체적으로 활동적인 여성의 유방암 위험이 감소했다고 보고한 사실을 발견했다. 이러한 견해는 노르웨이 연구에 의해 확인된다(Thune 등, 1997). 규칙적으로 운동을 하는 여성의 경우, 폐경 전 여성이 폐경 후 여성보다 위험 감소가 더 컸고 노년 여성보다 젊은 여성에서 더 컸다.

운동은 여성을 유방암으로부터 보호하는 역할을 한다.

전립선암. 운동과 암 예방 사이의 연관성과 관련하여, 전립선암은 역학적으로 대장암 다음으로 많이 연구되고 있다. 수행된 연구에 대한 조사에서 미국 보건총감은 전립선암과 신체활동 사이에 일관된 관계가 없다는 결론을 내렸다(p. 124).

그 외 자료에서는 다소 다른 견해가 나타난다. 올리베리아와 리(Oliveria와 Lee, 1997)는 운동이 전립선암 발병에 미치는 영향을 평가한 17건의 연구에 대해 비판적 검토를 수행했다. 9가지의 제안된 운동은 위험을 줄이는 데 도움이 될 수 있다. 올리베리아가 이끄는 또 다른 연구진(Oliveria, 1997)은 심폐체력과 전립선암 사이의 연관성을 평가하기 위해 대규모 연구를 대상으로 전형적 연구prospective study를 실행했다. 연령, 체질량 지수, 흡연 습관과 같은 요인들을 통제하면 심폐체력은 수준이 높을수록 전립선암 발병 확률과 반비례했다. 핀란드에서 실시된 또 다른 연구(Hartman 등, 1998)도 많은 인구를 대상으로 신체활동과 전립선암 사이의 연관성을 조사했다. 그 연구자들은 중노동을 제외한 규칙적인 운동이 보호 효과가 있다는 결론을 내렸다.

비록 일부 연구들은 운동이 전립선암을 어느 정도 예방함을 시사하지만, 지금까지의 대부분의 증거는 유익한 효과가 뚜렷하게 우세함을 뒷받침하는 것 같지는 않다.

치료가 유발하는 문제에 대한 처치. 암 치료는 환자에게 큰 부담을 준다. 피로와 신체 기능의 감소는 다른 부작용과 함께 화학 요법을 받는 환자에게서 흔히 관찰된다. 최근의 선도적인 연구는 정밀하게 처방된 유산소 운동 프로그램은 화학요법 치료와 관련된 피로를 줄일 수 있음을 시사한다(Dimeo, Rumberger, Keul, 1998). 이러한 프로그램의 혜택을 받는 환자는 상당 부분 제한 없이 정상적인 일상 활동을 할 수 있다.

두 개의 추가 연구(Dimeo, Fetcher 등, 1997; Dimeo, Tilmann 등, 1997)는 적절하게 처방된 운동 프로그램이 신체 능력과 유산소 성능의 손실을 예방하는 데 도움이 된다고 결론짓는다. 유산소 운동은 고용량 화학 요법에서 회복 중인 암 환자의 신체 능력을 향상시킵니다. 피로를 줄이려면 이 환자 집단은 치료 후 휴식보다는 신체활동을 늘리는 상담을 받아야 한다. 또 다른 연구진(Mock 등, 1997)은 방사선 치료를 받는 환자에게 운동이 미치는 영향을 조사했다. 그들은 운동이 이러한 형태의 치료로 인한 부작용을 줄이는데 도움이 된다는 것을 발견했다.

인슐린 비의존성 당뇨병NIDDM. 미국 공중보건실은 충분한 연구 자료를 가지고 다음과 같이 밝힌다. "규칙적인 신체활동은 인슐린 비의존성 당뇨병의 발병 위험을 낮춘다."

(1996, p. 7). 남여 모두에서 NIDDM의 상대적 위험을 낮추는 신체활동의 보호 효과는 다수 국가에서 대규모 인구집단을 대상으로 한 역학 연구에서 입증되었다. 반대로, 좌식 중심의 생활양식은 NIDDM에 걸릴 위험을 증가시킨다. 일부 연구자들은 규칙적으로 운동을 하면 상대적 위험을 50%까지 줄일 수 있다고 추산한다. 운동의 보호 효과는 특히 체질량 지수가 높거나 고혈압 병력이 있거나 부모의 당뇨병 병력이 있는 사람들에게 뚜렷하다.

당뇨병은 혈당 수치가 비정상적으로 상승하는 것을 특징으로 하는 만성 대사 장애다. 이 질병은 신체의 장기 체계에 장기간의 영향을 미치고 다른 모든 질병의 치료를 복잡하게 만든다. NIDDM 사례의 60%에서 90%는 이미 비만인 사람들에게서 발병합니다(U.S. National Diabetes Data Group, 1979). 미국 인구의 약 3%가 진성 당뇨병 진단을 받았는데, 가장 우려되는 것은 그 두 배나 많은 사람들이 당뇨병을 앓고 있으면서도 이를 모르고 있다는 추정치이다(Harris, 1995). 진성 당뇨병은 사망 원인 중 7위를 차지하며 사망 진단서에 2차 진단으로 기재되는 경우가 많다.

굿이어와 칸(Goodyear와 Kahn, 1998)는 광범위한 관련 연구들(168개의 자료)을 검토했다. 그들은 운동이 위험을 줄일 뿐만 아니라 NIDDM과 인슐린 의존성 당뇨병 치료에 중요한 보조제가 될 수 있다고 지적한다. 최근 몇 년 동안 운동의 임상적으로 중요한 효과에 대한 분자적 기초를 이해하는 데 상당한 진전이 있었다. 연구진들은 장기간의 규칙적인 운동이 NIDDM의 발병 위험을 상당히 줄일 수 있다는 것을 보여주는 광범위한 역학적 증거가 있다고 결론짓는다.

학교 체육교육자들이 특히 관심을 갖는 것은 모셔 등(Mosher 등, 1998)이 인슐린 의존성 당뇨병 청소년을 대상으로 행한 연구다. 그들의 연구 결과는 운동이 NIDDM과 IDDM 모두의 예방과 치료에 긍정적인 역할을 한다는 일반적인 주장과 일치한다. 그들의 연구는 유산소 서킷 훈련을 받는 IDDM 청소년의 경우 심폐지구력, 근력, 지질 프로필 및 포도당 조절이 향상된다는 것을 보여준다. 이는 중요한 일반적인 건강상의 혜택이다. 유산소 서킷 훈련은 적절하게 행해지고 면밀히 관찰되는 청소년 당뇨병 환자들에게 안전하다.

많은 새로운 약물 치료법이 도입되었음에도 불구하고, 버틀러 등(Butler 등, 1998)의 연구진은 NIDDM에 대한 가장 중요한 치료법은 체중 감소와 신체활동이라고 주장한다.

근관절염. 근관절염은 고통스러운 뼈 관절의 퇴행성 질환이다. 이 질환은 나이가 들면서 서서히 진행된다. 나이가 들수록 유병률이 증가하기 때문에 노인들 사이에서 흔한 질환으로 일상 활동에서 중도의 또는 심각한 수준의 제약을 가져온다. 실제 신체 기형과 정형외과적 장애는 소수에서 볼 수 있다. 관절의 동작 범위가 줄어들고 종종 관절을 제자리에 고정하는 능력의 감소를 동반한다. 그렇다고 관절을 일정 시간 동안 움직이지 않으면 경직이 발생하고 움직임을 시작할 때 통증이 발생한다.

특정 스포츠의 참여와 관련하여 근관절염이 발생할 위험을 조사한 연구들이 있다. 과도하게 사용할 수 있는 관절에 미치는 영향에 특히 주의를 기울였다. 결과는 부분적인 교란 요인들의 있음으로 인해 일관성이 없었다. 규칙적이고 정상적인 스포츠 참여가 부정적인 요소는 아닌 것처럼 보이지만, 예방에 관해서는 단정적으로 말할 수 없다. 일단 이 질환이 시작되면, 신체활동은 "근관절염 환자들의 증상을 조절하는 데 도움이 되는 것으로 보인다."(『미국 보건총감 보고서』, 1996, p. 130).

골다공증은 골량의 감소와 뼈 조직의 구조적 악화로 인해 뼈가 점점 약화되고 결과적으로 골절 위험이 증가하는 것이 특징인 질병이다. 골량과 강도는 나이가 들면서 서서히 감소하는데, 이는 이 질병이 주로 노인들에게 영향을 미친다는 것을 나타낸다. 남여 모두 골다공증에 걸릴 위험성이 있지만, 그 발생률은 남성보다 여성이 훨씬 높다. 세 가지 이유가 있다. 즉 "여성은 남성보다 최대 골량이 낮고, 폐경 후 여성호르몬 수치가 감소할 때 골량이 더 빠른 속도로 감소하며, 남성보다 수명이 더 길다."(『미국 보건총감 보고서』, 1996, p. 130). 수행된 연구의 대부분은 여성에 초점을 맞추고 있다.

뼈의 강도는 신체활동을 통한 기능적 부하에 의해 발달되고 유지된다. 칼슘의 적절한 섭취와 같은 다른 요인들은 영향을 미치는데, 유년기와 청소년기뿐 아니라 평생에 걸쳐 이루어진다. 많은 연구들이 유년기와 청년기의 최대 골밀도 발달과 중년기 및 노년기의 뼈 무기질 손실 지연에 대한 신체활동의 중요성을 입증한다(Brehm과 Iannotta, 1998, p. 89). 중력이나 근육 수축에 의해 스트레스를 받은 신체 부위는 골밀도가 증가한다. 활동적인 사람들은 좌식 중심의 사람들보다 뼈 무기질 밀도가 높다. 일정 시간 동안 침대에 갇혀 있을 때와 같이 좌식 중심이 되면 골밀도가 감소하지만 대부분의 경우에 활동이 재개되면 그 상태를 되돌릴 수 있다.

뼈 무기질의 고갈은 노화의 결과 중 하나이다. 남성보다 여성에서 더 빨리 발생한다(Shephard, 1997, p. 80). 이러한 현상은 유년기와 청소년기 동안 최대 골밀도를 발달시키고 성인기까지 그 수준을 유지하여 뼈 무기질화가 상실되기 시작할 때 해로운 영향을 줄일 필요가 있음을 시사한다. 젊은 여성의 경우 웨이트 트레이닝은 최대 골량을 늘리는데 도움이 된다(Petranick와 Berg, 1997). 이 연구자들은 폐경 후 여성이 저항성 훈련을 하면 뼈 손실이 지연될 수 있으며, 그렇게 함으로써 나이가 들었을 때 골절의 위험을 줄일 수 있다고 믿는다. 웨이트 트레이닝은 골량을 증진시키고 낙상의 감소와 독립생활의 연장에 기여함으로써 전반적인 삶의 질을 향상시킨다.

프라이어, 바 등(Prior, Bar 등, 1996)은 캐나다 골다공증학회 과학자문위원회Scientific Advisory Board of the Osteoporosis Society of Canada가 발표한 합의 성명을 근거로 골다공증 환자를 위한 치료법으로 운동을 적용한 연구에 대한 광범위한 검토를 수행했다. 그들은 골다공증 환자의 중도 신체활동이 낙상과 골절의 위험을 줄이고 통증을 줄이며 체력과 전반적인 삶의 질을 향상시킬 수 있다고 말한다. 또한 뼈 증가를 자극하고 뼈 손실을 줄일 수 있다. 그것의 긍정적인 효과는 호르몬 치료와 같은 다른 중재를 보조한다. 운동은 다른 중재의 중요성을 유지하면서, 모든 연령대에서 매우 중요한 것으로 보인다. 고령자의 경우 근력운동 형태로 적절하게 처방된 신체활동은 골다공증의 진행을 지연시킬 수 있으며 일상 업무의 수행에 필요한 기능적 능력을 유지하는 데 가장 중요하다(Tauton 등, 1997). 실제로, 주당 2회의 적절하게 처방된 근력운동에서만 효과가 발생한다(Hartard 등, 1996).

1995년에 미국스포츠의학회American College of Sports Medicine는 골다공증과 운동에 대한 입장을 발표했다. 예방과 치료에 대한 체육의 기여는 요약문에서 알 수 있다:

> 현대의 연구에 근거한, 미국스포츠의학회의 입장은 다음과 같다. (1)체중부하 신체활동은 건강한 골격의 정상적인 발달과 유지를 위해 필수적이다. 근력 증가에 초점을 둔 활동도 도움이 될 수 있으며, 특히 체중이 실리지 않는 뼈에 도움이 될 수 있다. (2)좌식 중심 생활의 여성은 활동량 증가에 따라 골량이 약간 증가할 수 있지만, 활동량 증가의 주된 혜택은 비활동에 따른 뼈의 추가 손실을 방지하는데 있을 수 있다. (3)폐경기에는 호르몬 대체 요법의 대용으로 운동을 추천할 수 없다. (4)고령 여성을 위한 최적의 프로그램에는 낙상 가능성을 줄임으로써 골다공증 골절의 발생률을 간접적이지만 효과적으로 줄일 수 있는 근력, 유연성 및 협응력을 향상시키는 활동이 포함된다(「골다공증과 운동에 대한 ACSM 입장」, 1995, p.i).

이러한 진술은 체육교육자들이 자신들의 남녀를 막론하고 모든 학생, 특히 여학생에게 평생 신체활동 참여의 습관을 심어주기 위한 노력을 배가하도록 영감을 주어야 한다. 신체활동은 젊은, 폐경 전후 여성의 뼈 무기질 밀도의 증가 또는 뼈 손실의 감소를 촉진하므로, 운동을 하게 하는 것은 골다공증을 예방하고 치료하는 핵심 전략이 된다(Ernst, 1998; Katz와 Sherman, 1998).

비만은 지방 조직의 과잉으로 정의할 수 있으며, 대개 대부분의 사람들에게서 쉽게 식별할 수 있다. 체중을 정확하게 평가하는 두 가지 매우 간단한 방법이 있다. 첫 번째는 체질량 지수(BMI)로, 체중(kg)을 신장의 제곱(m^2)으로 나눈 값이다. 두 번째는 허리둘레 측정이다. 이 두 가지 측정은 질병과 사망을 예측하는 강력한 변수다. 비만은 전 세계적으로 주요 공중 보건 문제이며, 음식이 풍부한 곳이면 어디나 그렇다(Hainer 등, 1997). 과체중이 건강에 좋지 않다는 것은 일반적으로 알려져 있지만, 이러한 지식은 선진국에서 증가하는 비만 발생률을 막지 못했다(Glenny와 O'Meara, 1997). 이러한 경향은 비만의 예방과 치료에 대한 효과적인 조치가 부족하다는 것을 반영한다.

비만은 일반적으로 나이가 들면서 증가한다(Macdonald 등, 1997). 성인의 비만 발생률 증가도 우려할 만한 일이지만, 더욱 우려스러운 것은 아동과 청소년도 같은 현상이 동시에 나타나고 있다는 점이다. 이 연령대의 비만은 지난 10년 동안 실질적으로 증가했다(『미국 보건총감 보고서』, 1996, p. 133). 이러한 추세는 적어도 두 가지 이유에서 우려스럽다. 첫째, 과체중 아동은 청소년과 성인기에도 과체중이 지속되어 성인 비만 대열에 합류할 가능성이 높은 것으로 보인다. 둘째, 비만은 당뇨병, 고혈압, 이상지질혈증, 담석, 심혈관질환의 발병을 현저하게 확대한다. 의료 서비스에 대한 수요가 증가할 것이다.

비만인 사람들은 의학적 처치를 요하는 질병에 더 취약하며, 때로는 수술을 받기도 한다. 업무 특성상 외과의사는 자신감 있고 대담하지만 비만 환자에게 수술을 집도할 때는 평소보다 훨씬 조심을 하기도 한다(Shapiro, 1999). 비만 환자에게 수술을 하는 것은 옮겨놓기 어려워서 다루기가 힘든 지방조직의 존재로 인해 훨씬 더 어렵다. 더 많은 합병증이 예상되며 감염 위험이 더 높다. 문제를 더욱 복잡하게 만드는 것은 비만환자는 건강한 사람들보다 회복 속도가 느리다는 점이다.

신체활동과 체중 사이의 반비례 관계는 미국 보건총감(1996, p.7)에 의해 언급되었다. "낮은 수준의 활동 즉 섭취하는 것보다 더 적은 열량의 소비는, 미국에서 높은 비만 발생률의 원인으로 작용하고 있다." 이것은 "카우치 포테이토"에 대한 적절한 설명이며 폭넓게 적용된다. 이러한 견해가 일반적으로 받아들여지기는 하지만, 미국 보건총감은 신체활동과 체중 사이의 직접적인 연관성에 대해 경고한다.

일반적으로 신체적으로 활동적인 사람들은 일생 동안 체중이 증가할 가능성이 적으며 따라서 활동적이지 않은 사람들보다 비만의 발생률이 낮을 가능성이 더 높다고 믿는다; 이처럼 낮은 수준의 신체활동이 비만의 원인이라는 믿음은 넓게 자리하고 있다. 그러나 이러한 추정의 진실성을 평가할 수 있는 자료는 매우 적다(『미국 보건총감 보고서』, 1996, p. 133).

영국인 연구자 글렌이와 오메라(Glenny와 O'Meara, 1997)는 비만의 예방과 치료, 체중 감량 유지에 사용되는 중재의 효과에 관한 논저를 광범위하게 검토했다. 그들은 많은 연구들이 방법의 허술함으로 인해 결과가 의심스럽다고 지적했다. 이러한 경향은 미국 보건총감이 우려한 측면을 확인하지만, 여전히 일반적으로 유지되는 두 가지 믿음에 완전히 대립하는 것은 아니다. 이러한 가정을 확증하거나 반박하기 위해서는 보다 엄밀한 연구가 필요하다.

운동 프로그램은 경미한 비만의 치료를 위해 다른 프로그램보다 더 성공적인 것으로 보인다(Hill 등, 1994). 비만 수준이 중도 또는 중증인 사람들의 경우 원칙에 따라 운동 참여를 유지하는 것은 그들의 상태로 인해 매우 어렵다. 운동은 비만 치료에 중요한 요소이지만 다양한 접근법 – 운동, 상담, 식이요법, 약물치료, 극단적인 상황에서는 수술 – 의 조합이 체중의 감량 달성 및 유지에 가장 효과적일 것이다(Glenny와 O'Meara, 1997; Miller 등, 1997). 비만 또는 과체중인 사람들의 경우 적은 체중 감량도 건강에 유익하다.

비만은 치료하기 어렵다. 과하게 빈번한 체중 감량은 "반동"효과로 체중 증가가 뒤따른다. 예방은 더 현명한 방법이며, 규칙적인 운동과 식습관에 대한 신중한 통제를 포함하는 건강한 생활양식의 채택을 강조하는 장기 전략이다. 체육교육자는 이러한 전략을 구현하는데 핵심의 역할을 한다. 브렘과 이아노타(Brehm과 Iannotta, 1998, p. 91)는 "평생 신체활동은 체중 조절에 필수다. 걷기, 춤추기, 수영, 자전거 타기와 같은 일상의 유산소 운동… 가능한 한 근력 훈련과 병행해야 한다."고 강조한다. 그들의 조언은 여성을 대상으로 한 것이지만, 남성에게도 똑같이 적용된다. 비만 감소로 얻는 혜택은 비만과 관련된 타 질병들의 치료를 위한 의료 서비스에 대한 수요의 감소로 이어질 가능성이 높다.

미국 보건총감은 신체활동과 체중 사이의 연관성을 확인하는 연구의 부재와 관련하여 유보를 표명하면서도, 다음과 같은 결론을 내린다. "신체활동은 체중조절에 중요하다. 신체활동은 에너지를 사용하고 근육량을 유지함으로써, 체중 증가나 감소를 피하기 위한 식이 관리에 유용하며 효과적인 보조 수단이다. 신체활동은 체지방의 분포에 유익한 영향을 미치는 것으로 보인다." (『미국 보건총감 보고서』, 1996, p. 135). 체육교육자를 향한 메시지는 다음과 같이 분명하다. 초등 및 중등 학교 학생들에게 적절한 식사 조절의 중요성을 가르치고 평생 운동 프로그램을 채택하도록 장려하는 것은, 비만을 예방하고 비만 상태와 관련된 많은 질병들의 발생 위험을 줄이는데 도움이 된다.

노화는 평생 계속되는 불가피한 과정이다. 나이가 듦에 따라 모든 사람은 유산소 능력, 근력, 관절 유연성과 같은 신체 건강 구성 요소에서 점진적인 저하를 경험한다. 또한 좌식 생활 여성의 경우 심혈관 기능 능력을 결정하는 중요한 요인인 총혈액량TBV이 감소하는데, 활동적인 여성의 경우에는 총혈액량, 혈장 및 적혈구의 용량이 유지된다(Jones 등, 1997). 안정기 대사율도 영향을 받으며, 좌식 생활을 하는 사람의 경우 이는 향후 체중 증가의 위험 요소가 된다(VanPelt 등, 1997). 우리가 나이가 들수록 저하는 더 진행되어 일상의 작업을 하기가 더 어려워진다. 고령자의 경우 최대 심박수와 최대 심박출량이 감소하고 근골격계 기능의 장애, 특히 근력의 저하, 경직, 통증 등이 진행성 장애를 유발한다. 이동성이 제한되어 평소의 활동이 줄어든다.

노화는 만성 질환의 유병률 증가와 관련이 있다(Shephard, 1994, p. 24). 또한, 낮은 체력은 질병 과정과 무관하게 기능 저하의 위험 요인으로 보인다(Morey와 Cornoni-Huntley, 1998). 이렇게 보면 암울한 모습이 떠오르지만, 신체활동이 만성 질환과 장애의 발생을 억제하기 때문에 계속해서 활동하는 경우에는 그럴 필요가 없다(Ettinger, 1998). 커켄들(Kirkendall, 1998)은 노화와 훈련이 골격근에 미치는 영향에 대한 연구에 관하여 광범위한 검토를 바탕으로 노화된 골격근이 힘을 덜 생성하고 근육의 역학적 특성에서 일반적 "둔화"가 있음을 확인했다. 하지만, 노화로 인한 근육 요구량이 감소하거나 그에 따른 기능 상실은 불가피한 것은 아니다. 이러한 손실은 훈련을 통해 최소화하거나 되돌릴 수 있다.

운동은 노인의 근력과 지구력을 어느 정도 회복시킬 수 있고 관절의 가동 범위를 증가시킬 수 있다. 연령에 적합한 신체활동 프로그램에 참여함으로써 노인과 여성 모두 많은 건강상의 혜택을 얻을 수 있다. 즉 최대산소섭취량을 증가시킬 수 있다. 회복된 체력은 허약한 고령자의 특징적 위협인 낙상의 위험을 줄여준다. 그리고 지구력의 향상은 이동성을 회복시킨다. 신체적으로 활동적인 여성의 경우, 안정기 대사율의 향상은 좌식 생활의 여성에 비해 체중과 지방을 감소시키는 역할을 할 수 있다(VanPelt 등, 1997). 미국 보건총감 보고서(1996, p. 233)에 제시된 바와 같이, "노화와 관련된 많은 질병과 장애 상태는 규칙적인 신체활동으로 예방, 지연 또는 개선될 수 있다." 활동적인 고정자의 상황은 결코 암울하지 않다.

핀란드의 한 연구(Rantanen, Era와 Heikkinen, 1997)에 따르면, 가사노동, 산책, 정원 가꾸기와 같은 일상적인 활동은 규칙적으로 하면 독립적인 삶을 위한 적절한 수준의 근력을 유지하는 데 충분한 역할을 할 수 있다. 또 다른 핀란드 연구진인 라우카넨, 카우페넨, 헤이케

넨(Laukkanen, Kauppinen과 Heikkenen, 1998)은 고령자의 기능적 한계를 예측하는 인자를 규정하고자 하였다. 그들 연구의 목적은 기준선인 75세에서 80세 사이에서 5년 후 건강 및 기능적 능력 결과의 예측 인자로서 신체활동에 관해 조사하는 것이었다. 뚜렷한 경향이 관찰되었다. 즉 신체적으로 더 활동적인 대상자들이 더 많이 좌식 생활을 하는 비교 대상자에 비해 더 나은 건강 및 기능적 능력을 가지고 있었다. 이러한 결과는 습관적 신체활동 수준이 고령자의 건강 및 기능적 능력을 예측하는 중요한 변수임을 시사한다. 규칙적인 운동은 노화에 따른 생리적 변화를 지연시킬 수 있으며, 결과적으로 수명을 연장시킬 수 있다(Nakamura, Moritani와 Kanetaka, 1996).

한 가지 경계해야 한다. 운동 프로그램은 고령자들에게 이로운 것은 분명하지만, 신중하게 하지 않으면 부상을 유발할 수도 있다. 의학적 평가는 운동 프로그램을 시작하기 전의 전제 조건이며, 그 결과는 무엇을 시도해야 하는지를 결정하는 지침이 되어야 한다. 분명히 매우 점진적으로 시작해야 한다.

미국스포츠의학회ACSM의 「고령자를 위한 운동 및 신체 활동에 관한 입장Position Stand on Exercise and Physical Activity for Older Adults」(1998, p. 2002)은 신체활동의 중요성을 확인한다. "규칙적인 운동 프로그램 참여는 노화와 관련된 여러 가지 기능 저하를 줄이거나 예방하기 위한 효과적인 중재/방식이다." 이 공식 입장에는 기본적으로 이미 언급한 것과 동일한 다양한 이점을 나열한다. 운동에 대한 반응으로 기능적 능력이 회복되거나 증가함에 따라 이 인구 계층의 삶의 질이 향상된다.

노화는 멈출 수 없지만, 각자는 선택한 생활양식에 따라 어느 정도 노화의 작용에 개입할 수 있다. 셰퍼드(Shephard, 1997, p. 197)가 지적했듯이, "활동적인 생활양식의 채택은 노화의 본래 과정을 거의 막을 수 없지만, 훈련에 의한 기능적 향상은 고령자의 삶의 질에 중요한 결과를 가져오기에 충분하다. 생물학적 나이를 10년에서 20년까지 줄이는 효과가 있다." 참조 가능한 증거에 근거하면, 우리는 운동이 질병 예방과 기능적 능력 향상의 측면에서 "황금기"를 더 길게 할 것이라고 주장할 수 있다.

사망률. 여기까지 신체활동이 질병 예방과 동적인 좋은 건강으로 이어지는 체력 수준 향상의 측면 모두에서, 삶의 질에 미치는 영향에 주목해 왔다. 이제 초점을 생명의 유지를 살피는 쪽으로 옮겨간다. "규칙적인 신체활동(유산소 운동과 근력 운동 모두) 참여는 건강한 노화에 기여하는 다수의 유리한 반응들을 유발한다."(ACSM, 1998, p. 292). 앞에서 언급한 질병과 관련된 위험 인자들의 감소는 활동적인 참가자의 건강 상태를 개선하고 따라서 기대 수명을 증가시키는 데 기여한다. 운동은 불가피한 것을 지연시키는 데 중요한 역할을 하지만, 그것을 없앨 수는 없다. 건강 상태에 관한 다른 지표들보다 쉽게 측정할 수 있는 사망은 사망 발생 시점을 의미한다.

운동 빈도와 강도는 사망에 영향을 미칠 수 있다. "신체활동이나 심폐체력이 중에서 상의 수준인 사람들은 좌식 습관이거나 심폐체력이 낮은 사람들보다 사망률이 낮다"(『미국 보건총감 보고서』, 1996, p. 85). 좌식 생활의 사람들은 활동적인 삶을 영위하는 사람들보다 사망할 위험이 더 크다. 활동 수준도 요인으로 보인다. 즉 높은 활동 수준은 조기 사망의 위험을 예방하는 것으로 보인다(『미국 보건총감 보고서』, 1996, p. 86).

고령자, 운동, 사망과 관련하여 최근에 발표된 다수 연구보고서는 미국 보건총감의 보고를 전적으로 뒷받침한다. 64-84세의 남성 802명을 대상으로 한 네덜란드 연구(Bijnen 등, 1998)는 심혈관질환으로 인한 사망 위험과 모든 원인이 신체활동 증가에 따라 감소한다고 결론지었다. 이는 기준 연령, 유관 주요 만성 질환, 흡연 및 음주에 대한 조정이 이루어진 후 나타난 주요 결과였다. 적어도 주당 3회 이상 20분의 걷기나 자전거 타기는 심혈관질환으로 인한 사망 감소와 관련이 있었다. 비슷한 결과가 1978년부터 1992년까지 40-59세 남성 7,735명을 대상으로 한 영국의 연구(Wannamethee 등, 1998)에서도 나왔다. 낮은 또는 중간 수준의 신체활동을 유지하거나 시작하면 심혈관질환의 진단을 받았거나 받지 않은 고령자의 사망과 심장마비를 줄일 수 있다.

노르웨이에서 40세에서 60세 사이의 건강한 남성 2014명을 대상으로 22년 간 진행된 연구에서도 유사한 결과가 나왔다(Erikssen 등, 1998). 연구 시작 시 체력 상태와 관계없이 체력의 변화와 사망 사이에는 단계적 반비례 관계가 있었다. 건강한 중년 남성의 체력 변화는 사망에 대한 강력한 예측 변수다. 가장 중요한 것은 체력의 작은 향상도 사망 위험의 현저한 감소와 관련이 있다는 것이다. 고령자에게 다양한 혜택을 주는 이러한 개선은 가장 간단한 운동인 걷기를 통해서도 달성할 수 있다. 호놀룰루 심장 프로그램Honolulu Heart Program에 등록된 61-81세의 비흡연 은퇴 남성 707명으로 구성된 코호트는 매일 걷기 프로그램에 참여했다(Hakim 등, 1998). 그들을 대상으로 12년 동안의 추적조사가 이루어졌다. 연령을 조정한 후, 하루에 1마일(1.6km) 미만을 걷는 남성의 사망률은 2마일(3.2km) 이상을 걷는 남성의 거의 두 배였다. 신체적으로 무난한 고령 남성에서 규칙적인 걷기는 낮은 전체 사망률과 관련이 있다.

여성에게도 적용할 수 있는 유사한 결과가 핀란드 연구(Sihvonen, Rantanen과 Heikkinen, 1998)

에서 나왔다. 1975년부터 1994년까지 진행된 또 다른 핀란드 연구(Kujala 등, 1998)는 남녀가 거의 반씩인 약 16,000명을 대상으로 하였으며, 쌍둥이에 국한하였다. 이 연구진은 여가 시간의 신체활동이 유전적 요인과 다른 요인들을 감안했을 때에도 사망률의 감소와 관련이 있다고 결론을 내렸습니다. 아마도 가장 설득력 있는 보고는 조기 사망, 질병 및 부상의 주요 원인을 예방할 수 있는 가능성을 평가하기 시작한 뉴질랜드 연구(Galgali 등, 1998)의 결과일 것이다. 여러 요인이 확인되어 연구 설계에 통합되었다. 연구진은 생활양식의 교정을 통해 주요 비전염성 질병으로 인한 사망률을 줄일 수 있는 여지가 크다고 결론지었다. 그들은 흡연, 고혈압, 신체활동 부족, 혈청 콜레스테롤 상승에 따른 유병률을 줄이면 연간 1,228명의 사망자가 감소할 것이라고 주장한다. 뉴질랜드처럼 인구가 적은 나라에서 인상적인 수치이다.

높은 수준의 활동이 조기사망의 위험을 크게 방지한다는 주장을 뒷받침하는 충분한 증거가 있다. 지역 센터나 은퇴 준비 시설progressive retirement homes을 제외하고 체육교육자가 고령자와 함께 활동하는 경우는 매우 드물다. 그렇지만, 우리 분야는 전국 및 지역 조직을 통해 좌식 생활 고령자의 신체활동 증진을 촉진하는 공중 보건 정책에 영향을 미치려는 시도를 단념해서는 안 된다. 또한 활동적인 중년층을 대상으로 고령기까지 건강한 생활양식을 유지하면 기대할 수 있는 혜택을 가르치는 모든 대중 교육 노력을 지지하는 목소리를 높여야 한다.

(단련)운동은 예방 의료

신체활동 참여는 개인과 사회 전체에 광범위한 건강상의 혜택을 제공한다. 이러한 주장은 다양한 과학 및 보건 기관에서 발표한 수많은 연구 보고서와 공식 입장 성명에 의해 뒷받침된다(Pate, 1995; 부록 B). 평생 동안 운동을 계속하는 사람들에게 혜택이 생긴다. 노화와 죽음은 피할 수 없지만, 신체활동의 정도에 상관없이 운동은 생리적으로, 그리고 14장에서 언급했듯이 심리적으로 삶의 질을 향상시킨다. 또한, 신체활동에 참여하는 사람들은 좌식 생활의 사람들보다 사망률이 낮다.

여러 질병 및 의학적 상태에 대한 운동의 보호 기여를 더욱 공고히 하기 위해 더 많은 연구가 필요하다. 그 결과가 유효하게 될 때 건강에 대한 체육의 기여 주장은 더욱 정확해지고 견고한 과학적 증거에 근거하게 될 것이다. 또한 비만인, 고령자, 사회 약자 그리고 신체적 또는 정신적 장애로 인해 활동에 제약이 있는 사람들과 같은 집단을 위한 최적의 운동 프로그램을 결정하기 위해 더 많은 연구가 필요하다. 운동에 따른 심혈관질환의 예방과 관련하여, 상대적으로 사회경제적 지위가 높은 백인 남성 이외의 집단에 대한 연구가 필요하며, 이를 통해 해당 인구 집단에 대한 과학적 자료를 제공할 수 있다.

운동 프로그램을 시작하는 좌식 생활의 사람들은 종종 다른 긍정적 생활양식을 동시에 수정한다. 즉 많은 사람들이 금연을 하고 식단을 바꾼다. 무엇이 개인의 참여에 동기를 부여하는지, 그리고 무엇이 비-운동인의 신체활동 참여를 방해하는지를 이해하는 데 도움이 되는 더 많은 연구가 필요하다. 참여의 결과로 비롯되는 건강상의 혜택을 고려할 때, 체육교육자인 우리의 목표는 모든 사람들이 신체적으로 활동적이게 하는 것이다. 1온스의 예방은 1파운드의 치료 가치가 있다는 오래된 격언은 신체활동과 건강에 관한 실상을 과소평가한다.

질병 예방에서 운동의 역할을 극찬하는 논문이 루이지애나주 의학회지의 최근호(Louisiana State Medical Society, Burnham, 1998)에 실렸다. 저자는 다음과 같이 적절한 제목을 붙였다. "(단련)운동은 의료이다: 규칙적인 신체활동의 혜택." 이 장에서 다룬 자료에 담긴 통찰은 번햄Burnham이 표현한 견해와 일치하지만, 보다 정확한 평가를 제공하기 위해서는 약간의 수정이 필요하다: 운동은 예방 의료이다. 만약 운동이 예방 의료라면, 논리적 확장에 따라 체육은 예방 의료의 자격이 있다.

새로운 노선의 입론

규칙적인 단련운동이 상당한 건강 및 안녕의 혜택을 제공한다는 주장과 관련된 일부 논저를 비판적으로 검토한 결과 다음이 나타난다.

1. 규칙적인 단련운동은 관상동맥 심장질환, 결장암을 예방/억제하고 유방암을 예방하는 요인이 될 수 있다.
2. 예비적인 증거에 따르면 단련운동은 화학요법 및 방사선치료와 관련된 피로를 줄일 수 있다.

3. 규칙적인 신체활동은 인슐린 비의존성 당뇨병의 발병 위험을 낮춘다.

4. 근관절염osteoarthritis이 발생하면 단련운동이 증상 조절에 도움이 될 수 있다.

5. 규칙적인 신체활동은 골다공증을 예방하고 뼈의 무기질 복원을 촉진하는 역할을 한다.

6. 단련운동은 비만의 예방 및 치료에 중요한 역할을 한다.

7. 규칙적인 신체활동은 노화와 관련된 여러 기능 저하를 축소/예방할 수 있다.

8. 단련운동은 조기사망의 위험에서 보호하고, 수명을 늘리며, 삶의 질을 향상시킨다.

9. 단련운동은 예방 의료다.

References

ACSM position stand on osteoporosis and exercise. (1995). *Medicine and Science in Sport and Exercise, 27*(4), i-vii.

American College of Sports Medicine. (1998). Exercise and physical activity for older adults: Position stand. *Medicine and Science in Sports and Exercise, 30*(6), 992-1008.

Bernstein, L., Henderson, B.E., Hanisch, R., Sullivan-Halley, J., & Ross, R.K. (1994). Physical exercise and reduced risk of breast cancer in young women. *Journal of the National Cancer Institute, 86*(79), 1403-1408.

Bijnen, F.C., Caspersen, CJ., Feskens, E.J., Saris, W.H., Mosterd, W.L., & Kromhout, D. (1998). Physical activity and 10-year mortality from cardiovascular diseases and all causes: The Zutphen Elderly Study. *Archives of Internal Medicine, 158*(14), 1499-1505.

Boreham, C.A., Twisk, J., Savage, M.J., Cran, G.W., & Strain, J.J. (1997). Physical activity, sports participation, and risk factors in adolescents. *Medicine and Science in Sports and Exercise, 29*(6), 788-793.

Bouchard, C., Shephard, R.J., & Stephens, T. (Eds.). (1994). *Physical Activity, Fitness and Health*. Champaign, IL: Human Kinetics.

Brehm, B.A., & Iannotta, J.G. (1998). Women and physical activity: Active lifestyles enhance health and well-being. *Journal of Health Education, 29*(2), 89-92.

Brown, M.A. (1996). Relation of Body Fatness and Blood Lipids as Risk Factors for Coronary Heart Disease in African American Women. Unpublished M.A. Thesis, University of North Carolina at Chapel Hill.

Burnham, J.M. (1998). Exercise is medicine: health benefits of regular physical activity. *Journal of the Louisiana State Medical Society, 150*(7), 319-323.

Butler, R.N., Rubenstein, A.H., Gracia, A.M., & Zweig, S.C. (1998). Type 2 diabetes: Treatment goals and pharmaceutical therapies. *Geriatrics, 53*(6), 32.

Colditz, G.A., Cannuccio, C.C., & Frazier, A.L. (1997). Physical activity and reduced risk of colon cancer: Implications for prevention. *Cancer Causes and Control, 8*(4), 649-667.

Dallmann, C.A. (1997). Women's Physiological Responses To a 10 Week Cardiac Rehabilitation Program. Unpublished M.S. Thesis, University of Wisconsin-La Crosse.

Dimeo, F., Rumberger, B.G., & Keul, J. (1998). Aerobic exercise as therapy for cancer fatigue. *Medicine and Science in Sports and Exercise, 30*(4), 475-478.

Dimeo, F., Fetscher, S., Lange, W., Mertelsmann, R, & Keul, J. (1997). Effects of aerobic exercise on the physical performance and incidence of treatment-related complications after high-dose chemotherapy. *Blood, 90*(9), 3390-3394.

Dimeo, F.C., Tilmann, M.H.M., Bertz, H., Kanz, L., Mertelsmann, R, & Keul, J. (1997). Aerobic exercise in the rehabilitation of cancer patients after high dose chemotherapy and autologous peripheral stem cell transplantation. *Cancer, 79*(9), 1717-1722.

Erikssen, G., Liestol, K., Bjornholt, J., Thaulow, E., Sandvik, L., & Erikssen, J. (1998). Changes in physical fitness and changes in mortality. *Lancet, 352*(9130), 759-762.

Ernst, E. (1998). Exercise for female osteoporosis. A systematic review of randomised clinical trails. *Sports Medicine, 25*(6), 359-368.

Ettinger, W.H. (1998). Physical activity, arthritis, and disability in older people. *Clinics in Geriatric Medicine, 14*(3), 633-640.

Folsom, A.R., Arnett, D.K., Hutchinson, R.G., Liao, F., Clegg, L.X., & Cooper, L.S. (1997). Physical activity and incidence of coronary heart disease in middle-aged women and men. *Medicine and Science in Sports and Exercise, 29*(7), 901-909.

Galgali, G., Beaglehole, R, Scragg, R, & Tobias, M. (1998). Potential for prevention of premature death and disease in New Zealand. *New Zealand Medical Journal, 111*(1058), 7-10.

Gammon, M.D., John, E.M., & Britton, J.A. (1998). Recreational and occupational physical activities and risk of breast cancer. *Journal of the National Cancer Institute (Bethesda), 90*(2), 100-117.

Glenny, A.M., & O'Meary, S. (1997). Systematic review of interventions in the treatment and prevention of obesity. *CRD Report No. 10*. University of York.

Goodyear, L.J., & Kahn, R.B. (1998). Exercise, glucose transport, and insulin sensitivity. *Annual Review of Medicine, 49*, 235-261.

Hainer, V., Kunesova, M., Parizkova, J., & Stunkard, A. (1997). Health risks and economic costs associated with obesity requiring a comprehensive weight reduction program. *Casopis Lekaru Ceskych, 136*(12), 367-372.

Hakim, A.A., Petrovitch, H., Burchfiel, C.M., Ross, G.W., Rodriguez, B.L., White, L.R., Yano, K., Curb, J.D., & Abbott, R.D. (1998). Effects of walking on mortality among nonsmoking retired men. *New England Journal of Medicine, 338*(2), 94-99.

Handbook for Canada's Physical Activity Guide to Healthy Active Living. (1998). Ottawa: Health Canada.

Harris, M.I. (1995). Classification, diagnostic criteria, and screening for diabetes. In Harris, M.I., Cowie, C.C., Stem, M.P., Boyko, E.J., Reeber, G.E., & Bennett, P.H. (Eds.), *Diabetes in America*. pp. 15-36. National Institutes of Health, National Institute of Diabetes and Digestive and Kidney Disease. Bethesda, MD.

Hartard, M., Haber, P., Ilieva, D., Preisinger, E., Seidl, G., & Huber, J. (1996). Systematic strength training as a model of therapeutic intervention: a controlled trial in post-menopausal women with ostepeopenia. *American Journal of Physical Medicine and Rehabilitation, 75*(1), 21-28.

Hartman, T.J., Albanes, D., Rautalahti, M., Tangrea, J.A., Virtamo,J., Stolzenberg, R., & Taylor, P.R. (1998). Physical activity and prostate cancer in the alpha-tocopherol, beta-carotene (ATBC) cancer prevention study (Finland). *Cancer Causes and Control, 9*(1), 11-18.

Hill, J.O., Drougas, H.J., & Peters, J.C. (1994). Physical activity, fitness and moderate obesity. In C. Bouchard, R.J., Shephard, & T. Stephens (Eds), *Physical Activity, Fitness and Health*, pp. 684-695. Champaign, IL: Human Kinetics.

Jones, P.P., Davy, K.P., De Souza, C.A., van Pelt, R.E., & Seals, D.R. (1997). Absence of age-related decline in total blood volume in physically active females. *American Journal of Physiology, 272*(6 PT2), H2534-2540.

Katz, W.A., & Sherman, C. (1998). Osteoporosis: the role of exercise in optimal management. *Physician and Sportsmedicine, 26*(2), 33-35; 39-42.

Kirkendall, D.T., & Garrett, W.E. (1998). The effects of aging and training on skeletal muscle. *American Journal of Sports Medicine, 26*(4), 598-602.

Kujala, U.M., Kaprio, J., Sarna, S., & Koskenvuo, M. (1998). Relationship of leisure-time physical activity and mortality: the Finnish twin cohort. *Journal of the American Medical Association, 279*(6), 440-444.

Laukkanen, P., Kauppinen, M., & Heikkinen, E. (1998). Physical activity as a predictor of health and disability in 75- and 80-year-old men and women: A five-year longitudinal study. *Journal of Aging and Physical Activity, 6*(2), 141-156.

Leon, A.S., & Norstrom, J. (1995). Evidence of the role of physical activity and cardiorespiratory fitness in the prevention of coronary heart disease. *Quest, 47*(3), 311-319.

Macdonald, S.M., Reeder, B.A., Chan, Y., & Despres, J.P. (1997). Obesity in Canada: A descriptive analysis. *Canadian Medical Association Journal, 157*(1 Supplement), 53-59.

Martinez, M.E., Giovannucci, E., Spiegelman, D., Hunter, DJ., Willett, W.C., & Colditz, G.A. (1997). Leisure-time physical activity, body size, and colon cancer in women. *Journal of the National Cancer Institute (Bethesda), 89*(13), 948-955.

Miller, W.C., Koceja, D.M., & Hamilton, E.J. (1997). A meta-analysis of the past 25 years of weight loss research using diet, exercise or diet plus exercise intervention. *International Journal of Obesity and Related Metabolic Disorders, 21*(10), 941-947.

Mock, V., Dow, K.H., Meares, CJ., Grimm, P.M., Dienemann, J.A., Haisfie, M.E., Quitasol, W., Mitchell, S., Chakravarthy, A., & Gage, I. (1997). Effects of exercise on fatigue, physical functioning, and emotional distress during radiation therapy for breast cancer. *Oncology Nursing Forum, 24*(6), 991-1000.

Morey, M.C., & Cornoni-Huntley, J. (1998). Physical fitness and functional limitations in community-dwelling older adults. *Medicine and Science in Sports and Exercise, 30*(5), 715-723.

Mosher, P.E., Nash, M.S., Perry, A.C., LaPerriere, A.R., & Goldberg, R.B. (1998). Aerobic circuit exercise training: effect on adolescents with well-controlled insulin-controlled insulin-dependent diabetes mellitus. *Archives of Physical Medicine and Rehabilitation, 79*(6), 652-657.

Nakamura, E., Moritani, T., & Kanetaka, A. (1996). Effects of habitual physical exercise on physiological age in men aged 20-85 years as estimated using principal component analysis. *European Journal of Applied Physiology and Occupational Physiology, 73*(5), 410-418.

Oliveria, S.A., & Christos, P.A. (1997). The epidemiology of physical activity and cancer. *Annals of the New York Academy of Sciences, 833*, 79-90.

Oliveria, S.A., & Lee, I.M. (1997). Is exercise beneficial in the prevention of prostate cancer? *Sports Medicine, 23*(5), 271-278.

Oliveria, S.A., Kohl, H.W., Trichopoulos, D., & Blair, S.N. (1996). The association between cardiorespiratory fitness and prostate cancer. *Medicine and Science in Sports and Exercise, 28*(1), 97-104.

Pate, R.R. (1995). Recent statements and initiatives on physical activity and health. *Quest, 47*(3), 304-310.

Petranick, K., & Berg, K. (1997). The effects of weight training on bone density of premenopausal, postmenopausal, and elderly women: a review. *Journal of Strength and Conditioning Research, 11*(3), 200-208.

Physical Activity and Health: A Report of the Surgeon General. (1996). Centers for Disease Control and Prevention. National Center for Chronic Disease Prevention and Health Promotion.

Prior, J.C., Barr, S.I., Chow, R., & Faulkner, R.A. (1996). Prevention and management of osteoporosis: consensus statements from the Scientific Advisory Board of the Osteoporosis Society of Canada. *Canadian Medical Association Journal, 155*(7), 940-944.

Purcell, J.C., & Hergenroeder, A.C. (1994). Physical conditioning in adolescents. *Current Opinions in Pediatrics, 6*(4), 373-378.

Raitakari, O.T., Taimela, S., Porkka, K.V.K., Telama, R., Valimaki, I., & Akerblom, H.K. (1997). Associations between physical activity and risk factors for coronary heart disease; the cardiovascular risk in young finns study. *Medicine and Science in Sports and Exercise, 29*(8), 1055-1061.

Rantanen, T., Era, P., & Heikinnan, E. (1997). Physical activity and the changes in maximal isometric strength in men and women from the age of 75 to 80 years. *Journal of the American Geriatrics Society, 45*(12), 1439-1445.

Schmidt, G.J., Walkuski, J.J., & Stensel, D.J. (1998). The Singapore youth coronary risk and physical activity study. *Medicine and Science in Sports and Exercise, 30*(l), 105-113.

Shapiro, E. (1999). Personal communication to the author.

Shephard, R.J. (1990). Sport, physical fitness and the costs of public health. *Sport Science Review, 13*, 9-13.

Shephard, R.J. (1997). *Aging, Physical Activity and Health*. Champaign, IL: Human Kinetics.

Shephard, R.J. (1994). *Aerobic Fitness and Health*. Champaign, IL: Human Kinetics Publishers.

Sikvonen, S., Rantanen, T., & Heikkinen, E. (1998). Physical activity and survival in elderly people: A five-year follow-up study. *Journal of Aging and Physical Activity, 6*(2), 133-140.

Tauton, J.E., Martin, A.D., Rhodes, E.C., Wolski, L.A., Donelly, M., & Elliot, J. (1997). Exercise and the older woman: Choosing the right prescription. *British Journal of Sports Medicine, 31*(1), 5-10.

Thune, I., Brenn, T., Lund, E., & Gaard, M. (1997). Physical activity and the risk of breast cancer. *New England Journal of Medicine, 336*(18), 1269-1275.

U.S. National Diabetes Data Group. (1979). Classification and Diagnosis of Diabetes and Other Categories of Glucose Intolerance. *Diabetes, 28*, 1039-1057.

VanPelt, R.E., Jones, P.P., Davy, K.P., De Souza, C.A., Tanaka, H., Davy, B.M., & Seals, D.R. (1997). Regular exercise and the age-related decline in resting metabolic rate in women. *Journal of Clinical Endocrinology and Metabolism, 82*(10), 3208-3212.

Wannamethee, S.G., Shaper, A.G., & Walker, M. (1998). Changes in physical activity, mortality and incidence of coronary heart disease in older men. *Lancet, 351*(9116), 1603-1608.

Zhao, B. (1988). The cultural characteristics of physical education and sports in China and the modernization of man. In S. Ross & L. Charette (Eds.), *Persons, Minds and Bodies. L'Education Physique et le Dévelopement de la Personne,* pp. 223-232. North York, Ontario: University Press of Canada.

제 5 부

체육 개념의 재정립
PHYSICAL EDUCATION RECONCEPTUALIZED

16장 새로운 이해

인간(특히 각 견해의 인간이 지식을 습득하고 표명하는 방법), 지식(명제지와 방법지), 의도적 행위(기술 실행으로 예시되는), 사회적 발달 및 건강에 관한 탐구를 기반으로 하여, 새로운 체육 개념이 등장한다. 이 새로운 개념은 과거에 표현된 견해를 넘어 서지만, 동시에 기존의 두 가지 전통적인 입론의 노선을 최신의 세련된 방식으로 유지한다. 광범위한 연구 조사의 결과에 근거하면, 사회적 발달에 관한 주장은 더 정확하고 옹호 가능하다. 건강 측면에서, 운동과 신체활동 참여는 여러 가지 심리사회적, 의료적 질환으로부터 보호하는 역할을 한다. 또한, 운동은 종종 중요한 치료 방식이거나 보조 수단이다. 전통적인 입론의 노선은 유지되지만 약간 다른 방식으로 사용된다. 학교 교육과정에서 체육의 위치를 정당화하고자 새로운 입론의 노선을 제안하였는데, 이는 특별한 지식 유형, 즉 고유의 영역인 신체행위지식, 신행지의 전달 및 획득을 강조하면서도 이전의 주장을 유지한다.

16

새로운 이해

A NEW UNDERSTANDING

체육 개념의 재정립은 초등학교, 중등학교, 대학의 전공과정 등 모든 수준의 교육에 영향을 미친다. 공공학교 수준에서, 주된 관심사는 체육이 필수 부분이며, 따라서 그 위상이 역사, 과학, 수학과 같은 교과들과 동등함을 정당화하는 것이다. 대학 수준에서 다양한 논쟁이 이루지고 있다. 학문 대 직무 준비, 교육과정 설계는 가장 뜨거운 논쟁거리다. 논제들이 각 수준에서 다른 듯 보이지만, 기본 탐구가 체육의 본성을 명료하게 하는 것이기에 서로 연관되어 있다.

공공 학교 체육

체육은 학교에서 교육과정의 타 교과와 동등한 교과로 완전히 받아들여진 적이 없다. 20세기 내내 "경험으로 확인되는" 주장, 체육이 참가자의 사회적 발달과 건강에 기여함을 근거로 삼는 것에 거의 전적으로 의존해 왔다. 이러한 근거들은 체육의 수단적 가치는 지적하지만, 매우 중요한 누락이 있다. 즉 내재적 가치에 대한 언급도, 특수하고 고유한 지식 유형의 전달 및 획득에 관한 제시도 부재하다. 오래된 입론은 학교에서 체육의 위상을 변화시키는 데 성공하지 못했다.

지식의 전달 및 획득에 초점을 맞춘 입론의 부재 속에서, 공공 학교 체육교육자는 학생의 성취를 사회 적응, 체력 강화, 건강 증진의 측면에 국한하여 설명한다. 이러한 성과는 교실 교과에서 성취할 수 있는 결과와 다르다.

> 수학 대수의 학기가 끝날 때 학생들은 학기 초에 할 수 없었던 많은 것들을 할 수 있다. 미국역사 과목이 끝날 때 학생들은 과목이 시작되었을 때 몰랐던 것들을 알게 된다. 체육이 일반 대중과 교육 전문가 사이에서 더 큰 신뢰를 얻기 위해서는 체육에 같은 의미의 결과가 풍부해야 한다(Siedentop, 1994, 261).

11장과 12장의 의도적 행위와 기술 실행에 대한 설명에 근거하면, 체육의 결과에 대해 동등한 세부의 사항을 적용할 수 있다. 학생들은 기술 실행에 더 능숙해짐에 따라 체육 내생의 지식인 신체행위지식, 즉 신행지에 대한 더 많은 숙달을 보여준다. 앞서 언급했듯이 그 지식은 절차적 지식 또는 방법지라는 표제에 포함된다. 본성상 개념적인 그러한 지식은 기술의 실행으로 표명된다. 즉, 그 지식은 행함 속에 있다.

조건부 동의가 체육 교육과정에 대한 다음의 주장으로 표현된다. "**교육과정은 프로그램의 주된 목표로 운동 기술 습득과 향상에 중점을 두어야 한다**"(Kretchmar, 1994, p. 228). 이 진술만으로는 불충분한데, 그 이유는 그 뒤에 따르는 해설이 체육에서 기술을 배울 때의 지식 획득에 대한 언급이 없기 때문이다. 기술 습득이 교육계 전반에서 지식 획득(신행지)으로 분명하게 이해될 때, 그 주장에 대한 잠정적 동의에 첨부된 조건은 제거될 것이다. 이러한 이해가 부재한 주장은 사회적 발달과 좋은 건강이라는 이전의 정당화 근거에 기초를 제공하고 체육을 정당화하기 위해 개발되고 사용되었다 할 것이지만, 지식 획득의 개념은 상실될 것이라는 우려가 남는다.

교육은 주로 지식의 개발, 전달 및 획득과 관련이 있다. "교육 영역에서 지식만큼 팔릴 수 있는 가치는 없다"는 크렛츠머(Kretchmar, 1994, p. 118)의 주장은 확고한 근거가 있다. 이 진술은 어떤 교과 영역을 학교 교육과정에 포함하는 것을 정당화하는데 사용할 수 있는 가장 강력한 근거는 지식의 전달과 획득이라는 견해를 강화한다고 해석된다. 체육은 교육과정을 구성하는 활동에서 발생하는 고유의 지식체인 신행지를 가지고 있다. 체육교육자들은 이러한 지식체를 개발하고 전달하는 데 주력한다.

　이 분야는, 체육만이 전달하는 특수한 범주의 지식인 신행지를 판별하고 해명하기 이전에는, 교육과정에 포함하는 것을 정당화하기 위해 사회적 발달과 건강의 개념에 의존했다. 앞에서 설명했듯이 그것들은 수단적 가치들이다. 즉 체육은 내재적 가치에 관해 어떤 것도 분명히 밝힐 수 없었다. 더 이상 그렇지 않다. 이제, 체육은 지식 획득의 표명인 기술 실행을 내재적 가치로 주장할 수 있다. 그러한 지식을 획득하는 것은 그 자체로 좋음, 즉 우리가 세계 내에서 움직일 수 있도록 해주고, 우리가 경기와 스포츠에 참여할 때 즐거움을 주는 것이다. 동시에 신행지의 획득은 또한 사회적 발달과 건강 증진으로 이어지기 때문에 수단적 가치가 있다.

　어떤 종류의 지식도 순전히 내재적 차원으로 상상하기 어렵다. 지식은 획득될 때마다 내재적 가치와 수단적 가치를 모두 가질 수 있다. 수학, 역사, 과학과 같은 학교 교과를 살펴보면, 모든 지식은 나름 활용되므로 수단적 가치라는 꼬리표가 붙는 다는 것을 알 수 있다. 그러나 모든 교과 영역에서 획득한 지식은 추가로 적용할 필요가 없이 일부 학습자에게 만족을 제공하므로 따라서 내재적 가치가 있다고 상정할 수 있다. 논의는 여기서 종결되지 않는데, 왜냐하면 이러한 후자의 범주는 학습자에게 만족을 제공하기에 도구적 가치도 있다고 주장할 수 있기 때문이다.

　이 분야의 광범위한 목적과 목표에 대해 분명하게 언표하려는 관심이 표출되어 왔다(Kretchmar, 1994, p. 100). 11개의 세부 항목이 언급되었다. 그 모든 것은 심리사회적 발달, 체력 및 건강 증진, 기술/신행지의 획득이라는 표제에 포함될 수 있다. 이 상황을 다루는 다른 길이 있는데, 즉 모든 목표들은 건전한 체육 프로그램의 자연스러운 결과이기에 표출된 관심을 완화하는 방식이다. 우리가 우선 관심에 두는 것은 고유의 지식 유형인 신행지의 전달 및 획득이다. 그 지식은 행함, 즉 가르친 기술의 실행과 연습에 의해 획득된다. 기술들이 획득되면 경기 및 체력훈련 상황에서 활용되어야 한다. 잘 계획된 왕성한 신체활동의 참여는 자연스러운 결과로서 14장과 15장에서 언급한 심리사회적, 건강상의 혜택이 있다. 신행지를 획득하고 적절하게 사용하면 많은 교육적, 심리사회적, 건강상의 혜택을 얻을 수 있다.

　이제 체육을 교육과정의 필수 부분으로 정당화하는데 새로운 노선의 입론이 가능하게 되었다. 그것은 서로 연관된 세 가지 구성요소로 이루어진다: (1) 특수한 유형의 지식인 신행지의 전달 및 획득, (2) 심리사회적 발달에 기여, (3) 건강상의 혜택. 체육은 다른 학교 교과들과 마찬가지로 고유의 지식 영역을 가지고 있으며 내재적 가치가 있고 수단적 가치도 있다.

대학 체육

5장에서 수행된 분석에 근거하여, 체육이 인간운동학으로 명명된 학문이라는 주장은 반박되었다. 앞서 언급했듯이, 인간운동학은 한 세기 넘게 존재해 왔지만, 1960년대와 1970년대에 그것의 실천가들은 그 명칭을 거부하고 생체역학으로 대체했다. 다종 다수의 학문들로 구성되는 학문을 지칭하기 위해 인간운동학이라는 명칭을 다시 불러들이는 것은 오해와 혼란을 유발한다. 체육에 대한 보다 정확한 평가는 가능하다. 의학과 마찬가지로 체육은 직무 준비 전공과정이다. 의학과 체육 모두에서 직무 준비는 다양한 학문에서 차용한 학문 지식에 의해 뒷받침된다. 체육의 경우 그 범위는 생물물리 학문, 심리사회 학문, 인문 학문 및 교육학을 포함한다(Ross, 1981).

체육은 직무 준비의 영역으로서 교육/서비스, 학문, 처치의 세 가지 지향을 쉽게 수용한다. 체육 및 스포츠에 관한 교육자, 지도자, 관리자를 양성하는 것은 오랫동안 주된 관심사였다. 이 분야가 발전함에 따라 졸업생들은 인적 서비스 분야에서 유효한 직업 경력의 범위를 확장했으며(부록 A 참조), 사회의 다양한 부문에 기여할 수 있는 새로운 직무의 기회를 계속 찾을 것이다. 비슷한 상황이 처치의 영역에서도 매우 흔하다. 일부 학생들은 폭넓은 교육, 코칭, 관리 및 처치 경력을 가지고 있음에도, 체육과 관련된 학문 또는 분과 학문 중 하나의 대학원 학업을 택할 것이다. 그 열망은 연구를 수반하고 교수로서의 경력으로 이어질 것이다.

대부분의 졸업생이 환자를 치료함으로써 지식을 적용하는 의학 분야에서도 유사한 상황이 우세한데, 즉 일부 졸업생은 일반 개업의로, 다른 졸업생은 외과, 정신과, 신장과 등의 전문의가 되기 위해 수련의로 더 많은 시간을 보내는 것을 선택한다. 선택된 소수의 졸업생은 의학과 관련된 학문 또는 과학 중 하나에서 석사 및 박사 학위를 취득하는 보다 전통적인 길을 선택한다. 의학과 체육을 위한 직무 준비 학위과정에는 많은 공통점이 있다.

각 대학 체육 전공과정은 해당 대학의 역사와 교수진의 집단적 강점에 따라 다소 다른 지향이 있을 것이다. 어떤 대학들은 교사교육 학위과정으로 유명할 것이고, 다른 대학들은, 예를 들어, 미래의 스포츠처치전문가와 심장재활전문가를 준비시키는 과정을 제공함으로써 처치 측면에 집중할 것이다. 학문의 영역 내에서는, 몇 가지 예를 들자면, 일부 학위과정은 운동생리학, 다른 학위과정은 생체역학, 일부 학위과정은 스포츠사회학, 다른 학위과정은 스포츠심리학으로 주목을 받을 것이다.

체육은 정의하기 어렵다는 견해와 달리, 요소와 기능에 대한 이해는 이 책 전체에 걸쳐 제공된 설명에서 나타난다. 직무 준비의 영역인 체육은 학생들이 전문적 학문 지식을 획득할 수 있는 여러 가지 방법을 제공하며, 이는 서로 연관된 여러 직업 중에서 하나를 선택할 수 있게 해준다. 학문이라는 표제에 포함된 직업을 포함하는 모든 직업은 인적 서비스 부문으로 여겨진다. 일부 체육교육자는 학습자와 직접 협력하여 그들이 구체적이고 고유의 지식 유형인 신행지를 획득할 수 있도록 돕는 반면, 다른 체육교육자는 처치의 차원에서 고객의 기능을 회복하고 개선하는 데 노력을 기울인다. 학문 내 경력을 선택한 사람들은 직무 실천을 뒷받침하는 학문 지식을 생성할 것이다. 사전적 정의 대신에 등장하는 것은 지식의 전달 및 습득, 인간 기능의 회복 및 개선이 이루어지고 또한 지식의 표명, 기능의 회복이 이루어지는 방식의 본성에 의해 건강상의 혜택이 덧붙여 이루어지는 분야라는 서술이다.

이 분야 해설하기

체육교육자는 자신의 교과에 대해 무능한 판매원이라는 비난을 받아왔지만, 그들이 팔아야 한다는 "제품"에 대한 적절한 이해가 제공되지 않았기에 그 비난은 부당하다. 오래된 입론들이 아무리 명료하고 잘 짜여있다 하더라도, 교육의 기득권층에게 이 분야의 가치를 확신시키기에 역부족이었다. 지식 요소가 없기 때문이다. 그 공백은 이제 체육 내생의 교과 주제인 신행지를 지목함으로써 채워진다.

이 책을 읽은 결과로서, 여러분은 (1) 교육 측면에서 체육의 주제, 즉 신행지에 대한 더 포괄적이고 심오한 이해; (2) 인간관, 특히 우리가 세계 내에서 어떻게 움직이는지에 관한 새로운 인식; 그리고 (3) 체육이 사회적 발달과 건강에 미치는 기여에 대한, 동시에 예방 의료의 기준을 충족한다는 점에 주목하면서, 상세하고 정확한 해명을 갖게 되었다. 이러한 정보로 무장하면 이제 교육기관과 지역사회 전체에 체육을 해설해 줄 수 있는 훨씬 더 유능한 위치에 서게 된다.

References

Kretchmar, R.S. (1994). *Practical Philosophy of Sport*. Champaign, IL: Human Kinetics.

Ross, S. (1981). The epistemic geography of physical education: Addressing the problem of theory and practice. *Quest, 33*(1), 42-54.

Siedentop, D. (1994). *Introduction to Physical Education, Fitness and Sport*, 2nd ed. Mountainview, CA: Mayfield Publishing Co.

부록 A

경력 개발

정규 및 비정규

학교

- 초등학교(Elementary school)
- 중학교(Junior high school)
- 단기대학(Junior College)
- 고등학교(High school)
- 전문대학(Community College/CEGEP)
- 특수체육(Adapted physical education)
- 대학교수(University professor)

학교 외

- 지역여가활동시설(Community recreation centers)
- 청소년활동조직(Boys and Girls Clubs)
- 기독청년회(YM-YWCA/JCCS)
- 체력활동시설(Fitness Centers)
- 운동경기활동조직(Athletic clubs)
- 유치원(Preschools)
- 군대(Military)
- 휴양시설/숙박(Resorts/Hotels)

체력 및 건강 관련

- 건강활동조직(Health Clubs)
- 심장재활(Cardiac Rehabilitation)
- 운동치료사(Movement therapist)
- 기업체력활동(Corporate Fitness Programs)
- 운동경기영양사(Sports Nutritionist)
- 체중조절시설(Weight Control Spas)
- 체력평가사(Fitness Appraiser)

- 체력활동시설(Fitness Centers)
- 운동경기처방사(Sports Therapist)
- 지역사회체력활동(Community Fitness Programs)
- 우주체력활동(Space Fitness Program)
- 체력단련지도자(Strength Coach)
- 개인운동지도자(Personal Trainer)

운동경기 지도 (감독 및 보조 지도자)

- 학교간운동경기활동(Interscholastic Programs)
- 대학간운동경기활동(Intercollegiate Programs)
- 직업선수 및 준직업선수 리그(Professional and Semi-Professional Leagues)
- 영리운동경기조직(Commercial Sport Clubs) 예, 수영, 피겨스케이팅, 육상
- 사설운동경기훈련(Private Sport Camps) 예, 테니스, 골프, 스쿼시

- 주/지방운동경기단체(State/Provincial Sport organizations) 예, 주/지방코치
- 국가운동경기단체(National Sport organization) 예, 국가야구고치, 국가배구코치
- 운동선수선발(Scout)

운동경기 관리

- 운동경기단체관리(Sport Organization Administration): 지역, 지방, 국가
- 인사담당자/운동경기정보담당자(Personnel Director/Sport Information Director)
- 운동경기부서담당자(Athletic Director): 고등학교, 종합대학, 학부대학
- 운동경기시설관리(Sport Facility Management): 시, 지방, 연방, 사설운동경기조직, 사설건강활동조직
- 교내/학내여가활동(Intramurals/Campus Recreation)
- 휴양시설운동경기관리(Resort Sport Management): 설상장, 빙상장, 하계휴양시설

민간 기업-영업

- 운동경기용품판매(Sporting goods sales): 도매, 소매
- 운동용품전문점(Specialty shops): 운동경기신발
- 개인운동지도자(Personal Trainer)

방송 언론

- 운동경기보도(Sport journalism): 신문, 라디오, 텔리비전
- 운동경기사진(Sport photography)
- 운동경기예술(Sport art)
- 소통홍보담당자(Communication officers): 스포츠관장기구, 팀

운동경기 관련

- 운동경기심리학(SPORT PSYCHOLOGY)
- 운동경기법(SPORT LAW)
- 선수/지도자에이전체(PLAYER/COACH AGENT)
- 운동경기심판(SPORT OFFICIATING)
- 통계전문가(STATISTICIAN)

부록 B

지침 서명기관

다음 단체들은 「건쾌한 삶을 위한 신체활동 지침」에 서명했다.

- Active Living Canada
- Active Living Alliance for Canadians with a Disability
- Active Living Coalition for Older Adults
- The Arthritis Society
- Asthma Society of Canada
- Boys and Girls Clubs of Canada
- Canadian Association of Principals
- Canadian Association for the Advancement of Women and Sport and Physical Activity
- The Canadian Association for Health, Physical Education, Recreation and Dance
- Canadian Association for School Health
- Canadian Cancer Society
- The Canadian Centre for Occupational Health & Safety
- Canadian Centre for Stress and Well-Being
- Canadian Fitness and Lifestyle Research Institute
- Canadian Home and School Federation
- The Heart and Stroke Foundation of Canada
- Industrial Accident Prevention Association
- The Lung Association
- Canadian Institute of Child Health
- Canadian Institute of Planners
- Canadian Intramural Recreation Association
- Canadian Labour Congress
- Canadian Medical Association
- Canadian Mental Health Association
- Canadian Nurses Association
- Canadian Parks/Recreation Association
- Canadian Physiotherapy Association
- Canadian Public Health Association
- Canadian Teachers Federation
- The College of Family Physicians of Canada
- Federal, Provincial and Territorial Ministers Responsible for Fitness, Recreation and Sport
- Federation of Canadian Municipalities
- Girl Guides of Canada
- Go for Green
- Osteoporosis Society of Canada
- ParticipACTION
- YMCA Canada
- YWCA of Canada

찾아보기

ㄱ

강화의 우발 contingencies of reinforcement, 115-116

개념 구조 conceptual structure, 28, 30-31, 34-35, 50-51, 64-65, 67, 69, 72, 74-75, 77-80, 83-84, 101

건강 health, 9-11, 13, 16, 174-176, 180, 182, 187-189, 195, 199, 208-223, 229-232, 234

____좋은 good, 8, 10, 18, 19, 173

(내린) 결정 decisions made, 138, 165, 167

경험적 지식 experiential knowledge, 32, 81

고혈압 high blood pressure, 195, 217

고혈압 hypertension, 202, 222, 225

골관절염 osteoarthritis, 222, 232

골다공증 osteoporosis, 195, 202, 217, 223-224

골다공증과 (단련)운동에 관한 미국스포츠의학회 입장 ACSM Position Stand on Osteoporosis and Exercise, 224

관상동맥심장질환 coronary heart disease(CHD), 202, 218, 231

교사 교육/준비 teacher education/preparation, 23, 55-56, 64, 76, 84, 85, 187, 188, 191

교수 방식 Teaching styles, 46

____간접 교수 indirect teaching, 46, 49

____명령 방식 command style, 46, 47, 49

____유도 발견 guided discovery, 46

____직접 방법 direct method, 46, 47

____(교수) 방식의 범역 Spectrum of (teaching) Styles, 34

교수 연구 Research Into Teaching, 34

교수 행동 teaching behavior, 34

교육 무용 educational dance, 43, 44

교육(적) 경기 educational games, 43, 44

교육과정 curriculum, 51, 55-56, 59, 61-64, 66, 70-71, 78, 80-81

____공통 핵심 common core, 56, 59, 63

____의 통제 control of, 64, 66

교육대학Teachers College, 콜럼비아대학교 Columbia University, 188

교육의 7대 원칙 Seven Cardinal Principles of Education, 5, 19

전통적 지향 educational forebears, 181, 183

교육학 pedagogy, 33, 35, 36, 38, 55, 192

교차학문 cross-discipline, 31, 71, 83

국제생체역학회 International Society of Biomechanics, 55

국제스포츠심리학회 International Society of Sports Psychology (ISSP), 203

국제스포츠의학연맹 International Federation of Sports Medicine (FIMS), 203

굴릭 Gulick, L.H., 13, 24

그린도퍼 Greendorfer, S.L., 208

근원적 개념 primitive concept, 129, 131-132, 134, 136-137, 139

기계 속의 유령 Ghost in the Machine, 152, 157

기본 움직임(들) fundamental movement(s), 43-45, 47

기분 mood, 204-207, 212

기술 실행 skill execution, 48-52, 68, 96, 109-110, 143, 146, 152, 154-159, 161, 167-169, 172, 174, 177-181, 210, 240, 241

____개념적 본성 conceptual nature, 17, 138, 155-156, 159, 167, 174, 178

____지식의 표현/표명 expression/manifestation of knowledge, 151, 157
길슨 Gilson, E., 172

ㄴ

내생의 지식체 endogenous body of knowledge, 21, 182
내쉬 Nash, J.B, 13, 187-188
내재 가치 intrinsic value, 7, 80, 210, 240-242
노화 aging, 223, 227-228, 230, 232
뇌졸증 stroke, 195, 217
뉴엘 Newell, K., 59-67, 69-72, 74, 80-86, 150, 178
느낌 "feel", 48, 75, 170

ㄷ

다각화 diversification, 189, 191, 192
다마지오 Damasio, A.R., 159
당뇨병 diabetes, 195, 202, 217, 221-222, 225, 232
대논쟁 Great Debate, 5, 8, 12, 14, 21, 93, 188-189, 192
명제지 knowing that, 56, 60, 146, 147-151, 154, 160, 169, 196, 237
대학학문 an academic discipline, 23-27, 31, 35, 38, 54, 58, 60, 70, 80
데카르트 Descartes, R. (데카르트식 이원론 Cartesian dualism), 100-110, 132-136
도구적 가치 instrumental value, 18, 21, 241
도덕적 발달 moral development, 6, 186, 208, 211-212
듀이 Dewey, J., 12, 18, 186

ㄹ

라릭 Rarick, G.L., 31
라반 Laban, R., 42-43
라반움직임예술센터 Laban Art of Movement Centre, 42

라일 Ryle, G., 152-157, 177
레이저와 브래시 Razor, J.E. & Brassie, P.S., 57
로크 Locke, L., 63, 65, 80
롱 Long, D.C., 133
루이스 Lewis, D., 184
링컨 Lincoln, D.F., 184

ㅁ

말글식 아닌 사유 nonverbal reasoning, 158, 159, 169, 180 (또한 기술 실행 skill execution을 보라)
말콤 Malcolm, N., 106
머레이 Murray, N., 45-46, 48-49
메시니 Metheney, E., 6-8, 51-52, 179
맥머레이 Macmurray, J., 138, 167
맥클로이 McCloy, C.C., 15-16, 20, 178
명제적 지식 propositional knowledge, 2, 56, 140, 149-152, 158, 160-161, 171, 173-174, 176, 178-179, 181, 196
명제지 knowing that, 2, 56, 60, 138, 146-151, 155, 160, 160, 196, 237
모스톤 Mosston, M., 34
물리학 physics, 25, 27-30 50, 78, 114
미국보건총감보고서 Report of the Surgeon General, 218-220, 223, 225-226, 229 (또한 신체활동과 건강…을 보라)
미국(인간운동학및)체육학회 American Academy of (Kinesiology and) Physical Education, 57-58, 67, 70-72, 84
미국스포츠의학회 American College of Sports Medicine, 224, 228
____골다공증에 대한 입장 Position stand on Osteoporosis, 224
____노화에 대한 입장문 Position stand on Exercise and Aging, 228
미국체육연구회 American Society for Research in Physical Education, 185
미국체육진흥협회 American Association for the Advancement of Physical Education, 184

ㅂ

바렛 Barrett, K., 46
방법지 knowing how to, 2, 56, 60, 62, 87, 140-141, 145-147. 151-156, 160-161, 169, 173, 178, 196, 237, 240
베스트 Best, D., 51
베인 Bain, L., 72, 81
복합학문 compound discipline, 31, 83
부쳐 Bucher, C.A., 6, 18, 20, 201
북미스포츠경영학회 North American Society for Sport Management, 55, 56
북미스포츠사회학회 North American Society for Sport Sociology, 55, 56
북미스포츠역사학회 North American Society for Sport History, 55, 56
분과학문 subdiscipline(s), 2, 6, 27-32, 35-38, 54-56, 60, 63-64, 67, 73-74, 76-80, 82-84, 86, 190-192, 197-198, 242
분과학문 접근 subdisciplinary approach, 29, 32
분열 splintering, 23, 36-37, 55, 190-193, 196
불안 anxiety, 203-207, 212
브레산 Bressan, E.S., 28
비들 Biddle, S., 209
비만 obesity, 217, 222, 225-226, 231-232
비트겐슈타인 Wittgenstein, L., 160

ㅅ

사망률 mortality, 203, 217-219, 229-230
사전트 Sargent, D., 184
사회적 발달 social development, 6-9, 13, 17, 20-21, 42, 181, 196, 202-203, 207-209, 211-212, 237, 239-241, 243
사회학 sociology, 7, 21-22, 27-33, 50, 77
산후 postpartum, 204, 207, 212
생리전증후군 PMS, 206, 212
생리학 physiology, 7-8, 17, 19, 21-22, 25, 27-30, 32-33, 36, 65, 74-75, 84, 177
생체역학 biomechanics, 17, 22, 30-32, 50, 55, 61-62, 65, 70-71, 73-74, 77-79, 82, 84, 146, 158, 192, 197, 242-243
소유권 부재 이론 "no ownership" theory, 132
손다이크 Thorndike, E., 12
셸턴 Shelton, J.W, 31
쉴즈와 브레드마이어 Shields, D.L.L. & Bredemeier, B.J.L., 212
슈왑 Schwab, J.J., 30
슈와츠와 라시 Schwartz, B. & Lacey, H., 119
스키너 Skinner, B.F., 113-114, 116-120, 122-126, 129, 131-132, 152
스키너식 인간과 교육 Skinnerian person and education, 122-124, 126
스키너식 인간과 체육 Skinnerian person and physical education, 124-126
스트레스 stress, 203-205, 212, 223
스트로슨 Strawson, P.F., 127-143
스포츠(운동경기) 관리 sport administration, 56
스포츠문학협회 Sport Literature Association, 55
스포츠심리학 sport psychology, 31, 55, 73-75, 159, 192, 243
스포츠의 사회학/스포츠사회학 sociology of sport/sport sociology, 30, 31, 76, 77, 192, 197, 245
스포츠철학회 Philosophic Society for the Study of Sport, 55, 56
스피르두스 Spirduso, W.W, 70, 80
슬로비코브스키 Slowikowski, S.S., 61
슬로비코브스키와 뉴엘 Slowikowski, S.S. & Newell, K., 62, 65
시덴톱 Siedentop, D., 15, 63-66, 71, 80
신체, 데카르트가 정의한 body, as defined by Descartes, 104
신체움직임 bodily movement, 42, 95, 109, 123-124, 137, 151, 156, 159, 162-164, 167, 180
신체육 new physical education, 1, 13, 15, 18, 20, 187-188
신체적인 것을 통한 교육 education through the physical, 5, 8, 11, 13, 14, 18-21, 42, 59, 92, 93, 182, 185, 186-188

____과 데카르트식 인간 Cartesian person, 107-110

____과 스키너식 인간 Skinnerian person, 119, 122

____과 스트로슨식 인간 Strawsonian person, 141, 142

신체적인 것의 교육 education of the physical, 5, 8, 11, 15, 16, 19, 21, 41, 42, 59, 92, 93, 182, 188

____과 데카르트식 인간 Cartesian person, 106-107

____과 스키너식 인간 Skinnerian person, 124

____과 스트로슨식 인간 Strawsonian person, 28, 141

신체행위지식 Physical Action Knowledge (신행지 PAK), 51, 60, 87, 140, 146, 169-170, 178, 210, 212, 237, 240 (표명된 신행지 PAK explicated), 181, 182, 196, 210, 212, 237, 241, 243

신체활동 physical activity, 195-196, 199, 203, 205-207, 210, 212, 217-232, 237, 241

____의 과학 science of, 66

신체활동과 건강: 미국보건총감보고서 Physical Activity and Health: A Report of the surgeon-General, 195, 216-219 (또한 미국보건총감 보고서를 보라)

실천적 지식/사고 practical concepts/thinking, 158, 159, 166

심리학 psychology, 27, 28

심신문제/관계 mind-body problem/relationship, 20, 96, 105, 109, 133

심장질환 heart disease, 195, 217

심혈관질환 cardiovascular disease, 16, 225, 229-231

ㅇ

아놀드 Arnold, P J., 45, 169

암 cancer, 202, 219

____결장 colon, 195, 217, 219, 232

____난소 ovarian, 219

____유방 breast, 219, 220, 231

____자궁(내막) endometrial, 219

____전립선 prostate, 219

____직장 rectal, 219

엘펠트 Ellfeldt, L., 51

엠(M)-술어 m-predicates, 129, 132, 134, 136, 138

역사 history, 27, 28

____체육 및 스포츠의 of physical education and sport, 31

연구 대상 object of study, 26, 29, 35, 70-72, 77, 81, 82, 138, 180/ (27-30, 32, 34, 42, 50)

연구 분야 field of study, 2, 59-65, 66, 68-70, 82, 83, 87

____서술된 described, 66

영 Young, J.C., 8

예방 의료 preventive medicine, 194, 196, 199, 202, 217, 230-232, 243

____(단련)운동은 exercise is, 230, 232

온타리오주대학체육학과협의회학술단 Discipline Group of the Ontario Council of University Directors of Physical Education (대학계획자문위원회 Advisory Committee on Academic Planning), 31

우드 Wood, T., 13, 185, 187

우울 depression, 195, 203-207, 212, 217

운동감식 kinesthetic awareness, 47-50

운동개념 kinecept, 51

운동구조 kinestruct, 51

운동상징 kinesymbol, 51

운동생리학 exercise physiology, 31, 69, 70, 73, 74, 82, 158, 182, 192, 197, 243

움직임교육 movement education, 41-52, 74, 77, 78, 123

____학문인 as a discipline, 50, 51

월과 머레이 Wall, J. & Murray, N., 43

웨이드 Wade, M.G., 62

웨이드와 베이커 Wade, M.G. & Baker, J.A.W., 772, 74, 81, 83, 85

웰스 Wells, K., 71, 78, 84

윌라드 Willard, D., 158

윌리암스 Williams, J.F., 5, 13-15, 19-20, 93-94, 178, 188

유전적 기질 genetic endowment, 114, 116

응용스포츠심리학진흥협회 Association for the Advancement of Applied Sport Psychology, 55, 56

의도적 (인간) 행위 intentional (human) action, 51, 52, 68, 76, 109, 117, 119, 127, 130, 137-143, 145, 146, 151, 152, 156-159, 161, 164-168, 169, 171, 174, 176-178, 180, 237, 240

의료 지향 medical orientation, 1, 91, 182, 185, 188-189

의료-교육 병립 Med-Ed Continuum, 182, 185, 198

의료적 뿌리 medical roots, 13, 14

의사 결정 decisions made, 134, 46-47, 49, 163, 167, 172

이원론 dualism, 이원론적 인간관 dualistic conception of a person, 49, 51, 57, 85, 91, 93-94, 96, 98, 101, 110-111, 125, 127-131, 139-140, 142, 152, 154 (또한 데카르트식 이원론 Cartesian dualism을 보라)

이지적 발달 intellectual development, 181

인간 서비스 human service, 63-64, 192, 196, 198

인간/개인(들) person(s)
____교육 가능한 존재 as educable beings, 91
____유신唯身의[오직 신체인] body only, 91, 96, 112-126
____유심唯心의[오직 정신인] mind only, 91, 92, 94, 112, 127
____이원론적 존재 dualistic beings (데카르트 이원론 Cartesian dualism), 91, 96, 100-111, 125
____체육에서 중심 관심사인 central concern in physical education, 91
____통합된 전일적 존재 integrated unitary beings, 91, 97, 127-143, 151, 154

인간동작의 과학 science of human motion, 71

인간운동학 kinesiology, 42, 54, 57, 59, 61-80, 81-87, 193, 197, 242
____정의된 defined, 61

인간움직임 human movement, 41, 42, 67-70, 148
____학문의 연구 대상인 as the object of study for the discipline, 50, 58, 59, 64, 67-70, 71-72, 75, 78, 83

인슐린비의존형당뇨병 Non-Insulin-Dependent Diabetes Mellitus (NIDDM), 221

인지 발달 cognitive development, 210-212

ㅈ

자존감 self-esteem, 206, 207, 212

전문 언어 specialized language, 28-31, 35, 55, 67-69, 74-75, 77-80, 83-84

전문화/전공 specialization, 36, 189-192

전미교육협회 National Educational Association, 19, 185

전미스포츠체육협회 National Association for Sport and Physical Education, 8

전통적 교육 지향 educational forebears, 14, 15

절차적/실천적 지식 procedural/practical knowledge, 2, 56, 60, 62, 74, 87, 159, 160, 161, 164, 168, 169, 178, 196, 197

정신 mind, 정신—데카르트가 정의한 as defined by Descartes, 104, 107, 112

심신 문제/관계 mind-body problem/relationship, 19, 95, 105, 106, 109

정체성 위기 identify crisis, 2, 55, 58

제임스 James, Wm., 186

조건화된, 조건화 conditioned, conditioning, 29, 115, 125, 126, 128, 132, 140, 141

조기 사망 premature death, 195, 217, 219, 229-230, 232

조작적 조건화 operant conditioning, 115, 117-120, 122-123, 125-126

중등교육개편위원회 Committee on the

Reorganization of Secondary Education, 5
지능 intelligence, 96, 98, 144, 152-155, 156-157, 160, 161
____표명된 지능 intelligence manifested, 95, 96, 128, 161, 169, 180, 181, 182
지식 knowledge
____조직되고 구조화된 organized and structured, vii, 145
____표명된 지식 knowledge manifested, 92, 94, 98, 99, 109, 110, 113, 124, 128, 139, 140, 150, 152, 157, 160, 161, 179, 237
지식 유형 types of knowledge, 20, 60, 146, 151-152, 170, 175, 237, 240-241, 243
지식 지도 Map of knowledge, 31
지식 획득 knowledge acquisition, 139-140, 145, 240-241
지식 전달 및 획득 transmission and acquisition of knowledge, 8, 9, 11, 18, 104, 173, 189, 230, 231, 234/ (21)
지식체 body of knowledge, 2, 5, 17, 21, 24-28, 31-33, 35, 37-38, 58, 71, 87, 150, 178, 180-182, 193, 196, 240-241
____체육의 in physical education, 32, 35, 37, 241
직무 준비 professional preparation, 2, 35-38, 55-56, 61, 63-64, 66, 69, 77-78, 80-81, 83-86, 182, 190-193, 196-198, 239, 242-24)
진보주의 교육 progressive education, 12, 186-18)

ㅊ

찰스 Charles, J., 57-58, 72-73
체력 physical fitness, 8, 15, 16-18, 97, 125, 181, 182, 191, 209, 229
체육 physical education
____학문인 as a discipline, 24, 37 (또한 대학학문을 보라)
____직무인 as a profession, 24, 25, 86
체육 내생의 지식체 endogenous knowledge in physical education, 33, 52, 143, 146, 178, 180, 210, 240
체육 대학원과정 graduate programs in physical education, 24
체육 및 스포츠철학 philosophy of physical education and sport, 31
체조 gymnastics, 1, 12
____교육적 educational, 41-44
____의료적 medical, 12, 184
____정형적 formal, 12, 13, 183, 184, 188
체조 체계 gymnastic system
____독일식 German, 12, 13, 183, 184
____미국식 American, 12, 183, 184
____스웨덴식 Swedish, 12, 13, 41, 183, 191

ㅋ

카 Carr, D., 150, 158-159
칼라일 Carlisle, R., 68
캐나다 건쾌한 삶을 위한 신체활동 지침서 Handbook for Canada's Physical Activity Guide to Healthy Active Living, 195, 217
캐시디 Cassidy, R., 13, 187
캐취 Katch, F.I., 66
컬 Curl, G.F., 67
케년 Kenyon, G., 29
코난트 Conant, J. B., 24, 33 54
코빈 Corbin, C.B., 64
코웰 Cowell, G., 208
크렛츠머 Kretchmar, R.S., 6, 72, 98, 240
킬패트릭 Kilpatrick, W.H., 12
킹과 브라우넬 King, A.R. & Browell, J.A., 30, 82

ㅌ

토마스, 랜더스, 살라가르, 이티에 Thomas, J.R., Landers, D.M., Salagar, W. and Etnier, J., 209, 210
통사 구조 syntactical structure, 28, 30, 34-35, 50, 64-65, 67-69, 72, 74-75, 77-80, 83-84

ㅍ

(내린) 판단 judgements rendered, 20, 27, 49, 51, 111, 117, 126, 138, 147-149, 152-153, 155-157, 162, 165-167, 173, 176-177, 207, 211, 217

패러다임 paradigm, 29-30, 34, 71, 83, 147

폐경 menopause, 204, 207, 212, 220, 223-224

프리만 Freeman, W.H., 6, 65, 74, 76-77, 83

피셔법안 Fisher Bill, 24, 33, 54

피(P)-술어 p-predicates, 129, 132, 134, 136-139

피츠버그대학교 University of Pittsburgh, 188

ㅎ

하트웰 Hartwell, E., 184-185

학문 discipline, 2, 25, 62, 63, 66, 70, 77, 79, 84, 146, 150, 192, 193, 242

____정의 defined, 25

____준거 criteria for a, 25-31

____체육의 of physical education, 27-31 (또한 대학학문 an academic discipline을 보라)

학문 대 직무 준비 discipline versus professional preparation, 182, 239

학문 지향/위상 disciplinary orientation/status, 2, 54, 61, 64, 69, 70, 196

학문화 disciplinarization, 54, 57

학위 과정의 지향 degree program orientation

____학문 disciplinary, 58, 65, 69, 70, 81, 84

____수행 performance, 58, 65, 69, 70, 81, 84

____직무 professional, 58, 65, 69, 70, 81

학제학문 interdiscipline, 31. 83

해부학 anatomy, 21-22, 27-30, 33, 36, 74, 84, 177

햄린 Hamlyn, D.W., 173

햄프셔 Hampshire, 166

행동 목록 repertoire of behavior, 114-116, 122-125

행동주의 behaviorism, 67, 93-94, 112-114, 117-126, 128-133, 135, 139-140

헐 Hall, G.S., 12

헤더링턴 Hetherington, C.W., 13, 18-20, 187-188, 201

헨리 Henry, F., 24-32, 35, 38, 54-55, 59-60, 66, 74, 80, 83, 150, 178,

호먼큘러스 "homonculus," 113-114, 131, 152

히치콕 Hitchcock, E., 184